GERSTENBERG VERLAG

50 Klassiker

DESIGN

DES 20. JAHRHUNDERTS

Die Gestaltung der Moderne dargestellt von
Christine SIEVERS und Nicolaus SCHRÖDER

Wieviel Design braucht der Mensch?

■ Raymond Loewys Design der Zigarettenpackung

■ Juicy Salif von Philippe Starck

Design, überall Design! Wir sind von Design umstellt. Manchmal fällt es auf, weil der Anblick eines Gegenstandes ein gutes Gefühl auslöst oder weil etwas unglaublich hässlich ist. Oft wird es gar nicht wahrgenommen. Es ist einfach da – Design! Ein Staubsauger ist ein Staubsauger, und fertig. Das stimmt natürlich nicht, und wenn dieser Staubsauger nach jahrelangem Gebrauch ersetzt werden soll, merkt man plötzlich, wie unspektakulär gut der Alte war oder wie grauenhaft sperrig und schwer. Über die Jahre haben wir uns an seine Qualität gewöhnt, sie übersehen, im Guten wie im Schlechten. Was ist Design, was macht gutes Design aus, was schlechtes, was zeichnet einen Klassiker aus?

Design meint mehr als der deutsche Begriff »Gestaltung«. Das »sign« im Design legt die Betonung auf das Zeichen, das erst durch Design entsteht. Dabei geht es nicht nur um schön oder schlecht geformte Dinge, sondern auch um ihre Bedeutung für diejenigen, die mit ihnen leben. Die 50 Designklassiker, die wir für dieses Buch ausgewählt haben, stammen aus allen Bereichen der Alltagskultur, vom Thonet-Stuhl bis zum Sony-Walkman, vom ESGE-Zauberstab bis zu Vidal Sassoons klassischem Bob, von der Concorde bis zum Armani-Jackett, vom Nilfisk Staubsauger bis zur Univers-Schrift, von der Frankfurter Küche bis zur Rock-Ola Jukebox. Jedes Produkt steht nicht nur für seine konstruktive oder ästhetische Qualität, es ist auch Ausdruck seiner Zeit. Und die Zeit hinterlässt Spuren an ihm, wie auch der Klassiker Spuren

Designer und Unternehmer, die sich auf die zuweilen rein hypothetischen Wünsche eines ästhetisch noch nicht hinreichend vorgebildeten Publikums stützen, sind auf dem falschen Weg. Alle Entwürfe, die sich durchgesetzt haben, verdankten ihren Erfolg autonomen, kreativen Werten, die dem Verbraucher noch unbekannt waren und die er folglich auch nicht verlangen konnte. Dieses neue gute Design hat brachliegende Märkte zuneuem Leben erweckt (…). Alle Innovationen in gutem Design, die sich später besonderer Beliebtheit erfreuten und sogar Änderungen der Produktion verursachten (…) wurden von einer Elite vorgeschlagen, gingen aber niemals auf ein Verlangen des Publikums zurück.« Giò Ponti, 1954

in der Zeit hinterlässt. Er bedient ungestillte Bedürfnisse oder weckt Sehnsüchte, er erfüllt reibungslos eine Funktion oder greift in seiner Ästhetik auf, was in der Gesellschaft virulent ist. So formulieren Designklassiker den Ausdruck eines Jahrhunderts, sie geben ihm Gestalt.

Die Geschichte des Industriedesigns beginnt mit der Moderne. »Kunst und Technik – eine Einheit« heißt es 1919, als Walter Gropius das Bauhaus in Weimar gründet. Ab jetzt wird Design zum Programm. Nicht mehr die individuelle Kunstfertigkeit einzelner Handwerker ist für das Aussehen eines Gegenstandes verantwortlich, sondern eine gestalterische Intelligenz, die neben Schönheit und Funktion auch den Prozess der massenhaften Reproduzierbarkeit im Auge behält. Mit industrieller Produktion und Standardisierung wird es möglich, sowohl den funktionalen als auch sozialen Ansprüchen vieler Menschen gerecht zu werden. Neue Fragestellungen geraten in den Mittelpunkt. Wer

■ Design für das Haar von Vidal Sassoon

■ Die Honda CB 750

■ Isamu Noguchis Akari-Leuchten

■ Der Lounge Chair von Charles und Ray Eames

braucht was und warum? Die Debatte entzündet sich regelmäßig am Verhältnis von Ornament und Funktion. Wieviel Funktion braucht der Mensch, wieviel Ornament erträgt er? Dem strengen Funktionalismus von Bauhaus, Ulmer Schule und Minimalismus steht der ornamentale Individualismus von Jugendstil, Pop-Art und Memphis gegenüber. Versucht das Organic Design der Nachkriegszeit vergeblich die Pole zu verbinden, stehen seit der postmodernen Zitatverliebtheit die gegensätzlichen Konzeptionen einträglich nebeneinander. Den ausgestellten Funktionalismus eines Fiat Pandas zu schätzen und gleichzeitig in den dekorativen Beinschwung der Zitruspresse von Philippe Starck verliebt zu

> *Wenn Charles Eames einen Stuhl entwirft, dann entwirft er nicht nur einen Stuhl. Er entwirft eine Art sich zu setzen. So entwickelt er nicht nur für die Funktion, sondern eine Funktion.*   Ettore Sottsass, 1954

sein ist absolut erlaubt. Damit entspannt sich die Situation. Ob gut oder schlecht ist nicht länger eine Frage der Moral, sondern eine nach der Zeit, ihren Bedürfnissen, Träumen, Ängsten und den Antworten der Designer. Folgen die Objekte den Zeichen der Zeit, werden sie zu Zeichen, die über die Zeit hinausragen? Werden sie zum Symbol?

Manche Objekte drücken den Traum einer Epoche aus und bleiben abstrakt wie die Concorde, die nur auf Fotos gegenwärtig ist. Andere erfüllen Bedürfnisse der Zeit ganz konkret, antworten mit neuen Produktionsverfahren und Materialien und eröffnen unter Umständen ganz neue Sinneseindrücke. Der Sound der Jukebox, der Popmusik zu einem bezahlbaren kollektiven Erlebnis macht, gehört dazu wie Chanel N° 5, das dank chemischer Substanzen den ganzen Tag lang seinen eleganten Duft verströmt und so ein völlig neues Körpergefühl ermöglicht. Wieder andere Objekte sind vollkommen neu, scheinen vom Himmel gefallen zu sein, wie der Walkman, der an nichts anknüpft und doch die Wahrnehmung der Welt verändert wie kaum ein anderes Gerät des 20. Jahrhunderts. Mit den Gegenständen verändern sich die Verhaltensweisen. Neue Rituale entstehen, alte verschwinden.

■ Das Jenaer Glas Teeservice von Wilhelm Wagenfeld

Das Design ist der Mode unterworfen. Streamlinedesign, Pontonkarosserie, Kompaktwagen bezeichnen im Automobilbau Formen, die jahrelang beliebt sind. Doch was macht einen Citroën DS, der keiner dieser Strömungen folgt, zum Klassiker? Wenn ein Zeitgefühl und die Technik einer Zeit in einem Produkt zusammenfinden, wenn die Ideen einer Zeit ihren Ausdruck in einem Gegenstand finden, der auch tatsächlich gebraucht wird, und wenn dieses Objekt eine Gestalt angenommen hat, die nicht mehr verändert werden muss, dann handelt es sich um einen Klassiker. Das verbindet den DS mit Lego-Steinen, der Frankfurter Küche, der Levi's 501 und Otl Aichers Piktogrammen. Sie alle haben nicht nur den Look einer Zeit geprägt, für deren Ideen sie eine Gestalt fanden, sondern ihr Einfluss ist auch heute noch nachweisbar. Design, überall Design – der Staubsauger, der über die Jahre so schlapp geworden ist, dass er ausgetauscht werden muss, mag technisch erledigt sein, konzeptionell ist er seinem quietschbunten Nachfolger unter Umständen weit überlegen.

■ Der Sacco der Ateliergemeinschaft Gatti, Paolini und Teodoro

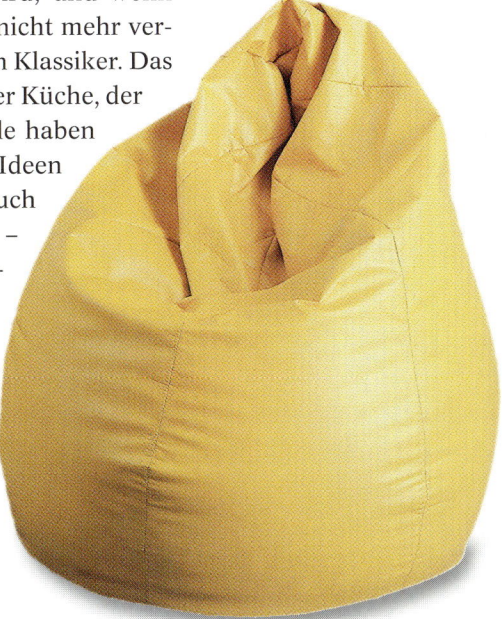

Thonet-Stuhl Nr. 14 – das Symbol der Vor-Ikea-Zeit

Michael Thonet

■ Michael Thonet machte gebogenes Buchenholz zum Werkstoff der Moderne.

Fünf Einzelteile, die von vier Schrauben zusammengehalten werden – das ist das Modell Nr. 14. Wie revolutionär Nr. 14 tatsächlich einmal war, sieht man dem zierlichen Stuhl aus gebogenen Buchenstäben nicht an. Die Einzelteile werden seit 1859 industriell produziert, der fertig montierte Stuhl ist leicht, ausgesprochen strapazierfähig und von zeitloser Eleganz. 50 Millionen Stühle wurden allein bis 1930 produziert, danach wurde die Zählung vollends unübersichtlich. Neben vielen Nachbauten, vom hochwertigen Plagiat bis zum Wegwerfartikel mit Metallgestell und Plas-

> *Der erste Auftrag auf die gebogenen Sessel (Lehntyp Nr. 4) wurde von Frau Daum, Besitzerin des gleichnamigen Kaffeehauses ersten Ranges am Kohlmarkte in Wien, erteilt. Das Café Daum war somit das erste öffentliche Local, welches mit Sesseln aus gebogenem Holze eingerichtet wurde. Dieselben wurden aus echtem Mahagoniholz gebogen und waren bis 1876 in Verwendung, in welchem Jahre sie erst durch neue von Gebrüder Thonet gelieferte Sessel ersetzt wurden.*
>
> Aus der Firmenchronik von 1896

tikbezug, behauptet sich das Original noch immer. Doch der Weg zu diesem Erfolg war weit, und wie bahnbrechend die Produktionsweise dieses Stuhls war, erschloss sich erst viele Jahre später. Vielleicht muss man sich die Szene so vorstellen: Michael Thonet, der nach einem kommerziell desaströsen ersten Versuch allmählich Erfolg als Möbelproduzent hat, stellt auf Anraten seines Mentors, des britischen Architekten P. H. Desvignes, 1851 auf der Londoner Weltausstellung aus. Als der Möbeltischler seine sechs Sessel, im wienerischen Thonet-Deutsch sind Stühle gemeint, das Kanapee und die zwei Fauteuils im gerade eröffneten Kristallpalast im Hyde Park stehen sieht, blickt er hoch. Sonne fällt durch die Kuppel der filigranen Gusseisenkonstruktion von Sir Joseph Paxton. Die Eleganz des von Schrauben und Streben zusammengehaltenen Skeletts begeistert den Besucher aus Wien. Der Variations-

■ Für Caféhäuser, Restaurants und Hotels bot Thonet Bugholzstühle in den unterschiedlichsten Ausführungen an. Allein das schlichte Modell Nr. 14 überstand alle Moden, Kriege und Revolutionen.

reichtum, mit dem aus einem Baukasten gleicher, industriell vorproduzierter Teile eine prächtige Präsentationshalle gebaut wurde, die sogar wieder demontiert werden kann – und 1854 tatsächlich nach Sydenham versetzt wurde –, regt die Phantasie Thonets an. So lassen sich auch Möbel konstruieren. Mit seiner in einer Reihe von Patenten geschützten Holzbiegetechnik könnten Bauteile, aus denen sich ganze Serien unterschiedlichster Möbel herstellen ließen, in großer Stückzahl vorproduziert werden. Die Idee wird zur Grundlage der Thonet-Erfolgsgeschichte.

Michael Thonet und seine Söhne sind Pioniere. Um Buchenstäbe unter Dampf zu biegen, müssen Werkzeuge erfunden, um Tausende typgleicher Bauteile herzustellen, Maschinen konstruiert, Produktionsabläufe erdacht, eine Logistik aufgebaut und Verkaufsstrategien entwickelt werden. Mit jeder Werkstattvergrößerung, jeder Fabrik und jedem Modell kommen neue Aufgaben hinzu, und der Thonet-Clan bewältigt sie. Von Anfang an wird viel Geld ausgegeben, um den Markennamen zu schützen, in fast allen europäischen Ländern lässt Thonet sich zumindest für einige Jahre einzelne Produktionsschritte patentieren, und früh sorgt ein

DAS PATENT ZUM BIEGEN

Mit Patenten schützte sich Thonet in der Gründungsphase gegen die leidige Konkurrenz. Als das Patent 1869 auslief, kam es zu einer Welle von Firmenneugründungen, die sich mit der Produktion von Bugholzmöbeln beschäftigten. Das Abwerben von Fachkräften, Industriespionage und ein beinharter Wettbewerb waren die Folge. Allein am Drei-Gulden-Stuhl, bei dem Thonet sogar noch einen großzügigen Mengenrabatt einräumte, biss sich ein Großteil der Konkurrenz die Zähne aus. Zu diesem Preis konnten nur die wenigsten wirklich rentabel produzieren.

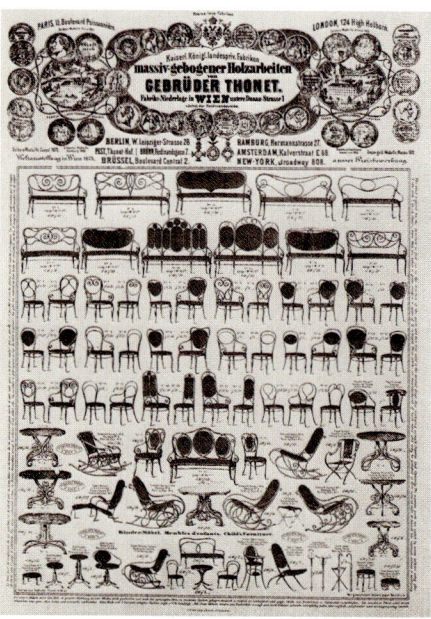

■ Stühle, Tische, Sessel, Bänke – die Begeisterung für gebogenes Holz kennt keine Grenzen.

Netz von Verkaufsräumen und ein jährlich aktualisierter Katalog für steigende Verkaufszahlen. Auch in der Vor-Ikea-Zeit werden, um Transportkosten zu sparen, die Möbel erst in den Verkaufsfilialen montiert. Der Stuhl und bei aufwändigeren Möbeln die zentralen Bauteile sind mit dem Firmenlogo signiert. Damit etabliert Thonet Mitte des 19. Jahrhunderts Produktionsweisen, Vertriebswege, Marketingstrategien und einen Markenschutz, wie er erst fünfzig Jahre später allgemein üblich wird.

Seinen zeitlosen Ruhm verdankt Thonet aber nicht dem kaufmännischen Geschick, sondern der Kunst, einer technisch einwandfreien Lösung eine absolut funktionale und vor allem schöne Form zu geben. »Heute einen Stuhl zu entwerfen, ist nicht weniger schwierig, als eine Kathedrale zu bauen.« Das Diktum des italienischen Designers Mario Bellini ist keine Übertreibung, und Nr. 14 setzt den Maßstab. Dieser Stuhl ist nicht nur Ausdruck seiner Entstehungszeit zu Beginn der Industrialisierung, sein Design überstand Epochenwechsel, Kriege und Revolutionen, ohne Schaden zu nehmen. Ob als zeitloses Accessoire der Kaffeehauskultur oder als Filmrequisite, mit der eine typische Junggesellenwohnung ausgestattet wurde (*Das Appartment*, Billy Wilder, 1960), Nr. 14 war immer dabei. Auch Wohnmaschinen-Erfinder Le Corbusier war überzeugt, dass »noch nie etwas Eleganteres und Besseres in der Konzeption, Exakteres in der Ausführung und Gebrauchstüchtigeres geschaffen« wurde. Für den Erfolg wesentlich verantwortlich war jedoch etwas viel Banaleres. Rund fünfzig Jahre behielt Nr. 14 den Preis, der ihm zu Beginn seiner Karriere auch den Namen gab – der Drei-Gulden-Stuhl. Kein Wunder, dass angesichts seines aktuellen Verkaufspreises Nr. 14 weit weniger verbreitet ist, als es sich für diesen Klassiker gehört. Aber – Nr. 14 lebt!

THONET ZIEHT IN DEN KRIEG

Thonet baute nicht nur Möbel. 1860 ließ sich die Firma eine Radnabe für schwere Fuhrwerke patentieren, auf denen Geschütze durchs Gelände gezerrt werden konnten. Der Trick der Erfindung bestand in einer abschraubbaren Verschlussplatte, dank der sich gebrochene Speichen schneller auswechseln ließen. Sowohl die österreichische als auch die preußische, englische und französische Armee prüfte und war begeistert. Handelseinig wurde man trotzdem nicht, weil alle Beschaffungsämter behaupteten, ähnliche Radkonstruktionen woanders schon einmal gesehen zu haben. Thonets Urheberrechte wurden nicht anerkannt, die Räder mit der praktischen Nabe aber trotzdem produziert. Einen Namen gaben die Militärs ihrem Eigenbau auch mit auf den Weg: Thonet-Rad.

THONET-STUHL NR. 14

 BIOGRAPHIE

 BESCHREIBUNG

 DATEN

Michael Thonet wird am 2. Juli 1796 in Boppard geboren. Der Sohn eines Gerbers beginnt 1830 mit Möbelteilen aus dicken Furnieren zu experimentieren, die er in einer Holzform biegt. Für diese Arbeiten entwickelte der gelernte Tischler die verwendeten Leime selbst. Nach dem Konkurs seiner ersten Firma zieht Thonet 1842 mit der Familie nach Wien. 1849 macht er sich mit seinen Söhnen Franz, Michael, August und Josef erneut selbstständig. Der später Nr. 4 genannte Stuhl in Schichtholztechnik ist das erste Erfolgsmodell, mit dem Thonet Ende 1849 das Kaffeehaus Daum ausstattet und kurz darauf das Budapester Hotel *Zur Königin von England*, das allein 400 Stühle ordert. An der Weltausstellung in London 1851 nimmt Thonet mit Möbeln aus gebogenem Palisanderholz teil, die mit der großen Bronzemedaille ausgezeichnet werden. Kontinuierlich wächst die Werkstatt in Wien, Verkaufsräume werden angemietet. 1853 sind schon 42 Arbeiter beschäftigt. 1856 wird die erste Fabrik im mährischen Koritschan errichtet. Mit Beginn der Produktion in Koritschan 1857 beginnt Thonet die Modelle durchzunummerieren. Schon 1860 ist die Kapazitätsgrenze erreicht. Im benachbarten Bistritz wird eine weitere Fabrik errichtet, zu der 1867 die Fabrik Groß Ugrócz hinzukommt. Michael Thonet stirbt mit 74 Jahren am 3. März 1871.

Thonet-Stuhl Nr. 14:
Stuhl aus gebogenen Buchenstäben mit Sitz aus Rohrgeflecht. Nr. 14 wurde 1859 aus dem beliebten Modell Nr. 8 entwickelt, das sich durch gedrechselte Kapitelle an den Vorderbeinen vom schlichteren Modell Nr. 14 unterscheidet. Der Stuhl wurde anfangs von der gerade in Betrieb genommenen Thonet-Fabrik in Koritschan produziert und ständig weiterentwickelt. Nach dem Auslaufen der Thonet-Patente avancierte Nr. 14 zum meistkopierten Stuhl der Welt.

Geschichte:
1830 Michael Thonet versucht erstmals dicke Furnierhölzer zu biegen.

1841 Fürst Metternich wird auf Michael Thonet aufmerksam und empfiehlt ihn nach Wien.

1842 Erwerb des k.u.k.-Patents, Holz auf »chemisch-mechanischem Wege« zu biegen.

1849 Michael Thonet gründet mit seinen Söhnen Gebrüder Thonet.

1849 Erster Großauftrag durch das Kaffeehaus Daum.

1851 Teilnahme an der Londoner Weltausstellung.

1857 Inbetriebnahme der ersten Thonet-Fabrik in Koritschan.

1859 Die Fabrik in Koritschan beginnt mit der Produktion des Drei-Gulden-Stuhls.

1869 Gebrüder Thonet geben das Patent, Holz zu biegen, frei.

Lesenswert:
Albrecht Bangert, Peter Ellenberg: *Thonet-Möbel*, München 1997.

Gebrüder Thonet. Möbel aus gebogenem Holz. Hauptkatalog aus dem Jahr 1904, Hannover 1999.

Sehenswert:
http://www.thonet.at

 AUF DEN PUNKT GEBRACHT

Alterslos, schön, leicht, stabil, bequem und ausgesprochen wertbeständig – klassischer geht's nicht.

Levi's Jeans – Sex, Protest und Rock'n'Roll
Levi Strauss

■ Blaues Gold: Mit der Arbeitshose aus unverwüstlichem Denim wird Levi Strauss zu einem der erfolgreichsten Unternehmer der amerikanischen Westküste.

Die Jeans ist tot. Doch dann kommt er: Der junge Mann betritt den Waschsalon, stellt sich vor eine der bauchigen Maschinen und beginnt, sich auszuziehen. Langsam schält er sich aus dem schwarzen T-Shirt und wirft es in das geöffnete Bullauge. Viel Sorgfalt widmet er der Schnalle seines Gürtels. Die neugierigen Blicke ignoriert er. So, als wäre es in einem Waschsalon die selbstverständlichste Sache auf der Welt, zieht er seine Jeans aus. Entkleidet bis auf weiße Boxershorts und Socken, nimmt er auf einer der Bänke Platz, klappt seine Zeitung auf und streckt ganz entspannt die Beine aus. »Levi's 501 – The Original Shrink-To-Fit Jeans« erklärt der Schriftzug allen, die bis jetzt noch nicht verstanden haben, um was es hier eigentlich geht.

Nie zuvor hat ein Werbespot für Jeans so große Wirkung gehabt wie der Waschsalon-Spot für die Levi's 501. »Back to the basics« heißt das Kampagnen-Konzept zu der auch der Badewannen-Spot zählt, den die englische Agentur Bartle Bogle Hegarty ebenfalls 1986 produziert. Von stagnierenden Verkaufszahlen für Jeans ist danach keine Rede mehr. Kurz zuvor, 1984, musste Levi Strauss eine Drosselung der Produktion bekannt geben. So etwas hatte es noch nie gegeben. Ganz im Gegensatz zu ihrer Elterngeneration wollten Jugendliche Mitte der 1980er Jahre diese Uniform nicht mehr tragen, ihre Kleidung sollte individuell sein. Zwar hatten Designer wie Giorgio Armani oder Calvin Klein die Marktlücke längst erkannt, doch die Preise der Designer-Jeans blieben für Jugendliche des Mittelstands unerschwinglich. Und die Eltern investierten dann doch lieber gleich in richtige Designer-Kleidung. Auch die steigende Popularität von Stretch, Bundfalte und Leggings trugen nicht unerheblich zu den Absatzeinbrüchen der Jeans bei. Die engsitzende Hose aus dem harten Stoff war mit einem Mal nicht nur unbequem, sondern noch schlimmer, sie war unmodern geworden.

■ Mit James Dean wird die Jeans zum Kult; hier mit Elizabeth Taylor in George Stevens *Giganten*, aus dem Jahr 1956.

1986 bringt das Original wieder den Erfolg. Doch was im Waschsalon-Spot verkauft wird, bezieht sich nicht auf die Erfindung der Jeans vor über hundert Jahren, sondern ist in den 1950ern angesiedelt, einem Jahrzehnt, das die Werbeagentur als das klassische Jahrzehnt der Jugendkultur bezeichnet. Die chromblitzenden Laundromat-Waschautomaten im stromlinienförmigen Design, die Pferdeschwanzfrisuren der Nebendarstellerinnen, der James-Dean-Touch des Helden und dazu die Musik von Marvin Gaye – alles verweist auf die Zeit, als Jeans zum Kult werden. Eine Hose zitiert sich selbst, und der Erfolg ist so umwerfend, dass die Nachfrage bei Levi Strauss von 80 000 Jeans pro Jahr auf 650 000 steigt, und sogar die Konkurrenzmarken profitieren. Die Fifties werden so populär, dass selbst die Musiktitel der Spots wieder in den Charts auftauchen.

Im Jeans-Universum ist die Jugendbewegung der 1950er Jahre ein zentraler Mythos, der sich – im Werbespot, wie in der Wirklichkeit – stets

JEANS ON I

Zuerst ziehe man die Schuhe aus, strecke die Zehen wie ein Ballett-Tänzer und ziehe die Jeans wie eine Strumpfhose über Beine und Gesäß. Dann lege man sich flach auf den Boden, halte den Atem an, nehme den Reißverschlussdorn fest in eine, den Bund in die andere Hand. Rütteln und schütteln, während der Reißverschluss hochgezogen wird; die Techniken waren unterschiedlich, aber normalerweise musste man den Hintern anheben, und das Ganze sah dann so ähnlich aus, wie eine jener fortgeschrittenen Stellungen aus dem Kamasutra.   Iain Finlayson, 1991

■ Szene aus *Der Wilde*, 1954: Jeans und Leder, eine untrennbare Kombination, wenn es um Rebellion geht. Außerdem ist die Jeans unisex.

SHRINK-TO-FIT
Die Shrink-to-fit-Jeans gibt es nur im Modell 501. Bei der ersten Wäsche läuft sie 10% ein. Damit sie passt, kauft man sie zu groß und lässt nach dem Waschen die nasse Hose am Körper trocknen. Oder man legt sich mit ihr in die Badewanne.

Levi-Strauss-Germany,
1996

mit anderen überlagert. In den letzten hundert Jahren gibt es kaum ein historisches Ereignis, an dem die Jeans nicht beteiligt ist. Jeans stehen für Protest, Freiheit und Sex.

Die Levi's 501 ist der Klassiker. Mit der Zahl 501 ist der Ballen Stoff nummeriert, den Levi Strauss 1860 aus dem südfranzösischen Nîmes nach Kalifornien importiert. Das strapazierfähige Serge de Nîmes – im Sprachendurcheinander der Einwanderer wird daraus Denim – soll das raue Segeltuch ersetzen, aus dem Strauss die ersten Arbeitshosen für die kalifornischen Goldgräber näht. Sieben Jahre zuvor ist Levi Strauss mit einer Ladung Zelt- und Wagenplanen in San Francisco gelandet. Doch Zelte interessieren die Goldgräber nicht – aus Planen werden Hosen. Der Schnitt erinnert an die Beinkleider der Genueser Seefahrer, aus »genoese« wird schließlich Jeans. Ständig wird sie den Bedürfnissen der Goldgräber angepasst, damit sie auch die härtesten Arbeiten übersteht. Doppelte Außennähte, Knöpfe für die Hosenträger und zusätzliche Gürtelschlaufen gehören bald zur Standardausstattung. Später werden die Nähte zusätzlich vernietet.

Die Jeans findet reißenden Absatz, Strauss wird zu einem der erfolgreichsten Unternehmer der Westküste. Als der Goldrausch vorbei ist, wird sie für Cowboys und Landarbeiter zu der Bekleidung schlechthin, für jedermann und jede Frau, denn Jeans sind »unisex«. Bald wird die Jeans zum Zeichen für das schwere Leben der Einwanderer: Harte körperliche Arbeit wird mit Erfolg belohnt – die Jeans wird zur Legende.

> **JEANS ON II**
> *Ein Kleidungsstück, das die Hoden quetscht, verändert einen Mann.
> … Ich lebte in dem Wissen, dass ich Jeans trug, während wir norma-
> lerweise vergessen, dass wir überhaupt Unterhosen oder Hosen tragen.
> Ich lebte für meine Jeans, und daher nahm ich das Verhalten eines
> Jeans-Trägers an. … Denken und enge Kleidung sind Feinde.*
> Umberto Eco

Über ein halbes Jahrhundert bleiben Jeans jenseits aller Moden unverwüstliche Arbeitskleidung. Erst Mitte der 1950er Jahre werden sie in den USA von der urbanen Jugend entdeckt. Sie verklärt die Goldgräber- und Cowboyromantik und macht sie zum Symbol für Ausbruch und Freiheit. Damit kann sie sich gegen den bigotten Konformismus ihrer Eltern abgrenzen. Filme wie *Der Wilde* mit Marlon Brando oder *Denn sie wissen nicht, was sie tun* mit James Dean sorgen für die nötige Identifikation. Eng geschnitten und röhrenförmig, wirkt das Symbol der Rebellion transatlantisch: Im Nachkriegsdeutschland angekommen, verändert sich die Bedeutung. Die Jeans ist die Hose der amerikanischen Besatzer und die sind nicht nur politisch und wirtschaftlich, sondern auch moralisch die Überlegenen. »Wie der Wilde sich ein Bärenfell um die Schultern legt oder sich Adlerfedern ins Haar steckt, praktiziert der europäische Teenager von heute in seinen Levi's ansteckende Magie«, erklärt Alison Lurie das Phänomen, »unbewusst glaubt er, dass die Macht und die moralische Stärke von Amerika in diesen Jeans steckt und auf ihn übergehen werde.« Dazu kommt der Rock'n'Roll von Elvis Presley, und die Jugendbewegung ist perfekt. Denn »Elvis the pelvis« bereichert die Symbolik des Jeans-Universums um ein wichtiges Element – Erotik.

Mit der US-amerikanischen und europäischen Studentenrevolte Ende der 1960er Jahre manifestiert sich das Image der Jeans. Mit dem Protest gegen den Vietnamkrieg, gegen das reaktionäre Establishment in der Politik, an Schulen und Universitäten und für soziale Gerechtigkeit wird die Jeans zur Uniform für alle, die sich solidarisieren: Künstler, Studenten, Schüler, die liberale Mittel- und Oberschicht. Mit der Love-and-Peace-Generation und den Atomkraftgegnern wird die Rebellion bis Ende der 1970er Jahre fortgesetzt. Die Jeans wird zum Ausdruck für Anti-Mode, die sich keinem bürgerlichen Modegesetz mehr beugen will. Wer sie anhat, bleibt klassenlos und anonym.

■ 501 – das erfolgreichste Label aller Zeiten.

■ Chanel-Jeans 1993: von der Goldgräberhose zum Designobjekt.

■ *Thelma & Louise* sterben in Freiheit und in Jeans, Szene aus dem Film von Ridley Scott, 1991.

Aus dem Straßenbild ist die Jeans seit den 1960er Jahren nicht mehr wegzudenken. Ihre Optik ändert sich in Nuancen. Bis in die 1970er Jahre rutscht sie immer weiter auf die Hüften, an den Oberschenkeln wird sie noch enger, und ab dem Knie weitet sie sich zum Schlag. Mitte der 1970er Jahre wird sie kunstvoll bestickt oder mit Borten und Buttons versehen. Jacken, Westen, Mützen, Turnschuhe, Hemden – alles ist mit einem Mal aus Jeans. Selbst VW hat einen Jeans-Käfer im Programm. Längst sind neben der Levi's auch andere Jeans eingeführt: Wrangler, Lee und Mustang heißen die bekanntesten Marken.

1982 bringt Karl Lagerfeld die Jeans zum ersten Mal auf einen Laufsteg der Pariser Haute Couture. Das Image der Anti-Mode ist gebrochen; Protest wird von der Modeindustrie vereinnahmt. Als die Punks in England ihre Jeans zerfetzen, sie mit Ketten und Sicherheitsnadeln durchbohren und ihr in Kombination mit Springerstiefeln, Lederjacke, Netzshirt und Irokesenschnitt ein aggressives Aussehen geben, wird ihr Stil kurz darauf als Edel-Punk von der Haute Couture kopiert. Und es dauert nicht lange, bis die »Used-Optik« von traditionellen Jeans-Herstellern für die Mittelschicht nachgeahmt wird.

Seit Mitte der 1980er Jahre wird die Jeans samt Symbolik von nahezu jeder Gruppe adaptiert. Der urbane schwule Macho zeigt sich in ihr beim Christopher-Street-Day, Joschka Fischer trägt sie 1985 bei seiner Vereidigung zum Minister der hessischen Landesregierung, kombiniert mit einer Rolex bekommt sie Yuppie-Appeal; Susan Sarandon und Geena Davis sterben 1991 auf der Kinoleinwand als Thelma und Louise in Jeans, und die Girlies des ausgehenden 20. Jahrhunderts zwängen sich sowieso wieder in die echte 501. Die Jeans lebt, solange es auf dieser Welt um Freiheit, Protest und Erotik geht.

LEVI'S JEANS

BIOGRAPHIE

Levi Strauss wird am 26. Februar 1829 in Buttenheim, Oberfranken, geboren. Er verlässt 1847 seine Heimat und folgt seinen Brüdern nach New York. 1853 macht sich Levi Strauss auf die lange Reise nach San Francisco, um dort ein Geschäft zu eröffnen. Aus der mitgebrachten Ladung Segeltuch werden die ersten Arbeitshosen für die Golgräber geschneidert. Als er den Stoff 1860 durch strapazierfähigeren Baumwollstoff ersetzt, beginnt die Erfolgsgeschichte der Levi's Jeans, die Strauss zu einem der erfolgreichsten Unternehmer der Ostküste machen. Um die Jahrhundertwende zieht sich Strauss aus dem Geschäftsleben zurück. Er hat nie geheiratet. 1902 stirbt Levi Strauss und vererbt die Firma seinen Neffen.

DATEN

Geschichte:

1850 David Stern, ein Schwager von Strauss, eröffnet in San Francisco einen Kurzwarenladen, der später zu Levi Strauss & Co. wird.

1853 Strauss erreicht am 14. Mai San Francisco mit einer Ladung Segeltuch. »Waist high overalls« heißen die ersten Hosen, die Levi Strauss aus dem braunen Zeltleinen schneidern lässt.

1860 Strauss ersetzt den Zeltstoff durch einen strapazierfähigen Baumwollstoff, der aus dem südfranzösischen Nîmes kommt. Die Stoffballen tragen die Pro-

duktionsnummer 501. Aus Serge de Nîmes wird Denim. Die Jeans wird ständig überarbeitet und den Bedürfnissen der Goldgräber angepasst. Der Stoff wird zunächst mit Indigo gefärbt.

1873 Der Schneider Jacob Davis verstärkt die Nähte der Jeans durch rostfreie Kupfernieten. Strauss und er melden die Idee zum Patent an. Im selben Jahr wird der Doppelbogen auf die Gesäßtaschen gesetzt.

1886 Der Hosenbund bekommt das lederne Rechteck aufgenäht, heute ein geschütztes Warenzeichen: Two Horse Brand – zwei Pferde, die in entgegengesetzter Richtung an einer Jeans ziehen.

1890 Die Jeans von Strauss erhalten die Produktionsnummer 501.

1897 Der deutsche Chemiker Adolf von Bayer entwickelt ein Verfahren zur synthetischen Herstellung der tiefblauen Farbe.

ab 1900 Die Jeans wird von Ranchern und Farmern, die sich im Wilden Westen ansiedeln, als Arbeitshose übernommen.

1922 Die Jeans erhalten Gürtelschlaufen.

1936 Das rote Fähnchen (Red Tab) an der Gesäßtasche wird eingeführt.

1941 Die 501 wird als kriegswichtiges Produkt nur an die Armee verkauft.

ab 1945 Amerikanische GIs verbreiten die Jeans in Europa.

ab 1955 Filme wie *Denn sie wissen nicht, was sie tun* mit James Dean und der Rock'n'Roll von Elvis Presley lösen die Jugendbewegung aus. Jeans wird Kult.

ab 1968 Die Jeans wird zur Uniform für alle, die für Frieden, soziale Gerechtigkeit und gegen atomare Bedrohung kämpfen.

1971 Das große E im Schriftzug auf dem Red Tab wird jetzt klein geschrieben.

1986 Mit den Werbespots für die Levi's 501 wird ein neuer Jeans-Boom ausgelöst.

Lesenswert:
Iain Finlayson: *Denim*, Wien 1991.

Sehenswert:
Rebel Without a Cause (Denn sie wissen nicht, was sie tun). Regie: Elia Kazan; mit James Dean, USA 1955.

The Wild One (Der Wilde). Regie: Laszlo Benedikt; mit Marlon Brando, USA 1953.

Besuchenswert:
Levi-Strauss-Museum, Buttenheim

BESCHREIBUNG

Levi's Jeans:
Die Levi's 501 Jeans besteht aus über 30 Einzelteilen, ihre Fabrikation ist aufwändig: Je nach Beanspruchung werden für die einzelnen Nähte unterschiedliche Garne verwendet. Weitere Kennzeichen: kupferne Nieten an den Taschenkanten, Hosenknöpfe aus Nickel, doppelte Außennähte.

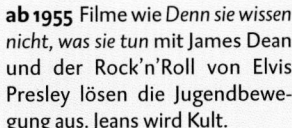

AUF DEN PUNKT GEBRACHT

Auf ihrem Weg von der Arbeitskluft der Einwanderer über die Rebellionsuniform bis zur Freizeithose des Bürgertums hat die Jeans nichts von ihrer Attraktivität verloren. Sie wird von jeder Generation neu erfunden, wenn nicht reicht es immer für ein Revival.

Burberry-Trenchcoat – a gentleman's best friend
Thomas Burberry

■ A girl's best friend: Kate Moss in der Burberry-Kampagne 2000.

Was braucht ein Engländer zum Picknick? Angenehme Gesellschaft, eine schöne Aussicht auf sanft geschwungene Hügel, eine moosige Wiese, ein Plaid, einen Weidenkorb, gefüllt mit einer Auswahl Sandwiches: Wildtaubenbrüstchen, Lachspastete oder milder schottischer Ziegenkäse; dazu eine Kanne Darjeeling-Tee, Rosinenpudding mit Portweinsauce, auch ein Fläschchen Tullamore Dew kann dabei sein. Schönes Wetter brauchen englische Gentlemen und Ladies nicht. Dafür haben sie einen Burberry.

Das feuchte und unbeständige Klima im heimatlichen West Sussex regt Thomas Burberry 1879 an, einen Stoff herzustellen, der den Menschen vor extremen Temperaturschwankungen schützt. Er beobachtet, dass Schäfer und Bauern Arbeitskleidung aus Leinen tragen, die im Sommer kühlt und im Winter wärmt. Diese Eigenschaften versucht er einem Stoff zu geben, der zusätzlich vor Nässe schützen soll. In zahlreichen Experimenten entwickelt er ein Verfahren, durch das Garn bereits vor dem Weben imprägniert wird. Zusätzlich behandelt er den fertigen Stoff mit einer wasserabweisenden Schicht. »Gabardine« nennt Thomas Burberry dieses neue Material, das sowohl reiß- und wetterfest als auch kühl und atmungsaktiv ist.

Die Wende zum 20. Jahrhundert bringt Bewegung in die Welt. Es ist die große Zeit der Flieger, Automobilisten und Entdecker. Sie alle benötigen solide Kleidung. »The Slip On« wird der erste Regenmantel aus Gabardine genannt, den Thomas Burberry im Jahr 1900 entwirft. Zwischen fünf verschiedenen Gewichtsklassen kann der Gentleman wählen, je nachdem, welche Unternehmungen ihn erwarten. Schon die Namen sprechen für sich: Airylight, Double-weave, Karoo, Wait a bit oder Tropical. Auch der Schnitt passt sich an. Für die kleineren Abenteuer eines Automobilisten, der um 1900 nur Kabrio fährt, wird ein Mantel mit einem großzügigen Schnitt benötigt, der unterwegs wie eine Reisedecke um die Beine gewickelt werden kann. Für die großen Abenteuer wird von den »Burberry-Overalls extensiver Gebrauch gemacht«, berichtet der Norweger Roald Amundsen, der 1911 mit seiner Mannschaft als erster den Südpol erreicht; »sie erwiesen sich als gute und treue Freunde«, bedankt er sich bei der Firma. Auch der erste Transatlantik-Flieger, Sir John William Alcock, trägt selbstverständlich Burberry.

Zum Angeln, Jagen und Golfen beginnen jetzt sogar Frauen den Mantel zu schätzen, denn Sportswear ist zu dieser Zeit für die bewegliche und selbstbewusste Lady ein Muss. Wirklich bewähren kann sich der Mantel, als er 1914 zum Trenchcoat (»trench« bedeutet Schützengraben) umgearbeitet wird, den englische Offiziere im Ersten Weltkrieg tragen. Innerhalb von vier Jahren werden 500 000 Exemplare für die britische Armee angefertigt.

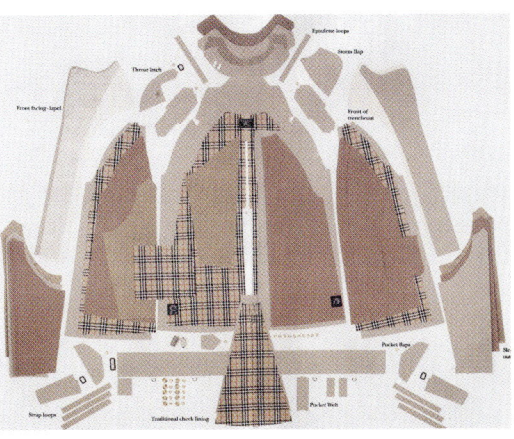

■ 54 Schnittteile, 36 Hornknöpfe, 4 Schnallen, 4 Ösen, daraus besteht ein Burberry.

Schnitt und Ausstattung eines Burberry-Trenchcoats haben sich bis heute kaum verändert. Er besteht aus 54 Schnittteilen plus 36 Hornknöpfe, vier Schnallen und vier Ösen. Der klassische Burberry hat ein dunkles Beige. Da es sich um einen Militärmantel handelt, ist er mit besonderen Details ausgestattet. Die Schulterklappen können dazu benutzt werden, Gewehre und Fernrohre zu befestigen. Die Ösen am Gürtel sind für angehängte Feldflaschen gedacht. In eine der großen Innentaschen passt mühelos eine Landkarte. Schutz vor Wind und Regen bieten die Sattel am Vorder- und Rückenteil und die verstellbaren Riemen am Ärmel. Außerdem ist er doppelreihig geknöpft. Wollkragen und Innenfutter sind abnehmbar. 1924 wird die Ausstattung komplettiert. Der Mantel erhält ein Flanellfutter mit dem Burberry-Housecheck in Beige, Weiß, Rot und Schwarz. Wer ihn einmal getragen hat, möchte nicht mehr auf ihn verzichten. Nach dem Krieg wird der Trenchcoat zum Regenmantel. Und schon bald gehört er zur unentbehrlichen Ausstattung eines englischen Gentleman.

Thomas Burberry muss nicht nur ein begabter Erfinder gewesen sein, sondern auch ein einfallsreicher Geschäftsmann. Schon um die Jahrhundertwende betreibt er neben dem Ausstattungsgeschäft in Basingstoke in West Sussex eine weitere Filiale und ein großes Lagerhaus in London. Außerdem lässt er zwei Fabriken für

TROCKEN ÜBER DEN ATLANTIK
Ich schreibe Ihnen, um Ihnen mitzuteilen, wie sehr mich der Burberry, den ich bei Ihnen für den Atlantik Flug bestellt hatte, zufriedenstellte. Trotz des kontinentalen Nebels und Schneeregens, der schwankenden Höhenlagen und Temperaturen, blieb ich so warm und trocken, wie es unter diesen Bedingungen überhaupt nur möglich ist.

Captain Sir John Alcock, 1919, nach seinem ersten Transatlantik-Flug

die Stoffproduktion errichten. Die Handelsentwicklung über Agenturen, die Meterware und Kleidungsstücke mit dem Burberry-Zeichen vermarkten, beginnt bereits um 1910 und setzt sich international fort. Später werden Großhandelszweigstellen in Buenos Aires, Montevideo und New York eröffnet.

In Hollywood wird der Burberry besonders beliebt. Richtig populär macht ihn Humphrey Bogart 1942 in *Casablanca*. Der einsame Held mit dem Riss im Herzen kehrt in der Schluss-Sequenz den Gentleman heraus und trägt mit hochgestelltem Kragen und geknotetem Gürtel einen Trenchcoat zur Männerfreundschaft. Neben Regen-, Nebel- und Nachtszenen werden vor allem Abschiede das filmische Setting zum Trenchcoat. Er wird zum Ikon des Film Noir und zur Bekleidungsvorschrift für deutsche Edgar-Wallace-Filme, für Inspektor Columbo und alle anderen Detektive. Aber auch von Frauen wird er heiß begehrt. Marlene Dietrich ist eine der ersten, die ihn trägt. Sie ist ohnehin bekannt dafür, sich männliche Lieblingsstücke anzueignen. Aber auch der eleganten Audrey Hepburn, die eigentlich ausschließlich von Givenchy ausgestattet wird, steht der Burberry, als sie 1961 ihren Kater in *Frühstück bei Tiffany* im strömendem Regen in die Arme schließt.

■ Der Trenchcoat und sein prominentester Träger: Humphrey Bogart und Ingrid Bergman in *Casablanca.*

In den 1960er Jahren wird der Trenchcoat kniekurz. Danach wird es still um ihn. Zwar setzt mit dem Film *Mach's noch einmal, Sam,* von 1971 mit Woody Allen eine Bogart-Renaissance ein, doch Bogeys Mantel ist erst mal die Pflichtgarderobe reicher Leute.

Zur Jahrtausendwende erlebt das Traditionshaus erneut einen Boom. Das Innenleben des Trench, die familiären Karos in Beige, Weiß, Rot und Schwarz, machen sich selbstständig. Karo ist jetzt Kult, und die Prise Britishness wird zum begehrten Accessoire. Den Stoff, aus dem bisher Regenschirme, Plaids, Schals, Röcke oder Hosen gemacht waren, gibt es nun in vielfachen Variationen als Handtasche, Hut, Stiletto oder Bikini. Ob Sharon Stone, Nicole Kidman oder Jennifer Lopez. Jetzt sind die Karos auch in Hollywood begehrt.

Der Burberry-Trenchcoat mit dem bewegten Innenleben ist nach wie vor ein unverwüstliches Kleidungsstück. Solche Mode bleibt, genauso wie das Wetter in West Sussex.

BURBERRY-TRENCHCOAT

BIOGRAPHIE

Thomas Burberry wird 1835 geboren. Er absolviert eine Ausbildung als Tuchmacher und eröffnet schon 1856 sein erstes Herrenausstattungsgeschäft in der Heimatstadt Basingstoke in Südengland. 1880 steigen seine beiden Söhne mit in das Geschäft ein, sie nennen sich Thomas Burberry & Sons. Seit 1901 hat die Firma ihren festen Sitz in London. Zur selben Zeit lässt Thomas Burberry Fabriken in Lancashire und Basingstoke errichten. Meterware und Kleidungsstücke mit dem Burberry-Handelszeichen werden weltweit vermarktet. Es entstehen Zweigstellen in New York, Buenos Aires und Montevideo. 1909 eröffnet Thomas Burberry das erste französische Geschäft in Paris. Schon 1920 geht das Unternehmen an die Börse. 1926 stirbt Thomas Burberry.

BESCHREIBUNG

Burberry-Trenchcoat:
Einen echten Burberry erkennt man vor allem am Innenfutter mit dem traditionellen Karo in Beige, Weiß, Rot und Schwarz. Der klassische Burberry hat ein dunkles Beige. Er besteht aus 54 Schnittteilen, 36 Hornknöpfen, 4 Schnallen und 4 Ösen. Da es sich ursprünglich um einen Militärmantel handelt, ist er mit besonderen Details ausgestattet, die bis heute kaum verändert wurden. Schutz vor Wind und Regen bieten die Sattel am Vorder- und Rückenteil und die verstellbaren Riemen am Ärmel. Außerdem ist er doppelreihig geknöpft. Er hat Schulterklappen und Ösen am Gürtel. Wollkragen und Innenfutter sind abnehmbar.

DATEN

Geschichte:
1879 Thomas Burberry erfindet Gabardine, einen reiß- und wetterfesten Stoff.

1900 Der erste Burberry-Regenmantel aus Gabardine wird hergestellt, man nannte ihn »The Slip On«. Den Stoff gibt es in fünf Gewichtsklassen: Airylight, Double-weave, Karoo, Wait a bit, Tropical.

1901 Thomas Burberry entwirft den Regenmantel, mit dem später die englischen Offiziere im Ersten Weltkrieg ausgestattet werden.

1914 bis 1918 500 000 Exemplare werden an die britische Armee verkauft.

1924 Das typische Karomuster wird entwickelt, es wird zum Synonym für Burberry.

1942 Humphrey Bogart trägt den Trenchcoat in *Casablanca* und macht ihn weltweit populär.

ab 1980 Burberry wird in Japan Trend.

ab 1993 Die Farbpalette des Burberry-Trench wird neben den klassischen Farben Stein, Navy und Khaki um Rot, Piniengrün und Terracotta ergänzt.

1997 bis 2001 Rose Marie Bravo verjüngt gemeinsam mit dem italienischen Modedesigner Roberto Menichetti die Burberry-Linie. Menichetti variiert das traditionelle Muster und erweitert die Asseccoire-Kollektion. Burberry erlebt erneut einen Boom.

Lesenswert:
»Very British« in *Madame*, Oktober 2000.

Sehenswert:
Casablanca. Regie: Michael Curtiz; mit Humphrey Bogart und Ingrid Bergman, USA 1942.

The Big Sleep (Tote schlafen fest). Regie: Howard Hawks; mit Humphrey Bogart und Lauren Bacall, USA 1946.

Farewell, My Lovely. Regie: Dick Richards; mit Robert Mitchum als Philip Marlowe und Charlotte Rampling als die tödliche Velma Grayle. GB, 1975.

AUF DEN PUNKT GEBRACHT

Wenn einem bei dem Gedanken an Burberry auch leicht kariert zumute wird – das wetterfeste Material hat nicht nur Geschichte und Tradition, sondern auch Zukunft.

AEG-Logo – verordnete Identität
Peter Behrens

■ Peter Behrens gehört zu den Begründern des Industriedesigns in Deutschland.

■ Das erste AEG-Firmenzeichen von Franz Schwechten, 1896 entworfen, spätere Logos waren sogar lesbar.

1906 hat die Firma ein Problem, das bis heute jede innovative Branche plagt: Wie mache ich auf mich aufmerksam, ohne dass die tiefsitzende Verunsicherung, die von meinem neuartigen Produkt ausgeht, die Konsumenten verschreckt? Noch vor der Wende zum 20. Jahrhundert hat die AEG (Allgemeine Elektricitäts-Gesellschaft) begonnen, mit Elektroartikeln zu handeln, und ist unter Emil Rathenau zu einem der weltweit führenden Konzerne geworden, der die Lizenz der Edison-Patente auswertete. Von Glühbirnen, Lampen, Wasserkesseln, Staubsaugern, Heizöfen über komplette Elektroautos bis hin zu großen Industrieanlagen und Schiffsausrüstungen reicht die Produktpalette des Konzerns. Doch das innovative Warenangebot steht 1906 in krassem Widerspruch zu einer inkonsequenten und uneffektiven Präsentation des Konzerns. Die Elektrogeräte für den Haushalt sind nicht so akzeptiert, wie es sich die Manager wünschen. Auch entspricht der Auftritt nach außen längst nicht dem gestiegenen Selbstbewusstsein der AEG.

1906 erhält Peter Behrens, der mit Walther Rathenau, dem Politiker und kunstinteressierten Sohn des AEG-Chefs, befreundet ist, den Auftrag, eine Werbebroschüre zu gestalten. Der vielseitige Direktor der Düsseldorfer Kunst- und Gewerbeschule beschäftigt sich seit Jahren mit Typographie, hat gerade eine Aufsehen erregende Vorlesungsreihe zum Thema gehalten, Schriften entworfen und die zahlreichen Veröffentlichungen seiner Schule gestaltet. Was er vorlegt, gefällt. Behrens vereinheitlicht die zahllosen Schriftvarianten, streicht Ornament und Verzierung, sorgt dafür, dass die Augen Ruhe finden. Peter Behrens: »Man nimmt eine Schrift beim Lesen wahr, wie den Flug eines Vogels oder den Galopp eines Pferdes. Beides ist eine graziöse wohltuende Erscheinung, ohne dass man die einzelnen Gliedmaßen der Tiere oder die momentanen Stellungen erkennt. Es ist die Gesamtlinie, und diese ist auch das Wesentliche bei der Schrift.«

Für die AEG entwickelt er eine Schrift, die die Elemente der 1908 vorgestellten Behrens-Antiqua vorwegnimmt und, da folgt er seiner Begeisterung für karolingische und frühromanische Kultur, die Unzialschrift des fünften Jahrhunderts zitiert. Auch das heute noch verwendete AEG-Logo entwickelt er aus dieser Schrift. Neben den Antiqua-Varianten, die eher als Schmuckschrift für Urkunden, Titelzeilen und Überschriften verwendet werden, entwickelt Behrens auch eine einfache Groteskschrift, die ohne Serifen und in ausgewogener Proportion nüchtern wirkt und für Werbebroschüren gedacht ist. Die Verbindung dieser durchaus gegensätzlichen Schriften zu einem einheitlichen Erscheinungsbild entspricht Behrens' Vorstellung, nach der sich »ein neuer Schriftcharakter nur organisch, fast unmerklich aus der Tradition heraus entwickeln« kann. Das gelingt jedoch »nur im Einklang mit der Neugestaltung des geistigen und materiellen Stoffes der ganzen Zeit«.

Damit formuliert Peter Behrens ein Designverständnis, das die AEG-Oberen begeistert. Man fühlt sich gedanklich im Einklang mit der Zukunft. Allerdings werden von AEG Waren produziert, deren Erscheinungsbild diesem besonderen Anspruch keineswegs noch gerecht werden. Peter Behrens wird engagiert und ist jetzt nicht nur für die Gestaltung von Katalogen, Preis-

■ Das ehemalige »Passage«-Kaufhaus an der Berliner Friedrichstraße wurde 1928 zum Präsentationszentrum der AEG-Produkte.

■ Der bekannteste Behrens-Entwurf

■ Die von Peter Behrens entworfene AEG-Turbinenhalle in Berlin war 1908/09 einer der Aufsehen erregensten Neubauten der Stadt.

listen und Plakaten verantwortlich, sondern auch für das Redesign der Bogenlampe, des AEG-Bestsellers, für Wasserkessel, Uhren, Ventilatoren, Luftbefeuchter und Heizgeräte. Die Entwürfe aus seinem Atelier, in dem zeitweise die späteren Architekturstars Gropius, Le Corbusier und Mies van der Rohe angestellt sind, haben großen Erfolg. Noch Jahre später zitiert Behrens seinen Mentor Paul Jordan mit einer Aussage zur Notwendigkeit guten Industriedesigns: »Glauben Sie nicht, dass selbst ein Ingenieur, wenn er einen Motor kauft, ihn, um ihn zu untersuchen, auseinandernimmt. Auch er als Fachmann kauft nach dem äußeren Eindruck. Ein Motor muss aussehen wie ein Geburtstagsgeschenk.«

■ Wasserkessel von Peter Behrens: altertümliche Form für moderne Technik.

1907 gehört Behrens zu den Gründungsmitgliedern des Deutschen Werkbunds, dessen wichtigster Vertreter er mit seinem AEG-Engagement wird. Eine Kunst- und Designausbildung mit einer angestrebten Auflösung der Frontstellung zwischen schöner und an-

WARME RELIQUIE

Behrens entwarf während der nächsten Jahre noch viele andere elektrische Geräte für die AEG: Kessel, Töpfe, Ventilatoren, Uhren, Zahnarztbohrer – alle kühn, einfach und ansprechend in der Form. Seine elektrischen Heizöfen hingegen waren sonderbarerweise von karolingischen Reliquienkästen beeinflusst.

Behrens-Biograph Alan Windsor

SEINE MAJESTÄT WAR NICHT ERFREUT
Zusammen mit Anna Simons entwarf Peter Behrens 1909 die Inschrift des Reichstagsgiebels. »Dem Deutschen Volke« – so etwas
wollte der Kaiser nicht lesen müssen, und erst 1917 trotzte Theobald von Bethmann Hollweg dem Monarchen die Erlaubnis für die
zweifelhafte Verzierung ab.

gewandter Kunst ist eines der zentralen Werkbund-Anliegen. Aus-
stellungsprojekte guter Architektur und Inneneinrichtung sowie die Förderung qualitätsvoller deutscher Industrieprodukte
schreibt sich der Werkbund auf die Fahnen. Der nationalliberale
Politiker Friedrich Naumann vergleicht die Gründung denn auch
folgerichtig mit dem stramm militaristischen Flottenverein. Diesmal soll die Welt am deutschen Design genesen, ein Anspruch, an
dem gerade auch die klassizistisch geprägten Entwürfe von Peter
Behrens schwer zu tragen haben.

■ AEG-Kühlschrank: Dralle
Beinchen für den Panzer-
schrank des Küchenpersonals.

So erregt sein Ausstellungspavillon für die
Deutsche Schiffsbauausstellung 1909 großes
Aufsehen. Der Kaiser eröffnet den Bau auf
dem Berliner Breitscheidplatz und ist begeistert. Der Pavillon erinnert Majestät an San Vi-
tale in Ravenna. Fortan ist Behrens bei der
AEG auch für größere Bauten zuständig. In
Berlin entstehen ein Anbau an eine Fabrik-
halle, ein Kraftwerk und eine Turbinenfabrik
– monumentale Bauten, die eine Stadtland-
schaft »heraufbeschwören«, die Jahre später
Fritz Lang zu seinem Film *Metropolis* inspiriert. Aber auch unspektakuläre Arbeiterwohnungen, bei denen er Ideen der englischen
Gartenstadtsiedlungen verarbeitet, baut Behrens für AEG. In einem zeitgenössischen Artikel über die Turbinenhalle in Berlin-Moabit
schreibt Karl Ernst Osthaus in der *Frankfurter
Zeitung*: »Was ließe sich aus solchen Arbeits-
hallen machen, wenn Ingenieure und Künstler Hand in Hand gingen! Es steckt in solchen
Hallen eine so große, so konzentrierte, so
mächtige Stimmung, dass man sich kaum eine
schönere Aufgabe für einen Architekten denken kann.« Osthaus lobt ausdrücklich, dass

■ Anfang des 20. Jahrhunderts als Sinnbild für die Modernität des Konzerns entwickelt, erfüllt das AEG-Logo noch Jahrzehnte später seine Funktion. Hier auf dem Turm der Hannover Messe, 1968.

ein AEG-Logo und die Inschrift *Turbinenfabrik* der einzige Schmuck der Halle sind. »Da hindern keine Buden den Durchblick, wo die Werkmeister ihre Mittagsschläfchen halten und verpfuschte Arbeit verbergen könnten. Alles liegt den Augen der Kontrolle offen.«

Einschüchternde Dimensionen und lichte Klarheit, Klassizismus und Modernität, Peter Behrens wechselte im Laufe seiner Karriere nicht nur die Stile – er schaffte es auch immer wieder, scheinbar Gegensätzliches in einem Entwurf zu verbinden. Alan Windsor, der Biograph von Peter Behrens, schreibt: »Seine Entwürfe waren keine derart revolutionären Neuerungen im Sinne einer reinen ›Maschinen-Ästhetik‹. Er stellte Überlegungen an über die allgemeinen formalen Eigenschaften und Proportionen. Darin war er glänzend.«

Sein »mangelnder Dogmatismus« ist ihm oft als Opportunismus ausgelegt worden. Mit seiner umfangreichen gestalterischen Arbeit verordnet Behrens der AEG schon damals eine Corporate Identity. Damit schreibt er Werbegeschichte, was in dieser Dimension erst Jahrzehnte später erkannt wird.

AEG-LOGO

 BIOGRAPHIE

Peter Behrens wird am 14. April 1868 in Hamburg St. Georg geboren. Früh verwaist, wächst Peter Behrens in der Hamburger Senatorenfamilie Sieveking auf. Seine Eltern haben ihm ein großes Erbe hinterlassen, das dem künstlerisch Begabten ein Studium, Reisen und Auslandsaufenthalte ermöglicht. Behrens malt, beeinflusst von den Impressionisten, und nimmt 1892 an der ersten Münchner Sezession teil. Um 1898 beginnt er sich im Umkreis der »Vereinigten Werkstätten für Kunst im Handwerk« mit der Gestaltung von Porzellan, Glas, Bestecken und Möbeln zu beschäftigen. Nach einer Ausstellung in Darmstadt wird Behrens 1899 Mitglied der dortigen Künstlerkolonie. 1907 holt die AEG Behrens nach Berlin. In seinem Atelier in Neubabelsberg arbeiten zeitweise Mies van der Rohe, Le Corbusier und Walter Gropius. 1914 endet sein Vertrag mit dem Konzern. In den Folgejahren arbeitet er weiter als Architekt, entwirft aber auch Briefkästen der Deutschen Post oder das Grabdenkmal für Friedrich Ebert. Das Bemühen des nationalkonservativen Behrens, sich mit den Nationalsozialisten zu arrangieren, ist mäßig erfolgreich. Sein letzter großer Entwurf wird die AEG-Hauptverwaltung, die Albert Speer bei seiner Berlin-Planung an der Nord-Süd-Achse ansiedeln will. Nach Fertigstellung des (unausgeführten) Entwurfs stirbt Peter Behrens am 27. Februar 1940.

 BESCHREIBUNG

AEG-Logo:
AEG – aus der Behrens-Antiqua entwickeltes Logo der Firma, das heute noch verwendet wird. Neben Schriften und der Gestaltung von Katalogen und Plakaten entwarf Peter Behrens für AEG zahlreiche Produkte. Als Architekt ist er für einige der wichtigsten AEG-Bauten verantwortlich. Mit seiner umfangreichen Arbeit schuf Behrens die erste Corporate Identity in der Werbegeschichte.

 DATEN

Geschichte:
1906 Peter Behrens gestaltet Kataloge für die AEG.

1907 Behrens ist für die Gestaltung in allen Firmenbereichen der AEG verantwortlich.

1907/1908 Das neue, im wesentlichen heute noch gebräuchliche Logo wird eingeführt.

1909–1913 Entwurf und Bau der drei großen Berliner AEG-Fabriken.

Bekannte Behrens-Bauwerke:
Neugestaltung des NSDAP-Hauptquartiers, 1932, Berlin

Aufmarschgelände Zeppelinfeld, 1934–1937, Nürnberg

Deutscher Pavillon, 1937, Paris

Neue Reichskanzlei, 1938/39, Berlin

Lesenswert:
Tilmann Buddensieg und Henning Rogge: *Industriekultur Peter Behrens und die AEG. 1907 – 1914*, Berlin 1993.

Peter Behrens: *Peter Behrens. wer aber will sagen, was Schönheit sei?* Dresden 1990.

Besuchenswert:
Das AEG-Fabrikgebäude in Berlin-Moabit.

 AUF DEN PUNKT GEBRACHT

Vom AEG-Logo über die Gestaltung des Werbematerials zum Produktdesign, samt den Entwürfen von Fabrikhallen und Arbeiterwohnungen – die Vielseitigkeit von Peter Behrens fasziniert genauso wie das Vertrauen eines Großkonzerns in die Phantasie eines einzelnen Gestalters.

Loom Chair – der bürgerliche Papiertiger
Marshall Burns Lloyd

■ Marshall Burns Lloyd: Erfinder und Selfmademan, der sich 1917 ein Verfahren patentieren lässt, mit dem sich Möbel aus Papier herstellen lassen.

Dem Sessel haftet das Flair der Kolonien an. In ihm sitzt man in Khaki beim Tee, über sich Palmwedel, unter sich die Annehmlichkeit eines flauschigen Teppichs. Loom Chairs holen zu Beginn des 20. Jahrhunderts den verblassenden Reiz imperialer Größe in tausende britischer Wohnungen. Mit den auf ihrem unruhigen Flechtwerk schillernden Farben von »Silver« bis »Mauve«, von »Jubilee Blue« bis »Dark Jacobean« prägen sie den Einrichtungsstil einer Epoche. Zehn Millionen Stühle und Sessel werden allein zwischen 1920 und 1940 produziert. Damit gehören Loom Chairs zu den erfolgreichsten Möbeln ihrer Zeit.

Der Loom Chair ist ein Bauhaus-Zeitgenosse und gehört doch nie zur Avantgarde. Ohne schwingendes Stahlrohr und ausgestellten Modernismus versteckt er seine innovative Fertigungsweise unter einer gartenmöbelartigen Verkleidung, die in Deutschland lange Jahre für Weidengeflecht gehalten wird. »Loom« heißt Webstuhl – der Name gibt den ersten Hinweis auf das Material, das diesem Möbel seinen Charakter verleiht. Doch der Faden, der hier verarbeitet wird, besteht aus gezwirntem Packpapier mit einer Drahtverstärkung. »Fibre« wird der geleimte Papierzwirn genannt, aus dem das Geflecht gemacht wird. »Weder Rattan noch Weide, doch beiden überlegen«, beschreibt der englische Lloyd-Loom-Produzent Lusty die Vorzüge des Materials. Es ist wärmer, glatter, haltbarer als das Naturgeflecht, genauso luftdurchlässig und knarrt nicht.

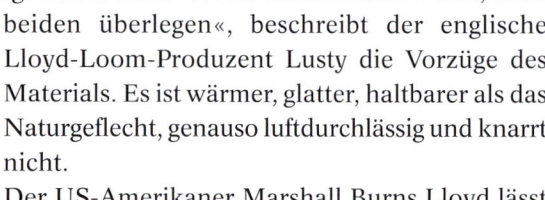

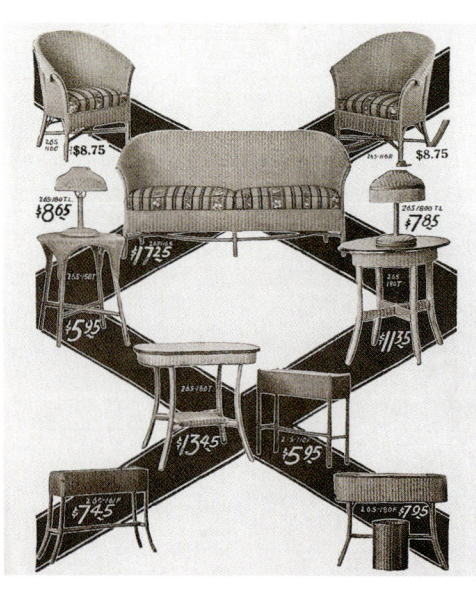

Der US-Amerikaner Marshall Burns Lloyd lässt sich die Idee mit dem Fibre-Geflecht 1917 patentieren. Der Selfmademan, Millionär und Erfinder sucht nach einem Verfahren, das Flechten zu vereinfachen. Weil das traditionelle Korbflechten sich nach Lloyds Überzeugung nicht wesentlich vereinfachen lässt, trennt er die Arbeitsgänge. Bei Lloyd montieren angelernte Arbeiter aus vorgefertigten Einzelteilen Rahmen, die anschließend mit maschinell hergestelltem Fibre-Geflecht bezogen werden. Die umlaufende Nagelleiste wird mit einem Zopfmuster aus Fibre-

Strängen verblendet. Als Thonet-Stuhl mit Mantel beschreibt Lloyd-Loom-Spezialist Lee J. Curtis das Konstruktionsprinzip. Die Teile des Bugholzrahmens werden in Serie nach dem Thonet-Verfahren hergestellt. Die Rahmenteile sind typisiert, so dass bei den bis zu hundert verschiedenen Stuhltypen immer wieder baugleiche Teile verwendet werden können.

Lloyd ist bereits 59 Jahre alt, als er das Verfahren patentieren lässt. Er besitzt eine Fabrik, ist vermögend, weiß um das kommerzielle Potenzial seiner Erfindung und erkennt, dass ihm kaum genug Zeit bleibt, seine Idee allein zu etablieren. Er fährt zweigleisig: Die Weiterentwicklung des Herstellungsverfahrens betreibt er mit der eigenen Firma. Wie Thonet baut Lloyd alle wesentlichen, für die Herstellung notwendigen Maschinen selbst. Für die Möbelproduktion sucht er sich starke Partner und verkauft Lizenzen in alle Welt. Für den US-amerikanischen Raum wird die Washburne & Heywood Chair Company, der Marktführer für Korbmöbel, sein Partner. Lloyd übernimmt in der neu gegründeten Heywood Wakefield Company die Produktion der Loom-Möbel, die in der eigenen, modernen Fabrik in Menominee, Michigan, hergestellt werden. In England wird W. Lusty & Sons aus dem Londoner East End sein Partner. Beide Firmen prägen in den nächsten Jahren die Entwicklung der Möbel.

■ Gold, Bronze, Silber, Orange, Pink und Primrose (ein Gelbton) sowie Muster- und Raureifeffekte sind beliebte Farben klassischer Loom Chairs aus der Zeit vor dem Zweiten Weltkrieg.

Das Fibre-Gewebe bietet große Gestaltungsmöglichkeiten. Es ist elastisch, stabil und lässt sich in langen Bahnen nahtlos verarbeiten. Die Oberfläche ist viel gleichmäßiger und feiner als Flechtwerk. Lackiert erzeugen die Gewebeflächen einen tiefen, weichen Glanz, und das Fibre ist angenehm anzufassen. Das Potenzial des Materials fließt nur unzureichend in die Entwürfe ein, die sich in der Formensprache kaum von etablierten Korbmöbeln unterscheiden. Es entstehen endlose Variationen bequemer Fauteuils mit hohen Arm- und Rückenlehnen, ordentlicher Sitztiefe und genügend Platz für weiche Kissen. Moderne Entwürfe mit Stahlrohrelementen sind ausgesprochen selten. Diese zum Teil äußerst eleganten Modelle bleiben Ausnahmen im konservativen und, was die US-amerikanische Produktion anbelangt, erschütternd musterreichen Angebot. Den dezenteren englischen Varianten gelingt der Anschluss an die Moderne, als Lusty-Loom-

■ Die Loom-Möbel fanden bald den Weg von der Terrasse ins Wohnzimmer.

Chairs ab 1933 zur Standardausstattung von Hotels der London und North East Railways (L.N.E.R.) werden und sie die Interieurs von Ozeandampfern und Luftschiffen bevölkern. Der Loom Chair ist nicht länger ein Gartenstuhl, sondern bewährt sich im mondänen Ambiente der Fernreisenden. Die koloniale Attitüde des Möbels hat seine aktuelle Interpretation gefunden, entsprechend gut gehen die Geschäfte in England. Zur gleichen Zeit endet der Boom in den USA. Die Weltausstellung in Chicago definiert die Moderne 1933 in Chrom, Glas, dynamischer Weite und stromlinienförmigem Design. Die gemütlichen Verandamöbel mit gewebten Jacquardverzierungen und bunten Kissen samt ihrem Zubehör aus Bänkchen, Körben und Lampen sehen mit einem Mal ziemlich alt aus.

Am 7. September 1940 beendet eine deutsche Fliegerbombe die britische Loom-Produktion bei Lusty & Sons. Die Fabrik ist vollständig zerstört, und der Möbelverkauf wird erst nach elf Jahren wieder aufgenommen. Doch 1951 passen auch die schlichten Lusty-Modelle mit ihrer eigenwilligen Farbpalette nicht mehr in die Zeit. Der einstige Bestseller befindet sich auf dem Weg zum Longseller. Weder Lusty & Sons noch die Heywood Wakefield Company überstehen die Zeit. 1968 schließt die englische, 1982 die US-amerikanische Herstellerfirma. Heute überzeugen Loom Chairs mit ihrer schnörkellosen Eleganz, mit der sie sich jeder Umgebung anpassen. Zur Möbel-Avantgarde hat der Loom Chair aus dem Werkstoff von Marshall Burns Lloyd nie gehört. Dafür sind die Träume in diesen Sesseln zu rückwärts gewandt.

SCHWINGENDE URHEBERSCHAFT

Die Erfindung des Freischwingers wird gemeinhin dem Bauhaus zugeschrieben, dessen Mitglieder sich einen Rechtsstreit über die Urheberschaft lieferten. Nach einer Lloyd-Firmenchronik von 1947 ist das Urteil des deutschen Bundesgerichtshofs von 1962, das letztlich Mart Stam die Rechte an dem Stahlrohrstuhl zuschrieb, falsch. Schon 1919, dem Bauhaus-Gründungsjahr, soll Lewis Larsen im Lloyd-Stammwerk in Menominee, Michigan, einen Handwerker angewiesen haben, einen Stuhl aus »winkelförmigem oder gebogenem Röhrenmaterial ohne hintere Beine herzustellen«. Der Prototyp wurde belacht und blieb eine Kuriosität der Designabteilung. Nur Lewis Larsen war von seiner Idee überzeugt. Die Chronik zitiert ihn mit einem selbstbewussten »Ich schätze, ich bin meiner Zeit zu weit voraus«. Erst 1931 nahm Lloyd mit dem Seaside-Freischwinger eine unbeholfene Kopie des Mies-van-der-Rohe-Modells MR 20 in das Programm auf.

LOOM CHAIR

BIOGRAPHIE

Marshall Burns Lloyd wird 1858 in Minneapolis, Minnesota, geboren. Er wächst auf einer Farm in Meaford (nördlich von Toronto, Kanada) auf und muss die Grundschule abbrechen, um mit seinem Vater in einer Ziegelei zu arbeiten. Lloyd beginnt früh zu handeln, verkauft Fischspeere, einen von ihm verbesserten Wäschekorb, Seife, Modeschmuck, fährt Post mit dem Hundeschlitten von Port Arthur zur US-amerikanischen Grenze und macht, noch nicht 25-jährig, in Winnipeg sein erstes Vermögen als Makler. Eine Getreidewaage mit Haltevorrichtung für Säcke soll seine erste produzierte Eigenentwicklung werden, doch Lloyds Fabrik brennt ab. Er beginnt wieder als Verkäufer, arbeitet sich hoch, entwickelt ein Verfahren, um Fußmatten aus geflochtenem Draht herzustellen, und wird 1894 Präsident einer Eisenfirma. 1900 gehört ihm die Fabrik, die jetzt Lloyd Manufacturing Company heißt. 1913 lässt er die Lloyd-Oxyacetylen-Methode, die sich bei der Herstellung von Stahlrohren bewährt, patentieren. Danach sind Erfindungen nur noch der Zeitvertreib eines Mannes, der über der Büro-Couch, der er fortan die meisten seiner Eingebungen verdankt, den Sinnspruch angebracht hat: »Ich tue nie, was jeder andere tun könnte.« Marshall Burns Lloyd stirbt am 10. August 1927.

BESCHREIBUNG

Loom Chair:
Sessel mit Bugholzrahmen, der mit einem Lloyd-Loom-Fibre-Geflecht bezogen ist. Fibre wird das gezwirnte, in Leim getränkte Packpapier genannt, das bei Lloyd-Loom mit einem Draht verstärkt ist. Das maschinell gewebte Geflecht wird mit dem Holzrahmen vernagelt. Die Nagelleiste ist unter einer umlaufenden Fibre-Borte im Zopfmuster verborgen. Der fertig montierte Sessel wird anschließend in einer Spritzkabine lackiert.

DATEN

Geschichte:
1917 Marshall Burns Lloyd lässt sich das Verfahren patentieren, mit dem Möbel aus Papier hergestellt werden können.

1920 Lloyd verkauft Lizenzrechte nach Australien, Neuseeland und Frankreich.

1921 Die Washburne & Heywood Chair Company, der führende Korbmöbelproduzent, kauft Lloyd Manufacturing. Die neue Firma heißt jetzt Heywood Wakefield Company.

1921 Das Londoner Unternehmen W. Lusty & Sons kauft Lizenzrechte und Maschinen für die Herstellung von Loom Chairs. Im Londoner East End entsteht zwischen Empson Street und Grand Union Canal eine Möbelfabrik.

1922 Die Lloyd Sello Fibre Company in Fulda kauft Lizenzrechte von Lloyd und produziert offenbar bis November 1923 Möbel.

1933 Die Weltausstellung in Chicago mit ihrer ausgeprägten Begeisterung für stromlinienförmiges Design leitet das Ende des Loom-Booms in den USA ein. Die Heywood-Wakefield Company passt das Warenangebot an und reduziert die Produktion klassischer Loom Chairs. Die englische Lusty-Lloyd-Loom-Produktion befindet sich im gleichen Jahr auf dem Höhepunkt.

1940 Am Samstag, dem 7. September, wird die Fabrik von Lusty & Sons in London bei einem deutschen Bombenangriff zerstört.

1941 Die US-amerikanische Heywood Wakefield Company produziert jetzt Munitionskisten, Lazarettausstattung, Flugzeug- und Bootszubehör.

1951 Der erste Nachkriegskatalog von Lusty erscheint. Das kleine Sortiment wird auf Maschinen produziert, die aus der völlig zerstörten Fabrikanlage geborgen werden konnten.

1968 Lusty & Sons wird liquidiert.

1982 Die Heywood Wakefield Company schließt. Kurz darauf übernimmt Don Flanders die Produktionsanlagen in Michigan.

Lesenswert:
Lee J. Curtis: *Lloyd Loom. Wohnen mit klassischen Korbmöbeln*, München 1992.

Sehenswert:
http://www.lloydloom.com

AUF DEN PUNKT GEBRACHT

Loom Chairs sind unauffällig elegante Sessel aus einem immer noch viel zu wenig bekannten Werkstoff. Solidität sowie Farb- und Formenvielfalt alter Loom Chairs begeistern noch heute.

Chanel N°5 – ein Parfüm wird zum Lebensgefühl
Coco Chanel

Geheimnisvolle Machenschaften der nach Frankreich emigrierten russischen Aristokratie und sogar der Pariser Massenmörder Landru werden von Chanels Biographen als Quelle der Inspiration für das Parfüm angegeben. Spionage, Intrigen und undurchsichtige Geschäftsbeziehungen sollen bei seiner Herstellung geholfen haben, berichten sie. Die Legenden um die Entstehungsgeschichte des 1921 entwickelten Parfüms Chanel N°5 sind widersprüchlich und zahlreich. Der Duft wurde zum Zeichen einer neuen Zeit und verband sich für immer mit dem Mythos Coco Chanel.

Davon ist 1920 noch wenig zu spüren. Coco Chanel steht noch am Beginn ihrer langen Karriere. Das Geschäftshaus in der Rue Cambon, die bis heute noch die Adresse des Hauses Chanel ist, hat sie schon bezogen. Zwei weitere Salons eröffnet sie in den französischen Luxusbadeorten Deauville und Biarritz. Mit ihren Entwürfen trägt sie dazu bei, den voluminösen Kleidungsstil des vergangenen Jahrhunderts zu revolutionieren, und sie entwickelt ein Erscheinungsbild, das bis heute gültig ist. Ihre Mode kommt ganz ohne Korsett aus, verzichtet auf Dekoration, auf jede ausladende Drapierung, hat eine schlanke Silhouette und ist sportlich. 1917 führt sie den Jersey in die Haute Couture ein. Aus den Restposten des Stoffes, der im Ersten Weltkrieg von französischen Soldaten als Unterwäsche getragen wurde, schneidert Chanel schlichte Kostüme und Kleider, in denen sich die Frauen dank der Elastizität des Materials frei bewegen können. Das bringt ihr den ersten internationalen Erfolg, der sogar von der US-amerikanischen Modezeitung *Harper's Bazaar* mit den Worten »Chanel's charming chemise dress« gewürdigt wird.

Nachdem ihre große Liebe, der Engländer Arthur Capel, 1919 bei einem Autounfall ums Leben kommt, gibt es in ihrem Privatleben viele Männer. Obwohl Arthur Capel sich für eine standesgemäße Heirat und somit gegen Coco Chanel entschieden hatte, hatte er sie doch in all ihren Unternehmungen bestätigt. Durch seine finanzielle Unterstützung hatte er ihr 1908 den

»Die Entdeckung neuer Substanzen hat die Parfümerie in das goldene Zeitalter geführt, indem sie Natur und Synthetik harmonisch miteinander verbindet.«

Ernest Beaux

beruflichen Start ermöglicht. Vielleicht ist ihr kurz nach seinem Tod gefasster Entschluss, ein Parfüm herzustellen, eine Flucht aus der Trauer in die Arbeit …

Coco Chanel ist jetzt 37 Jahre alt. »Ich möchte ein Parfüm, das den Frauen von heute genauso gefällt wie meine Mode«, sagt sie, »in einem Kleid von mir kann eine Frau vormittags einkaufen gehen, nachmittags zum Tee und abends ins Theater. Das Parfüm muss da mithalten und darf auf keinen Fall deplatziert wirken.« Durch die Vermittlung ihres neuen Geliebten, des russischen Großfürsten Dimitri Pawlowitsch Trubezkoj, darin sind sich die Chanel-Biographen Rudolf Kinzel und Axel Madsen einig, begegnet sie Ernest Beaux zum ersten Mal im Sommer 1920. Der Exilrusse hat den Beruf des Parfümeurs in Moskau erlernt und unterhält jetzt ein Labor im südfranzösischen Grasse. Chanel stellt Beaux vor eine große Herausforderung: Das Parfüm solle einzigartig sein, lange haften und beim Verfliegen seinen Duft entfalten. Keine einfache Aufgabe für einen Parfümeur zu dieser Zeit. Bisher haben Frauen keine andere Wahl, als nach dem Duft eines oder mehrerer vermischter Blumenextrakte zu riechen. Doch auch wenn die Komposition stark ist, verflüchtigt sich der Duft sehr schnell. Beaux nimmt die Herausforderung an. Ihm gelingt das für unmöglich Gehaltene und schreibt damit Parfümgeschichte. Er entwickelt eine Mixtur, die einen lang anhaltenden Duft erst möglich macht – eine Verbindung aus natürlichen und synthetischen Duftstoffen. Edmonde Charles-Roux, eine weitere Chanel-Biographin, möchte ihm dafür noch eine zwielichtige Spionagegeschichte anhängen, bei der es um die Formel für ein Parfüm geht, die in jahrelanger Forschungsarbeit für ein anderes Haus entstanden sei. Es steht aber zweifelsfrei fest, dass Er-

■ Schon 1909 fällt Coco Chanel durch ihre unkonventionelle Kleidung auf.

■ Paris 1952: der Magnum-Flakon

nest Beaux eine Serie von verschiedenen Duftkompositionen entwickelt, die er in zwei Lieferungen zu je fünf Produkten nach Paris schickt. Die erste war von 1 bis 5 nummeriert, die zweite von 20 bis 24. Coco Chanel entscheidet sich für die N° 5. Es ist eine Komposition aus über 80 Ingredienzen mit einer Hauptnote aus Jasmin- und Rosenessenzen. »Ein Parfüm, völlig anders als alles Bisherige. Ein Parfüm, das nach Frauen riecht, den Gedanken an Frauen heraufbeschwört«, so überliefert der Chanel-Biograph Axel Madsen Cocos überschwängliche Reaktion.

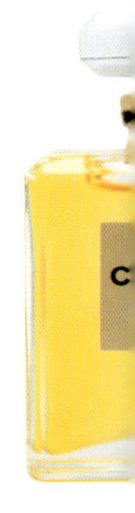

Auf äußerst geschickte Weise kümmert sich die Geschäftsfrau um den Verkauf ihres neuen Produktes. In den Anproberäumen ihres Salons in der Rue Cambon lässt sie die Verkäuferinnen den Duft versprühen, gleichzeitig verschenkt sie Probefläschchen an ausgewählte Kundinnen. Neugierig fragen die, wo es denn diesen Duft zu kaufen gäbe. Chanel stellt sich ahnungslos und erklärt, die Fläschchen in Grasse lediglich als kleines Geschenk für besondere Kundinnen gekauft zu haben. Als die Nachfragen immer drängender werden, fragt Chanel ihre Kundinnen um Rat, ob sie das Parfüm, das ihnen so gut gefällt, tatsächlich herstellen lassen soll. Die Reaktionen sind einstimmig positiv. Kurz darauf beauftragt sie Beaux in Grasse mit der Produktion. Der Duft behält seinen Namen: N°5, das ist nicht nur ein neues Parfüm, sondern eine Formel, knapp, sachlich, modern, wie die Frau, die den Duft trägt. Der Flakon hat eine nahezu quadratische Form und erinnert an ein Apothekenfläschchen. Das klare Kristall lässt die warme Honigfarbe der Flüssigkeit durchschimmern. »N°5 Chanel Paris Parfum« steht auf dem weißen Etikett – mehr nicht. Duft und Design bilden eine Einheit und finden die Entsprechung in der Mode, die Coco Chanel entwirft.

Die Kunst des Weglassens prägt ihren zeitlos eleganten Stil. Spätestens mit der Einführung von N°5 drückt sie den Konkurrenten den Stempel des Unmodernen auf.

Coco Chanel ist nicht die erste und auch nicht die einzige Modeschöpferin, die eine natürliche Mode entwirft. Für viele Couturiers der 1920er Jahre ist der für die Frauen neu entdeckte Sport die Inspirationsquelle für Schnitte mit Bewegungsfreiheit. Aber Coco

■ Vogue 1926: Mit dem »kleinen Schwarzen« wird Chanel endgültig zur stilbildenden Modeschöpferin ihrer Epoche.

■ »Einige Tropfen N°5 sind alles« antwortet Marilyn Monroe 1954 auf die Frage, was sie beim Schlafen trägt.

Chanel ist diejenige, die mit dem neuen Stil assoziiert wird. Die Frauen lassen sich die Haare kurz schneiden, Chanel macht die Garçonne gesellschaftsfähig. Auch hat sie das »kleine Schwarze« nicht erfunden, dennoch gilt ihr 1926 die Gratulation der Zeitschrift *Vogue*. Coco Chanel ist immer die Erfolgreichste. Gegenüber ihren männlichen Kollegen wie Paul Poiret oder Jean Patou genießt sie den entscheidenden Vorteil, dass sie selbst ihre Mode repräsentiert. Und – dass sie ihre Konkurrenten von einst überlebt, denn die 71-Jährige feiert in den 1950er Jahren mit dem Chanel-Kostüm ein unerwartetes Comeback.

Sie hat nicht nur einen unbeirrbaren Geschäftssinn und ein unglaubliches Gespür für den Zeitgeist, ihr aktives Leben ist der Zeit immer ein wenig voraus. Unverheiratet, unabhängig, mit einem abwechslungsreichen Liebesleben, reich geworden durch ei-

■ Coco Chanel, 1936

DIE FRAU, DIE DIE FRAUEN ERBLICKT

Beobachten Sie doch, wie eine Frau, die alle Blicke auf sich zieht, den Raum betritt. Wie sie geht, wie sie sich setzt, welche Gesten sie beim Gespräch verwendet. Weshalb ist sie unter fünfzig, hundert anderen die Attraktivste, ob sie nun groß oder klein, dunkelhaarig oder blond, sportlich oder feminin ist? Weil sie weiß, wie sie gehen möchte, warum sie sich hinsetzen will und worauf sich ihre Gesten beziehen. Sie ist sie selbst. Coco Chanel

genes Schaffen, dabei immer elegant und sehr feminin, verkörpert sie das, wovon die meisten Frauen ihrer Generation nur träumen. Mit ein paar Tropfen N° 5 können die Frauen teilhaben an diesem Lebensgefühl, auch heute noch, das wollte sie so.

CHANEL N°5

BIOGRAPHIE

Coco Chanel wird am 19. August 1883 als uneheliches Kind in Saumur geboren. Ihr Geburtsname ist Gabrielle Bonheur Chasnel. Auf Kosten der Fürsorge wird sie in einem Kloster großgezogen, danach ist sie Verkäuferin in einem Aussteuergeschäft in der Garnisonsstadt Moulin. In den Straßencafés erprobt sie sich als Sängerin und Schauspielerin, zwei Lieder aus ihrem Repertoire bringen ihr den Namen Coco ein. 1905 lernt sie Etienne Balsan kennen, mit dem sie auf sein Landgut Royallieu zieht. Den Gästen fällt sie durch ihre selbstentworfene unkonventionelle Kleidung auf. 1910 eröffnet sie ihren ersten Salon in Paris, 1913 kommt die Boutique in Deauville, 1917 eine weitere in Biarritz hinzu. In diesen Jahren verfeinert sie ihren legeren Stil zu schlichter Eleganz. Der erste große internationale Erfolg wird das 1917 entworfene Hemdblusenkleid aus Jersey. Das Parfüm N°5 wird schon 1922 zur Legende, mit dem »kleinen Schwarzen« gehört sie 1926 endgültig zu den stilbildenden Modeschöpfern ihrer Epoche. Schon früh beginnt sie befreundete Künstler finanziell zu unterstützen, darunter Sergej Diaghilews Ballets Russes, Jean Cocteau oder Igor Strawinsky. Unter der deutschen Besatzung im Zweiten Weltkrieg schließt sie ihr Geschäft. Erst 1954 eröffnet Coco Chanel ihre Salons erneut, ihre erste Modevorführung wird allerdings ein Fiasko. Ein Jahr später gelingt der 71-Jährigen das Comeback mit dem aus Tweed gefertigten Chanel-Kostüm, das wie das »kleine Schwarze« in die Geschichte eingeht. Coco Chanel stirbt am 10. Januar 1971 in Paris.

BESCHREIBUNG

Chanel N°5:
N°5 ist das erste Parfüm, das aus synthetischen und natürlichen Duftstoffen hergestellt wurde. Es wird von jeder Haut anders interpretiert und bewahrt so die persönliche Note jeder Frau. Der moderne durchsichtige Flakon unterstreicht das Image des Duftes.

DATEN

Geschichte:
1920 Coco Chanel entschließt sich ein Parfüm herzustellen und trifft sich zum ersten Mal mit Ernest Beaux in Grasse. Beaux entwickelt die erste Verbindung aus natürlichen und synthetischen Duftstoffen in der Geschichte der Parfümherstellung.

1921 Coco Chanel entscheidet sich für die N°5 der erhaltenen Proben, ein Parfüm bestehend aus 80 Ingredienzen, dessen Hauptnote aus Jasmin- und Rosenessenzen besteht.

1923 Coco Chanel verkauft die Rechte an N°5 an die Brüder Paul und Pierre Wertheimer, die das Parfüm weltweit vertreiben.

1924 Die Dichtheit und Haltbarkeit des Flakons wird verbessert.

1928 Die Gebrüder Wertheimer beschäftigen einen Anwalt, der sich einzig und allein um die Prozesse gegen Coco Chanel kümmert, die nicht müde wird, ihre Anteile zurückzuverlangen. Sie selbst soll allerdings allein 15 Millionen Francs an N°5 verdient haben.

1959 Der Flakon zieht ins Metropolitan Museum in New York ein.

1986 Jacques Polge kreiert das Eau de Parfum.

Lesenswert:
Djuna Barnes: *Was sehen Sie Madame? Geschichten Reportagen Porträts*, Leipzig 1990.

Axel Madsen: *Chanel, Die Geschichte einer emanzipierten Frau*, Hamburg 1992.

Coco Chanel. Zahlreiche meist farbige Abbildungen. Mit einem Text von François Baudet, München 1996.

Edmonde Charles-Roux: *Coco Chanel. Ein Leben*, Frankfurt am Main 1997.

Paul Morand, Coco Chanel: *Die Kunst, Chanel zu sein. Gespräche mit Coco Chanel*. Illustriert von Pablo Picasso, München 1998.

Katharina Zilkowski: *Coco Chanel. »Le style c'est moi«*, München 1998.

AUF DEN PUNKT GEBRACHT

N°5 fasst alle Codes von Chanel zusammen. Der Duft ist auch heute noch ein lebendiger Mythos, der für zeitlose klassische Eleganz steht und mit dem man für immer Coco Chanel verbinden wird. Es ist das weltweit am meisten verkaufte Parfüm überhaupt.

Frankfurter Küche – einmal Kartoffelkochen = zwölf Meter
Margarete Schütte-Lihotzky

Wie lang ist die Strecke, die eine Hausfrau in der Küche zurücklegt, um eine Kartoffel gar zu kochen? Mitte der 1920er Jahre berechnet die junge Architektin Margarete Schütte-Lihotzky Zentimeter um Zentimeter jedes Arbeitsschrittes. Von der Vorratskammer zum Topfschrank = 0,60 m, zur Arbeitsplatte und Spüle = 1,60 m; von dort zum Herd = 2 m; zum Geschirrschrank, zur Abstellfläche und wieder zum Herd = 2,90 m; zur Spüle und zurück = 2,40 m; und dann zum Esstisch = 2,50 m. In der Frankfurter Küche benötigt die Hausfrau für die Zubereitung eines einfachen Kartoffelgerichts zwölf Meter. In einer herkömmlichen Küche hätte sie achtzehn Meter gebraucht.

»Eine Arbeitsküche und keine Wohnküche. Küchen waren damals zwanzig Quadratmeter groß. Mitten in der Wohnungsnot nach dem Ersten Weltkrieg – eine unerhörte Verschwendung. Dagegen die Eisenbahn: In den Speisewägen gab es Küchen, da hantieren zwei Menschen, die für fünfzig Personen ein Essen von sechs Gängen zubereiten. Das ist eine Leistung«, erläutert Schütte-Lihotzky die Ausgangsidee für die Frankfurter Küche, die als erste Einbauküche der Welt Geschichte macht.

Die Küche ist 1,90 Meter breit und 3,44 Meter lang, jeder Hand-

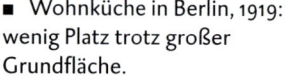

■ Wohnküche in Berlin, 1919: wenig Platz trotz großer Grundfläche.

■ System schafft Platz auf wenig Raum: nur 6,5 qm hat die Architektin Schütte-Lihotzky für die funktionale Frankfurter Küche berechnet.

griff wird bei der Anordnung der Küchenmöbel, Geräte und Anschlüsse berücksichtigt, die Vorratshaltung wird systematisiert, die Materialien werden auf Funktion und Strapazierfähigkeit geprüft, und die Ausstattung bietet mit ihren vielen Neuerungen einen für damalige Verhältnisse ungeheuren Luxus.

1926 soll die Frankfurter Küche der modernen berufstätigen Frau das Leben erleichtern. Entworfen wird sie für das »Neue Frankfurt«, eines der umfangreichsten Projekte des sozialen Wohnungsbaus der Weimarer Republik, das unter der Leitung des Architekten Ernst May entsteht. Zwischen 1926 und 1930 wird diese Küche in über 10000 Wohnungen und Siedlungshäuser eingebaut. Margarete Schütte-Lihotzky ist die erste Frau, die das Architekturstudium an der Wiener Kunstgewerbeschule absolviert. Entgegen der väterlichen Überzeugung, »kein Mensch wird sich von einer Frau ein Haus bauen lassen«, entwirft die 29-Jährige schon ganze Siedlungen und arbeitet mit den wichtigsten Architekten ihrer Zeit zusammen, als sie die ersten Planungen für das Frankfurter Wohnungsbauprogramm aufnimmt. Sie hat Wichtigeres zu tun, als sich Gedanken über ihre Weiblichkeit zu machen. Bereits

■ Im Detail: Abtropfgestelle gehören zum Küchenstandard. Schütte-Lihotzky hat sie für die Frankfurter Küche erfunden.

1917 wird die Begegnung mit der Wohnungsnot der Wiener Arbeiter – »nicht selten hausten acht oder neun Menschen in einem Zimmer« – zum Schlüsselerlebnis. »Neben meiner Generation von Bürgerlich-Intellektuellen und Menschen, die sich außerhalb der Klasse als eine Elite betrachteten, lebte eine riesige Volksschicht, lebten Hunderttausende Menschen ihr angespanntes, mir bis dahin unbekanntes Leben. Über die Ursachen ihres Elends war ich mir natürlich nicht im klaren, doch wollte ich einen Beruf haben, durch den ich zur Linderung ihrer Not beitragen konnte.« Nach dem Studienabschluss 1919 arbeitet sie in einem Architekturbüro in den Niederlanden. Nachhaltig begeistern sie die großen genossenschaftlichen Arbeitersiedlungen des De-Stijl-Architekten J. J. P. Oud, der die Gestaltung der Arbeiterwohnung zum ersten Mal als eine künstlerische Aufgabe begreift. Zurück in Wien, nimmt sie 1921 das Angebot von Adolf Loos an, mit ihm am Projekt Friedensstadt zusammenzuarbeiten. Mit großem Enthusiasmus setzt sich Loos für die Siedlungsbewegung ein, die als Reaktion auf die Wohnungsnot und Lebensmittelknappheit im damaligen Wien entsteht. Sein besonderes Interesse gilt der Bauökonomie, der maximalen Raumausnutzung für den Wohnungsbau; eine Aufgabe, mit der sich auch Schütte-Lihotzky beschäftigt. *The New Housekeeping. Efficiency Studies in Home Management* heißt das Buch der US-Amerikanerin Christine Frederick, von der Schütte-Lihotzky die entscheidende Anregung zur Idee der Rationalisierung bekommt. Die Autorin analysiert verschiedene Vorgänge bei der Küchenarbeit und stellt fest, dass durch eine neue Gliederung der zeitlichen Abläufe überflüssige Bewegungen und Pausen eingespart werden können. Die als Taylorismus bezeichnete Rationalisierungsmethode geht auf den Ingenieur Frederick Winslow Taylor (1856–1915) zurück, der ganze Arbeitsprozesse für die US-amerikanische Industrie umgestaltet.

»Während die Arbeitsersparnis in der Industrie die Probleme des Lohndrucks und der Arbeitslosigkeit aufwirft, kommt die im Haushalt eingesparte Zeit der Familie, den Kindern, vor allem aber der Frau zugute«, resümiert Schütte-Lihotzky. Als sie von Ernst May an das städtische Hochbauamt in Frankfurt berufen wird, ist sie die erste Architektin, die den Taylorismus auf den Wohnungsbau anwendet. Die Rationalisierung der Wohnstruktur lässt sich mit Ernst Mays Vision vom »Neuen Frankfurt« verbinden, der sowohl den funktionalen als auch den sozialen Ansprüchen der architektonischen Massenfabrikation gerecht werden will: geringe Kosten, menschenwürdige Räume und größtmöglicher Komfort.

Schütte-Lihotzkys Ausstattung für die Frankfurter Küche ist 1926 kaum an Funktionalität und High-Tech zu überbieten. Alle Küchen erhalten einen Gasherd mit Dunstabzugshaube und eine Speisekammer mit einer Luftabzugsöffnung und einem Regulationsgitter in der Außenmauer (Kühlschränke gibt es für den Durchschnittshaushalt noch nicht). Das Doppelspülbecken bildet mit der Abstellfläche und dem Abtropfbrett ein Eck, um das Übereinandergreifen der Hände zu vermeiden. Neu ist das Tellerabtropfgestell an der Wand. Vor dem Fenster steht der Arbeitstisch mit Öffnung und Schütte, in die alle Abfälle hineingeschoben werden können. Variabel ist das aufklappbare Bügelbrett oder die Lampe, die an einer Deckenschiene hängt und wahlweise zum Herd oder zur Spüle geschoben werden kann. Selbst die Auswahl der Materialien und Farben folgt praktischen Erwägungen oder neuesten Forschungen. Zur Aufbewahrung von trockenen Lebensmitteln entwirft Schütte-Lihotzky einen Schrank mit achtzehn Schütten aus leichtem und unzerbrechlichen Aluminium. Die Schublade für das Mehl ist allerdings aus Eichenholz, denn die darin enthaltene Gerbsäure soll Mehlwürmer fernhalten. Der Anstrich für alle Küchenmöbel ist kobaltblau. Wissenschaftliche Untersuchungen haben gezeigt, dass die Fliege, ein gefährlicher Bakterienträger, diese Farbe offenbar meidet.

Der Essplatz wird nach langen Überlegungen dem Wohnbereich zugeordnet, ist aber durch eine breite Schiebetür mit der Küche verbunden. Die strikte Trennung nach Funktionen wie Wohnen, Essen, Schlafen, Waschen oder Kochen entspricht der ökonomischen Gesamtordnung der Räume. Die Größe der in Serie hergestellten Grundrisstypen von Woh-

■ Übersicht und Ordnung – Vorräte und Geschirr: alles mit einem Griff.

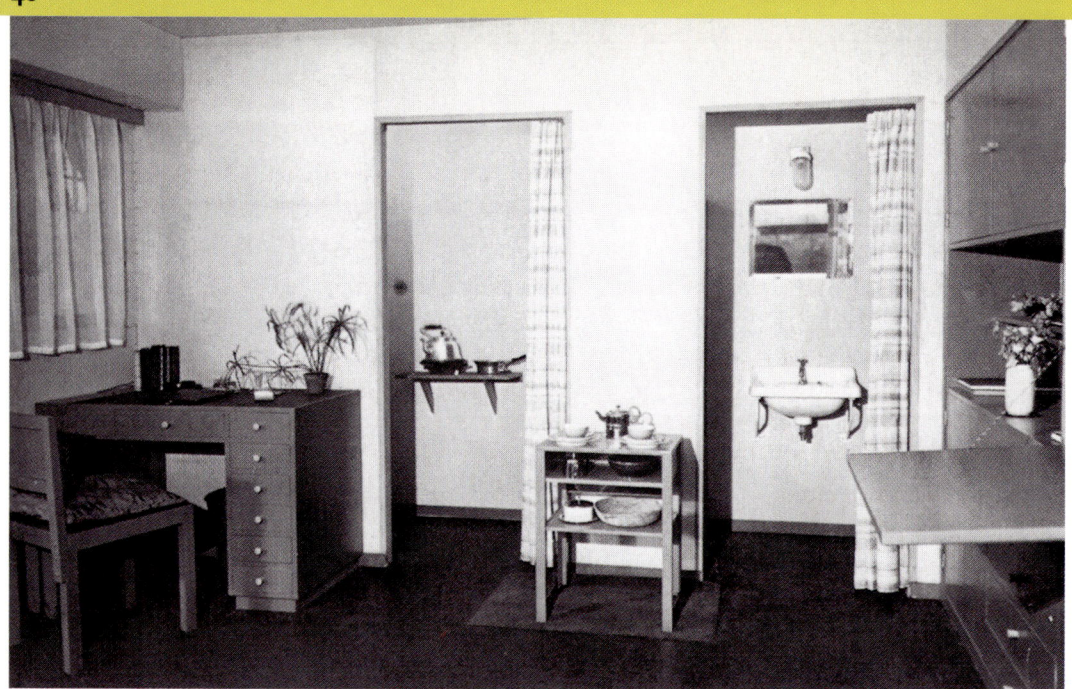

■ um 1920: auf kleinstem Raum alle Funktionen getrennt.

nungen und Siedlungshäusern verändert sich mit der Zahl der Familienangehörigen. Schütte-Lihotzky entwirft drei Variationen des Küchenmodells: für Alleinstehende, für kleine und für große Familien.

»Fordismus Frankfurter Prägung« sind die Siedlungen von kritischen Zeitgenossen genannt worden, die Typisierung wird als Einschränkung empfunden. Doch das Modell der Frankfurter Küche geht um die Welt und kehrt nach dem Zweiten Weltkrieg aus Schweden und den USA als Einbauküche nach Deutschland zurück.

»Dass ich ausgerechnet durch eine Küche, die ich vor mehr als siebzig Jahren entworfen habe, berühmt geworden bin – das ist wahrscheinlich das größte Missverständnis in meinem Leben,« erklärt Margarete Schütte-Lihotzky regelmäßig, »Ich bin keine Küchenexpertin, sondern Architektin. Immer gewesen.«

Niemand wird das bezweifeln. Das Neue Frankfurt, an dem neben Margarete Schütte-Lihotzky und Ernst May auch Architekten wie Mart Stam, Ferdinand Kramer, Walter Gropius, die 1926 zur linken Avantgarde zählen, beteiligt sind, gilt heute trotz kritischer Einwände als wesentlicher Beitrag zur Geschichte des sozialen Wohnungsbaus.

FRANKFURTER KÜCHE

BIOGRAPHIE

Margarete Schütte-Lihotzky wird am 23. Januar 1897 in Wien als Tochter eines österreichischen Staatsbeamten geboren. Als erste Frau schließt sie 1919 ihr Architekturstudium an der Wiener Kunstgewerbeschule ab. Schon früh beginnt sie den Beruf mit ihrem sozialen Engagement zu verbinden. 1917 gewinnt sie den ersten Wettbewerb – den Max-Mauthner-Preis für die Konzeption von Arbeiterwohnungen in Wien. 1920 lernt sie in den Niederlanden die Siedlungen der De-Stijl-Gruppe kennen, ab 1921 arbeitet sie gemeinsam mit Adolf Loos am Projekt Friedensstadt der Wiener Siedlungsbewegung. Als sie sich mit dem Taylorismus beschäftigt, steht die Arbeitserleichterung der modernen berufstätigen Frau im Mittelpunkt ihrer Forschungen. Zwischen 1926 und 1930 konzipiert und entwirft Schütte-Lihotzky die Frankfurter Küche für die Sozialwohnungen des großen Bauprogramms der Weimarer Republik unter der Leitung von Ernst May. In diesem Rahmen entstehen auch Kindergärten und Wohnungen für berufstätige Frauen. 1930 geht sie mit ihrem Mann, Wilhelm Schütte, Mart Stam und Ernst May nach Moskau, um beim Programm »Aufbau neuer Städte« vor allem Anlagen für Kinder zu entwerfen. 1940 kehrt sie nach Wien zurück und beteiligt sich am antifaschistischen Widerstand. Sie wird von der Gestapo verhaftet und verbringt vier Jahre im Gefängnis. Nach dem Zweiten Weltkrieg erhält sie vor allem Aufträge aus sozialistisch regierten Ländern: Ungarn, Kuba und der DDR. Margarete Schütte-Lihotzky verfasst zahlreiche Publikationen und lebt bis zu ihrem Tod im Jahr 2000 in Wien.

BESCHREIBUNG

Frankurter Küche:
Die 1926 für die Stadt Frankfurt entworfene Küche ist 6,5 Quadratmeter groß und wird als reine Arbeitsküche konzipiert. Zum ersten Mal wird für den Wohnungsbau das Prinzip des Taylorismus angewendet, das die Arbeit in der Küche so effizient machen soll wie die am Fließband. Die vielen Neuerungen und die luxuriöse Ausstattung der Küche führen Standards für den sozialen Wohnungsbau ein.

DATEN

Geschichte:
1921 Margarete Schütte-Lihotzky verfasst ihre erste theoretische Schrift mit dem Titel *Wie kann man durch richtigen Wohnungsbau der Frau Arbeit ersparen?*

1922 Sie wird auf das Buch *The New Housekeeping. Efficiency Studies in Home Management* von Christine Frederick aufmerksam und beschäftigt sich mit der tayloristischen Arbeitsorganisation, die sie auf den Wohnungsbau anwendet.

1926 bis 1930 Die Maße für die Frankfurter Küche werden kalkuliert und die Ausstattung für drei Variationen entworfen. In Frankfurter Sozialwohnungen und in Siedlungshäuser werden 10 000 Küchen eingebaut. Die wichtigsten Wohnanlagen heißen Praunheim, Römerstadt, Hellerhof und Westhausen.

1927 Die Küche wird auf der Frankfurter Messe zum Thema »Die neue Wohnung und ihr Innenausbau« einem internationalen Publikum vorgestellt und feiert als erste Einbauküche der Welt großen Erfolg. Sie wird zum Standardmodell aller Systemküchen.

ab 1950 Die Frankfurter Küche kehrt als Einbauküche aus den USA und Schweden nach Deutschland zurück.

1997 Die Küche wird zum 100. Geburtstag von Margarete Schütte-Lihotzky für das Wiener Museum für angewandte Kunst rekonstruiert.

Lesenswert:
Landesgewerbeamt Baden-Württemberg (Hg.): *Frauen im Design*, Stuttgart 1989.

Peter Noever (Hg.): *Die Frankfurter Küche von Margarete Schütte-Lihotzky*, Berlin 1992.

Süddeutsche Zeitung Magazin (Hg.): *Wahre Schönheit kommt von Innenarchitekten*, München 1999.

Emma O'Kelly: *Galley Girl* in *wallpaper*, London Juli/August 2000.

AUF DEN PUNKT GEBRACHT

Die Frankfurter Küche zeigt die gelungene Kombination aus funktionaler Raumaufteilung und schöner Ausstattung. Besser kann man 6,5 Quadratmeter nicht einrichten.

Freischwinger MR 20 – neues Schweben
Ludwig Mies van der Rohe

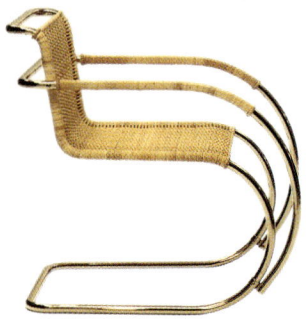

■ MR 20 – der Swing der Moderne.

■ Mies van der Rohe auf MR 10: »less is more«.

»Hässlich, so was Hässliches mit diesen Muffen. Wenn er wenigstens abgerundet hätte«, beschwert sich Ludwig Mies van der Rohe bei einem seiner Mitarbeiter über Mart Stams Entwurf für einen Stahlrohrstuhl. Doch das Prinzip des Stuhls, den Stam ihm gerade in Stuttgart vorgestellt hat und der nicht wie gewohnt auf vier, sondern auf zwei Beinen steht, beschäftigt ihn nachhaltig. Mit einem Schwung zeichnet er einen Bogen über den rechtwinkligen Unterbau auf der Skizze – »so wäre es schöner«. Damit ist der Freischwinger, der zu einem der einflussreichsten Sitzmöbel des 20. Jahrhunderts wird, erfunden.

Seit 1925 ist Ludwig Mies van der Rohe für das große Ausstel-

lungsprojekt verantwortlich, das mit dem Titel »Die Wohnung« unter der Schirmherrschaft des Deutschen Werkbunds in Stuttgart entsteht. Mies gelingt es, siebzehn Architekten und Designer der europäischen Avantgarde – darunter den Schweizer Le Corbusier, den Österreicher Josef Frank, die Deutschen Walter Gropius, Hans Scharoun, Max und Bruno Taut und die Niederländer Mart Stam und Jacobus Johannes Pieter Oud für das Projekt zu gewinnen. Zwei Jahre lang arbeiten sie an den Entwürfen für die Mustersiedlung Am Weißenhof. Für die einundzwanzig Gebäude experimentieren sie mit Baumaterialien und -formen, für die Innenarchitektur werden neue Konzepte entwickelt: Glas und Stahl sind die wesentlichen Elemente, die Klarheit und Transparenz schaffen sollen. Als die Ausstellung im Juli 1927 der internationalen Öffentlichkeit präsentiert wird, ist der Erfolg überwältigend. Mies van der Rohes Gesamtplanung zählt seitdem zu seinen bedeutendsten beruflichen Erfolgen. In dem von ihm entworfenen Wohnblock stellt er zum ersten Mal auch seinen Freischwinger vor, eine elegante S-Form aus glänzendem Stahlrohr. Das kühle Material verbindet anspruchsvolles Design mit industrieller Produktionsweise. Während die Weißenhof-Siedlung als Durchbruch für die moderne Architektur in die Geschichte eingeht, wird der Freischwinger zum Synonym für den modernen Möbelbau.

Im Vergleich zu den wuchtigen Polstermöbeln seiner Zeit ist der Freischwinger leicht und flexibel. Mehrere Stühle sind schnell zur Sitzgruppe zusammengestellt, ebenso kann er auch als Einzelmö-

■ Villa Tugendhat von 1931: Mies van der Rohes Gesamtkunstwerk.

■ Marcel Breuer 1928: Der Unterschied liegt nicht nur im Detail.

BAUHAUS GOES WEST
Ab Mitte der 1920er Jahre bildet sich eine internationale Formensprache in Architektur und Design heraus. Die Formen des Bauhauses werden zum International Style, ein Begriff, der von den US-amerikanischen Architekten Henry Russel Hitchcock und Philip Johnson 1932 geprägt wird. Mies van der Rohe, Breuer und Le Corbusier sind die europäischen Vorbilder für Klarheit, Transparenz, Eleganz und Rationalität.

■ Marcel Breuer 1929: urheberrechtlich als Mart Stam zu bezeichnen.

bel genutzt werden. Ob an einem Esstisch, Beistelltisch oder Schreibtisch – seine Funktion ist variabel. Die Bespannung der Sitzfläche und Armlehne aus Leder oder Naturrohrgeflecht gibt nach und macht den Stuhl bequem. Außerdem sind die Materialien leichter zu pflegen und viel hygienischer als Polstermöbel, was in den 1920er Jahren eine große Rolle spielt.

Noch weitere Stahlrohrstühle werden auf der Stuttgarter Ausstellung gezeigt. Mart Stam stellt seinen Kragstuhl vor, und Marcel Breuer stattet das Haus von Walter Gropius mit dem Wassily-Sessel, einem Stuhl und einem Hocker aus.

Den Wassily-Sessel hat Marcel Breuer schon 1925 entwickelt. Er gilt als der erste Stahlrohrstuhl der Möbelgeschichte. Ein einfacher Fahrradlenker ist die Ausgangsidee für den Stuhl, dessen Realisierung allerdings erst nach zahlreichen Experimenten mit der Formung von Stahlrohr ermöglicht wird. Ebenfalls 1925 entsteht der sogenannte Bauhaus-Hocker, auch ein Kufengestell. Die Drehung des Hockers um 90 Grad legt ein hinterbeinloses Modell nahe. Diese Versuche stellt Breuer ein, weil es dem Material, nach seinen Angaben, an Festigkeit mangelt.

Das Prinzip des hinterbeinlosen Kragstuhls wird 1926 von Mart Stam realisiert. Die Bezeichnung kommt tatsächlich vom Kragen, was ein einfaches Überstehen meint. Das erste Modell, das er bei einem der Vorbereitungstreffen zur Ausstellung skizziert und damit wiederum Mies van der Rohe zum Entwurf des MR 20 inspiriert, wird noch aus Gasrohren mit rechtwinkligen Muffen zusammengesetzt. Zur Ausstellungseröffnung 1927 besteht Stams Kragstuhl aus einem zu einer einzigen Linie gebogenen Eisenrohr. Doch federn kann der Stuhl nicht, weil er innen mit Eiseneinlagen verstärkt wurde, damit er nicht abknickt.

Mies van der Rohes Version des Freischwingers löst die kubische

MIES – FOREVER!
Ich habe das Gefühl, dass mich zwei Themen in seinem Lebenswerk tief verändert haben. Erstens, dass etwas gut zu machen nicht nur ein moralischer Imperativ ist, sondern auch die absolute Grundlage für die Freude am Gebrauch. Zweitens, ... Mies war nie interessiert an Maschinen-Zeitalter-Rhetorik: Er hat eine Bankiersruhe und Liebe zur Ordentlichkeit und Stille eingebaut.
Peter Smithson zum 80. Geburtstag von Mies van der Rohe, 1966

Form durch einen weichen Bogen ab. Damit ist er nicht nur weitaus eleganter als Stams Kragstuhl, sondern besitzt vor allem eins: Swing. Die Elastizität des kaltgebogenen Stahlrohrs macht das Sitzen zu einem angenehm schwebenden Zustand. Auch das Obermaterial wählt Mies mit besonderer Sorgfalt aus. Das doppelt verarbeitete Naturrohrgeflecht ist ein Entwurf von Lilly Reich, seiner engsten Mitarbeiterin.

■ Bauhaus-Ensemble für die Weißenhof-Siedlung: jedes Stück ein Klassiker.

Um die Urheberschaft bricht bald ein erbitterter Streit los. Ab 1928 werden alle Breuer-Stühle von der Firma Standard-Möbel hergestellt. Betrieben wird sie von Kalman Lenguyl und Anton Lorenz, der nicht nur von Breuer, sondern auch von Stam die Rechte an deren Möbeln erwirbt. 1929 kauft Thonet das marode Unternehmen und glaubt, auch die Rechte an den Breuer-Stühlen zu besitzen. Doch die hat Lorenz. Drei Jahre lang dauert der Prozess. Die Richter sprechen Mart Stam die Urheberschaft des hinterbeinlosen Stuhls zu. Absurderweise gelten jetzt auch die Freischwinger mit dem Wiener Rohrgeflecht, die Breuer 1928 entwickelt, urheberrechtlich als Stams Entwürfe.

Mies van der Rohe verkauft die Rechte seines MR 20 nicht an Lorenz, sondern lässt sich die Technik der federnden Elastizität und die Verarbeitung des Naturrohrs bereits 1928 als einen Gemeinschaftsentwurf mit Lilly Reich patentieren. Die Erfindung der eleganten S-Form mit dem aufwändig verarbeiteten Obermaterial bleibt einzigartig.

■ Marcel Breuers Wassily-Sessel von 1925: Der Vater aller Stahlrohrstühle in der Klappversion

Mit Mart Stam als dem Entwickler des Kragstuhls und Mies van der Rohe als dem Vollender des Entwurfs zum Freischwinger offenbaren sich zwei zeittypische Richtungen im Denken und Konstruieren von Design. »Das Leben duldet … nur Lösungen von nützlichen Aufgaben, mit denen man dem Menschen dienen kann«, lautet das Credo des Sozialisten Mart Stam, der sich ganz dem Funktionalismus verschreibt. Die ästhetische Qualität dient der Erfüllung der Funktion – »form follows function« – mehr nicht. Die Formel wird

■ Stefan Wewerka für Tecta:
Kragstuhl von 1981.

1920 vom Bauhaus zum Charakteristikum von Design erhoben und 1930 zu seiner Doktrin. Für Mies van der Rohe, der zwischen 1930 und 1933 der letzte Leiter des Bauhauses wird, kann Funktionalität zum Problem werden, wenn »Form in Formalismus mündet. Nur ein lebendiges Innen hat ein lebendiges Außen. Nur Lebensintensität hat Formintensität«, erklärt er in der Rückschau. Seine Entwürfe sind keine Massenfabrikationen für die Arbeiterschaft oder den sozialen Wohnungsbau, das ist ihm zu »spartanisch«. Schon die Weißenhof-Siedlung in Stuttgart wird für eine andere Gesellschaftsschicht gebaut – der moderne Großstadtmensch mit gutem Einkommen und einem technikorientierten Geschmack steht hier im Blickfeld.

»Die Miessche Stadt ist im Miesschen Stuhl impliziert«, äußert sich der englische Architekt Peter Smithson 1958 anlässlich der Eröffnung des New Yorker Seagram Buildings, das als einer der »luxuriösesten Wolkenkratzer« der ganzen Welt gilt. Erst in den USA hat Mies van der Rohe die sensationelle Wirkung des Freischwingers für alle Welt sichtbar auf die Architektur übertragen. Mit der Krag-Konstruktion gelingt es ihm, Wände zu beseitigen, den Gegensatz von Innen und Außen aufzuheben und – ein Raumgefühl zu schaffen, das keine Grenzen mehr kennt.

FREISCHWINGER MR 20

BIOGRAPHIE

Ludwig Mies wird am 27. März 1886 in Aachen geboren. Den Namen seiner Mutter und das van der fügt er später hinzu: »Wer Mies sagt, muss auch van der Rohe sagen.« Nach dem Besuch der Gewerbeschule und einer Maurerlehre arbeitet er ab 1901 als Stuck- und Ornamentzeichner. 1905 geht er nach Berlin, arbeitet erst am städt. Bauamt in Rixdorf, dann für verschiedene Architekturbüros. Nebenbei studiert er an der Kunstgewerbeschule. Von 1908–12 arbeitet er im Architekturbüro von Peter Behrens, danach ist er freier Architekt. Anfang der 20er Jahre erste Entwürfe für gläserne Hochhäuser und Bürobauten, herausragend seine Idealentwürfe für den Alexanderplatz oder die Friedrichstraße in Berlin. Realisiert werden nur seine Stadtvillen. 1926/27 ist er erst Berater, dann künstlerischer Leiter der Werkbundausstellung »Die Wohnung« in Stuttgart. Ab 1927 arbeitet er fast 10 Jahre lang mit der Innenarchitektin Lilly Reich zusammen. 1929 wird Mies mit der Gestaltung des Deutschen Pavillons der Weltausstellung in Barcelona beauftragt, dafür entwirft er auch den gleichnamigen Ledersessel. Zwei Jahre später wird ein weiterer Entwurf realisiert, die Villa Tugendhat in Brünn. Von 1930–33 ist er der letzte Leiter des Bauhauses in Dessau und Berlin. 1938 emigriert er in die USA, bis 1958 ist er Leiter des Illinois Institute of Technology und hat ein eigenes Architekturbüro in Chicago. Er entwirft zahlreiche Gebäude, die die Architektur des 20. Jahrhundert maßgebend beeinflussen. Zu seinen bekanntesten Entwürfen gehören die Lake-Shore-Drive-Appartments (1952) und die Crown Hall (1956) in Chicago und das Seagram Building (1958) in New York und die Neue Nationalgalerie in Berlin (1968). Am 17. August 1969 stirbt Mies van der Rohe in Chicago.

BESCHREIBUNG

Freischwinger MR 20:
Der Freischwinger MR 10 besteht aus einer an den Vorderseiten halbkreisförmig durchlaufenden Form aus schwingendem, elastischen, 25 Millimeter starkem Stahlrohr. Für den MR 20 bilden die Armlehnen eine zweite Linie. Das Naturrohrgeflecht wird nach dem Entwurf von Lilly Reich doppelt geflochten. Für das Bespannen der ersten Stahlrohrstühle werden auch Eisengarn-Gurte benutzt. Die mehrfach gezwirnten Baumwollfäden, die zusätzlich paraffiniert werden, hat Grete Reichardt am Bauhaus Dessau erfunden.

DATEN

Geschichte:
1926 Mart Stam zeigt die Skizze seines Kragstuhl-Entwurfs. Wenig später stellt Mies van der Rohe Stams Entwurf seinem Mitarbeiter Sergius Ruegenberg vor.

1927 Die Ausstellung »Die Wohnung« wird mit der Musterhaussiedlung Weißenhof in Stuttgart eröffnet. Mies van der Rohe präsentiert seinen MR 10 ohne und MR 20 mit Armlehne. Auch der Kragstuhl von Mart Stam sowie die Stahlrohrstühle von Marcel Breuer werden gezeigt.

1928 Mies van der Rohe lässt sich das Prinzip der Federung seines Freischwingers und Lilly Reichs Naturrohrgeflecht als Gemeinschaftsentwurf patentieren. Das Berliner Metallgewerbe Joseph Müller fertigt die Stühle an.

1930/31 Die Firma nennt sich nun Bamberg Metallwerkstätten.

seit 1970/77 Unter der Bezeichnung S 533 R/RF (Rohrgeflecht mit Armlehne) gibt es einen Nachbau der Gebrüder Thonet.

seit 1984 Die Firma Tecta baut das Original unter der Bezeichnung B 42/ D 42 mit dem Naturrohrgeflecht von Lilly Reich nach.

Lesenswert:
Philip Johnson: *Mies van der Rohe*, London 1978.

Axel Bruchhäuser: *Der Kragstuhl*, Köln 1986/1998.

Franz Schulze: *Mies van der Rohe*, Berlin 1986.

Peter Smithson/Karl Unglaub: *Flying Furniture*, Köln 1990.

Alexander von Vegesack (Hg.): *Mies van der Rohe – Möbel und Bauten in Stuttgart, Barcelona, Brno, Weil am Rhein* 1998.

Besuchenswert:
Stuhlmuseum Burg Beverungen

AUF DEN PUNKT GEBRACHT

Mies van der Rohes Freischwinger MR 20 ist mit seiner raffinierten Konstruktion, der Auswahl der aufwändig verarbeiteten Materialien und schlichten Eleganz bis heute unübertroffen. Schöner kann man nicht schweben.

Jenaer Glas Teeservice – zeitlos gießen
Wilhelm Wagenfeld

■ Wilhelm Wagenfeld: vom Bauhaus zur Guten Form.

■ Teeservice von Wilhelm Wagenfeld: Schlichtes Laborglas ersetzt feines Porzellan.

Als »Ablenkungen fabrikatorischer und wirtschaftlicher Natur« beschreibt Wilhelm Wagenfeld die unerwarteten Erlebnisse, mit denen er bei seiner ersten Produktion für die Jenaer Glaswerke Schott & Gen. konfrontiert wird. Die Umsetzung eines Entwurfs in ein industriell hergestelltes Massenprodukt ist ein schwieriger Prozess, obwohl sich der junge Gestalter lange und gründlich mit den Konstruktionszeichnungen beschäftigt und die Modellversuche sorgfältig vorbereitet hat. Falsche Vorstellungen »beengten, wo unbekümmertes Aufnehmen und Sehen erforderlich war, und belasteten, wo Leichtigkeit im Finden und Tun sein sollte«, gesteht sich Wagenfeld Jahre später ein. 1931 will er beweisen, dass die »künstlerische Mitverantwortung der Produktion« eine notwendige Ergänzung für ein großes Unternehmen in der Glasindustrie ist. Wilhelm Wagenfelds Ehrgeiz lohnt sich. Die gläserne Teekanne ist der erste eigenständige Entwurf für Schott & Gen. und findet im modernen Haushalt der 1930er Jahre schnell Verbreitung. Heute gehört sie als klassisches Beispiel für frühes Industriedesign zur Sammlung des Museum of Modern Art in New York.

Im Januar 1931 zeigt der Jenaer Kunstverein eine Ausstellung mit Arbeiten von ehemaligen Lehrern der Staatlichen Bauhochschule in Weimar. Den Eröffnungsvortrag »Maschine und Handwerk« hält Wilhelm Wagenfeld. Als Musterbeispiel für schlechtes Design hebt er die Glaserzeugnisse aus Jena hervor. Unter den Zuhörern befindet sich auch Erich Schott, der neue wissenschaftliche Leiter der Glaswerke Schott & Gen. Die vorgetragenen Argumente überzeugen ihn. Werkstoff-Forscher und Ingenieure hatten die industrielle Herstellung von feuerfestem Borosilikatglas, das zunächst nur für wissenschaftliche Zwecke genutzt wurde, als Backgeschirr

für den Haushalt entwickelt. Herausgekommen ist eine zwar technisch einwandfreie, doch unansehnliche Produktserie, die sich schlecht verkauft. Erich Schott entschließt sich, ungewöhnliche Wege zu gehen, um den Absatz für die neuartigen Haushaltsprodukte doch noch steigern zu können. Gleich nach Beendigung des Vortrags bietet er Wagenfeld die Zusammenarbeit an. Schotts Angebot bedeutet den Schritt von der Lehre in die Produktion. Ein Jahr zuvor ist Wagenfeld noch Leiter der Metallwerkstatt an der Bauhochschule, dem Nachfolgeinstitut des Bauhauses in Weimar. Als die Schule durch den nationalsozialistischen Innenminister Frick aufgelöst wird, werden alle Lehrer entlassen. »Jetzt stand ich vor dem Nichts, und das war, wie sich später herausstellen sollte, mein Glück.« Das, was er an Vorwissen für die Zusammenarbeit mit den Jenaer Glaswerken mitbringt, ist sehr vage. »Kunst und Technik – eine neue Einheit«, so hat Walter Gropius 1919 den Gründungsgedanken des Bauhauses formuliert, doch für die meisten Absolventen bleibt die technische Praxis Theorie. Am Bauhaus lernt Wagenfeld zwar »industriell zu denken« und entwirft schon 1924 die berühmte Wagenfeld-Lampe – eine Tischleuchte, die er bis auf ihre notwendigsten Bestandteile reduziert und mit einfachen geometrischen Formen ausstattet. Doch mehr als sporadische Kontakte zur Industrie sind daraus nicht hervorgegangen.

Mit der gestalterischen Tätigkeit für die Jenaer Glaswerke beginnt für Wagenfeld eine intensive Zusammenarbeit mit den Firmentechnikern. Erich Schott verlangt von ihm, »bei der Herstellung seiner Vorentwürfe am Ofen dabei zu sein, um damit die Möglichkeiten, die das Glas bietet, kennenzulernen«, Wagenfelds erste Aufgabe ist die Überarbeitung eines Werksentwurfs für eine Backschüssel, bei der er auch den Herstellungsprozess verfolgt. Erst danach beginnt er mit den Vorarbeiten für eine gläserne Teekanne.

■ Aus zwei sich überschneidenden Kreisen entwickelt Wagenfeld die Grundform. 1938 wird das Teeservice im Museum of Modern Art in New York präsentiert, seitdem gilt es als Klassiker.

NICHTS BESONDERES
Alles Hausgerät erfüllt doch dann am schönsten seinen Sinn und Zweck, wenn es unser Bewusstsein kaum berührt und still und selbstverständlich seiner Aufgabe dienen kann. Wer für die Gestaltung solcher Ware zuständig ist, der muss immer wissen, dass sein Tun, wenn er es richtig treiben will, nichts besonderes hervorbringt.
Wilhelm Wagenfeld, 1940

■ Vorratshaltung aus Glas: Wagenfelds Kubusgeschirr von 1938.

DINGE DES TÄGLICHEN LEBENS
Er erkannte, welch ungeheueren Einfluss die industrielle Massenproduktion auf die Gestaltung unserer Umwelt auszuüben vermag. Und so schuf er Dinge des täglichen Lebens …, die ihre ausgewogene Schönheit auch in der unendlichen Vervielfachung des Massenausstoßes nicht verlieren, Dinge, deren wohltuende Wirkung auf dem Zusammenklang von Material, Form und Funktion als Ganzheit beruhen.
Dr. J. A. Thuma, 1965, Präsident des Landesgewerbeamtes Baden-Württemberg

Er entwickelt den Korpus aus zwei sich überschneidenden Kreisen, die ihr die harmonische bauchige Grundform geben. Die Zeichnungen lassen auch die Abmessungen für Griffe, Deckel, Sieb und sogar den Durchmesser des Ausgusses erkennen, deren Funktionen Wagenfeld vorher genau kalkuliert hat. Dass sich die Maße im Herstellungsprozess fast nie so exakt realisieren lassen, liegt an der handwerklichen Arbeit. Der Korpus der Kanne wird in eine Hohlform, der Ausguss wird immer frei geblasen. Die Grundform liegt fest, die Form des Ausgusses variiert und richtet sich nach der Geschicklichkeit des Glasbläsers.

Dem Jenaer Glaswerk kommt es nicht darauf an, ein umfangreiches Sortiment mit Produktvariationen herzustellen, um durch eine große Auswahl den Umsatz zu steigern. Bei der Produktgestaltung setzt Erich Schott auf eine einzige Lösung. Erst wenn alles stimmt – der Deckel hält, die Tülle nicht tropft, der Griff bequem in der Hand liegt –, wird ein Standardtyp entwickelt.

Das komplette Teeservice wird Ende 1931 in der Zeitschrift *Form*, die vom Deutschen Werkbund herausgegeben wird, vorgestellt. Schon die erste Abbildung führt zum Erfolg. Klar und leicht wirkt das dünnwandige Glas. Die Eleganz der Kanne wird ergänzt durch die schlanken Schalenformen der hohen und flachen Teetassen, des Sahnekännchens und der Zuckerschale. Material und Gestaltung erfassen die Zeichen der Zeit. Das schlichte Laborglas ersetzt das bis dahin übliche Porzellan. Industrielle Materialien gelten als avantgardistisch und werden gerade für den Konsumgüterbereich entdeckt. Im alltäglichen Leben lassen sie den Einfluss der modernen Industrie erkennen und modern zu sein bedeutet in bürgerlichen Kreisen viel. So erobert die Teekanne Salons und Wohnzimmer. Besonders wirkungsvoll ist ihr Einsatz auch auf der Bühne, wie in *Lady Windermeres Fächer* im Reinhardt-Theater am Berliner Kurfürstendamm: »Hilde Hildebrandt servierte aus dieser gläsernen Teekanne ihren Gästen den Tee, und alles guckte auf die Teekanne, und alles kaufte die Teekanne.«

Die gläserne Teekanne gehört zu den ersten industriellen Alltagsprodukten, die professionell gestaltet werden. Wilhelm Wagenfeld gilt seither als einer der Begründer des modernen Industriedesigns. Mit dem Anspruch an die »Gute Form« verändert sich auch die Haltung des Designers gegenüber seinem Entwurf. Das industrielle Massenprodukt ist anonym, unspektakulär, zeitlos, gut verarbeitet – und vor allem funktional.

JENAER GLAS TEESERVICE

BIOGRAPHIE

Wilhelm Wagenfeld wird am 15. April 1900 in Bremen geboren. Nach der Schulzeit macht er eine Lehre im Zeichenbüro der Bremer Silberwarenfabrik Koch und Bergfeld und besucht gleichzeitig die Kunstgewerbeschule. Von 1919 bis 1922 erhält er ein Stipendium für die Staatliche Zeichenakademie in Hanau, es folgt ein Aufenthalt in Worpswede; die ersten freien graphischen Arbeiten entstehen. Ab 1923 besucht er die Metallwerkstatt des Bauhauses in Weimar unter der Leitung von Moholy-Nagy. 1926 wird er Assistent, dann Leiter der Metallwerkstatt der Staatlichen Bauhochschule, der Nachfolgeinstitution des Bauhauses in Weimar. 1930 wird sie aufgelöst. Ab 1931 beginnt die Zusammenarbeit mit den Jenaer Glaswerken Schott & Gen., gleichzeitig erhält er eine Professur an der Hochschule für Bildende Künste in Berlin. 1935 übernimmt er die Leitung der Vereinigten Lausitzer Glaswerke in Weißwasser. Dort entwickelt er Pressglas zu anspruchsvollen Gebrauchsprodukten und entwirft das bekannte Kubusgeschirr. 1942 bis 1945 folgen Kriegsdienst und russische Gefangenschaft. 1947 wird er an das Institut für Bauwesen der Deutschen Akademie der Wissenschaften in Berlin berufen, von 1947 bis 1949 erhält er eine Professur an der Hochschule für Bildende Künste in Berlin und 1949/50 ist er Referent für Industrielle Formgebung im Württembergischen Landesgewerbeamt Stuttgart. 1954 gründet er die Werkstatt Wagenfeld in Stuttgart und entwickelt Industriemodelle. Bis 1970 entstehen zahlreiche Produkte, zum Beispiel für WMF, Rosenthal, Braun, Adler, darunter Salz- und Pfefferstreuer Max und Moritz, das Lufthansa-Geschirr, Wandleuchten, Türgriffe, Vasen und Gläser. Wilhelm Wagenfeld stirbt am 29. 5. 1990 in Stuttgart.

BESCHREIBUNG

Jenaer Glas Teeservice:
Die gläserne Teekanne mit Service ist eins der ersten Industrieprodukte, das von einem künstlerischen Gestalter entwickelt wurde. Wagenfelds Entwürfe für Schott & Gen. werden so populär, dass die Bezeichnung Jenaer Glas zum Inbegriff für Produkte aus hitzebeständigem Haushaltsglas wird.

DATEN

Geschichte:
1892 Die Glaswerke Schott & Gen. erfinden in Jena ein Verfahren, um extrem hitzebeständiges Borosilikatglas herzustellen, das zunächst für wissenschaftliche Zwecke als Geräteglas genutzt wird.

1922 Das Jenaer Glas wird als Backgeschirr für den Haushalt verwendet.

1931 Das erste gläserne Teeservice wird, bestehend aus Kanne, Teeschalen, Milchgießer und Zuckerschale, aus Jenaer Glas von Wilhelm Wagenfeld für die Glaswerke Schott & Gen. entworfen.

1933 László Moholy-Nagy entwickelt Anzeigen und Prospekte für die Glaswerke Schott & Gen.

1938 Das Teeservice wird auf einer Bauhaus-Ausstellung des Museum of Modern Art in New York gezeigt.

1945 Die Jenaer Firma wird enteignet, unter dem Namen VEB Jenaer Glaswerk Schott & Gen. wird der Betrieb in der DDR fortgeführt. Das Wagenfeld-Teeservice wird für die Herstellungsverfahren der modernen Glasindustrie immer wieder modifiziert.

1956 Der Wagenfeld-Schüler Heinz Löffelhardt entwickelt für Schott & Gen., ein gläsernes Teeservice, das häufig mit dem Wagenfeld-Entwurf verwechselt wird.

1962 Ilse Decho erneuert die Produktpalette des DDR-Betriebs, darunter auch das Teeservice.

1996 Schott Jenaer Glas entwickelt gemeinsam mit der Bremer Wagenfeld-Stiftung eine Reedition des Wagenfeld-Service.

Lesenswert:
Beate Manske, Gudrun Scholz (Hg.): *Täglich in der Hand – Industrieformen von Wilhelm Wagenfeld aus 6 Jahrzehnten*, Worpswede 1987.

Walter Scheiffele: *Wilhelm Wagenfeld und die moderne Glasindustrie*, Stuttgart 1994.

AUF DEN PUNKT GEBRACHT

Mit dem Jenaer Glas Teeservice entwirft Wilhelm Wagenfeld einen frühen Klassiker der Massenindustrie, der unzählige Epigonen fand. Das Original bleibt aufgrund seiner perfekten Details im Gebrauch bis heute unübertroffen.

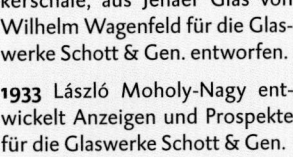

Zippo – ein amerikanischer Held
George G. Blaisdell

■ Zippo-Sammlerstück:
Für jedes Hobby das richtige
Feuerzeug, das ist einer der
Grundsteine des Zippo-
Erfolgs.

ZIPPO UND ZIGARETTEN

Wer eine Zigarette tief
in eine Zippo-Flamme
hält und saugt, wird
zweifelsfrei feststellen,
dass Zippos mit Benzin
gefüllt sind. Wer den
Benzingeschmack um-
gehen will, zieht das
Zippo nach dem Ent-
zünden senkrecht nach
oben, damit übergelau-
fene Benzinreste ver-
brennen, und hält die
Zigarette leicht über
die Flamme.

Das Zippo-Feuerzeug ist so amerikanisch wie ein Stetson, Cow-
boystiefel und die Freiheitsstatue. Das Schnalzen des Zippo-
Deckels, das Ratschen der Reibrolle und das Fauchen der hoch-
schnellenden Benzinflamme sind eine Geräuschfolge, die Bilder
freisetzt. Der Cop John McClane aus *Die Hard*, die *Apocalypse-
Now*-Soldaten und der Marlboro-Cowboy – die Referenzgrößen
der US-amerikanischen Kinomänner verschaffen sich mit ihm
Luft, egal ob sie an Sprengsätzen zündeln oder sich am Ende eines
langen Tages eine Zigarette gönnen. In ihrer Hand ist das Zippo
zum Gegenstand mythischer Verklärung geworden. Ganz schön
viel Tamtam für ein schlichtes Benzinfeuerzeug.

Das Zippo liegt angenehm in der Hand. Es ist nicht zu leicht und
nicht zu schwer. Die rundliche Form und das verchromte Gehäuse machen das Feuerzeug zu einem Handschmeichler, mit dem
man gern herumspielt. Aber schon der erste Versuch, dem Zippo
eine Flamme zu entlocken, offenbart Schwächen. Für die einhän-
dige Bedienung ist es sehr zierlich, und die verchromte Oberfläche
ist glatt. Der Deckel wird mit dem Daumen aufgeklappt. Geführt
vom Zeigefinger fällt er auf den Mittelfinger, das Feuerzeug liegt
dabei etwas wackelig auf dem Ringfinger. Dann betätigt der Daumen das Zündrad. Ein zu voll betanktes Zippo brennt jetzt lich-
terloh. Nervenstarke Raucher, die den Flammenwerfer immer
noch in der Hand halten, ziehen jetzt das Zippo senkrecht nach
oben, damit das übergelaufene Benzin von der durch den Luftzug
nach unten gedrückten Flamme verbrannt wird. Schwachnervige
haben das Tascheninferno losgelassen und versuchen das lodern-
de Zippo-Feuer auszutreten.

So zweifelhaft die ergonomische Qualität auch ist, so angenehm
schlicht wirkt sein Gehäuse, und außerdem – ein Zippo brennt
immer. Diese Qualität führt zur Zippo-Legende und zu George G.
Blaisdell, der 1932 in einer lauen Sommernacht im Country Club
von Bradford, Pennsylvania, auf die Terrasse getreten ist. Dort
sieht er seinen Nachbarn, der einer Frau galant Feuer anbietet.
Das Feuerzeug ist so hässlich, dass Blaisdell sich einen Kommentar nicht verkneifen kann: »Du hast dich so schick angezogen.
Warum benutzt du kein eleganteres Feuerzeug?« – »Es funktioniert!«, ist die lakonische Antwort, die George G. Blaisdell auf die

■ Paul Henreid und Bette Davis: Hollywood, das in seinen Filmausstattungen alle Erscheinungen der Alltagskultur aufsaugt, sorgt für den weltweiten Zippo-Ruhm.

Idee mit der Feuerzeugfabrik bringt. 1932, auf dem Höhepunkt der Depression, kauft sich Blaisdell die Lizenz für die Produktion eines Feuerzeugs aus Österreich. Er übernimmt den unveränderten Entwurf. Lediglich den Deckel lässt er verchromen, denn das Auge kauft mit. Kein einziges Feuerzeug wird Blaisdell los, das Chromstück sieht zwar schön aus, funktioniert jedoch nicht. Eine Neukonstruktion muss her. In der Boylston Street in Bradford mietet sich Blaisdell für zehn Dollar Räume und beginnt mit der Überarbeitung des österreichischen Feuerzeugs. Das neue Modell wird zierlicher als sein Vorläufer, der verchromte Deckel bekommt ein Scharnier und der Docht einen Windschutz. Zippo soll das Feuerzeug heißen, denn der Zipper (Reißverschluss) ist eine Erfindung, die Blaisdell schätzt. Zipper und Zippo, so hofft der Jungunternehmer, sollen die Welt erobern. 82 Zippos werden im ersten Monat verkauft. Der Reißverschluss ist begehrter. Die Mischung aus Größenwahn und Cleverness gehört von Anfang an zur Legende.

Arbeitslosigkeit und Wirtschaftskrise haben die Zahl der Raucher nicht verringert. Ein formschönes Feuerzeug, das funktioniert und nicht zu teuer ist, wird gebraucht. Für die nötige Nachfrage sorgt Blaisdell mit sicherem Verkäuferinstinkt. Initialen und eingravierte Namen machen das schlichte Zippo zum individuellen Schmuck-

■ Zippo Natur: Ein Scharnier für den Deckel und ein Windschutz für den Docht machen aus einem österreichischen Flammenwerfer ein smartes amerikanisches Feuerzeug.

GOETHES ZIPPO
» … so bin ich mich Ew. Wohlgeboren immer dankbar zu erinnern, da ihr so glücklich erfundenes Feuerzeug mir täglich zur Hand steht und mir der entdeckte wichtige Versuch von so tatkräftiger Verbindung zweier Elemente … immerfort auf eine wunderbare Weise nützlich wird.« Goethe am 7. Oktober 1826 in einem Brief an Johann Wolfgang Döbereiner. Döbereiners Feuerzeug war technisch aufwändiger als ein Zippo. Der aus einer Reaktion aus Zink und Schwefelsäure freiwerdende Wasserstoff strömt auf einen Platinschwamm, wodurch eine Flamme entsteht.

■ Zippo-Sammlerstück: Kriegs-Zippos, Kunst-Zippos, Werbe-Zippos oder Alt-Zippos, auf Sammlerbörsen läßt sich alles verkaufen.

stück. Als nächstes folgen Serien mit Darstellungen zu beliebten Sportarten, Hobbies und Hunderassen. Das Zippo wird zum Sammlerstück. Auch als Werbemittel mit eingraviertem Firmenlogo wird das Feuerzeug bald eingesetzt. Schließlich lassen ganzseitige Pin-ups wie »The Windproof Beauty«, eine Schöne, die im Sturm mit einem Zippo hantiert und 1937 im Esquire für Aufsehen sorgt, das Zippo zum festen Bestandteil der US-amerikanischen Alltagskultur werden. Zippo ist mehr als bloß ein Feuerzeug.

George Blaisdell hat eine gute Witterung für den Zeitgeist. In den Depressionsjahren wird die Idee mit der lebenslangen Garantie begeistert aufgenommen. Ein Gegenstand, den der Hersteller bis ans Ende aller Tage umsonst zu reparieren verspricht, passt in eine Zeit, in der ein großer Teil der Kundschaft nicht weiß, woher im nächsten Monat das Geld für die Miete kommt. Die Garantie als Treueversprechen in schlechter Zeit macht den Anfang. Die Kampagne mit einem zum Zippo-Car umgebauten Cadillac fällt in die Zeit der Hochkonjunktur, die NASA-Serien lindern den Sputnik-Schock und erklären den Weltraum zum uramerikanischen Interessensgebiet – Zippo hat immer ein passendes Feuerzeug parat.

Natürlich zieht Zippo in den Krieg, und Geschichten wie die vom Infantristen, der die Invasion in der Normandie überlebt, weil die Kugel die Bibel durchschlägt, im Zippo aber hängen bleibt, zeigen, dass dieses Feuerzeug immer da ist, wo es von amerikanischen Rauchern gebraucht wird. Mittlerweile erzielen Feuerzeuge mit Kriegsgeschichte auf Sammlerbörsen hohe Preise. Spitzenreiter sind Zippos mit Gravuren aus dem Vietnamkrieg.

Hollywood, das in seinen Filmausstattungen begierig alle Erscheinungen der Alltagskultur aufsaugt, sorgt dafür, dass Zippo aus unserem Bild von den USA nicht mehr wegzudenken ist. Das kleine glänzende Feuerzeug bietet genug Projektionsfläche für alle amerikanischen Mythen. Die Legende des Kleinbetriebs, der zum Feuerzeug-Imperium mit einem Tagesausstoß von 64 000 Zippos aufsteigt, gehört genauso dazu wie die Kriegserlebnisse, die mit dem Feuerzeug verbunden sind, das jeder Action-Held in der Hosentasche hat. Obwohl die Zahl der Zigarettenraucher sinkt, verkauft Zippo mehr Feuerzeuge denn je zuvor. Eine Ikone muss man besitzen, aber nicht unbedingt auch gebrauchen.

ZIPPO

BIOGRAPHIE

George G. Blaisdell wird am 5. Juni 1895 in Bradford, Pennsylvania, geboren. Nach seinem Highschool-Abschluss wird George Verkäufer in der Blaisdell Machinery Company seines Vaters. Als die Firma 1917 verkauft wird, wechselt er als Angestellter in die Blaisdell Oil Company. Er hat Erfolg, beginnt sich jedoch ab 1930 nach neuen Geschäftsfeldern umzusehen. 1932 kauft er die Produktionslizenz eines österreichischen Benzinfeuerzeugs. Das von Blaisdell veränderte Gerät wird ab Ende 1932 unter dem Firmennamen Zippo vertrieben. Es wird bis heute technisch unverändert produziert. Ein kluges Marketing macht das Feuerzeug zu einer Ikone der US-amerikanischen Popkultur. George G. Blaisdell stirbt 1978.

BESCHREIBUNG

Zippo:
Benzinfeuerzeug mit Klappdeckel, das aus 22 Einzelteilen besteht. Es ist die Weiterentwicklung eines österreichischen Feuerzeugs und wird seit 1932 technisch unverändert produziert. Das Unternehmen gewährt eine lebenslange Garantie auf die Technik und repariert eingesandte Geräte kostenlos.

DATEN

Geschichte:
Sommer 1932 George G. Blaisdell kauft die Lizenzrechte eines österreichischen Benzinfeuerzeugs. Die bis auf den Chromdeckel unveränderten Nachbauten erweisen sich als unverkäuflich. Sie funktionieren nicht.

Winter 1932 Unter dem Namen Zippo wird die Weiterentwicklung des österreichischen Benzinfeuerzeugs angeboten. 82 Stück werden im ersten Monat verkauft.

1936 Der Trinker heißt das Modell mit der ersten Bildgravur, der bald die Scotty-Serie mit Hundebildern und Besitzerinitialen folgt. Ab jetzt werden regelmäßig Bildserien produziert. Zippos werden zum Sammelobjekt.

1936 Der erste Zippo-Versandkatalog wird veröffentlicht.

1936 Kendall, eine Firma für Autoöle, bestellt 500 Zippos mit einem Firmenlogo.

1937 »The Windproof Beauty« erregt in der Vorweihnachtsausgabe von *Esquire* Aufsehen. Zippo übernimmt das Pin-up des Werbegraphikers Enoc Boles für seine Verpackungen.

1941 bis 1945 Zippo produziert 11 verschiedene Modelle.

1950 Coca Cola wirbt auf Zippos.

1951 Ein zum Zippo-Car umgebauter Cadillac Convertible erregt auf Volksfesten großes Aufsehen.

1954 Der Marlboro-Cowboy benutzt erstmals ein Zippo.

1959 Das kleine Zippo für Frauen wird vorgestellt.

1964 bis 1973 Über 200 000 Zippos gelangen im Gepäck US-amerikanischer Soldaten nach Vietnam.

1982 Zippo feiert seinen 50. Geburtstag mit einer Neuauflage beliebter Motivserien.

1996 Das Modell Joan – »a blonde bombshell« (Zippo-PR-Text) – wird über 500 000 Mal verkauft.

2001 Seit 1932 sind über 300 Millionen Zippos hergestellt worden, täglich kommen 64 000 hinzu.

Sehenswert:
Mystery Train. Regie: Jim Jarmusch, mit Youki Kaudoh, Masatochi Nagase. USA 1989.

Blue in the Face. Regie: Wayne Wang; mit Harvey Keitel, USA 1994, nach einem Roman von Paul Auster.

http://www.zippo.de

AUF DEN PUNKT GEBRACHT

Ein Zippo-Feuerzeug brennt fast immer und oft ein bisschen zu stark. Nicht seine Eignung als Flammenwerfer, sondern sein Image machen es zu einem zeitlosen Accessoire.

Olivetti Studio 42 – Eleganz für Haus und Hotel
Figini/Luzatti/Pollini/Schawinsky

■ Xanti Schawinsky: Seine Olivetti-Werbung machte Büroarbeit zum Signet der Moderne.

■ Studio-42-Werbung: flach, elegant und viel zu schön fürs Büro.

In der Hotelsuite sitzt der Sekretär des reisenden Geschäftsmanns und schreibt für den Chef einen Brief mit der Schreibmaschine. Akkurat schlägt er den gewünschten Buchstaben an, prüft das Ergebnis und streicht das Vorbild aus dem handschriftlichen Manuskript, bevor er sich auf die Suche nach dem nächsten Buchstaben begibt. So geht das Buchstabe für Buchstabe, Silbe für Silbe, Wort für Wort, Satz für Satz, und kündigt der Glockenton das nahende Zeilenende an, ruft der Tippnovize fröhlich: »Herein!« Ernst Lubitsch hat sich diesen Gag 1938 in *Bluebeard's Eighth Wife (Blaubarts achte Frau)* für David Niven ausgedacht. Hotelsuite, Privatsekretär und Reiseschreibmaschine – der in Ausstattungsfragen penible Lubitsch weiß, was ein reisender Millionär aus Texas 1938 zum Überleben an der Côte d'Azur braucht. Die Einladung zum Candlelight-Dinner muss mit der Maschine geschrieben sein, und Millionäre lassen tippen, egal wo und von wem. Bei Lubitsch ist die Reiseschreibmaschine mehr als bloß eine simple Dienerin der Bürokommunikation, sie ist ein wichtiges Accessoire, ein Statussymbol. Sie ist eine Ikone der Modernität, die Lubitsch auch in diesem Film feiert.

Tragbare Schreibmaschinen gibt es 1938 seit etlichen Jahren. Sie sind für Gelegenheitstipper gedacht, denen die wuchtigen Apparate nach dem Erledigen der seltenen Korrespondenz im Weg stehen. Die Maschinen sind kaum leichter als die stationären Eisenklötze mit ihren annähernd 40 cm hohen Gehäusen. Nur 11,7 cm hoch und 5,2 kg leicht ist die Olivetti MP 1 von 1931. Damit ist sie nicht nur tragbar, mit diesen Maßen ist sie geschaffen für die Gepäcknetze von Bahn, Flugzeug oder Auto. Wer beim Reisen eine Schreibmaschine braucht, will nicht an die Ungetüme in den Schreibstuben erinnert werden. Die neue Olivetti ist flach, hat ein karmesinrotes Gehäuse und steckt in einem eleganten schwarzen Koffer. Die kurzen Tastenwege mit dem leichten Anschlag ändern das Bild von der Schreibmaschine und ihren Benutzern grundlegend. Seit der MP 1 gibt es keine Entschuldigung mehr, keine Schreibmaschine zu haben. Ob auf der Reise, in der kleinen Wohnung oder im Geschäft, die Schreibmaschine signalisiert Professionalität und Modernität.

Der MP 1 folgt 1935 Studio 42, an der neben den Olivetti-Technikern und Ottavio Luzzati der Bauhaus-Graphiker und Maler Alexander (Xanti) Schawinsky und die Architekten Luigi Figini und Gino Pollini zusammenarbeiten. Die zierliche MP 1 unterziehen sie einer strengen Kur. Bei der MP 1 liegt die Walze besonders tief, die niedrige Bauhöhe verschafft den Gestaltern die nötigen Freiräume, die sie bei der Studio 42 jetzt auch ausschöpfen. Das die Rundung des Typenkranzes aufnehmende Gehäuseoberteil der MP 1 wird bei der Studio 42 durch einen glatten, rechteckigen Aufsatz ersetzt. Lässt das getreppte Gehäuse die MP 1 noch höher wirken, als sie tatsächlich ist, betont das kastige Studio-42-Gehäuse die flache Konstruktion. So erscheint die Tastatur nicht länger als untertänige Hebelei einer komplizierten Technik – bei der Studio 42 ist das Tastenfeld die zentrale Attraktion. Es zieht die Aufmerksamkeit des Benutzers auf sich, dem bislang nur das elegante helle Gehäuse aufgefallen ist. Das freundliche Design betont die leichte Bedienung. Die unübersehbare Botschaft lautet: Studio 42 sieht gut aus, und mit ihr lässt es sich gut schreiben.

■ MP I Werbung, 1935: Dieser Frau traut man zu, dass sie Schreibmaschine schreiben kann. Aber hat sie dafür keinen Mann angestellt?

Von seiner USA-Reise 1925 hat Adriano Olivetti, der Sohn des Firmengründers, zahlreiche Anregungen bekommen. Die arbeitsteilige Produktion mit einer Typisierung einzelner Bauteile für verschiedene Maschinen führt er mit der MP 1 ein. In der Folgezeit befreit Olivetti die Produktion von den letzten Spuren der handwerklichen Herstellung. Auch der Planungsprozess bleibt davon nicht unberührt. Neben den Technikern werden bildende Künstler hinzugezogen. Die Entwicklungs- und die Werbeabteilung arbeiten eng zusammen. So kommt es, dass der Graphiker Schawinsky, der die Aufsehen erregende Werbung für die MP 1 entwickelt hat, an der Gestaltung des Nachfolgemodells Studio 42 genauso mitarbeitet

GRUNDSÄTZLICH SCHÖN
Eine Schreibmaschine sollte kein Nippesobjekt im Wohnzimmer mit Verzierungen und fragwürdigem Geschmack sein. Ihr Aussehen sollte gleichzeitig ernsthaft und elegant sein.
                    Camillo Olivetti 1912 über die Olivettio M1.
Die Öffentlichkeit erkannte, dass die Maschine auch äußere Reize besaß und sehr schick zu den anderen Möbeln im Haus passte.
                    Bruno Caizzi 1962 über die Studio 42

■ Olivetti-Werbung, 1935

GRUNDSÄTZLICH SCHNELL

Jean Cocteau ... machte die Schreibmaschine 1941 zur Titelheldin eines Dramas. Eine Unbekannte, die ihre Provinzstadt mit anonymen Schreibmaschinenbriefen attackierte und deshalb selber nur »die Schreibmaschine« hieß. Drei Akte lang »imaginierte er die Schuldige beim Tippen, beim Zielen, beim Bedienen des Maschinengewehrs«. Schreibmaschinen sind eben schnell nicht nur (nach einer Verszeile von Cendrars) »wie Jazz«, sondern auch wie Schnellfeuerwaffen.
Friedrich Kittler in: *Grammophon, Film, Typewriter,* 1986

wie die Architekten Figini und Pollini, die sonst Fabriken und Wohnhäuser für Olivetti-Arbeiter entwerfen.

Von der engen Zusammenarbeit der unterschiedlichsten Abteilungen bis zu einer starken Corporate Identity ist es ein kurzer Weg. Modernes Produktdesign und entsprechende Werbegraphik, Olivetti-Zeitschriften wie *Tecnica ed Organizzazione* sowie die Architektur der Fabriken und Arbeiterwohnungen betonen eine Modernität, die im Mussolini-Italien nicht unumstritten ist. Das gilt besonders für die von Olivetti favorisierten Architekten Figini/Pollini und das Büro BBPR, die zu den prominenten Vertretern des Rationalismus gehören. Ähnlich wie das deutsche Bauhaus fühlen sich die Gestalter des Rationalismus einem Internationalismus verpflichtet. In ihrem Bruch mit gestalterischen Konventionen stehen sie der Weimarer Schule an Radikalität in nichts nach.

Dem unter Mussolini favorisierten neoklassizistischen Novecento-Stil antwortet Olivetti in der Folgezeit bestenfalls mit einer etwas verhalteneren Farbgebung. Von der Moderne abbringen lässt man sich nicht, und so ist die 1959 von einer internationalen Design-Jury zum besten Industrieprodukt der letzten hundert Jahre gekürte Olivetti-Schreibmaschine Lettera 22 von 1950 eine direkte Weiterentwicklung der Studio 42.

Von den flachen, mechanischen Schreibmaschinen zum modernen Laptop ist der Weg kürzer, als es die Unvereinbarkeit in technischer Hinsicht vermuten lässt. MP 1 und Studio 42 prägen nicht nur Aussehen und Bedienung, vor allem erfährt das Image der tragbaren Schreibgeräte durch diese Maschinen eine Neudefinition. Die Blondine mit den geöffneten Lippen und dem gewagten Hut, die Xanti Schawinsky auf einem Plakat von 1935 mit einer MP 1 zusammenbringt, drückt es aus: Die Schreibmaschine ist nicht länger das schlichte Arbeitsgerät der Stenotypistin. Sie ist die Begleiterin eines neuen Frauenbildes. Dieser Frau traut man zwar zu, dass sie Schreibmaschine schreiben kann, aber ob sie diese Aufgabe nicht doch lieber einem Sekretär überlässt, bleibt offen. Ernst Lubitsch wusste, dass eine elegante Reiseschreibmaschine Weltläufigkeit und Stil signalisiert. Ähnliches ist mit einem Laptop heute kaum zu schaffen.

OLIVETTI STUDIO 42

 BIOGRAPHIEN

 BESCHREIBUNG

 DATEN

Luigi Figini wird 1903 geboren und studiert am Polytechnikum in Mailand, wo er den ebenfalls 1903 geborenen **Gino Pollini** kennenlernt. Nach dem Studium setzen die beiden ihre Zusammenarbeit fort. 1926 gehören sie der Gruppo 7 an, die zu den Wegbereitern des Rationalismus wird, dem italienischen Gegenstück zum deutschen Bauhaus. Beide arbeiten über viele Jahre für Olivetti. Figini stirbt 1984.

Alexander (Xanti) Schawinsky wird 1904 in Basel geboren. Er besucht die Berliner Kunstgewerbeschule, studiert zwischen 1924 und 1929 am Bauhaus unter anderem bei Moholy-Nagy, Klee und Kandinsky. 1929 arbeitet er als Graphiker bei der Stadt Magdeburg. Zwischen 1933 und 1936 lebt er als freier Werbegraphiker in Italien. 1936 emigriert Schawinsky in die USA, wo er ab 1938 in New York als Ausstellungs- und Werbegestalter arbeitet und Lehraufträge am New York City College übernimmt. Xanti Schawinsky stirbt 1979 in Locarno.

Olivetti Studio 42:
Mechanische Reiseschreibmaschine, Höhe 11,7 cm, Breite 29,2 cm, Tiefe 30 cm, Gewicht 5,2 kg.

Die Firma Olivetti
1908 von Camillo Olivetti in Ivrea gegründet, wird Olivetti schnell zum führenden Büromaschinenhersteller Italiens. Aber erst die nach einem USA-Besuch von Adriano Olivetti eingeführten Veränderungen legen den Grundstein für den Olivetti-Stil, den — vergleichbar dem Braun-Stil der Rams-Ära — ein hoher Wiedererkennungswert auszeichnet. Dafür ist neben der Beteiligung von fachfremden Technikern und Künstlern am Entwurfsprozess auch eine große personelle Kontinuität verantwortlich. Zu den langjährigen Mitarbeitern zählen Bruno Munari, Marcello Nizzoli, Ettore Sottsass, Mario Bellini und Michele de Lucchini, die zu den führenden Designern Italiens gehören. Nach mehreren spektakulären Fast-Pleiten ist Olivetti als Holding hauptsächlich in der Telekommunikation aktiv.

Geschichte:
1908 Camillo Olivetti gründet die gleichnamige Firma.

1901 Olivetti M1, die erste in Italien entworfene Schreibmaschine, wird vorgestellt.

1925 Studienaufenthalt von Adriano Olivetti in den USA.

1931 Die Olivetti MP 1 wird präsentiert. Sie ist die erste industriell hergestellte Olivetti-Schreibmaschine.

1935 Die Studio 42 wird vorgestellt.

Lesenswert:
Friedrich Kittler: *Grammophon, Film, Typewriter*, Berlin 1986.

 AUF DEN PUNKT GEBRACHT

Diese Schreibmaschine machte aus einer schnöden Bürogerätschaft ein elegantes Accessoire für trendbewusste Bildungsbürger. Damit leistete sie Pionierarbeit für die massenhafte Verbreitung von Kleincomputern und Laptops. Die mikroelektronischen Enkel werden den Charme ihrer mechanischen Urgroßmutter niemals erreichen.

Siemens-Telefon W 48 – Schwarz oder Weiß?
Siemens

Als das Handy noch Fernsprecher heißt, ist das Telefonieren eine ernsthafte Angelegenheit. Innerlich gesammelt muss eine bequeme Sitzposition aufgegeben werden, um einen großen knochenförmigen Hörer zu ergreifen. Dann wird mit allem gebotenen Respekt die Nummer gewählt. Die geräuschvoll und gemessen zurückeilende Wählscheibe mahnt zu Geduld und Konzentration, denn irgendwo im Fernamt wird an der Verbindung gearbeitet, die dankenswerterweise nach einiger Zeit hergestellt ist. Die naturgetreue Wiedergabe des gesprochenen Wortes ist das oberste Ziel der technischen Errungenschaft, der Modell W 48 seine Gestalt verleiht. Fast dreißig Jahre bleibt der Apparat als Standardgerät im Postprogramm, er wird zum Symbol, das in Piktogrammen genauso wieder auftaucht wie in der Geste, die mit dem Abspreizen von Daumen und kleinem Finger für Telefonieren steht. Kein Handy wird so ans Ohr gehalten, sondern nur ein Hörer, wie der solide schwarze von W 48. Auch wenn kein Tele-

■ Siemens W 48: Nachdem die Köpfe von 5000 Siemens-Mitarbeitern vermessen worden waren, stand die Form des Telefonhörers fest. Seine akustische Qualität ist unübertroffen.

■ Amerikanisches Telefon im Film: Seine dramaturgischen Möglichkeiten haben das Telefon neben der Pistole zu einem der wichtigsten Filmrequisiten gemacht.

fon mehr so aussieht wie dieser annähernd zwei Kilo schwere Apparat, beschreibt seine Geschichte den Weg einer kulturellen Errungenschaft. Seine Form definiert den Begriff Telefonieren bis heute.

Siemens gehört zu den ersten Firmen, die Fernsprecher produzieren. »Die Telephone machen jetzt alles verdreht. Wir fertigen täglich schon zweihundert Paare an, und bisher ist es ein Tropfen auf den heißen Stein«, schreibt Werner Siemens 1877 in einem Brief. Da befindet sich die Technik noch im Experimentierstadium. Die wechselnden Versuchsanordnungen werden mit Hartgummi-Vulkanfiber, einem der ersten Kunststoffe, isoliert, mit Holz und Messing abgedeckt und dann verkauft. Fragen der Gestaltung stellen sich nicht, weil das technische Grundkonzept genauso wenig feststeht wie Funktion und Einsatzgebiet der neuen Kommunikationstechnik.

Die maximale Reichweite der ersten Geräte liegt bei 70 km. Mit einer Holzflöte, die in die Sprechöffnung des Apparats eingesetzt wird, muss der Gesprächspartner im Wortsinn herangepfiffen werden. Der Flöte folgt eine Knarre, später ein Kurbelindikator, der am Gegenfernsprecher eine Glocke auslöst. Dabei hängt der Hörer des Gegensprechers an einem Schalter, der die Leitung freigibt, sobald der Hörer abgenommen wird. Die notwendige Isolierung und verwendeten Schaltungen werden in einer geräumigen Holzkiste untergebracht, die sinnvollerweise an der Wand hängt. Den Telefonhörer in der einen, die Kurbel in der anderen, bleibt keine Hand frei, um das Gerät festzuhalten.

■ Die aus Aminoplasten hergestellten elfenbeinfarbenen Gehäuse wurden schnell speckig und spröde. Erst die Einführung thermoplastischer Kunststoffe ließ andere Farben als das satte Schwarz des Bakelits zu.

Erst die Erfindung des leistungsfähigeren Kohlemikrofons schafft die technische Voraussetzung für eine Verkleinerung der Apparatur. Ab 1885 entstehen bei Siemens Telefone, deren Gehäuse – mit einer Gabel für den Hörer – der Struktur der modernen Tischtelefone nahekommen. Mit Einführung der Nummernscheibe steht kurz darauf das technische Grundmuster des Geräts fest.

Die Ästhetik der Telefone der Jahrhundertwende orientiert sich an den Bürogeräten der Zeit. Industrielle Verfahren wie die Blechziehtechnik, Punktschweißen und gespritzter Lack bieten neue Möglichkeiten, schränken aber auch ein. Schreibmaschine, Fakturiermaschine und Telefon ähneln sich in Farbe, Material und Oberfläche. Von den schwarzen Blechpulten auf dem Schreibtisch eines Büros um 1911 unterscheidet sich das Telefon nur durch die Wählscheibe und den an einen Duschkopf erinnernden Hörer. Die Form erfüllt ihre Aufgabe weder technisch besonders überzeugend, noch lädt sie

■ Ferngespräch mit Marlene Dietrich: Telefonieren nur mit einem Anlass.

zum Telefonieren ein. Mit jedem Knick ihres kastigen Blechgehäuses betonen die Apparate, dass Telefonieren *nicht* alltäglich ist. Die technische Errungenschaft ist bis jetzt zu keiner kulturellen geworden.

Das ändert sich, als Siemens 1924 ein neues Tischmodell vorstellt. Bei diesem fällt zuerst die gedrungene, organische Form des niedrigen Gehäuses auf. Aluminium-Druckguss, wie er bei Flugzeugen und Autos verwendet wird, ermöglicht diese geschwungenen Linien, die auch W 48 auszeichnen sollen. Ihre Vollendung findet diese Form, als Siemens drei Jahre später Bakelit als Gehäusematerial einführt. Der von Leo Hendrik Baekland 1909 entwickelte Kunststoff, der anfangs nur die Hartgummiteile am Handapparat ersetzt, gibt der weichen Form ihre haptische Entsprechung. Der sanfte Glanz der warmen Oberfläche lädt zum Berühren ein. Für die richtige Hörerform werden die Köpfe von 5000 Siemens-Mitarbeitern vermessen. Damit erfüllt der Apparat auch funktional alle Erfordernisse. 1936 führt die Reichspost das Modell 36 als Standardgerät ein. Es ist äußerlich von W 48 kaum zu unterscheiden.

W 48 ist ein anonymes Industrieprodukt, hergestellt von verschiedenen Siemens-Abteilungen und entwickelt aus einer Reihe von Vorgängermodellen. Nach 1936 wird es massenhaft produziert. Es begleitet Deutsche durch Nationalsozialismus, Krieg, Wiederaufbau und Wirtschaftswachstum. Für viele ist das Modell W 48 das erste eigene Gerät, mit ihm lernt man zu telefonieren. In Telefonzellen, Streifenwagen, Großbetrieben und Cheflimousinen werden Modellvariationen eingebaut. Schwarz oder weiß, das ist die einzige Frage. Diese Kontinuität ist Grundlage der sentimentalen Beziehung, die noch heute zu dem Telefon besteht, das längst wieder gebaut wird. Ohne Nummernspeicher, Rückruf- oder Stummtaste, mit einer baumwollumflochtenen Schnur an den Standort gefesselt, nicht ISDN- oder telefonanlagenfähig und mit einer elend langsamen Wählscheibe, die schlürfend über die Ziffern gleitet und sich durch nichts zu erhöhtem Tempo verleiten lässt, erinnert W 48 an eine Zeit, als man zum Telefonieren noch einen Anlass brauchte.

FUNKTION SUCHT FORM

Weniger zahlreich sind jene Fälle, deren Charakteristik darin besteht, bis dahin Unbekanntes durch Formgebung in eine Handlungsgewohnheit zu überführen. Ein historisches Beispiel ist das Telefon. Als diese Kommunikationsform – das Ferngespräch – technisch möglich wurde, gab es keinen schlüssigen gestalthaften Ausdruck für ein Gerät, mit dessen Hilfe man in die Ferne sprechen konnte. Hermann Sturm, 1990

SIEMENS-TELEFON W 48

BIOGRAPHIE

Werner Siemens wird am 13. Dezember 1816 in Lenthe bei Hannover geboren. Er hat 13 Geschwister. Um studieren zu können, verpflichtet sich Werner Siemens beim preußischen Militär. Er studiert an der Artillerie- und Ingenieurschule in Berlin, wo zu dieser Zeit der Mathematiker Walter Ohm, der Physiker Heinrich Gustav Magnus und der Chemiker Otto Erdmann lehren. Die Erfindung, die Siemens sein erstes Patent einbringt, entsteht während einer Haftstrafe, die der Leutnant absitzt, weil er als Sekundant in ein Duell verwickelt war. 1846 verbessert er den von der preußischen Armee verwendeten Wheatstoneschen Telegraphen. Siemens konstruiert einen Zeigertelegraphen, den er von dem Feinmechaniker Johann Georg Halske (1814–1890) bauen lässt. Ab 1847 firmieren die beiden als Telegraphenbauanstalt Siemens & Halske. Eine Woche nach der Firmengründung im Oktober lassen sich die Jungunternehmer ihren Zeigertelegraphen in Preußen patentieren. 1849 nimmt Siemens seinen Abschied vom Militär. Die Technik zur Übermittlung von Nachrichten wird das zentrale Geschäftsfeld. Ob Telegraphenmasten, Fernleitungen oder Telefone, Siemens & Halske produzieren alle notwendigen Apparaturen. 1888 wird der erfolgreiche Industrielle geadelt. Werner von Siemens stirbt am 6. Dezember 1892 in Berlin.

BESCHREIBUNG

W 48:
Telefon, das erstmals 1924 von Siemens vorgestellt und ständig weiterentwickelt wird. 1927 ersetzt ein Bakelit-Gehäuse die vorher verwendete Aluminium-gussversion. Zwei laute Metallglocken und ein Schallkörper mit einem Gesamtgewicht von 1,9 kg machen das Telefon zu einem Klangereignis. Die akustische Qualität ist bis heute unerreicht.

DATEN

Geschichte:
26. Oktober 1861 Philipp Reiss hält vor dem Physikalischen Verein Frankfurt seinen Vortrag »Die elektrische Fernübertragung der Tonsprache«.

1876 Alexander Graham Bell baut ein voll funktionsfähiges Telefon.

1878 Erfindung des Kohlemikrofons.

1885 Siemens experimentiert mit ersten Handapparaten.

1909 Leo Hendrik Baekland kondensiert aus Phenol und Formaldehyd unter Verwendung von Katalysatoren einen Kunststoff, den er Bakelit nennt.

1924 Siemens-Tischtelefone mit Gehäuse aus Aluminium-Druckguss kommen auf den Markt.

1927 Ein Bakelit-Gehäuse ersetzt die gegossene Aluminiumversion.

1936 Das Siemens Modell 36 wird Einheitsapparat der Reichspost.

1962 W 48 wird durch ein Nachfolgemodell ersetzt, bleibt aber noch über Jahre in Betrieb.

1989 Die Bundespost vertreibt zeitweise einen W-48-Nachbau.

1999 Die Münchner Firma Reiner produziert einen originalgetreuen Nachbau.

Sehenswert:
Dial M for Murder (Bei Anruf Mord). Regie: Alfred Hitchcock, mit Grace Kelly, USA 1954.

Der Verlorene. Regie: Peter Lorre, auch Hauptdarsteller und Autor der Buchvorlage, BRD 1951.

Hörenswert:
Aaron Neville: *Wrong Number (I'm sorry Goodbye)*.

AUF DEN PUNKT GEBRACHT

Mit W 48 wird der Fernsprecher zum vollwertigen Kommunikationsmittel. Form und Funktionalität sind unübertroffen. An W 48 müssen sich moderne Telefone messen lassen.

KdF-Wagen – eine deutsche Karriere

Ferdinand Porsche

■ Ferdinand Porsche entwickelte das erfolgreichste Modell der Automobilgeschichte im Auftrag der Nazis.

■ KdF-Wagen: Für 990 Mark, mit 90 km/h durch das Reich sausen und dabei 9 Liter Benzin verbrauchen, bis 1945 wurden nur 600 Stück gebaut.

Der Kandidat hat Schwierigkeiten bei der Entnazifizierung. Zu eng waren seine Beziehungen zur nationalsozialistischen Führung, als dass im Nachkriegsdeutschland eine tragende Rolle infrage kommt. Er ist braun bis ins Mark, Hitler selbst hat ihn protegiert. Ob Propagandalüge oder Angriffskrieg – immer war er mit dabei. Weil der Käfer ein Auto ist, wird ihm 1945 noch eine Chance gegeben, und das geschieht aus purer Berechnung. Bei den britischen Besatzungsbehörden, in deren Zone das VW-Werk liegt, ist man sich sicher: Ein so hässliches Auto mag Deutsche bewegen, exportieren lässt es sich auf keinen Fall.

Damit liegen die Verantwortlichen absolut richtig. Frühe Volkswagen wirken wie zum Kochtopf umgestanzte Stahlhelme, zum Straßenanzug gewendete Nazi-Uniformen oder Volksempfänger, die nur noch BBC bekommen. Der VW erfüllt seinen Zweck, seine vormalige Bestimmung hängt ihm jedoch unübersehbar im Blechkleid. So gut er auch fahren mag, der Volkswagen bleibt ein Gegenstand, dem man seine militärische Abstammung und ideologische Kontaminierung ansieht. Das Ding ist ein notdürftig demokratisierter Nazi, ein 1945 unerschwingliches, 100 km/h schnelles Symbol verflogener Träume. Der Volkswagen ist ein Auto, das nur von Deutschen verstanden wird.

Einen genialen Entwurf mag man im Erscheinungsbild von Ferdinand Porsche nicht erkennen. Trittbretter wie bei einer Kutsche, von blasigen Kotflügeln bedeckte, freistehende Räder und eine Karosserie, die vage an frühe Aerodynamikversuche erinnert, zitieren die Formensprache der Vorkriegszeit. Doch im Inneren ist alles enthalten, was aus dem ehemaligen Kriegsgerät das Fahrzeug werden lässt, das seit über fünfzig Jahren an die dreißig Millionen mal gebaut wird: Luftgekühlter Heck-

1938

motor, Heckantrieb, Drehstabfederung, Pendelachse und unabhängige Radaufhängung arbeiten wirkungsvoll und sind nahezu unzerstörbar. Sie bilden die Grundlage einer der erfolgreichsten Modellpaletten der Automobilgeschichte.

Die Entstehungslegende weist Adolf Hitler einen prominenten Platz zu. Skizzen, die er am 23. Dezember 1933 im Berliner Hotel Kaiserhof gezeichnet haben soll, erinnern an frühe Prototypen. Am 17. Januar 1934 schickt Ferdinand Porsche sein Volkswagen-Exposé nach Berlin. Früh zeichnet sich neben dem propagandistischen auch der militärische Nutzen des Projekts ab. Porsches Entwurf bildet nicht nur die Grundlage für einen zivilen Personenwagen, sondern auch für den geländegängigen Kübel- und Schwimmwagen der deutschen Truppen. In Wolfsburg entsteht ein neues Werk mit vorbildlicher Siedlung, genau so hat Hitler es verlangt. Die Fabrik ist bei Kriegsende in Besitz der Deutschen Arbeitsfront (DAF). Zu der Einheitsorganisation, in der Gewerkschaften und Arbeitgeberverbände aufgegangen sind, gehört die Freizeitorganisation »Kraft durch Freude« (KdF), die neben Urlaubsreisen auch den Volkswagen anbietet. 990 Reichsmark kostet der KdF-Wagen, der mit einem Ratensparvertrag bestellt wird. 336 638 Regimetreue sparen so auf ein Auto, dann ist der Krieg zu Ende. Ganze sechshundert Volkswagen sind bis dahin produziert

■ VW 1200: Gewöhnungsbedürftiges Fahrverhalten, wenig Platz und ein schlapper Motor stehen einer Solidität gegenüber, die schon in den 1950er Jahren für spektakuläre Aktionen genutzt wurde.

»General Motors baute einmal ein Auto mit Sechszylinder-Heckmotor (Chevrolet Corvair, 1960–1965). Es war – wie der Käfer – so gefährlich, dass es einen US-amerikanischen Rechtsanwalt namens Ralph Nader zu einem Buch inspirierte (*Unsafe at any Speed*). Ich fuhr dieses Auto. Es war unfahrbar«.

Mini-Konstrukteur Alec Issigonis, 1986

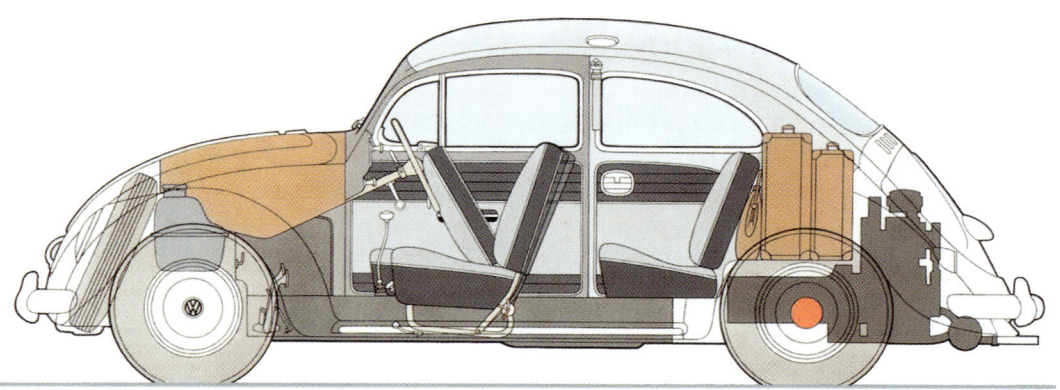

■ »Ein Blick mit Röntgenaugen in den VW offenbart überzeugend, dass es eigentlich nichts Logischeres und Zweckmäßigeres gibt als diese Art von Raum- und Gewichtsaufteilung«. VW-Werbung, 1957

worden, dafür jedoch 52 000 Kübelwagen und 14 000 Schwimmwagen für Wehrmacht und SS. 1945 wird aus dem Rüstungsbetrieb eine zivile Autoproduktion für ein einziges Modell – den Käfer. Seine Geschichte beginnt weit weniger furios, als es die Produktionszahlen des Longsellers vermuten lassen. Nicht nur die britischen Besatzungsbehörden, auch US-amerikanische Autohändler halten den Volkswagen, den ihnen der holländische Autohändler Ben Pon 1949 vorführt, für absolut unverkäuflich. Doch nur das Exportgeschäft kann die Existenz des VW-Werks sichern. Auch der nächste USA-Besuch von VW-Chef Nordhoff bringt keinen Durchbruch. Das enge Auto mit dem scheppernden Heckmotor widerspricht den ausladenden Limousinen mit großvolumigen Frontmotoren, Zweifarblackierung und Chromschmuck, die in den USA geschätzt werden. Und dieser Gegensatz lässt sich nicht mit ein paar Designkorrekturen beheben. Erst 1950, in Deutschland stationierte US-Soldaten haben die Qualität des ausschließlich in Schwarz gelieferten Volkswagens kennen gelernt, beginnt schleppend der Verkauf nach Übersee. Standard und Export – in diesen Ausführungen wird der Volkswagen in den ersten Jahren angeboten. Standard bedeutet kein synchronisiertes Getriebe, keine Hydraulikbremse, kein Chrom, kaum Farbauswahl. Export steht für bessere Technik und vor allem für Chrom, Farbe, schönere Sitze und das Versprechen auf ein luxuriöses Leben, wie es Metalliclackierung, Golde-Schiebedach, Weißwandreifen und die beliebte Blumenvase versprechen. In den ersten Jahren ist der Käfer für viele zu teuer. In Deutschland wird Motorrad gefahren und vom VW geträumt. Im Ausland hat der Volkswagen die falsche Geschichte und den richtigen Spitznamen: Hitlers Darling.

■ VW Cabriolet: Zwischen August 1949 und Januar 1980 entstanden bei Karmann 330 000 Cabriolets.

Doch die Zeit arbeitet für den Volkswagen. Dem Motorradboom folgen Roller- und Kleinstwagenboom, Automoden kommen und gehen, nur der VW bleibt, wie er ist. Jahr für Jahr haben die VW-Geschichten in *Auto, Motor und Sport* Titel wie »Die unsichtbaren Verbesserungen am Volkswagen« (1960) oder »Die Änderungen am Volkswagen. Besser, aber teurer« (1961), ohne dass es mehr zu berichten gäbe als einen neuen Lenkungsdämpfer für das Exportmodell oder eine geänderte Sitzlehnenverstellung. Der Volkswagen wird zu einem verlässlichen Traum. Jetzt ist er mit Anstrengung erreichbar, mögliche Extravaganzen halten sich in Grenzen, und er ist solide.

Die Modellpalette bietet in den ersten Jahren neben den zwei Käfer-Ausführungen nur noch die Transportertypen, vom Pritschenwagen bis zum Samba-Bus, und den zweisitzigen Karmann Ghia. Damit liefert Volkswagen die automobile Grundversorgung der Adenauer-Republik, und wenn der Alte aus Bonn mit der Losung »Keine Experimente« Wahlen gewinnt, produziert Wolfsburg den Traumwagen für die verängstigte Republik.

Experimente leistet sich das Werk erst ab 1961. Die Pontonform des 1500, mal als Variant, mal als Fließheck, das große Ghia-Coupé und schließlich die Krönung, der VW 411, der als Klassiker des schlechten Geschmacks mit legendärem Benzinverbrauch zu Ruhm kommt, bringt die Firma an den Rand des Ruins. Das Konzept luftgekühlter

VON KÄFERN UND WANZEN

Käfer – den Kosenamen verdankt der Volkswagen seinen US-amerikanischen Verehrern, die das Auto »Bug«, wenn nicht »Love Bug«, nach dem gleichnamigen Film von Robert Stevenson (*Ein toller Käfer*, 1968) nannten. Bugs sind Wanzen; weil das die deutsche Marketingabteilung uncharmant fand, einigte man sich für den deutschen Sprachraum auf den unverfänglichen Spitznamen Käfer. Mit »Beetle« korrekt übersetzt, tauchte der Ex-Bug dann auch in der US-Werbung wieder auf und wurde später zum Modellnamen für den Käfer-Nachfolger. Erhalten blieb der Urname im Buggy oder Dune Buggy. Kalifornische VW-Händler nannten so ihre Eigenbauten auf Käfer-Basis, die als Bausätze angeboten wurden. Buggys sind keine Kinderwagen, sondern Autos, mit denen ein Surfbrett stilecht an den Strand gefahren wird.

■ VW 1303: Die Panoramascheibe und das neue Fahrwerk machen das Modell 1303 zum besten Käfer aller Zeiten. Die Vielzahl der verschraubten Teile würde heute jeden Montageroboter zur Verzweiflung bringen.

IN TREUE FEST
Der Genuss des Fahrens beginnt schon, wenn man in den Wagen einsteigt, denn formschön und zweckmäßig ist auch das Innere des Volkswagens.
                Aus einem
        VW-Prospekt, 1957

Bevor Sie die Hände ans Lenkrad legen und sich über das vertraute Gefühl freuen, wieder einmal im geliebten Käfer zu sitzen, sei uns der Hinweis erlaubt auf die Türen, die – wegen der guten Türdichtungen – beim Käfer mit etwas Nachdruck zu schließen sind.   Aus einem
        VW-Prospekt, 1985

Heckmotor ist nicht mittelklassefähig. Der Einmodellanbieter braucht eine breitere Angebotspalette, die mit den Frontmotor- und Frontantriebsmodellen Passat, Golf und Polo kommt.

Doch bis es soweit ist, startet der Käfer seinen letzten Höhenflug. 1302 heißt das Modell, das 1970 die schlimmsten Übel ausräumt. Mit 50 PS, einem modernen Schräglenkerfahrwerk und einem großen Kofferraum ist das Auto in der Gegenwart angelangt. Selbst Erfolge bei Rallye- und Rallyecross-Veranstaltungen werden möglich. Das Fahrwerk verkraftet 100 PS und mehr. Dass 1302 und 1303 einfach zu gut sind, um weiter gebaut zu werden, davon sind die Fans überzeugt, als die Produktion des »besten Käfers aller Zeiten« 1974 eingestellt wird und nur das Standardmodell mit allen bekannten Schwächen im Programm bleibt. 1976 endet die deutsche Käferproduktion, Karmann baut das Cabriolet bis 1980 weiter.

Der Volkswagen hat die Geschichte der Bundesrepublik geprägt. Generationen von Autofahrern haben ihren Führerschein in einem Käfer absolviert, in jeder westdeutschen Familie hat es einen Volkswagen gegeben, und seinen Klang kann jeder erkennen, der ihn einmal gehört hat. Als Beetle mit aufgequollenen Rundungen und leuchtenden Farben wollte man die Geschichte des Urmodells fortschreiben. Selbst an die Blumenvase im Armaturenbrett wurde gedacht. Doch eine Karriere wie die des Käfers lässt sich nicht wiederholen – zum Glück.

KDF-WAGEN

BIOGRAPHIE

Ferdinand Porsche wird am 3. September 1875 im nordböhmischen Maffersdorf (Vratislavice, Tschechien) geboren. Zwischen 1898 und 1905 ist er bei den Lohner-Werken in Wien-Flosrisdorf angestellt, für die er den Lohner-P mit Radnabenmotor entwickelt, der 1900 auf der Pariser Weltausstellung präsentiert wird. Von 1906 bis 1923 arbeitet Porsche als technischer Direktor bei der Wiener Austro-Daimler-Puch AG, für die er Flugzeugmotoren, schwere Zugmaschinen für das Militär, aber auch den Sascha-Rennwagen baut. Zwischen 1923 und 1929 stellt Mercedes den vielseitigen Konstrukteur ein, der sowohl schnelle Rennwagen wie den Mercedes SSK als auch solide Lastwagen entwerfen kann. Danach wechselt Porsche zu den österreichischen Steyr-Werken, wo er Rohrrahmenfahrwerke mit Schwingachsen entwirft. 1931 verlässt er Steyr, meldet am 10. August seine Drehstabfederung zum Patent an und macht sich in Stuttgart mit einem Konstruktionsbüro selbstständig. Nach Aufträgen für Zündapp und NSU wird der Volkswagen der erste realisierte Entwicklungsauftrag für die junge Firma. Unter Porsches Leitung errichtet die Deutsche Arbeitsfront das VW-Werk in Wolfsburg. Ende 1945 wird Porsche von den französischen Besatzungsbehörden verhaftet und für 22 Monate interniert. Bis zu seinem Tod am 30. Januar 1951 leitet Porsche die Porsche AG, die von seinen Kindern Ferdinand Anton Ernst (Ferry) Porsche und Louise Piëch weitergeführt wird.

BESCHREIBUNG

KdF-Wagen:
Viersitziges Auto mit luftgekühltem Heckmotor, Heckantrieb, Drehstabfederung, Pendelachse und unabhängiger Radaufhängung. In dieser Form wird der *Käfer* immer noch gebaut.

DATEN

Geschichte:
1933 Adolf Hitler skizziert am 23. Dezember im Berliner Hotel Kaiserhof ein Auto, das dem späteren Käfer ähnelt.

1934 Ferdinand Porsche liefert am 17. Januar sein Exposé »betreffend den Bau eines Volkswagens« ab.

Juli 1936 Vor seiner Villa am Obersalzberg werden Hitler drei Prototypen der Serie 3 vorgestellt.

1939 Nach 2,4 Millionen Testkilometern, die zuletzt 30 Vorserien-Käfer zurücklegen, wird der Volkswagen in Berlin vorgestellt. Er soll 990 Reichsmark kosten.

1939–1945 Während des Zweiten Weltkrieges werden nur 600 Volkswagen, dafür aber 52 000 Kübelwagen und 14 000 Schwimmwagen, die auf der Volkswagentechnik basieren, produziert.

1949 An Bord der MS Westerdam wird am 8. Januar der erste VW in die USA exportiert.

1953 Der Mittelsteg im ovalen Heckfenster verschwindet.

Dezember 1955 Die erste Käfer-Million ist produziert.

1957 Das ovale Heckfenster und die kleine Frontscheibe werden vergrößert.

1967 Die Scheinwerfer stehen jetzt senkrecht.

1970 Der VW 1302 mit Federbein-Vorderachse, Schräglenker-Hinterachse und 50-PS-Motor wird präsentiert.

Februar 1972 Mit 15 007 034 Stück ist der Käfer der meistgebaute Typ der Automobilgeschichte.

1973 Der VW 1303 mit konvexer Panoramafrontscheibe und neuem Armaturenbrett markiert den Höhepunkt der Käfer-Entwicklung.

1974 Die Produktion des 1303 wird eingestellt.

1980 Am 10. Januar endet in Deutschland die Produktion des Käfers.

1979 Bei Karmann in Osnabrück endet die Produktion des Käfer-Cabriolets.

2001 In Mexiko produzierte Käfer werden weiterhin importiert und mit Einspritzmotor und geregeltem Katalysator als True Beetle angeboten.

Besuchenswert:
Volkswagenmuseum, Dieselstraße 35, Wolfsburg

AUF DEN PUNKT GEBRACHT

Der Käfer hat die Wandlung vom verachteten Serienprodukt zum Sammlerstück vollzogen. Er ist der letzte Autoklassiker, der immer noch produziert wird.

Lucky Strike – doppelt hält besser
Raymond Loewy

LUCKY STRIKE
CIGARETTE

You'll enjoy this real Burley cigarette. It's full of flavor—just as
good as a pipe.

IT'S TOASTED

The Burley tobacco is toasted; makes
the taste delicious. You know how
toasting improves the flavor of bread.
And it's the same with tobacco exactly.

10c

Guaranteed by
The American Tobacco Co.
INCORPORATED

■ So sah die Werbung für die Lucky Strike 1917 aus. Raymond Loewy verhalf nicht nur dem American Way of Life zu unverwechselbarem Ausdruck, er arbeitete Zeit seines Lebens auch an seinem eigenen Image.

Mit einem Freibillett der französischen Regierung in der Uniformtasche schifft sich Raymond Loewy im September 1919 an Bord der *France* nach New York ein. Vier Jahre Kriegsdienst an der französischen Front liegen hinter dem jungen Mann, der in Europa keine Zukunft für sich sieht. Die Hauptmannsuniform, ein Trenchcoat, ein Koffer und vierzig US-Dollar sind alles, was er hat, als er das erste Mal voller Ergriffenheit die Skyline von New York erblickt. »Ich wusste jetzt schon, dass ich sehr bald von allem Amerikanischen fasziniert sein, alles Amerikanische lieben würde, blindlings vielleicht, aber heiß und für immer«, beschreibt er seine Euphorie. Auf der ersten Fahrt durch Manhatten können ihn die Dimensionen der Gebäude und Straßen, das Tempo der Autos und Straßenbahnen, der Überfluss an moderner Technik und der Reichtum der Warenwelt noch überwältigen. Doch schon wenige Stunden später stellt sich Enttäuschung ein. »Das Riesenmaß aller Dinge, ihre Schroffheit, ihre Massigkeit« beginnen Loewy zu stören, »die Lichter blendeten in ungedämpfter Helle, die U-Bahnen waren donnernde Kolosse von unheimlicher Kraft, die Straßenbahnen tosende, rasende Ungeheuer aus Gusseisen«. So hat er sich die USA nicht vorgestellt.

Aus der Ambivalenz wird eine Profession. Sein europäischer Blick erkennt schnell das subtile Bedürfnis des industriellen Amerikas nach Schönheit. Raymond Loewy wird zum Pionier des Produktdesigns.

»Ich bin George Washington Hill, ich habe mit Ihnen zu sprechen.« Mit diesen Worten betritt der Präsident der American Tobacco Company (ATC) 1941 das Büro von Loewy. »Mein Freund Albert Lasker hat mir erzählt, dass Ihnen die Lucky-Strike-Packung nicht gefällt«, erklärt der grobschlächtige Mann, der unter zeitgenössischen Werbefachleuten bekannt dafür ist, mit seinen ausgefallenen Vorstellungen ganze Agenturen in den Wahnsinn zu treiben. Schon 1925 hat Hill die Promotion der Marke zur Chefsache erklärt. Er hat das Ziel, die Lucky Strike zur Nummer eins zu machen, denn immer noch gilt sie als Nachzüglerin hinter den Marken Camel und Chesterfield. Auf dem heftig umkämpften Markt löst eine spektakuläre Lucky-Strike-Kampagne die nächste ab:

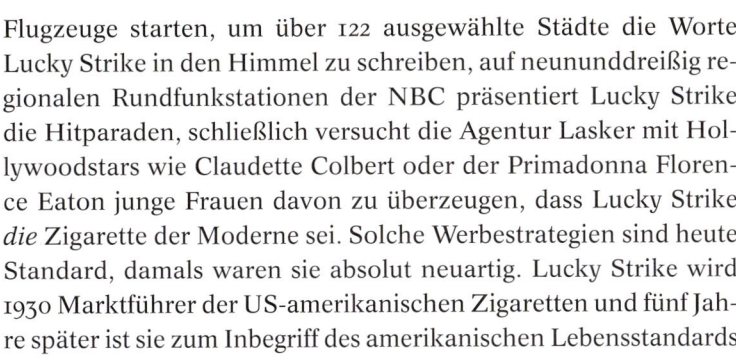

To smoke Lucky Strike
for a change is to smoke
them forever from choice

LUCKY STRIKE
"IT'S TOASTED"

■ Vorder- und Rückseite sind identisch: Lucky-Strike-Packung nach der Überarbeitung von Raymond Loewy.

■ So bunt wie das Plakat aus dem Jahr 1926 war auch die alte Lucky-Strike-Packung. Ein starker Gegensatz zum strengen Design von Loewy.

Flugzeuge starten, um über 122 ausgewählte Städte die Worte Lucky Strike in den Himmel zu schreiben, auf neununddreißig regionalen Rundfunkstationen der NBC präsentiert Lucky Strike die Hitparaden, schließlich versucht die Agentur Lasker mit Hollywoodstars wie Claudette Colbert oder der Primadonna Florence Eaton junge Frauen davon zu überzeugen, dass Lucky Strike *die* Zigarette der Moderne sei. Solche Werbestrategien sind heute Standard, damals waren sie absolut neuartig. Lucky Strike wird 1930 Marktführer der US-amerikanischen Zigaretten und fünf Jahre später ist sie zum Inbegriff des amerikanischen Lebensstandards

■ »I do«, lautet die Antwort auf die Frage »Inhalieren Sie?«, damit ließ sich 1929 noch werben.

geworden. Doch George Washington Hill bleibt unzufrieden, er möchte die kommerzielle Vorherrschaft der Marke langfristig sichern. Für die nächste Kampagne geht er dann aufs Ganze: Zum ersten Mal sollen nun auch Veränderungen am Verpackungsdesign vorgenommen werden.

Streitlustig baut sich Hill im März 1941 vor Loewys Schreibtisch auf. »Wie ist es mit der Packung, meinen Sie im Ernst, dass Sie sie noch verbessern könnten?«, poltert er los. »Das kann ich, wetten wir?«, entgegnet der smarte Loewy und erhebt das Geschäft zu einer Frage der Ehre – eine Wende in der Verhandlung, die Hill zu imponieren scheint, denn er erklärt sich sofort einverstanden. Die Höhe der Wette legen sie auf 50 000 US-Dollar fest. Und noch etwas anderes gibt Hill das sichere Gefühl, dass er diesem Mann grundsätzlich vertrauen kann – beide bevorzugen die gleiche Hosenträgermarke: »Cartier, so was bringen nur die Franzosen fertig!«

Zu dieser Zeit liegt Raymond Loewys beruflicher Durchbruch schon über zehn Jahre zurück. 1929 hat er das Gehäuse für eine Kopiermaschine der Firma Gestetner neu entworfen und gilt seitdem als Experte für Redesign. »Von zwei Produkten, die gleich sind im Preis, in der Funktion und in der Qualität, wird sich das schönere besser verkaufen lassen«, erklärt Loewy seinen Kunden. Design wird Anfang der 1930er Jahre in den USA als Marketingfaktor erkannt, gerade nach der Weltwirtschaftskrise soll der Konsum schnell wieder angekurbelt werden. Loewy und seine Kollegen Henry Dreyfuss, W. D. Teague oder Norman Bel Geddes prägen das neue Berufsbild des Industriedesigners. Redesign zieht weite Kreise. Für Loewy schließen sich in den folgenden Jahren Großaufträge wie der für die Pennsylvania Railroad Company und die Greyhound Corporation an. Gemeinsam mit dem Designer Geddes wird er für die Verbreitung der »streamline«, der Stromlinienform, bekannt, die sich besonders für technische Geräte und Fahrzeuge – über Lokomotiven bis hin zur Milchzentrifuge und zum Staubsauger – eignet. Doch bei allem Erfolg, ein Klassiker fehlt bislang in Loewy's Repertoire.

Auch bei der Neugestaltung der Lucky-Strike-Packung entscheidet sich Loewy für ein Redesign. Dabei geht er äußerst behutsam vor. Zwar wirkt das grüne Päckchen mit dem runden Emblem unmodern, doch die zahlreichen Werbekampagnen hatten dem Verbraucher genau dieses Erscheinungsbild eingeprägt. »Es ist sehr riskant, das Aussehen einer eingeführten Ware abzuändern«, erklärt Loewy, »aber wenn man es richtig macht, ist der Erfolg sofort da und von Dauer. Die Ware gewinnt Leben und wirkt wie neu«. Zuerst verändert er die

Hauptfarbe der Packung von Grün in ein strahlendes Weiß. Aus dem Kreis wird eine plastische Scheibe, und die Typographie erhält mehr Luft in den Zwischenräumen. Auch die entscheidende Veränderung betrifft ein Detail. Den Herstellervermerk, die Wiedergabe amtlicher Vorschriften und anderer Angaben plaziert Loewy auf die Schmalseiten anstelle der Rückseite. Vorder- und Rückseite gestaltet er identisch mit der roten Lucky-Strike-Schei-

■ Dynamisch und aktiv ist die junge Anglerin, die für die neu gestaltete Lucky-Strike-Packung wirbt.

LOEWY MEETS GALILEI

Sobald ich eine materielle oder körperliche Substanz wahrnehme, fühle ich mich gleichzeitig genötigt zu erkennen, dass sie irgendwie geartete Begrenzungen hat; dass sie im Verhältnis zu anderen groß oder klein ist; dass sie sich zu dieser oder jener Zeit an diesem oder jenem Ort befindet; dass sie in Bewegung oder in Ruhe ist, dass sie einen anderen Körper berührt oder nicht berührt; dass sie einzigartig, selten oder häufig ist: Von diesen Qualitäten vermag ich sie durch keine Anstrengungen meiner Vorstellungskraft zu trennen. Galilei, der so vor fünf Jahrhunderten seine Auffassung von dreidimensionaler Wahrnehmung aufzeichnete, schuf damit die Philosophie der industriellen Formgestaltung.

Raymond Loewy, 1951

Das haben wir gern: erst anmachen, dann liegenlassen.

LUCKIES
AMERICAN BLEND

LUCKY
STRIKE

FILTERS
DIE EG-GESUNDHEITSMINISTER:
RAUCHEN GEFÄHRDET
DIE GESUNDHEIT

Lucky Strike. Sonst nichts.

Endlich gibt es sie.
Die Cigarette davor.

LUCKIES
AMERICAN BLEND

LUCKY
STRIKE

FILTERS
DIE EG-GESUNDHEITSMINISTER:
RAUCHEN GEFÄHRD
DIE GESUNDH

Lucky Strike. Sonst nichts.

■ Die aktuelle Lucky-Strike-Werbung hätte Raymond Loewy gefallen.

AMERIKA ZUM EINSTECKEN

Möglicherweise war die Lucky-Strike-Packung das vollkommenste aller Symbole in dieser Karriere, das Symbol des Erfolgs schlechthin in einer Werkbiographie, die ihrerseits von wachsender Symbolik war. In ihrer Schnörkellosigkeit und Trivialität, in ihrer fast schon wesenhaften Ausdruckskraft und ihrem dauerhaften Erfolg verkörpert diese Packung die Welt des amerikanischen Designs auf allerkleinstem Raum. Ein Loewysches Werk in Perfektion. Stephen Bayley, 1998

be – eine Symmetrie, die jene Klarheit und Modernität hervorbringt, für die Loewys Entwürfe bekannt sind. Jede Form von Verzierung lehnt er kategorisch ab, sie sei nicht nur hässlich, sondern mache Arbeit und verteure die Herstellung. »Schönheit ist Einfachheit, aber nicht zu trocken«, lautet sein Credo. Der besondere Effekt der neuen Lucky-Strike-Packung: Auf jeder Packung ist jetzt, egal wie herum sie liegt, unverkennbar das Emblem mit dem Markennamen zu erkennen. Ohne zusätzliche Werbung kann der Schriftzug jetzt doppelt so häufig gelesen werden.

Das ist ein Argument, das auch George Washington Hill sofort einleuchtet. Raymond Loewy hat die Wette gewonnen und dabei seinen ersten Klassiker entworfen, die Verpackung ist bis heute nahezu unverändert.

Die Lucky Strike wird im Gepäck der GIs weltweit verbreitet und dient in Deutschland zwischen Kriegsende und Währungsreform als Währung auf dem Schwarzmarkt. Raymond Loewy wird Industriedesigner Nummer eins der USA, seine Gestaltungen komplettieren das, was als »American way of life« in die Geschichte eingegangen ist. »Der Amerikaner der fünfziger Jahre konnte seinen Tag in nahezu ausschließlicher Partnerschaft mit Produkten und Dienstleistungen verbringen, die Loewys Geist entsprungen waren, genauer gesagt: die seine gestalterische Handschrift trugen«, resümiert Stephen Bayley. »Pepsodent-Zahncreme und ein Schick-Rasierapparat am Morgen. Die Fahrt zur Arbeit in einem Family Studebaker oder einem Greyhound Bus. Zum Lunch eine eisgekühlte Erfrischung aus dem Coke-Automaten, am Abend ein Bier, gebraut von Carling. Und zwischendurch eine Zigarette.«

LUCKY STRIKE

BIOGRAPHIE

Raymond Loewy wird 1893 in Paris geboren. Nach einem Ingenieurstudium und Dienst im Ersten Weltkrieg emigriert er 1919 in die USA. In New York arbeitet er als Illustrator unter anderem für das Kaufhaus Saks Fifth Avenue und als Modezeichner für *Harper's Bazaar*. 1929 gründet er seine eigene Firma, Raymond Loewy Associates, und erhält mit der Gestaltung des Gehäuses für eine Kopiermaschine der Firma Gestetner seinen ersten großen Designauftrag. Er gilt als einer der Begründer des Berufs des Industriedesigners und ist der erste seines Fachs, der sich auf Marktanalysen stützt. Als Experte für Redesign gibt er den unterschiedlichsten Produkten neue, attraktive Hüllen. Berühmt machen ihn dann zwei Entwürfe in den 1930er Jahren. Der Coldspot-Super-Six-Kühlschrank mit weiß glänzendem Lack führt den »Hygiene-Look« ein (1934), die Lokomotive S1 der Pennsylvania Railroad Company erhält ein stromlinienförmiges Design (1938). Als Idealform für ein Fahrzeug mit geringstmöglichem Windwiderstand erfunden, suggeriert diese Form vor allem Fortschrittsglauben, und als Folge erhalten fast alle US-Verkehrsmittel ein neues Image. Das Redesign für die Lucky-Strike-Packung (1941) ist eine Zäsur in Loewys Karriere. Der »American Way of Life« verbreitet sich seit Ende der 1940er Jahre über die ganze Welt, und Loewy gibt den Produkten den letzten Schliff: Das Coca-Cola-Zapfgerät (1947), die Rexona-Seife (1948) oder der Studebaker Comman-der (1950) gehören zu seinem Werk. In den 1960er und 1970er Jahren erhält er Großaufträge von den Mineralölkonzernen BP, Shell und Exxon, er berät die US-amerikanische Regierung und die NASA. Raymond Loewy stirbt 1986.

BESCHREIBUNG

Lucky Strike:
Loewys Neugestaltung für die Lucky-Strike-Packung gilt als Musterbeispiel des Redesign. Die veränderte weiße Grundfarbe lässt Packung und Inhalt sauber erscheinen, der Kontrast zu den Farben Rot und Schwarz hebt das Emblem deutlicher hervor. Auch die Typographie gibt dem neuen Erscheinungsbild mehr Klarheit. Die Symmetrie von Vorder- und Rückseite ist nicht nur gutes Design, sondern bewirbt die Marke gleich doppelt.

DATEN

Geschichte:
1916 In Buffalo im Staate New York werden die ersten Lucky-Strike-Zigaretten angeboten, eine Mischung aus traditionellen türkischen und einheimischen Virginia-Tabaken, die es Rauchern ermöglicht zu inhalieren, ohne zu husten.

1917 Die überregionale Einführung der Marke erfolgt mit den ersten Reklameplakaten.

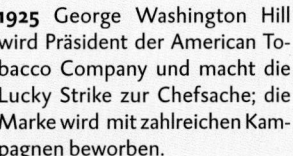

1925 George Washington Hill wird Präsident der American Tobacco Company und macht die Lucky Strike zur Chefsache; die Marke wird mit zahlreichen Kampagnen beworben.

1930 Lucky Strike wird erstmals Marktführer unter den US-amerikanischen Zigaretten.

1937 Die Agentur von Albert Lasker wirbt mit weiblichen Stars für die Marke und macht sie zu *der* Zigarette der Moderne.

1941 Raymond Loewy gibt der Verpackung ein verändertes Design.

1945–1948 Lucky Strike wird auf dem deutschen Schwarzmarkt zur Ersatzwährung.

1989 Die Lucky Strike Filter wird auf dem deutschen Markt eingeführt und fällt durch die originelle und einfallsreiche Werbung auf.

Lesenswert:
Raymond Loewy: *Industrie-Design*, Berlin 1979.

Angela Schönberger (Hg.): *Raymond Loewy. Pionier des amerikanischen Industriedesigns*, München 1990.

Raymond Loewy: *Häßlichkeit verkauft sich schlecht. Die Erlebnisse des erfolgreichsten Formgestalters unserer Zeit*, Düsseldorf, Wien, New York, Moskau 1992.

Stephen Bayley : *Die Lucky-Strike-Packung von Raymond Loewy*, Frankfurt am Main 1998.

AUF DEN PUNKT GEBRACHT

Die Lucky-Strike-Packung mit doppelter Markenscheibe ist eine der effizientesten Erfindungen in der Produktwerbung.

Bikini – Skandal am Beckenrand
Louis Reard

Der Sommer 1946 ist warm. Die Menschen beginnen sich aus der Starre der vergangenen Jahre zu lösen. Das Leben ist nicht nur weitergegangen – es will wieder entdeckt werden. Erinnerungen an eine Zeit werden wach, in der es nicht allein ums Überleben ging. Unbeschwertheit will sich – soll sich einstellen. Nach einem Deutschlandbesuch berichtet Hannah Arendt: »Inmitten der Ruinen schreiben die Deutschen einander Ansichtskarten von den Kirchen und Marktplätzen, den öffentlichen Gebäuden und Brücken, die es gar nicht mehr gibt.« Die Einen wollen so schnell es geht vergessen, die Anderen können es nicht. Zwischen Aufbruch und Resignation schwankt das Lebensgefühl. Und überall ist eine Sehnsucht nach Veränderung zu spüren.

Mitten in diese Übergangszeit platzt der neue Badeanzug von Louis Reard hinein. Seine Kreation ist aufreizend anders, sie ist gewagt und hat einen zweifelhaften Namen: Bikini. Auf dem Atoll im Südpazifik testen die USA seit dem 30. Juni 1946 Atombomben. Am 5. Juli 1946 präsentiert Louis Reard am Rand des Molitor-Bads in Paris seinen Bikini. Elf Monate nach dem US-amerikanischen Bombenabwurf auf Hiroshima ist der Name eine Provokation. Außerdem ist Reards Bademode so aufreizend, dass kein professionelles Mannequin die neue Kreation vorführen will. Zur ersten Bikini-Trägerin wird Micheline Bernardini. Im Hauptberuf arbeitet sie als Tänzerin im Casino de Paris.

■ Dem am 5. Juli 1946 in Paris vorgestelltem Bikini (unten) sieht man sein Entstehungsjahr nicht an, den Modellen von 1960 (oben) schon.

Louis Reard ist nicht der Erfinder der zweiteiligen Bademode. Schon auf antiken Abbildungen finden sich derartige Kombinationen. Im 20. Jahrhundert sorgt nach dem Ersten Weltkrieg ein neues Körperbewusstsein erstmals für figurbetonte Badebekleidung. In England bietet Finnegan's in der Londoner Bond Street 1938 einen gestrickten Zweiteiler aus gelber Wolle an. Zur gleichen Zeit wird in den USA das von der Firma Du Pont 1938 entwickelte Nylon verstärkt auch für Badeanzüge

genutzt. Bei einem Fototermin für *Vogue* trägt Jane Wyman 1940 einen rüstungsartigen Zweiteiler aus dem neuen Material. Eine Handbreit Haut zwischen hüftumspannender Hose und ordentlichem Oberteil markiert den erotischen Höhepunkt des Badekostüms. Das straffe Du-Pont-Gewebe sorgt auch bei Noch-Ehemann Ronald Reagan für eine vorteilhafte Kontur.

Von der Korsettanmutung des Wyman-Bikinis ist bei Reards Modell nichts übrig geblieben. Der Stoff ist leicht, anschmiegsam, und er wird ausgesprochen sparsam verarbeitet. Ein kleines Dreieck vorn, ein größeres hinten, zwei Bänder an den Seiten, das ist die Bikinihose; zwei kleine Dreiecke an Spaghettiträgern, so sieht das Oberteil aus. Der Höhepunkt ist die kleine Schachtel, die Micheline Bernardini beim Fototermin 1946 in der Hand behält. Da hinein passt der ganze Badeanzug, deutlicher kann man den Unterschied kaum machen.

Reards Bikinischachtel wird zum Signal. Der Inhalt des kleinen Kartons verspricht Sommer, Sonne, Glück. Die Verpackung spricht von einem Vergnügen, für das es kein Vorbild gibt. Sie ist klein, hart und spitzkantig und umschließt etwas, das anschmiegsam, leicht und weich ist. 1946 kündigt die harmlose Schachtel einen Skandal an. Verpackung und Name spiegeln die zentralen Qualitäten der neuen Bademode. Der Bikini, da liegt Reards Namensschöpfung richtig, schlägt ein wie eine Bombe, danach gibt es kein Zurück.

■ Bikini-Vorläufer: Was hier im Entwurf sitzt, verliert bei Wasserkontakt seine Form.

Mit einem Mal sind die US-amerikanischen Badeanzüge nicht mehr so begehrenswert. Die hüfthohen Hosen mit geradem Beinschnitt und die ausladenden Büstenhalter lassen selbst Ava Gardner und Jane Russell tantenhaft aussehen. Doch mehr, beziehungsweise weniger erlaubt die puritanische Moralvorstellung nicht. Erst 1950 veröffentlichte Aufnahmen mit Marilyn Monroe lassen die soliden Hollywood-Zweiteiler wenigstens für Promotionfotos auf Bikini-Format schrumpfen. In Kinofilmen ist der Bikini immer noch tabu.

Nur das französische Kino kämpft für den Bikini. 1952 trägt Brigitte Bardot in einem ihrer ersten Filme einen kleinen weißen Bikini und wird zum Star. Willy

NACKT BEKLEIDET
Während ein unvorbereitet eingeflogener Gast aus einer puritanischen, auf gründliche Verhüllung der Haut von Männern wie Frauen gründenden Kultur den schockierenden Eindruck empfinge, all diese so gut wie nackten Menschen bereiteten sich in der sommerlichen Hitze doch wohl unverkennbar auf ein Bacchanal vor, nur noch wenige Zentimeter Kleidungsstoff trennten die Teilnehmer von der sexuellen Überwältigung durch einander – ganz im Gegensatz dazu weiß der Einheimische, der mit den Regeln der Institution vertraut ist, dass diesen so gut wie nackten Menschen nichts ferner liegt, als sich sexuell aneinander heranzumachen. Die Nacktheit im Freibad ist eine Form der Bekleidung, bei der es sich halt ebenfalls um eine soziale Konstruktion, ein Zeichensystem handelt und wenig Materielles. Michael Rutschky, 1994

■ Ursula Andress als Bond-Girl 1962: Nach diesem Auftritt ist der Bikini als Bademode anerkannt.

Roziers *Marina, la fille sans voile* wird in den USA erst 1958 als *The Girl in the Bikini* gestartet. In Deutschland kommt er gar nicht heraus. Hier ist es Marion Michael, die 1956 als *Liane, das Mädchen aus dem Urwald* einen knappen, angefetzten Bikini trägt. Das Kinopublikum ist von ihrem Auftritt so begeistert, dass mit *Liane, die Tochter des Dschungels* und *Liane – die weiße Göttin* gleich zwei weitere Folgen nachgeschoben werden. Zu dieser Zeit ist der Bikini keineswegs etabliert. Bikinis lösen Skandale aus, sie werden bei Miss-Wahlen verboten, von der Kirche verteufelt und führen zu Tumulten. Erst 1962, als Honeychild Rider mit Tauchmesser am Bikini dem Meer entsteigt, ist er am Ziel. Nach dem Auftritt von Bond-Girl Ursula Andress in *Dr. No* ist der Bikini von den Stränden und Pools nicht mehr wegzudenken.

Seither ist der Bikini kontinuierlich kleiner geworden, er wurde zeitweise zum String, G-String, Rikini, Loop, Savage, um dann doch ein Bikini zu bleiben. So hält er allen Moden und Wellen stand, passt sich an, so gut das in so einer Größe überhaupt geht, und wird bleiben bis ans Ende der Zeit.

BIKINI

BIOGRAPHIE

Erfunden hat **Louis Reard** den Bikini bestimmt nicht. 1600 v. Chr. tauchen zweiteilige Modelle bei minoischen Wandbildern auf. Auch im 20. Jahrhundert gibt es Vorläufer. Von einer Frau in Badehose und BH berichtet eine überraschte Cecily Hamilton, die während der Weimarer Republik Berlin besucht. Die »Bathing Beauties« der Hollywood-Studios tragen ab 1936 Zweiteiler. 1938 greifen Modeschöpfer in Berlin und London die Filmmode auf. Dann erst kommt die Stunde des 1896 geborenen Louis Reard. Am 5. Juli 1946 führt die Tänzerin Micheline Bernardini in Paris den Bikini vor. Der Erfolg ist so groß, dass der Ingenieur Reard in der Avenue de l'Opera ein Bikini-Geschäft eröffnet. Über hundert Modelle hat er im Laufe seines Lebens entworfen. Louis Reard stirbt 1984.

BESCHREIBUNG

Bikini:
Der zweiteilige Badeanzug von Louis Reard geht auf die Bademode zurück, die ab 1936 vor allem in Filmen des Hollywood-Studios MGM auffällt. Reard verkleinert Hose und Oberteil auf das kleinstmögliche Maß. Der Stoff ist so weich und leicht, dass der Bikini in einer kleinen Schachtel verpackt werden kann. Nach der Präsentation 1946 vergrößert Reard vor allem die Hose. Trotzdem braucht Reards Bikini gut zehn Jahre, um sich durchzusetzen.

DATEN

Geschichte:
1946 Am Molitor-Bad in Paris führt Micheline Bernardini am 5. Juli den Bikini von Louis Reard vor.

1951 Der Bikini wird als Bekleidung von den Veranstaltern des Miss-World-Wettbewerbs verboten.

1952 In *Marina, la fille sans voile* erliegt das französische Publikum der 18-jährigen Brigitte Bardot. Der amerikanische Verleihtitel bekennt sich zur Hauptattraktion: *The Girl in the Bikini.*

1954 Während der Filmfestspiele in Cannes öffnet Simone Silva beim Baden im Meer ihr Bikini-Oberteil und löst damit einen Tumult unter den Fotografen

aus. Zwei werden mit Knochenbrüchen in ein Krankenhaus eingeliefert.

1956 In Deutschland trägt Marion Michael als *Liane, das Mädchen aus dem Urwald* einen knappen Bikini zum offenen Haar. Das Kinopublikum ist von ihrem Auftritt in Eduard von Borsodys Film so begeistert, dass Fortsetzungen folgen.

1960 Brian Hylands *Itsy Bitsy Teenie Weenie Yellow Polka Dot Bikini* dichtet Günter Loose um in *Itsy Bitsy Teenie Weenie Honolulu Strand-Bikini.* Caterina Valente und Silvio Francesco machen den Titel zum Hit.

1962 Als Honeychild Rider mit Tauchmesser und Bikini wird Ursula Andress in *Dr. No* zur Sexgöttin der Filmgeschichte.

1968 In Roger Vadims *Barbarella* führt Jane Fonda den Bikini in das Science-Fiction-Genre ein.

1974 Mit dem String-*Bikini* endet die Minimierungsphase.

Hörenswert:
Brian Hyland: Itsy Bitsy Teenie Weenie Yellow Polka Dot Bikini oder Caterina Valente und Silvio Francesco: *Itsy Bitsy Teenie Weenie Honolulu Strand-Bikini.*

Sehenswert:
Liane, das Mädchen aus dem Urwald. Regie: Eduard von Borsody; mit Marion Michael, Hardy Krüger, BRD 1956.

Dr. No (James Bond – 007 jagt Dr. No). Regie: Terence Young; mit Sean Connery, Ursula Andress, Joseph Wiseman, Jack Lord, GB 1962.

AUF DEN PUNKT GEBRACHT

Bikini: Der Name war ein schlimmer Fehlgriff, die Wirkung auf die Bademode jedoch ähnlich brachial. Trotzdem brauchte der Bikini zehn Jahre, bis er sich an den Stränden der Welt durchgesetzt hatte. Jetzt verdrängt ihn keiner mehr.

Vespa – die Zeitmaschine
Corradino d'Ascanio

■ Vespa: Erfolg mit robuster Technik in italienischem Streamlinedesign.

Aus dem Stadtbild europäischer Großstädte sind sie nicht wegzudenken. Zum fünfzigsten Geburtstag gab es eine Ausstellung im Guggenheim-Museum in Bilbao, eine im Pariser Centre Pompidou, und das Bonner Haus der Geschichte zeigt ein Exemplar in der Dauerausstellung, in Pastellgrün mit roter Sitzbank. Vespa, ihr Name steht neben dem Chianti, Spaghetti und dem Papst für das, was diesseits der Alpen für italienische Lebensart gehalten wird. Die Karriere des Motorrollers war jedoch nicht vorherzusehen.

1945 ist der italienische Rüstungskonzern Piaggio am Ende. Die Fabrikanlagen, in denen unter anderem der viermotorige Bomber P 108 B gebaut wurde (mit dem Mussolinis Sohn Bruno bei einem Testflug abstürzte), sind zerstört, Rüstungsaufträge auf Jahre nicht in Sicht, und mit der Produktion von Kochgeschirr lassen sich die 10 000 Arbeiter nicht beschäftigen. Wie es im Nachkriegs-Italien aussieht, zeigt Vittorio de Sicas Film *Fahrraddiebe*: Hunger, Armut, Massenarbeitslosigkeit. Ein Fahrrad ist ein begehrtes Verkehrsmittel. Alles wird mit ihm über die ramponierten Straßen transportiert. Wer ein Fahrrad hat, findet leichter einen Job, ein Fahrrad ist der Beginn des sozialen Aufstiegs.

Für den Wiederaufbau der Industrie fehlen Straßen und Fahrzeuge, es fehlen Rohstoffe und Energie. Ein sparsames, anspruchsloses Vehikel, leicht zu bedienen und schnell zu reparieren, so lautet die Aufgabenstellung für die Entwurfsabteilung. Paparino, Donald Ducks italienisches Alter Ego, ist der Name des Prototyps, dem auch Firmenchef Enrico Piaggio 1945 ein grauenhaftes Aussehen bescheinigt. Nach diesem Flop soll sein bester Mann sich der Sache annehmen. Corradino d'Ascanio hat zwar einen der ersten Hubschrauber entwickelt und tüftelt gerade an verstellbaren

Propellern herum, noch nie jedoch hat der Luftfahrtingenieur ein Straßenfahrzeug entworfen. Nach nur drei Monaten liegen erste Pläne vor, kurz darauf knattert ein Prototyp über das Firmengelände. Sein Motorgeräusch, so will es die Legende, erinnert den – vermutlich schwerhörigen – Firmenpatriarchen an das Gesumm einer Wespe, womit der Roller seinen Namen hat: Vespa.

Die unter dem pausbäckigen Heckteil versteckte Technik des Fahrzeugs ist nicht so bieder, wie man bei der Aufgabenstellung denken könnte. Der Motor und die Hinterradschwinge sind zu einer Einheit verbunden. Das Hinterrad wird ohne Kette direkt angetrieben. Die Einarmschwinge erlaubt, das Rad wie bei einem Auto auszubauen. Auch das Vorderrad wird von einer derartigen Schwinge geführt. Die selbsttragende Stahlkarosserie, bei der auf einen Fahrzeugrahmen verzichtet wird, hat Lancia in den 1920er Jahren mit dem Lambda schon in den Automobilbau eingeführt. Vespa etabliert diese Bauweise auch bei Zweirädern.

Die Karosserie mit der im damals todschicken stromlinienförmigen Design gehaltenen Verkleidung ist neben der Motorschwinge die technische Attraktion der Vespa. Solide, einfach aufgebaut und

DIE VESPA UND DIE DAMEN
Meine Sozia, die auf nahezu sämtlichen vergleichbaren Motorrädern und Rollern gesessen hat, fühlte sich auf der [Vespa] GS ausgesprochen wohl und hatte auch keine Schwierigkeit, die Beine ermüdungsfrei unterzubringen. Und sie betonte ausdrücklich, dass sie sämtliche von mir in letzter Zeit gefahrenen Motorräder dagegen als ziemlich strapaziös empfand. Die Vespa und die Damen – das ist eben eine Freundschaft für sich. Motor Rundschau, 1955

■ Audrey Hepburn und Gregory Peck zeigen 1953 was man zur Vespa trägt. Szene aus *Ein Herz und eine Krone* von William Wyler.

preiswert industriell herzustellen, erfüllen diese Komponenten perfekt die Erfordernisse der Zeit. Dazu kommt der gebläsegekühlte Einzylinder-Zweitakter, der so simpel konstruiert ist, dass er von jedem Dorfschmied repariert werden kann. Auch ist der unverwüstliche Motor sparsam.

Doch wen interessiert die Technik? Die Vespa bietet genau das, was die nächsten Jahre gebraucht wird. Sie verkörpert einen erfüllbaren Traum. Sie ist kein Motorrad, sondern fast schon ein Auto. Der Motor ist verkleidet, eine Kette gibt es nicht, so bleibt die Kleidung sauber. Geschaltet wird mit der Hand, dadurch gehen elegante Schuhe nicht mehr kaputt, und – das ist der Höhepunkt – gebremst wird mit einem Fußpedal. Dass die Knie von Beinschildern geschützt und schwere Gegenstände in den tiefen Durchstieg gestellt werden können, vervollständigt die

■ »Die Vespa *GS* ist nun mal kein Fahrzeug für laue Leute – sie ist ein wildes kleines Rassepferd, das sich freut, wenn es die Sporen bekommt.« *Motor Rundschau*, 1955

Liste der Vorteile des Zwitters, der weder Motorrad noch Auto sein will und gerade deshalb die Phantasie seiner Bewunderer anregt.

1946 geht die Vespa in Serie. In den Folgejahren halten sich die Modifikationen im Rahmen. Der Fahrradlenker verschwindet, stattdessen gaukelt ein Blechprofil, das Scheinwerfer und Tacho aufnimmt, ein kleines Autoarmaturenbrett vor, unter dem auch die Seilzüge für Vorderradbremse, Kupplung und Schaltung verborgen sind. Die Motorleistung wird sanft angehoben. Vorgängermodelle lassen sich in der Regel nachrüsten, die Zubehörliste ist lang. Kein Wunder, dass dieses Fahrzeugkonzept auch im Ausland Aufsehen erregt.

In Frankreich, Belgien, Spanien, England, Brasilien und Indien werden in den Folgejahren Vespas in Lizenz hergestellt. Schon 1949 erhält die Firma Hoffmann in Lintorf bei Düsseldorf die Lizenz zum Nachbau.

1955 übernimmt Messerschmitt in Augsburg die Produktion der deutschen Vespa. Die Motorroller aus Italien sind in Deutschland ganz besonders beliebt. Die Fahrer organisieren sich in Clubs; *Vespa Tip. Die Zeitschrift für Vespafahrer* erscheint ab 1955. Hier werden Tourenvorschläge gegeben, für müde Roller gibt es Reparaturanleitungen und Tuningtipps. Außerdem wird das umfangreiche Zubehörangebot vorgestellt, von der Argus-Sehschlitz-Windschutzscheibe über den verchromten Abarth-Sportauspuff bis zum Doppelgebläsehorn mit Fußschaltung.

Als der Boom in Deutschland vorbei und der Sprung vom Zweirad zum Kleinwagen millionenfach vollzogen ist, bleibt die Vespa trotzdem. Andere Rollerproduzenten geben auf. Piaggio verändert Typennamen und Farbe der Vespa, klebt mal mehr und mal weniger Chrom auf die Karosserie, passt die Motorstärke immer wieder den sich wechselnden Versicherungstarifen an und überrascht ihre Liebhaber mal mit eckigen Scheinwerfern und

■ Flotte Flitzer für alle: In *Vier Mädels aus der Wachau* versuchen die Günther- und die Kessler-Zwillinge auf ihren Rollern dem deutschen Heimatfilm zu entkommen.

DIE VESPA UND DIE FAMILIE

Wohnen vor der Stadt ist ideal – wenn eine Vespa 50 S alle großen Sorgen mit den kleinen Verkehrsproblemen beseitigt. ... Die Vespa 50 S gehört dazu wie Fernseher, Waschmaschine und Kühlschrank. Vati benützt sie, wenn das Auto beim Kundendienst ist, oder für »schnell mal wohin fahren«. Mutti erledigt damit ihre 100 Besorgungen, und sonst ist die Vespa von der Jugend beschlagnahmt.

Vespa-Werbung, 1966

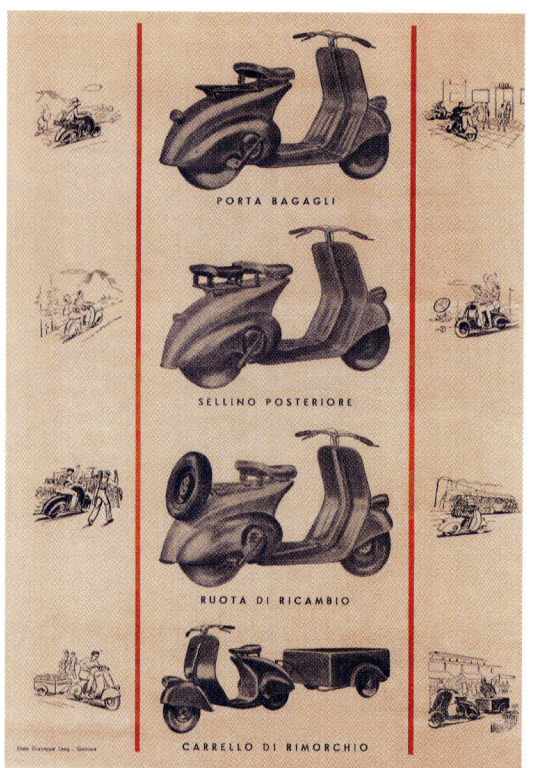

PORTA BAGAGLI

SELLINO POSTERIORE

RUOTA DI RICAMBIO

CARRELLO DI RIMORCHIO

■ Für jeden die Richtige: Auf der Vespa kann man fast alles mitnehmen, nicht nur Aktentasche und Ersatzreifen.

mal mit einem Super-Sprint-Modell, das etwas fixer ist und vor allem durch einen zugebauten Durchstieg samt Motorradtankattrappe auffällt.

Heute haben Motorroller sich verändert. Filigrane Gitterrohrrahmen mit leichten Plastikverkleidungen, Achsschenkellenkung und gelochte Scheibenbremsen, nahezu profillose Reifen auf kleinen breiten Leichtmetallfelgen haben das schmucke Nachkriegsvehikel in einen zweirädrigen Boliden verwandelt. Auch Piaggio bietet eine etwas zivilisiertere Version eines solchen Renners an. Parallel dazu gibt es aber auch noch die klassische Ausführung, cremefarben, chromstarrend und mit langer Zubehörliste. Nur die Motoren sind aufwändiger. Es gibt Viertakter wie auch Zweitakter mit Benzindirekteinspritzung, und bei allen Rollern sind Schadstoffausstoß und Verbrauch reduziert.

Für die Langlebigkeit der Vespa gibt es objektiv keine Erklärung. Sie ist eigentlich nicht wirklich praktisch, nicht besonders schnell, nicht sehr sicher, sie taugt nicht für lange Strecken, und sie ist auch keine Schönheit. Das italienisierte stromlinienförmige Design hat von Anfang an veraltet gewirkt, die Retuschen, die immer wieder versucht werden, können die unausgewogenen Proportionen nicht glätten. Zwischen pummeligem Heck und den bügelbrettartigen Beinschildern klafft eine nicht zu überbrückende Lücke, egal wie dickbauchig die Beinschilder auch werden. Aber: Vor allem das städtische Bürgertum schätzt die Vespa. Sie markiert die Zugehörigkeit zu einer Szene, sie definiert ein Lebensgefühl, sie symbolisiert eine Erinnerung. So bleibt die Vespa ein generationsübergreifender Traum, einer, den man sich erfüllen kann.

VESPA

BIOGRAPHIE

Corradino d'Ascanio wird 1891 in den Abruzzen geboren. Er absolviert eine Ingenieursausbildung am Polytechnikum in Turin und nimmt am Ersten Weltkrieg in einer Fliegereinheit teil. Nach dem Krieg arbeitet er zuerst in Frankreich und zieht dann in die USA. Für eine Firma in Indianapolis entwickelt er ein Jagdflugzeug, einen Bomber und ein Aufklärungsflugzeug. Zurückgekehrt nach Italien beschäftigt sich d'Ascanio ab 1926 in Pescara mit der Entwicklung eines Hubschraubers. Finanziert werden die erfolgreichen Versuche von Baron Pietro Trojani. Rinaldo Piaggio, der Vater der späteren Firmenchefs Enrico und Armando Piaggio, verpflichtet d'Ascanio 1932 als Chefentwickler des traditionsreichen Familienbetriebs. Für Piaggio entstehen weitere Helikopter-Prototypen und Bomber für die italienische Luftwaffe. Für die Vespa, die er 1946 entwickelt, fehlt dem Ingenieur jede persönliche Erfahrung. Er konstruiert sie so einfach und effizient wie seine Bomber und Hubschrauber. Der kleine Motorroller wird d'Ascanios größter Wurf. Der Erfinder stirbt 1981 in Pisa.

BESCHREIBUNG

Vespa:
Motorroller mit selbsttragender Stahlkarosserie und einarmigen Radschwingen mit hydraulischen Stoßdämpfern. Die Hinterradschwinge nimmt den Motor und das Getriebe auf, das die Kraft direkt auf das Hinterrad überträgt. Die ursprüngliche Ausführung wird von einem gebläsegekühlten Zweitakter angetrieben. Mittlerweile werden auch Viertakter angeboten.

DATEN

Geschichte:
1945 Die Piaggio-Angestellten Vittorio Casini und Renzo Spolti entwickeln den Rollervorläufer Paparino.

1946 Corradino d'Ascanio entwirft in drei Monaten die Vespa. Das neue Modell wird im selben Jahr auf dem Turiner Autosalon vorgestellt.

1949 Die Firma Hoffmann in Lintorf erwirbt die Lizenzrechte zum Bau der Vespa.

1951 In Frankreich beginnt eine Lizenzproduktion. Es folgen Belgien, England, Brasilien und Indien.

1953 Die Vespa wird unter Gregory Peck und Audrey Hepburn zum Filmstar.

1956 Papst Pius XII. segnet den millionsten Vespa-Roller.

2001 Die Vespa wird weiter gebaut. Ein Ende ist nicht abzusehen.

EMPFEHLUNG

Lesenswert:
Walter Zeichner: *Vespa Motorroller 1948-86*, München 1987.

Andrea & David Sparrow: *Das Vespa Album*, Stuttgart 1996.

Sehenswert:
Roman Holiday (Ein Herz und eine Krone). Regie: William Wyler; mit Gregory Peck, Audrey Hepburn und einer Vespa Modell A im Rom von 1953. Der Roller ist eine der Reliquien im Piaggio-Museum in Pontedera.

Caro Diario (Liebes Tagebuch …). Regie: Nanni Moretti. Der Regisseur und Hauptdarsteller Nanni Moretti auf einer Vespa PX 200 im Rom von 1994. Der Roller ist noch in Gebrauch; I/F 1994.

Besuchenswert:
Piaggio-Museum in Pontedera (auf halber Strecke zwischen Pisa und Empoli).

AUF DEN PUNKT GEBRACHT

Nicht wirklich schön, nicht wirklich praktisch – jenseits jeder Rationalität bleibt die Vespa ein generationsübergreifender Traum.

Lego – die Kraft der Noppen
Ole Kirk Christiansen

■ Ole Kirk Christiansen legte mit seiner Erfindung des kleinen Plastikmauersteins den Grundstein für ein Familienimperium.

Was löst den ersten Impuls aus? Sind es die Farben, das klare Rot, das leuchtende Weiß? Ist es die glatte, glänzende Oberfläche oder die Form der Steine, die mit ihren Noppen und Kanten überhaupt keine Handschmeichler sind, sich aber trotzdem angenehm anfassen? Oder ist es ein schlichter Reflex, der dazu führt, zwei nebeneinander liegende Lego-Steine zusammenfügen zu müssen? Kaum jemand kommt an diesen Steinen vorbei, ohne sie in die Hand zu nehmen. Lego ist weit mehr als ein Kinderspielzeug. Es ist Baukasten, Kindheitserinnerung und Metapher, in Lego spiegelt sich die Welt.

Die Farben und Noppen verhindern jeden Naturalismus. Wer mit Lego baut, braucht nicht nur Geschick, sondern auch Phantasie. Dann kann alles, was die Aufmerksamkeit erregt, nachgebaut werden. Häuser, Schiffe, Bäume, Kräne, Flugzeuge – es gibt keine Grenze. Und fehlt doch einmal der passende Stein, um die Vision zu verwirklichen, wird umgeplant. Die Zwänge der Lego-Welt sind höchst alltäglich.

Ob der Däne Ole Kirk Christiansen geahnt hat, was für Möglichkeiten in den hässlichen Plastiksteinen stecken, mit denen er 1949 experimentierte? Der sparsame Tischler sucht nach Einsatzmöglichkeiten für die teure Spritzgussmaschine, mit der er Kunststoffspielzeug produzieren will, was zu dieser Zeit eine kühne Idee ist. Ein schöner Ferguson-Trecker und eine Rassel sind die ersten Produkte aus dem neuen Material. Für das Spritzgussverfahren sind solche Formen viel zu kompliziert, um eine ausreichende Gewinnspanne zu garantieren. Bauklötze sind schlichter.

»Automatic Binding Bricks« heißen die Steine, die keineswegs so automatisch zusammenhalten, wie es der Name behauptet. Auf die Idee mit den Noppen auf der Oberseite der leichten Hohlkörper war man auch bei der britischen Firma Kiddicraft gekommen, die zur gleichen Zeit Bauklötze aus Bakelit anbot. Trotz Noppen ist der »Lego-Mursten« (Mauerstein), wie das Plastikspielzeug ab 1953 genannt wird, ein echter Ladenhüter. Die Steine sind zu leicht und halten zu schlecht zusammen, um als Bauklötze durchzugehen.

Die Wende bringt 1954 ein Gespräch von Christiansens Sohn Godtfred mit dem Chefeinkäufer des Kopenhagener Kaufhauses Magasin du Nord. Nicht der schlechte Zusammenhalt der Klötze oder die Farben würden dem Verkaufserfolg des Lego-Mursten im Weg stehen, sondern das völlige Fehlen eines Systems. Bei Bausätzen wie dem Anker-Kasten aus dem 19. Jahrhundert gibt es im Ansatz einen Systemgedanken. Aus einer begrenzten Zahl identischer Elemente lassen sich ganz unterschiedliche Bauten errichten. Das Sortiment besteht aus Quadern verschiedener Größe, Torbögen, Trommeln und Rundstücken. Doch ein universelles System, mit unendlicher Variationsmöglichkeit, mit Grund- und Erweiterungskästen, das, so vielfältig es auch ist, als eine zusammengehörige Einheit erkennbar bleibt, fehlt im Spielwarenangebot.

■ Mit diesem Logo wird der Spielstein 1955 im Kopenhagener Kaufhaus Magasin du Nord zum ersten Mal vorgestellt.

Weiter südlich wird unter ganz anderen Vorzeichen auch über Systeme nachgedacht. Die 1953 eröffnete Hochschule für Gestaltung in Ulm gehört zu den Vorreitern und überträgt den Systemgedanken auf Design und Architektur. Ob bei der Gestaltung von

■ Mit seinen Systembaukästen begegnet Lego der Avantgarde und keiner merkt es.

■ Mit seinen Systembaukästen gelingt Lego ein Spielzeug, dass nicht nur Kinder begeistert. Die leuchtenden Farben des neuartigen Materials und die Unzerstörbarkeit der einzelnen Bausteine machen das Spielzeug 1955 zum idealen Repräsentanten einer neuen Epoche.

Legolize it – don't criticize it. Essay von Peter Glaser über den zentralen Baustein seiner Kindheit.

»Alle bauen, groß und klein, bauen mit dem Lego-Stein«. Lego-Kinospot, 1956.

»Mit dem Kunststoff kam das Abenteuer nach Billund.«
　　　Aus der Werkschronik

Produktserien, bei Schranksystemen, der Systembauweise von Häusern aus industriell vorgefertigten Bauteilen oder der Planung ganzer Stadtteile – nicht nur in Ulm ist das System das Paradigma der Zeit. Auch das Material der Lego-Steine ist absolut fortschrittlich. Durchgefärbter Spritzgusskunststoff wird als Material wenig benutzt, seine gestalterischen Möglichkeiten sind noch lange nicht ausgeschöpft. Der dänische Spielzeugproduzent aus dem kleinen Billund, der Tischlerklan, der neben Holzspielzeug auch Plastikware im Sortiment hat, begegnet der Avantgarde, ohne dass irgendwer Notiz davon nimmt.
Die Produktionstechnik bereitet Lego immer weniger Probleme. Seit 1953 stellt die Firma die benötigten Spezialwerkzeuge für die Kunststoffverarbeitung selbst her. Allein die Klemmkraft der klei-

nen Steine bleibt unbefriedigend. Eine Rille an der Außenkante soll anfangs die Elastizität der einzelnen Steine erhöhen. Doch der Durchbruch gelingt erst 1957, als die Mittelröhre eingeführt wird. Auf die Noppen eines Steins gedrückt, sorgen die leicht elastischen Röhren im Steininneren bis heute für den nötigen Halt.

Als der Lego-Stein fertig entwickelt ist, hat sich der Markt verändert. Ein Systembaukasten mit Elementen in leuchten-

■ Lego-Entwicklung: Geballte Arbeitskraft für noch mehr Klemmkraft.

den Grundfarben, aus einem zeitgemäßen Material, bestechend einfach in der Konzeption und mit einer enormen Variationsbreite, passt genau in die Zeit. Unabhängig von pädagogischem Kalkül, von aktuellen Designtheorien und -diskussionen, hat ein Handwerksbetrieb in der Abgeschiedenheit Jütlands ein Spielzeug entwickelt, das alle Zeichen der Zeit in sich vereint; ein Spielzeug, das Kinder und Eltern gleichermaßen begeistert.

Jetzt geht es ganz schnell, und der kleine Handwerksbetrieb agiert überaus clever, um den Sprung zur Weltmarke innerhalb weniger Jahre zu schaffen. Alle relevanten Entwicklungen werden mit Patenten geschützt. Die Grundfarben der Steine bestimmen das Aussehen der Baukästen und prägen schließlich das gesamte Erscheinungsbild der Firma. Selbst wer seit seiner Kindheit nie wieder in einem Spielzeuggeschäft war, wird Lego-Produkte auf Anhieb erkennen. Dabei geht es längst um mehr als nur um Nop-

KUNST MIT LEGO

1997 sorgt der Pole Zbigniew Libera für Aufsehen. Der Künstler, der laut *Der Spiegel* seit Jahren Objekte aus Spielzeug baut, will mit einem KZ aus Lego-Steinen an der Biennale teilnehmen. Ein Lager, wie es in Deutschland, Polen, Russland, Südamerika oder Asien stehen könnte, hätte er zeigen wollen. Libera: »Lego ist ein sehr rationales System, und das waren die Konzentrationslager auch«. Über diese Publicity ist man bei Lego 1997 keineswegs erfreut und protestiert umgehend gegen den Mißbrauch des Markennamens. Nach ersten Presseberichten über Liberas Kunstaktion verzichtet Lego jedoch auf juristische Schritte gegen den Künstler. Nachdem der Kurator des polnischen Biennale-Pavillons es abgelehnt hat, den KZ-Bausatz in Venedig zu präsentieren, kauft das Jewish Museum in New York Zbigniew Liberas Objekt.

REICH DER SINNE

In seiner Abstraktheit und Modularität ist Lego ein jugendfreies Reich der Sinne. Es gibt kaum etwas, das so interessant riecht wie der graue Reifengummi der Lego-Räder. Zu Zeiten, als die neuen Steine erstmals aus ABS bestanden, habe ich das sofort am Geschmack bemerkt. Sie waren salziger geworden, außerdem rochen sie strenger.

Peter Glaser

pensteine. Vom etwas strengen Spielzeug einer aufgeklärten Zeit, in der die Einführung des Rades 1961 Stoff für Diskussionen bietet und der Besitz von Lego-Fenstern auf ideologische Unsicherheit beim Einkauf schließen lässt (immerhin bietet Lego 1968 keine Jägerzäune an), über Lego Star Wars (nach dem George-Lucas-Film) bis zu Lego Mindstorms, einem programmierbaren Lego-Stein (»integrierte Computer-Elemente fördern wichtige zukunftsorientierte Fähigkeiten«, Lego-Werbung 2001), hinterlässt die Zeit ihre Spuren im unzerstörbaren und alterslosen Mursten-Imperium von Ole Kirk Christiansen.

Heute ist Lego, das Akronym aus dem dänischen »Leg godt« (Spiel gut!), die verblasste Botschaft einer Zeit, in der ein tischlernder Firmenpatriarch seine Mitarbeiter mit dem selbstgedrechselten Sinnspruch »Nur das Beste ist gut genug« zu erhöhter Arbeitsmoral anhalten konnte. 2005 will, so der Enkel Kjeld Kirk, der Konzern aus Billund bei Familien und Kindern die weltweit bekannteste Marke sein. Die Kraft der Noppen ist ungebrochen.

■ Baukasten, Kindheitserinnerung und Metapher – in Lego spiegelt sich die Welt.

LEGO

BIOGRAPHIE

Ole Kirk Christiansen wird am 7. April 1891 im jütländischen Filskov geboren. Bei seinem Bruder absolviert er eine Tischlerlehre. 1916 macht er sich in Billund mit einer Tischlerei selbstständig. 1924 brennt der Betrieb das erste Mal ab. Neben ganzen Holzhäusern stellt Christiansen auch Möbel her. Während der Weltwirtschaftskrise wird das Sortiment auf Haushaltsgegenstände wie Leitern, Bügelbretter und Weihnachtsbaumständer erweitert. Für seine Tochter Ulla beginnt Ole Kirk Christiansen 1935 Puppenmöbel zu bauen. Kurz darauf beginnt die Spielzeugproduktion, deren Modelle sich Christiansens Sohn Godtfred Kirk ausdenkt. Der erste kommerzielle Erfolg der Christiansens wird ein Jo-Jo. 1934 wird Lego – aus dem Dänischen »Leg godt« (Spiel gut!) – zum Firmennamen. Die während der deutschen Besatzungszeit unterbundenen Spielzeugimporte führen zu einem kräftigen Umsatzplus. 1942 brennt der Betrieb erneut ab. Eine neue, größere Fabrik entsteht, die Ole Kirk Christiansen 1947 mit einer Spritzgussmaschine für die Produktion von Kunststoffspielzeug ausrüstet. Eine Kinderrassel und ein Trecker sind das erste Kunststoffspielzeug. Alle wichtigen Funktionen in dem Kleinbetrieb sind mit Christiansen-Kindern besetzt. Godtfred Kirk Christiansen wird zur rechten Hand des Vaters, der nicht mehr gesund ist. Obwohl 1951 Kunststoffartikel die Hälfte der Produktion ausmachen, ist das Holzspielzeug immer noch die Haupteinnahmequelle. Ole Kirk Christiansen ist vom Erfolg seines Kunststoffspielzeugs überzeugt. Den Aufstieg des Kleinunternehmens zum Weltkonzern erlebt er nicht mehr. Er stirbt 1958.

BESCHREIBUNG

Lego:
Systembaukasten auf der Grundlage von Noppensteinen. Die Hauptattraktion besteht in der endlosen Variationsvielfalt des Systems. So bieten sechs Acht-Knopf-Steine allein 102 981 500 verschiedene Kombinationsmöglichkeiten. Das Spielzeug ist aus einem leichten, nahezu unzerstörbaren Kunststoff in lichtbeständigen Grundfarben hergestellt. Die Modellpalette reicht mittlerweile bis zu intelligenten Steinen für die Ausführung von Aufgaben, die vorher über einen PC programmiert wurden.

AUF DEN PUNKT GEBRACHT

Universalität und Modularität sind unerreicht. Die Steine sind unzerstörbar, verbleichen nicht und versprühen nach 30 Jahren noch den Reiz, den sie hatten, als man sie geschenkt bekam. Als Spielzeug ist Lego der Stoff, aus dem die Träume sind.

DATEN

Geschichte:

1949 Die ersten »Automatic Binding Bricks« aus Kunststoffspritzguss werden produziert.

1954 Lego wird ab dem 1. Mai als Warenzeichen geschützt.

1955 Im Kopenhagener Kaufhaus Magasin du Nord wird das Lego-Spielzeugsystem erstmals vorgestellt.

1957 Die dritte Röhre im Acht-Knopf-Stein bringt die Klemmkraft, die bis heute hält.

1958 Der abgeschrägte Stein für die Dachkonstruktion wird eingeführt.

1960 Die Produktion von Holzspielzeug wird eingestellt.

1961 Das Lego-Rad wird entwickelt.

1963 Der Kunststoff ABS wird eingeführt.

1964 Die Lego-Schachteln werden mit Bauanleitungen versehen.

1966 Der 4,5-Volt-Motor wird vorgestellt.

1969 Mit den neuen großen Duplo-Steinen sind alle wesentlichen Lego-Entwicklungen gemacht.

Lesenswert:
Margret Uhle: *Die LEGO-Story*, Hamburg 2000.

Sehenswert:
Toys. Regie: Barry Levinson; mit Robin Williams, Joan Cusack und Michael Gambon, USA 1992.

http://www.LEGO.com

Akari-Leuchte – Zen oder die Kunst des Leuchtens
Isamu Noguchi

■ Der Bildhauer Isamu Noguchi begann früh mit Skulpturen aus durchscheinendem Material zu experimentieren. Die Lampions auf Fischerbooten inspirieren ihn zu seinen Lampenentwürfen, die schnell populär werden.

1952 ist diese Lampe ein Gruß aus einer anderen Welt. Der meditativen Stille, die von diesem Raumkörper, ihrem weichen Licht und ihrer schwerelosen Erscheinung ausgeht, fehlt jede laute Geste der auf besinnungslosen Optimismus eingestellten Nachkriegszeit. Erscheinung, Material, Eigenschaften, die AkariLeuchte entzieht sich gängigen Vergleichsmaßstäben. Sie ist aus Papier, besitzt ein Gerippe aus feinen Bambusstäben, ist federleicht und faltbar. In einer Zeit, die unentschieden zwischen restaurativem Reflex und modernistischer Pose pendelt und die an Erinnerungen und Bildern des vergangenen Weltkriegs laboriert, steht die Akari-Leuchte für Heimeligkeit wie für Exotik. Damit überbrückt sie mühelos alle Gegensätze und wird zu einem welt-

weiten Erfolg. Die Akari-Leuchte ist der erste kommerzielle Hit des japanischen Designs.

Der in den USA und in Europa ausgebildete Bildhauer Isamu Noguchi ist der Gestalter von Akari. Eingeladen, für den Friedenshain in Hiroshima ein (später nicht realisiertes) Relief zu gestalten, bereist der Sohn japanisch-amerikanischer Eltern 1951 Japan. Am Nagara in der Provinz Gifu möchte Noguchi Kormorane beobachten. Die Papierlampen der Boote, mit denen die Fischer nachts auf den Nagara hinausfahren, faszinieren den Reisenden aus New York. Erste Skizzen, die kurze Zeit später zum Prototyp der Akari-Leuchte führen, entstehen.

Die Provinz Gifu ist 1951 das Zentrum der Papierverarbeitung. Das Papier stammt aus dem nahegelegenen Mino-Gebiet, wo es nach einem jahrhundertealten Verfahren aus der Rinde des Maulbeerbaums hergestellt wird. Das Minogami genannte, stark gefaserte Papier wird als Verpackung, aber auch für Schirme, Lampen und zur Wandbespannung benutzt. Die meisten Lampen, die in Gifu produziert werden, sind Lampions aus einfachem Papier, zum Teil mit einem Drahtgestell, die mit Tuschebildern verziert sind. Die Lampen werden als Konsumartikel in großen Stückzahlen produziert und preiswert verkauft. Trotzdem sind die Verkaufszahlen 1951 rückläufig. Die Tage der Papierlaterne scheinen gezählt.

Der Mann, der die sieche Kleinindustrie rettet, scheint für seine Mission wenig prädestiniert zu sein. Die ersten Lampen, die Noguchi entwirft, sind weniger Objekte des Industriedesigns als vielmehr Lichtplastiken des Bildhauers Isamu Noguchi. Das Werk des rumänischen Bildhauers Constantin Brancusi, in dessen Pariser Atelier er 1927 einige Monate gearbeitet hat, haben es dem jungen Künstler angetan. Noguchis Plastiken mit ihren weichen, organischen Formen und glatten, gespannten Oberflächen werden auch

■ Akari-Leuchte: Tausendmal kopiert und trotzdem immer noch schön. Anfangs wehrten sich Noguchi und der Lampenhersteller Ozeki gegen die Billigkopien.

JAPAN UND DIE TRADITION

Warum sonst sollte ich nach Japan zurückkehren, wenn ich dort nicht meine Beziehung zur Erde wiederfinden könnte? Dort gibt es immer noch eine ungebrochene Vertrautheit mit natürlichen Materialien und Handarbeit. Wie wunderbar sind ihre traditionellen Werkzeuge. Bald wird auch dies durch Maschinen ersetzt sein. In der Zwischenzeit bin ich dort wie ein Bettler oder Dieb auf der Suche nach der letzten Wärme auf Erden. Isamu Noguchi

AKARI UND DIE LEICHTIGKEIT DES SEINS

Den Namen »Akari«, den ich auswählte, steht im Japanischen für Licht im Sinne von Erleuchtung, aber auch für Leichtigkeit als Gegensatz zum Gewicht, also etwa Schwerelosigkeit. Das Schriftzeichen verbindet Sonne und Mond. Akari steht im besten Sinn für die Leichtigkeit (des Wesens) und die Erleuchtung (des Bewusstseins), seine Eigenschaft ist poetisch, flüchtig, provisorisch. Die Akari-Leuchte sieht zerbrechlicher aus, als sie ist, und scheint zu zerfließen, wenn sie ihr Licht versprüht. Sie belastet einen Raum weder als Masse noch als Besitz, und wenn sie nicht mehr gebraucht wird, lässt sie sich zusammenfalten und in eine Hülle stecken. Akari ist leicht wie eine Feder, manche heften sie an die Wand, andere befestigen sie an einem Kabel, aber alle sind von ihr gleichermaßen angerührt.   Isamu Noguchi

■ In einer Zeit, die unentschieden zwischen restaurativem Reflex und modernistischer Pose taumelt, steht die Akari-Leuchte für Heimeligkeit und Exotik.

international schnell populär. Als Bildhauer beschränkt er sich keineswegs auf die Bearbeitung von Stein. Für sein nie aufgeführtes Musical *Weather Vane* plant er schon 1933 Lichtskulpturen. Bei einem Bühnenbild für die Choreographin Martha Graham kann Noguchi 1935 einige seiner Vorstellungen einer komplexen Raumkunst umsetzen. Ständig auf der Suche nach neuen Materialien, die sich für seine künstlerischen Vorstellungen eignen, stößt Isamu Noguchi 1951 schließlich auf die Papierleuchten der Fischer von Gifu.

Noguchis Leuchten verbinden Tradition und Moderne. Weder der Verweis auf den traditionellen Formenkanon der Leuchten, noch der Hinweis, dass die Farbe Weiß in Ostasien mit Tod und Totenfeier assoziiert wird, bremsen Noguchis Gestaltungswillen. Zwar sind die ersten für den japanischen Markt bestimmten Akaris nach Einspruch der Verkäufer des Takashimaya Department Stores in Nihonbashi noch mit geometrischen Mustern versehen, doch die Verzierungen verschwinden bald wieder. An die hundert verschiedene Modelle entstehen im Laufe der Jahre für die Serienproduktion. Nur das Herstellungsverfahren bleibt traditionell. Dünne, geschmeidige Bambusstäbe werden über eine Holzform gespannt. Streifen des Minogami-Papiers werden anschließend mit dem vorgeleimten Bambusrahmen verklebt. Nach dem Trocknen wird die Holzform, deren Krümmung die

Bambusstäbe jetzt angenommen haben, entfernt.

Das Familienunternehmen von Tameshiro Ozeki, das seit mehreren Generationen traditionelle Lampenschirme herstellt, produziert die Akari-Leuchte von Anfang an. Die Rahmenkonstruktion lässt sich Noguchi 1953 in Japan und 1954 in den USA patentieren. Die Vermarktung der Akaris übernehmen die New Yorker Firma Bonnier und die Wohnbedarf AG in Zürich. Der Name Akari wird geschützt, und Noguchis Halbbruder Michio Noguchi entwirft ein Logo für Akari, das aus den Schriftzeichen für Mond und Sonne gebildet ist. 1955 bringt die erste große Akari-Ausstellung in New York den Aufsehen erregenden Durchbruch. Die Akari-Leuchte wird zur Lampe der Epoche. Zahlreiche Reproduktionen tragen zur Verbreitung bei. Eine Zeitlang wehren sich Noguchi und der Lampenhersteller Ozeki gegen die Konkurrenz. Die Produktion einer anderen, handwerklich ähnlich hochwertigen Leuchte eines Herstellers aus Gifu können sie gerichtlich verhindern. Gegen die zahllosen Billigkopien aus dünnem Japanpapier sind sie jedoch machtlos. Aber gerade diese Lampen machen die Akari-Leuchte populär.

Für Isamu Noguchi ist der Akari-Erfolg nicht ungetrübt. Ist im japanischen Kulturverständnis die Wertschätzung von Künstlern und Kunsthandwerkern ungebrochen hoch, ist es in westlichen Ländern für einen Bildhauer mit Ausstellungen in allen Metropolen der Welt kaum möglich, gleichzeitig als Designer erfolgreich zu sein. Geht Noguchis Teetisch mit amöbenförmiger Glasplatte, den Herman Miller ab 1946 produziert und der im Nierentisch seine westdeutsche Interpretation erfährt, noch als »Künstlertisch« durch, wird die professionelle und ausgesprochen erfolg-

■ Künstler oder Kunsthandwerker: Das clevere Marketing, das die Akari-Leuchte zum Erfolg führte, wurde für das Renommee des Künstlers Noguchi zum Problem.

■ Nur echt mit dem Gruß aus dem Jenseits: Obwohl Isamu Noguchi 1988 starb, werden von ihm signierte Lampen immer noch produziert.

reiche Vermarktung der Akari-Leuchte beargwöhnt. Ein seriöser Künstler hat Abstand von der Massenproduktion zu halten. Dass es bei den Akari-Leuchten um massenhaft hergestellte Unikate, also um die industrialisierte Produktion echter Noguchis geht, macht die Sache nicht einfacher. Im Dezember 1968 lädt Isamu Noguchi unter dem Titel »Shapes of Light« folgerichtig in die New Yorker Cordier and Ekstrom Gallery. Hier hat er seine Leuchten als Raumkunst inszeniert. Das Ensemble aus je fünf Leuchten wird nummeriert und signiert zum Kauf angeboten. Wenige Monate später will Bloomingdale's die Idee wiederholen, was ein empörter Noguchi verhindert. Erst nach einer angemessenen Frist, im April 1970, darf das New Yorker Edelkaufhaus die Akari-Leuchten präsentieren.

Heute wird der Streit um Kunst und Kommerz immer noch geführt. Während Ikea seine günstigen Akari-Repliken mit Namen wie Skyar, Roder und Orgel verballhornt, werden neu produzierte Akaris aus Minogami angeboten, die als Echtheitszertifikat von Isamu Noguchi signiert sind. Isamu Noguchi starb bereits 1988 – eine Akari-Leuchte ist immer ein Gruß aus einer anderen Welt.

AKARI-LEUCHTE

 BIOGRAPHIE

Isamu Noguchi wird am 17. November 1904 in Los Angeles geboren. Seine Eltern sind der Schriftsteller Yonejiro Noguchi und die Amerikanerin Leonie Gilmour. Seit seinem 2. Lebensjahr lebt Isamu in Tokio und kehrt mit 13 als Schüler in die USA zurück. Als Künstler wendet er sich der abstrakten Malerei und Bildhauerei zu. 1927 arbeitet er einige Monate im Pariser Atelier des rumänischen Bildhauers Constantin Brancusi. 1931 reist Noguchi 8 Monate lang durch Japan und beschäftigt sich mit Gartenkunst, Zen und dem traditionellen Theater. Er konstruiert Skulpturen aus durchscheinenden Materialien und experimentiert mit Lichtquellen. *Weather Vane* heißt 1933 ein nicht-aufgeführtes Musical von Noguchi, in dem er Lichtskulpturen einsetzen will. Für die Choreographin Martha Graham entwirft Noguchi 1935 ein Bühnenbild, das Ideen seines Musicalprojekts verwendet. Erste Möbelentwürfe entstehen. Sein bekanntestes Stück wird der ab 1946 von Herman Miller produzierte Teetisch, dem Vorbild des Nierentisches. Ab 1949 bereist Noguchi Europa und Südostasien. Im Mai 1950 besucht er Japan. Die Keio Universität in Tokio bittet Noguchi, einen Gedenkraum für seinen verstorbenen Vater zu konzipieren, der über 40 Jahre an der Universität gelehrt hat. Für Isamu Noguchi beginnt eine intensive Auseinandersetzung mit seiner japanischen Identität. Der Auftrag für ein Relief im

Friedenshain von Hiroshima kommt vermutlich deswegen nicht zustande, weil Noguchi US-Staatsbürger ist. Auf seinen Reisen durch Japan ist er von den Papierlaternen fasziniert. Für den Familienbetrieb von Tameshiro Ozeki entwirft er eine moderne Version der traditionellen Fischerleuchte. Ab 1952 beginnt die professionelle Vermarktung der jetzt Akari genannten Lampe. Noguchi lebt den größten Teil dieses Jahres zusammen mit seiner Frau, der Schauspielerin Yoshiko (Shirley) Yamaguchi. Er arbeitet an neuen Akari-Entwürfen, die für eine Ausstellung im Museum of Modern Art in New York gedacht sind. Isamu Noguchi wird zu einem Pendler zwischen den Kulturkreisen, seine Arbeiten, vor allem auch seine Kunstgärten – z. B. für das Pariser UNESCO-Gebäude – reflektieren immer stärker seine Beziehungen zur japanischen Kultur. Isamu Noguchi stirbt am 30. Dezember 1988 in New York.

 BESCHREIBUNG

Akari-Leuchte:
Aus dem Gifu-Chochin, einer bei Fischern beliebten Papierlaterne, entwickelt Isamu Noguchi 1951 eine Leuchte aus Minogami. Das aus der Rinde des Maulbeerbaums hergestellte Papier ist besonders reißfest, licht- und hitzebeständig. Es wird über eingeleimte Bam-

busstäbe gebreitet, die auf eine Holzform gespannt sind. Ist der Leim getrocknet, wird die Form entfernt. Akari-Leuchten lassen sich zusammenfalten.

 DATEN

Geschichte:
1933 Bei der Arbeit am Bühnenbild für sein nie aufgeführtes Musical *Weather Vane* beschäftigt sich Isamu Noguchi erstmals intensiv mit Lichtskulpturen.

1951 Erste Skizzen, nach denen der Familienbetrieb von Tameshiro Ozeki einen Prototyp herstellt, entstehen.

1952 Die professionelle Vermarktung der Akari-Papierleuchte beginnt. Der Name wird geschützt.

1953 Die Rahmenkonstruktion der Akari-Leuchte wird auch in Japan zum Patent angemeldet.

1954 Die Rahmenkonstruktion wird in den USA patentiert. Die Wohnraum AG in Zürich übernimmt die Vermarktung in Europa.

1955 Die erste große Akari-Ausstellung in New York erregt großes Aufsehen.

1968 Für »Shapes of Light« inszeniert Noguchi Akaris als Raumkunst und verkauft die Ensembles als signierte Kunstwerke.

April 1970 Bloomingdale's präsentiert Noguchis Akari-Leuchten als signierte Kunstwerke.

Besuchenswert:
Isamu Noguchi Garden Museum, Long Island City

 AUF DEN PUNKT GEBRACHT

Der Papiermond von Isamu Noguchi brachte Poesie in die trüben Tage des Wirtschaftswunders. Weil sich nur wenige das erlesene Original leisten konnten, wurden die preiswerten Nachbauten aus dünnem Japanpapier zur Leuchte einer Epoche.

Parker T-Ball Jotter –
das Handy der Nachkriegszeit
László Biró

■ Der Parker Jotter ist der erste Kugelschreiber, der wirklich funktioniert.

■ Den Klassiker gibt es nicht nur in verschiedenen Farben und in der eleganten Edelstahlausführung, im gleichen Design bekommt man auch Druckbleistift, Füllhalter und Rollerball.

Der Satinflo schlägt ein wie eine Bombe. Der Stift kostet in den USA 12, 50 Dollar. Dafür versprechen die Inserate 275 Stunden Schreibkraft, egal ob sich seine Besitzer gerade in der Arktis, unter Wasser oder in der Stratosphäre aufhalten. Satinflo kleckst nicht, und sollte er doch einmal nicht schreiben, füllt der Hersteller den eingesendeten Stift für 50 Cent wieder auf. 1945 bietet das Kaufhaus Gimbels diese Sensation in New York an, und in der Schreibwarenabteilung schnellt der Umsatz in den ersten Tagen auf sensationelle 100 000 Dollar hoch. Der erste in großen Stückzahlen für den privaten Gebrauch hergestellte Kugelschreiber besitzt ein schlichtes Alugehäuse, er schreibt keineswegs auch nur annähernd 275 Stunden und ist vor seinem Verkauf bestimmt noch nie in der Stratosphäre getestet worden, geschweige denn unter Wasser oder in der Arktis. 1945 ist der Schreiber trotzdem ein Riesenhit. Satinflo riecht nach Fortschritt. Jeder kann ihn kaufen, jeder kann an der Zukunft teilhaben. 275 Stunden liest sich wie 275 Stundenkilometer – Stratosphäre und Arktis, das ist Abenteuer – unter Wasser schreiben ein guter Gag.

■ Mit dem Jotter wird der Kugelschreiber seriös, und Parker lässt keine Gelegenheit aus, die eigene Klasse in Szene zu setzen. Parker-Kampagne von 1986.

Von Ernüchterung über den bescheidenen Gebrauchswert, den Milton Reynolds Simpelkuli bei seiner US-amerikanischen Kundschaft verursacht, ist nichts bekannt. Nach 1945 bricht die Zeit des Kugelschreibers an. Auf den Schwarzmärkten in Europa sind die Schreiber neben Zigaretten und Nylons gefragt. Und dass die Besatzungen der britischen Bomber ihre Ziele mit Kugelschreibern auf den Flugkarten markierten, ist in Deutschland sowieso ein höherer Kaufanreiz als Schreibtauglichkeit in der Arktis oder Stratosphäre. Der Kugelschreiber ist der Stift der Sieger; keine Frage, dass er in die Jackentasche gehört. Am US-amerikanischen Schreibwarenproduzenten Parker geht diese Entwicklung zunächst einmal vorbei. Als 1954 der erste Parker-Kugelschreiber herauskommt, hat schon jeder einen solchen Stift. Doch mit dem

»T-Ball steht für ›textured ball‹, die strukturierte Kugel, die den Parker T-Ball Jotter anfangs von den Konkurrenzmodellen unterscheidet. In Jotter steckt das Verb ›jot down‹, ›schnell hinschreiben‹, aber auch das Substantiv ›jotter‹, ›Notizbuch‹.«

Parker Pressetext

■ Wegwerfkulis: bunt, manchmal schön und selten funktionstüchtig.

»Berühmte Staatsmänner wie Präsident Eisenhower, Ronald Reagan und Michael Gorbatschow haben einen Parker gewählt und damit bewiesen, dass eine Feder mächtiger ist als ein Schwert.«

Parker Pressetext

Jotter beginnt eine neue Zeit. Der Kugelschreiber wird seriös – und er funktioniert zum ersten Mal.

Seit dem Ende des 19. Jahrhunderts wird mit Schreibgeräten experimentiert, die einen mit Tinte gefüllten Kolben besitzen, der von einer kleinen Kugel verschlossen wird. Bei den zum Teil patentierten Verfahren stellt die Mechanik das geringste Problem dar. Mal drückt eine simple Schraube die Kugel gegen die Öffnung, mal ist es ein aufwändiges Verfahren mit Schraubenfeder und zwei weiteren Kugeln, die eine Verschlusskugel halten. Ungelöst bleibt die Frage der Tinte. Sie ist zu flüssig, die frühen Kugelschreiber tropfen und trocknen ein. Keine der Neuentwicklungen liefert eine praktikable Lösung. Erst das 1938 registrierte Patent der ungarischen Brüder Biró führt zu den heute noch produzierten Kugelschreibern.

Das Modell der Birós basiert auf Präzision im Hundertstel-Millimeter-Bereich und vor allem auf der Farbpaste. László Biró, der zur Zeit der Erfindung in Budapest eine Kulturzeitung herausgibt, soll durch die schnell trocknenden Druckfarben auf die Idee mit der Paste gekommen sein, an deren Rezeptur die Biró-Brüder zwei Jahre herumtüfteln. Die Paste auf Öl-Wasser-Basis ist so zäh, dass sie zwischen der Verschlusskugel aus Stahl und der weichen Messingführung nicht vorbeiquillt, aber so flüssig, dass die Kugel immer benetzt wird und beweglich bleibt.

1940 flüchten László und Georg Biró vor den Nazis nach Argentinien. Ihr Patent bringen sie in das Gesellschaftsvermögen der neugegründeten Firma Eterpen S.A. ein. Eberhard Faber und Wahl-Eversharp erwerben 1944 die Lizenzrechte für Nordamerika. Kurz darauf kauft der ehemalige britische Regierungsbeamte Henry George Martin die Firma samt Patentrechten und beginnt in einem Flugzeughangar in Reading mit der Produktion der 30 000 Royal-Airforce-Kugelschreiber. Der Satinflo, mit dem Milton Reynolds wenige Monate in den USA Erfolg hat, mogelt sich an den Patenten der Birós vorbei. Eterpen stellt 1945 in Buenos Aires einen Birome vor. Gleichzeitig beginnt in den USA der Verkauf der lizensierten Kugelschreiber von Faber und Wahl-Eversharp. Ihr Stift heißt Capillary Action. Das Zeitalter der Kugelschreiber ist angebrochen.

Bei Parker, die mit Füllern wie dem Lucky Curve oder dem Modell 51 mit verdeckter Feder für hochwertige Schreibgeräte bekannt sind, entwickelt man die Biró-Erfindung weiter. 1954 soll der Jotter zeigen, dass ein Kugelschreiber besser ist, als es die Satinflo-Werbung vermuten lässt. Dafür verändert Parker die Mechanik. Bei jedem Knopfdruck wird die Mine jetzt um 90 Grad gedreht. Dadurch nutzt sich die Kugel nicht einseitig ab. Die glattflächige Stahlkugel ersetzen die Parker-Entwickler durch eine genoppte aus Wolfram-Karbid, deren Profil die Farbpaste gleichmäßiger verteilt und auf glatten Oberflächen größeren Halt bietet. Das Volumen wird vergrößert, Parkers Großraummine ist gut für einen Strich von zwanzig Kilometern Länge. Zuletzt bekommt das einstige Schreibgerät der Bomberpiloten und Schwarzmarkthändler eine seriöse Hülle. Eine in mattem Silber teuer schillernde Kappe mit klassischem Parker-Pfeilklipp, ein blauer Körper und eine silberfarbene Einfassung der Minenöffnung lassen keinen Zweifel zu –

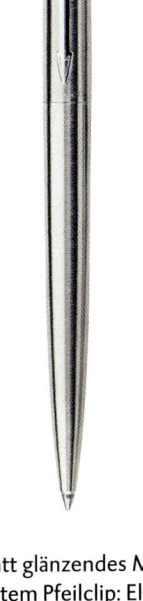

■ Matt glänzendes Metall mit poliertem Pfeilclip: Eleganter geht es nicht.

■ Winzige Details unterscheiden den Parker Jotter von Lázló Birós ursprünglicher Erfindung.

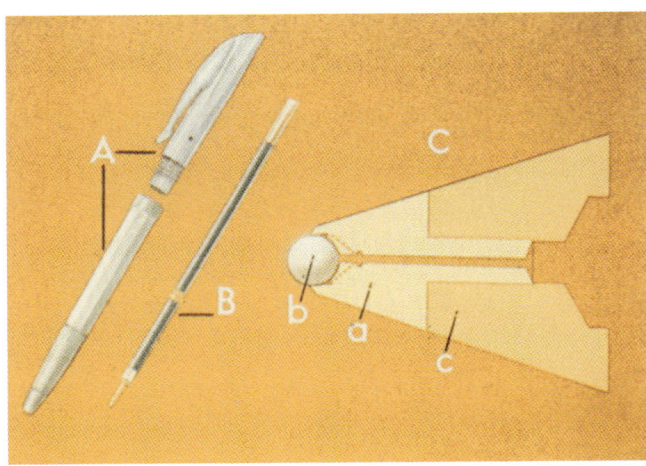

Einer der alles mitmacht: Wo die Feder versagt, kriegt der Kuli die Kurve.

der Kugelschreiber ist ein vollwertiges Schreibgerät geworden.

Der neue Stift wird gebraucht. Nicht mehr allein in der Abgeschiedenheit heimischer Schreibtische, in Büros und Ausbildungsstätten wird geschrieben, das Schreiben wird öffentlich. Geschrieben wird überall. Vertreter und Postboten haben Kugelschreiber bei sich, in Bank- und Postfilialen liegen sie bereit. Das Klicken der Kugelschreiber begleitet den Aufbruch in die Dienstleistungsgesellschaft. Der Kugelschreiber wird zum Emblem der Angestelltenkultur. Der sichtbar getragene Klipp eines Kulis signalisiert Kompetenz und Aufgeschlossenheit. Stoßempfindliche Federhalter, die umständlich aufgeschraubt werden müssen, passen nicht in eine Zeit, die stolz auf ihr Tempo ist. Der Kugelschreiber ist das mobile Telefon der Nachkriegszeit.

Heute können weder James Bond noch die Mafia, weder der Geheimdienst noch Film- und Theaterkritiker auf ihn verzichten. Werden die Bond-Kulis zu immer fieseren Waffen hochgerüstet, bevorzugt die Mafia weiterhin noch schlichte Kuli-Pistolen. Das Moskauer KGB-Museum stellt einen Kugelschreiber mit integrierter Giftkapsel aus, und Film- und Theaterkritiker schätzen die Schreiber mit eingebauten Lampen. Selbst für die NASA ist er endlich stratosphärentauglich geworden: In dem von Fisher Price für die NASA erfundenen Space Pen drückt eine Gasfüllung die Farbpaste mit 5 Bar gegen die Kugel. Nur der Jotter hat sich seit 1954 kaum verändert. Um die siebzehn Millionen werden Jahr für Jahr produziert. Heute ist der Parker Jotter der Gruß aus einer Zeit, als Kulis noch Kugelschreiber waren.

KULI VERBOTEN

Das Schreiben mit Kugelschreibern wird Abc-Schützen selten erlaubt. Das hat seinen Grund: Nur steil gehaltene Kugelschreiber schreiben einwandfrei, zu flach gehalten, kratzen sie. Gerade Schreibanfänger verkrampfen bei der ungewohnten Handhabung leicht und gewöhnen sich eine unnatürliche Schreibhaltung an.

KULI ERLAUBT

In Banken, Ministerien und öffentlichen Ämtern dürfen nur Kugelschreiber mit DIN-gerechten Minen ausgelegt werden. DIN 16554 regelt die Abmessungen, aber vor allem auch die Beschaffenheit der Farbpaste. Eine DIN-Mine ist dokumentenecht. Nach zwanzig Sekunden ist die Chance zum Fälschen vertan. Die Schrift ist trocken und nicht mehr abwaschbar. Die Farbe der DIN-Mine verbleicht nicht und widersteht allen Radierversuchen.

KULI SCHMIERT

Die Zeiten, in denen Kugelschreiber klecksten, die Kugel herausfiel und die Mine auslief, sind lange vorbei. Manchmal geschieht dies trotzdem. Weil die Kugel selbst sehr widerstandsfähig ist, kann dieser Fehler nur bei einem beschädigten Minenmantel auftreten. Ein Aufschlag auf einen Steinboden oder das unbedachte Herumprokeln mit der Minenspitze hat dann das Minenbett beschädigt.

PARKER T-BALL JOTTER

BIOGRAPHIE

László Jozsef Biró wird 1899 in Ungarn geboren. Der Maler und Ingenieur ist Mitglied der ungarischen Königlichen Akademie für Wissenschaften. Am Ersten Weltkrieg nimmt er als Offizier teil und beschäftigt sich in seiner Freizeit mit der Verbesserung des Füllfederhalters. Nach dem Krieg arbeitet Biró als Journalist, Bildhauer, Maler und Hypnotiseur. Mit surrealistischen Bildern erregt er kurzzeitig Aufsehen. Schließlich wird Biró in Budapest Herausgeber einer Kulturzeitung. Die schnell trocknenden Druckerfarben bringen den vielseitig Interessierten, der schon über 30 Patente hält, auf die Idee einer Farbpaste für ein kleckssicheres Universalschreibgerät. Zusammen mit seinem Bruder Georg lässt er die Erfindung 1938 registrieren. 1940 flüchten die politisch engagierten Brüder vor den Nationalsozialisten nach Argentinien. Zuvor haben sie den in Jugoslawien urlaubenden argentinischen Präsidenten August Justo kennengelernt, der László Biró in der Hotelhalle anspricht, als dieser mit einem Prototyp seiner Erfindung die Urlaubspost erledigt. In Argentinien gründen die Brüder die Firma Eterpen S.A. Vom Verkauf der Lizenzrechte an Eberhard Faber und Wahl-Eversharp erhalten sie mit zwei Millionen US-Dollar ein Drittel des erzielten Erlöses. 1947 lässt sich László Biró von Eterpen S.A. auszahlen und verlegt sich wieder auf surrealistische Malerei. 1969 berät er kurzzeitig eine argentinische Kugelschreiberfirma. Kurz darauf ist er Mitglied der argentinischen Atomenergie-Kommission. László Biró stirbt am 24. Oktober 1985.

BESCHREIBUNG

Parker T-Ball Jotter:
Hochwertiger Kugelschreiber mit verbesserter Technik. Ein Mechanismus dreht die Mine bei jedem Knopfdruck um 90 Grad, um ein einseitiges Abnutzen der Kugel zu verhindern. Die Kugel der Großraummine besteht aus extrem hartem Wolfram-Karbid und sieht mit ihren Noppen wie ein Miniatur-Golfball aus. Die Kerben wirken wie das Profil eines Reifens, sie geben Halt auf glatten Oberflächen und sorgen außerdem für eine gleichmäßige Verteilung der Farbpaste.

DATEN

Geschichte:

1888 Der Amerikaner J. J. Loud meldet einen Markierstift zum Patent an, dessen mit Tinte gefüllter Kolben von einer Kugel verschlossen wird, die zwei kleinere Kugeln gegen die Öffnung drücken.

1891 Lambert heißt der deutsche Erfinder, der ein Schreibgerät mit einer einzelnen Verschlusskugel registrieren lässt.

1910 Michael Baum wird ein Patent für ein »Schreibgerät mit rollender Schreibkugel« erteilt.

1929 Auf der Leipziger Messe wird der Exact vorgestellt. Der Stift wird mit einer Tube gefüllt. Die Kugelführung muss mit einem Spezialschlüssel regelmäßig justiert werden.

1938 László und Georg Biró melden den ersten funktionstüchtigen Kugelschreiber in Ungarn zum Patent an.

1944 Eberhard Faber und Wahl-Eversharp erwerben die Lizenz der Biró-Erfindung.

1944 Henry George Martin, ein Engländer, erwirbt die alleinigen Patentrechte der Biró-Erfindung. Kurz darauf produziert Martins Miles Aircraft Co. Ltd. über 30 000 Kugelschreiber für die Royal Air Force.

1945 Unter der Bezeichnung Satinflo kommt der amerikanische Industrielle Milton Reynolds mit einem Billigkugelschreiber den Biró-Lizenznehmern Faber und Wahl-Eversharp zuvor.

1954 Der Parker Jotter wird vorgestellt.

AUF DEN PUNKT GEBRACHT

Seit 1954 markiert der Parker Jotter bei Kugelschreibern den Stand der Dinge. Er wird nahezu unverändert weiterproduziert. Und wenn der letzte Überweisungsträger aus den Banken der Welt verschwunden sein wird, bleibt der Jotter die einzige Erinnerung an eine Epoche, als die Beweiskraft von Durchschlägen schicksalhafte Folgen zeitigen konnte.

ESGE-Zauberstab – ein Hammer für die Küche

Sigvard Bernadotte/Acton Björn

■ Zauberstab: Mit dem Prototyp von 1955 wird ein neuartiges Küchengerät etabliert.

Zauberstab – schon der Name verrät sein Alter. Der Zauberstab kommt aus einer Zeit, als die Küche der angestammte Platz der Hausfrau ist, der die Arbeit mit kleinen Helfern zum Quell steter Freude macht. Das tägliche Mixen, Schlagen und Rühren lässt die Werbetexter der jungen Bundesrepublik zu Höchstform auflaufen. Die nervtötende Arbeit übernehmen fortan Schneidboy, Eierharfe, Rührfix, Radschneefeger und Zauberstab, wie der Stabmixer 1955 für den deutschen Sprachraum genannt wird. Er ist das einzige Gerät, das den Wechsel der Generationen und Rollenbilder überlebt. Bamix kommt aus dem französischen »battre et mixer« (schlagen und mixen), und ist der internationale Name für das immer noch weltweit vertriebene Schweizer Urmodell.

Der ESGE-Zauberstab ist ein frühes Beispiel für ein ergonomisch durchdachtes Werkzeug. Ein Stab mit flacher Schutzhaube, die das rotierende Messer bedeckt, mündet in einen handlichen Griff, in dem der Motor untergebracht ist. Dadurch befindet sich der Schwerpunkt direkt unter der Hand des Benutzers. Das von Sigvard Bernadotte und Acton Björn 1962 überarbeitete Küchengerät bleibt über die Jahre nahezu unverändert. Griffmulden und eine Riffelleiste machen den Zauberstab griffiger, die Gehäusefarbe wechselt mehrfach, wie Farbe und Form der Schalter. Auch der Konkurrenz fallen kaum optische Veränderungen ein. Ein Zauberstab ist ein Werkzeug wie ein Hammer, seine Form lässt sich nicht verbessern.

Die Technik des ESGE-Stabs besticht durch konstruktive Sorgfalt: Edelstahl für alle Teile, die mit Speisen in Berührung kommen.

»Wie früher der Quirl, so rührt, quirlt und mixt das Multimesser Flüssigkeiten. Mit ihm führt man das Gerät einfach senkrecht durch das Gefäß. Besondere Regeln sind nicht zu beachten.«
Aus der Gebrauchsanweisung

Verschiedene Messer-, Schlag- und Quirlscheiben lassen sich dank einer patentierten Kupplung auswechseln, was auch die Reinigung erleichtert. Der sehr leise und vibrationsarme Motor hält fünf Minuten Dauerbetrieb locker aus, was ihm so schnell kein anderer Stabmixer nachmacht. Alle mitgelieferten Teile, von der Mühle bis zum Becher aus Polycarbonat – daraus werden sonst Motorradhelme hergestellt –, sind für eine lange Lebensdauer konstruiert. Der Zauberstab ist ein Allesfresser, von Eis, steinhartem Parmesan und Kristallzucker über Früchte und Gemüse bis hin zu Fleisch, heißen Saucen und kalter Sahne schlägt, mixt und quirlt er nach Wunsch, Hauptsache, die richtige Scheibe ist eingelegt. Seine Einsatzmöglichkeiten bei der Zubereitung von Sauce Hollandaise, Mayonnaise, Baiser, Pesto und allen anderen Cremes, Saucen und Suppen machen den Zauberstab zum handfesten Kochwerkzeug für die ambitionierte Küche. Damit ist er 1955 seiner Zeit weit voraus.

Die »Fresswelle«, die das einsetzende Wirtschaftswachstum in Deutschland begleitet, bezieht sich auf den handfesten Genuss, der sich im stetigen Wachstum des Pro-Kopf-Fleischverbrauchs niederschlägt. Der deutsche Geschmackshorizont changiert zwischen Mehlschwitze und Toast Hawaii. Wissbegierige lassen sich von Fernsehkoch Clemens Wilmenrod in die Welt der Feinschmecker einfüh-

■ Keine exotischen Genüsse mit unbekannten Zutaten – Obst aus dem Garten und Dr. Oetker bestimmen 1962 den Geschmack in Deutschland.

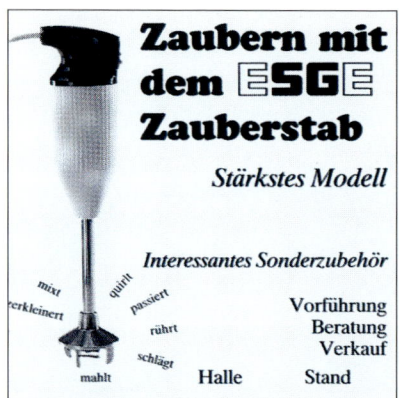

■ Ein neuer Schalter führt zu leichten Änderungen am Gehäuse, alles Wesentliche bleibt auch nach dreißig Jahren wie es ist.

ren und bereiten »Arabisches Reiterfleisch« zu, was nicht nur wie Frikadelle aussieht, sondern auch so schmeckt. Wilmenrods »Rotbarsch auf Pariser Art«, der »Venezianische Weihnachtsschmaus« und »Amerikanische Leber mit Sauerkraut« appellieren an die aufkommende Reiselust seines Publikums, ohne Geschmacksnerven und Kochkünste zu überfordern. Trotz seines einschmeichelnden Namens bleibt der Zauberstab in Westdeutschland der magische Helfer einer kleinen, aber treuen Gemeinde.

Küchenquirl mit Knethaken, Elektromühlen als Tischgeräte oder komplette Küchenmaschinen verkaufen sich besser als der unspektakuläre Rührstab, der alle Funktionen vereint. Das etwas komplizierte Wechseln der Messer und Quirlscheiben mag dafür ein Grund sein. »Das Abnehmen des an allen Enden spitzigen Multimessers braucht etwas Konzentration und einen vorher säubernden Wasserstrahl, damit man sieht, wohin man greift«, merkt ein ansonsten begeisterter Test der *Frankfurter Allgemeinen Zeitung* im Jahr 2000 an.

Der Pürierstab gehört zu den Designobjekten, deren Stellenwert weit unterschätzt wird. Der Prototyp von 1955 hat die kaum noch verbesserbare Grundform für ein damals neuartiges Gerät vorgegeben. Es gibt keinen Stabmixer, der nicht auf das ESGE-Modell zurückgeht. Dabei sind die Kopien lange nicht so wandlungsfähig wie das Original. Aufgenietete, nicht abnehmbare Messer, plastiküberzogene, schlecht zu säubernde Schäfte und schwache Motoren haben ihn zu einem überflüssigen Küchenhelfer gemacht, zu einer Rührhilfe, deren Vielseitigkeit man noch nicht einmal ahnt. Das Original ist immer ein professionelles Küchenwerkzeug geblieben. Allein der Name erinnert an seine wahre Bestimmung.

MÄRCHENHAFT FEINPORIG

Also den Zauberstab in den mit flüssiger Sahne gefüllten Becher gestellt, auf das Knöpfchen gedrückt und den Mixer mit der hochsteigenden Sahne ebenfalls leicht nach oben ziehen, bis sie nicht mehr weiter steigt. Das ist wenige Male zu wiederholen, bis eine märchenhaft feinporige Schlagsahne von gehörigem Standvermögen entstanden ist. Die Schlagscheibe arbeitet so gut, dass sich mit ihr sogar halbsteif gefrorene fettarme H-Milch plus einer Prise Salz oder ein paar Tropfen Zitronensaft zu einer Diät-Schlagsahne verarbeiten lassen – in unserer Küche freilich nur aus Gründen der Beweispflicht, nicht aus Genusssucht. Nils Schiffhauer, *Frankfurter Allgemeine Zeitung*

ESGE-ZAUBERSTAB

BIOGRAPHIE

Sigvard Bernadotte wird am 7. Juni 1907 geboren. Das Mitglied der schwedischen Königsfamilie beginnt als Bühnenbildner beim Film und arbeitet für die Ufa und MGM. Mit 23 Jahren erhält er 1930 die Möglichkeit, für Georg Jensen Silberwaren und Bestecke zu gestalten. Bis 1945 werden von dem dänischen Hersteller über 150 Bernadotte-Entwürfe realisiert und besonders in den USA und England vertrieben. 1939 bereist Bernadotte die USA und lernt Raymond Loewy kennen. 1950 gründen Sigvard Bernadotte und Acton Björn in Kopenhagen ihr Studio Bernadotte & Björn, das zu den erfolgreichsten skandinavischen Designstudios der Zeit wird. Seit 1958 arbeitet Sigvard Bernadotte wieder in Stockholm. Er gehört zu den Gründern der Vereinigung der schwedischen Industriedesigner SID (Föreningen Svenska Industridesigners) und war viele Jahre Präsident der ICSID (International Council of Societies of Industrial Design).

BESCHREIBUNG

ESGE-Zauberstab:
Stabmixer mit Edelstahlschaft und Kunstoffgehäuse, das bis zur Griffmulde, in der sich zwei Schalter befinden, wasserdicht ist. Zweistufenmotor mit –

je nach Ausführung – 11 000 bis 17 000 Umdrehungen. Der Mixer ist 34,5 cm lang, wiegt 940 Gramm und wird in vier Motorstärken geliefert: 120, 140, 160 und 200 Watt. Der 200-Watt-Mixer ist für die Gastronomie gedacht und kann bis zu 20 Liter Flüssigkeit aufschlagen. Die Aufsteckteile aller Modelle sind auswechselbar. Angeboten werden ein Multimesser, Fleisch- und Gemüsemesser, Schlag- und Quirlscheibe sowie eine Mühle.

DATEN

Geschichte:
1954 Der Stabmixer wird in der Schweiz zum Patent angemeldet.

1955 Der Zauberstab wird auf der deutschen Industriemesse in Hannover vorgestellt.

1960 Die Firma ESGE wird gegründet.

1962 Sigvard Bernadotte und Acton Björn geben dem Zauberstab sein endgültiges Aussehen.

1964 General Electric kauft ESGE.

1971 General Electric verkauft seine ESGE-Aktien. Walter Bodart übernimmt die ESGE-AG Schweiz samt der Stabmixerproduktion. Der *Zauberstab* wird weiterhin weltweit vertrieben.

1995 Der Zauberstab wird von einem Schweizer Designer neu überarbeitet.

Typische Zauberstab-Rezepte:
Pesto
200 g frisches Basilikum, 50 g Parmesan, 50 g Pecorino, 1 Esslöffel Pinienkerne, 2 Knoblauchzehen, Pfeffer, Salz, Olivenöl

Basilikum waschen und mit den übrigen Zutaten in einem Topf mit dem Multimesser zermahlen. Olivenöl zugeben, bis die gewünschte Konsistenz erreicht ist, und mit Salz und Pfeffer würzen. Pesto lässt sich mit dem Zauberstab einfach und schnell zubereiten; Pesto schmeckt zu Gnocchi oder Pasta.

Packung für trockene Haut
1 säuerlicher Apfel, 20 g Magermilchpulver, 20 ml süßes Mandelöl, 40 ml Rosenwasser, 10 g Agar-Agar (aus der Apotheke)

Den geschälten Apfel mit dem Multimesser zerkleinern und pürieren. Das Magermilchpulver und das Mandelöl hinzugeben und verrühren.
Das Rosenwasser im heißen Wasserbad erhitzen; mit dem Multimesser das Agar-Agar mit etwas Wasser glattrühren und hinzufügen.
Beide Mischungen verrühren und noch warm auf das Gesicht auftragen. Nach 20 Minuten Einwirkungszeit mit lauwarmem Wasser abwaschen.

✱ AUF DEN PUNKT GEBRACHT

Der Zauberstab ist immer geblieben, was er war. 1962 wurde er einmal grundlegend überarbeitet, dann hatte er die Form, in der er noch heute produziert wird. Im Gegensatz zu seinen Kopien, die kaum mehr als eine Funktion mühsam erfüllen, ist der ESGE-Zauberstab ein universell einsetzbares Küchenwerkzeug, das, richtig behandelt, nahezu unzerstörbar ist.

Ulmer Hocker – Ideologieträger in Fichte natur
Max Bill/Hans Gugelot/Paul Hildinger

Drei Bretter und ein Stab gelten als die letzte Hinterlassenschaft der Ulmer Hochschule für Gestaltung (HfG). Als »Ulmer Hocker« macht eine Sitzgelegenheit Karriere, die 1954, im ersten Jahr der Hochschule, entsteht. Nach nur 15-jährigem Bestehen wird die HfG 1968 geschlossen. Sie hat das Nachdenken über Design und Architektur weit mehr beeinflusst als andere Ausbildungsstätten in der Bundesrepublik. Der Ulmer Hocker wird zum Symbol eines ganz neuen Gestaltungsverständnisses.

Dass es so weit kommen konnte, war dem Primitivmöbel nicht anzusehen. Zu vielen Funktionen muss der Hocker gerecht werden, als dass er auch nur eine befriedigend erfüllen kann. Zum langen, ruhigen Sitzen ist er zu unbequem, als Arbeitsstuhl stört sein Format, auf einen Tisch gestellt, ergibt er ein Stehpult, das mit seiner planen Oberfläche zum Schreiben oder Lesen keineswegs einlädt. An der Ulmer Hochschule ist der Hocker trotzdem von zentraler Bedeutung. Er wird als Stuhlersatz zu den jeweiligen Veranstaltungen mitgebracht und dient als Beistelltisch genauso wie als Rednerpult, Regalelement oder

■ Ulmer Hocker: Drei Fichtenbretter und ein Stab als Symbol für ein neues Gestaltungsverständnis.

schlichtes Tragegestell, mit dem Bücher und Werkzeug transportiert werden. Stehen mehrere Hocker in einem Raum nebeneinander, erkennen Kritiker und Befürworter der Hochschule nicht nur das schlichte Konstruktionsprinzip des Drei-Brett-Stuhls, sondern fühlen sich durch die Würfelstruktur vor ihren Augen an die in Ulm in der Architektur favorisierte Theorie des Elementbaus erinnert, die anderenorts als »Würfelhusten« verspottet wird.

Der Stuhl wird für das neue Schulgebäude gebraucht. Max Bill, der erste Leiter der Schule, Hans Gugelot und der Ulmer Werkstattmeister Paul Hildinger, der die Zinkverbindung (Schwalbenschwanzverbindung) der Holzbretter beisteuert, entwickeln den

Ulmer Hocker 1954. Seine Bretter werden maschinell bearbeitet, den Abschluss der beiden Flanken bildet eine Buchenholzleiste, um ein Splittern der Fichtenbretter zu verhindern. Da die Flanken durch einen Rundstab stabilisiert werden, kann der Hocker auch auf die Seite gelegt werden, wodurch zwei unterschiedliche Höhen nutzbar sind. Die Grundidee geht auf den Tapezierhocker zurück, einen heute nicht mehr gebräuchlichen Kistenhocker für drei verschiedene Höhen.

Die schlichte Form des Ulmer Hockers ist 1954 ein Statement. In einer Zeit, in der Wahlkämpfe mit der Losung »Keine Experimente« gewonnen werden und »Wir-sind-wieder-wer«-Sprüche längst verinnerlicht sind, signalisiert die schnöde HfG-Kiste nicht Form, sondern Verweigerung. Dem Hang zu geschwungenen Linien, zu Dekoration und Kleinbürgeridyll, der von den Furnier- und Polsterorgien des Gelsenkirchner Barocks genauso bedient wird wie vom Kinohit *Grün ist die Heide*, antwortet der Hocker mit

■ Systemgedanke: Fünf Ulmer Hocker und eine Idee.

■ Max Bill und Walter Gropius, 1955.

■ Das an der Ulmer Hoch-
schule für Gestaltung demon-
strierte entspannte Verhältnis
zwischen Lehrern und Schü-
lern ist im Adenauer-Deutschland ein Politikum. Der egali-
täre Hocker wird zum Symbol
einer neuen Zeit.

dem nüchternen Anblick von geschliffenem Holz und Schwalben-
schwanzverbindungen. Er gibt nicht vor, etwas anderes zu sein als
das, was er ist – drei Bretter und ein Stab. Nutzen und Funktion
hängen von Einfallsreichtum und Initiative des Benutzers ab.
Sein Charakter entspricht der Haltung, die zur Gründung der
Ulmer Hochschule für Gestaltung führt, die 1953 aus dem Umkreis
der Ulmer Volkshochschule hervorgeht. Inge Scholl, die ältere
Schwester von Hans und Sophie Scholl, die am 22. Februar 1943
als Mitglieder der Widerstandsgruppe Weiße Rose von den Nationalsozialisten hingerichtet wurden, gehört neben Otl Aicher
1946 zu den Gründungsmitgliedern. Die Auseinandersetzung mit
dem Faschismus ist das zentrale Thema, wobei die Fragestellungen der Veranstaltungen grundsätzlich sind. »Was ist der Mensch?
Was ist sein Inhalt? Das Gefäß Mensch ist umgestürzt und will
neu gefüllt werden!«, formuliert Inge Scholl 1946. Das Ausbil-
dungsziel besteht in einer umfassenden Allgemeinbildung, die als
Grundvoraussetzung angesehen wird, um eine neue, demokratische Gesellschaft zu etablieren. Neben Fremdsprachen, Steno-
graphie, Photographie und technischem Zeichnen werden Kurse
in Philosophie, Städtebau, Architektur und Gestaltung angeboten.
Zu den Dozenten gehören Wilhelm Wagenfeld, Sibyl Moholy-
Nagy, aber auch Konrad Lorenz und Walter Jens.

1948 besucht der Schweizer Maler, Bildhauer und Architekt Max Bill die Volkshochschule. Das ehemalige Bauhaus-Mit-
glied ist von der Atmosphäre in Ulm
angetan. Zu dieser Zeit ist die Planung für
eine Geschwister-Scholl-Hochschule schon
in vollem Gang. Programme, mit denen
man sich von den anderen deutschen Universitäten, die als Zellen der Reaktion bezeichnet werden, abgrenzen will, werden
entworfen. Ziel ist es, so der Entwurf von
1949, »eine demokratische Elite zu erzie-

■ Klassikertreffen: Ulmer
Hocker mit Lampe von
Christian Dell.

hen, die ein Gegengewicht gegen die aufkommenden nationalisti-
schen und reaktionären Kräfte bildet«. Ihre Vorbilder finden die
Gründer in den Schulen und Studiengängen, die Bauhaus-Mit-
glieder nach ihrer Emigration in den USA aufgebaut haben. Der
Kontakt zum Institute of Design in Chicago ist besonders eng.
Hier lehren unter anderem Bills Bauhaus-Kollegen Walter Gro-
pius und Laszlo Moholy-Nagy.
Bill sorgt dafür, dass das Schulprojekt einen neuen Namen erhält.
Für eine Geschwister-Scholl-Hochschule gäbe es »keinen sachli-
chen, sondern einen sentimentalen Grund«, schreibt er Walter
Gropius 1950 in die USA, dem der Name Scholl nichts sagt und
der Bill um Aufklärung bittet. Lediglich die für die Finanzierung
gegründete Stiftung wird nach den Geschwistern Scholl benannt.
Die Schule heißt fortan schlicht Hochschule für Gestaltung. Der
Name verweist auf die Aufgabenstellung der neuen Institution und
auf das Dessauer Bauhaus, das sich so in der Unterzeile nannte.
Das Programm kann seinen Einfluss durch das Bauhaus, vor allem
des amerikanischen New Bauhaus, nicht leugnen – vom Fächer-
kanon bis zu den Dozenten. Nicht Kunst und Ästhetik, sondern
Wissenschaft und Technik liefern das Bezugssystem, in dem man
sich in Ulm mit Design beschäftigt. Man sieht den Designer nicht
mehr als »übergeordneten Künstler, sondern«, so Otl Aicher, als
»gleichwertigen Partner im Entscheidungsprozess der industriellen Produktion«. Ästhetische Maximen werden dabei keineswegs
vernachlässigt. So ist für das Gründungsmitglied Max Bill Ästhetik schlicht eine Frage der Moral: »Wir wissen, dass … Hässlich-
keiten im Kleinen zu denen im Großen führen.«
Im muffigen Adenauer-Deutschland wird dieser Rigorismus genauso belächelt wie der Ulmer Hocker, der in seiner sperrigen Di-
rektheit das regressive Ruhebedürfnis der Zeit stört. Als Bill 1957

SITZEN UND SITZEN LASSEN

*Sitzen wird nicht vom
Stuhl produziert, sondern
vom menschlichen Körper.
Es gibt Menschen, die sich
auf eine Holzstufe setzen,
und in dem Augenblick ist
die Holzstufe ein Sessel.*

Julius Posener, 1932

■ Ulmer Hochschule: Nicht Kunst und Ästhetik, sondern Wissenschaft und Technik dominieren den Designprozess.

die Schule verlässt, übernehmen mit Hans Gugelot und Tomàs Maldonado Dozenten das Ruder, die keine Berührungsängste mit der Industrie haben und deren Entwürfe, wie Gugelots Arbeiten für Braun, ausgesprochen erfolgreich sind.

»Produktgestaltung ist keine Kunst und der Produktgestalter nicht unbedingt ein Künstler.« Diesem Satz von Tomàs Maldonado hätte Max Bill vermutlich entschieden widersprochen. Vor diesem Hintergrund erscheint der Ulmer Hocker als Gemeinschaftsprojekt der unterschiedlichen Fraktionen der Hochschule – entworfen vom Künstler Bill, dem Produktdesigner Gugelot und dem Tischler Hildinger. Der Entwurf ist 1954 das Ergebnis eines kollektiven Prozesses, der die Arbeit an der HfG von Anfang an auszeichnet. Bei der Schuleröffnung gelten drei Bretter und ein Stab als das Fanal einer neuen Zeit. Als diese Zeit im Nachklang der Studentenbewegung tatsächlich anbricht, sind HfG und Hocker längst Geschichte. 1975 wird das damals schwer verkäufliche Möbel von der italienischen Firma Zanotta wieder aufgelegt – in edler Birke und mit einem den hohen Verkaufspreis rechtfertigenden Designernamen: Max Bill.

GESCHMACKSFRAGEN
- An welcher Art von Musik sind Sie interessiert?
- Welche kulturellen Leistungen haben ihrer Meinung nach der Menschheit das Beste gegeben?
- Was sind ihrer Meinung nach die Ursachen für das Entstehen faschistischer Regierungsformen?

Aus dem Fragebogen für Studienanfänger der HfG, 1953

ULMER HOCKER

BIOGRAPHIEN

Max Bill wird am 22. Dezember 1908 in Winterthur geboren. Der Maler, Bildhauer und Architekt gehört zum Bauhaus. Während des Zweiten Weltkriegs gestaltet er Werbung unter anderem für Wohnbedarf AG, Zürich, und das Corso-Theater. 1932 wird Bill Mitglied der Gruppe Abstraction Creation. Auf der Triennale in Mailand werden seine typographischen Arbeiten 1936 mit dem Grand Prix ausgezeichnet. In zahlreichen Veröffentlichungen beschäftigt sich Bill auch theoretisch mit Architektur, Typographie und Kunst. 1944 arbeitet er als Produktdesigner unter anderem für die Firma Birchmeier, für die er eine Schreibmaschine entwirft. Er wird der erste Leiter der HfG, die er 1957 verlässt. Zu seinen bekanntesten Arbeiten als Produktdesigner gehören die Uhren, die er für Junghans und Omega entwirft. Max Bill stirbt 1994.

Hans Gugelot wird 1920 in Indonesien geboren. 1934 zieht die Familie nach Davos in die Schweiz. Er studiert in Lausanne und Zürich und tritt nach dem Architekturdiplom 1948 in das Büro von Max Bill ein. Er hat für Horgan, Glarus, und Wohnbedarf AG, Zürich, bereits Möbel gestaltet, als Bill ihn 1954 für den Innenausbau der HfG nach Ulm holt. Zu seinen bekanntesten Arbeiten gehören die Radio- und Phonogeräte für Braun sowie die U-Bahn-Wagen der Hamburger Hochbahn. Am Entwurf der heute noch eingesetzten Edelstahlwagen mit ihren horizontalen Sicken (Vertiefungen zum Versteifen) und den orangefarbenen Kopfenden sind neben Otl Aicher auch Studenten der HfG-Abteilung Produktform beteiligt, die Gugelot bis zu seinem Tod 1965 leitet.

Paul Hildinger übernimmt 1955 an der HfG die Leitung der Holzwerkstatt.

BESCHREIBUNG

Ulmer Hocker:
Drei-Brett-Hocker mit Stützverbindung. Höhe 45 cm, Breite 40 cm, Tiefe 30 cm. Die Fichtenholzbretter sind mit zwei Schwalbenschwanzverzahnungen verbunden, die ein Rundholz stabilisiert. Die Flanken schützt eine Buchenholzleiste vor Absplitterung.

DATEN

Geschichte:
1946 Eröffnung der Ulmer Volkshochschule.

1950 Max Bill tritt in die Planung der Geschwister-Scholl-Hochschule ein, die im Umkreis der Volkshochschule entsteht. Die geplante Hochschule wird in Hochschule für Gestaltung (HfG) umbenannt.

1953 Beginn des Ausbildungsbetriebs an der HfG.

1954 Max Bill, Hans Gugelot und Paul Hildinger entwerfen den Ulmer Hocker.

1955 Die HfG bezieht ihr neues Gebäude, zentrales Möbelstück wird der Hocker.

1961 Max Bill baut eine Schublade in den Hocker, den die Wohnhilfe Zürich als Nachttisch anbietet. Der Hocker selbst findet keine Abnehmer.

1968 Das Land Baden-Württemberg und der Bund streichen der HfG die Zuschüsse. Die HfG wird geschlossen.

1971 wird ein von Albin Grünzig, Eystrup, produziertes Spielmöbelsystem mit dem Bundespreis »Gute Form« ausgezeichnet. Die Elementmöbel für Kinder basieren auf der Verkleinerung des Ulmer Hockers. Das prämierte Austellungsstück wurde von Paul Hildinger gebaut.

1975 Die italienische Firma Zanotta produziert den Ulmer Hocker in Birke und nennt Max Bill als alleinigen Urheber. Mittlerweile wird der Hocker wieder in der ursprünglichen Fichtenversion angeboten.

Lesenswert:
Eva von Seckendorff: *Die Hochschule für Gestaltung in Ulm,* Marburg 1989.

AUF DEN PUNKT GEBRACHT

Nicht wirklich schön, nicht wirklich funktional, aber dafür ein Statement: Auf dem Ulmer Hocker sitzt man aus Überzeugung.

Citroën DS – die Sänfte der Avantgarde
Flaminio Bertoni/André Lefèbvre/Paul Magès

■ Flaminio Bertoni: Bildhauer, Architekt und Autodesigner.

■ 1955 verkörpert der DS den Aufbruch in eine Zeit, die am Horizont noch nicht einmal dämmert.

»Es gibt im Objekt ein Schweigen … das der Ordnung des Wunderbaren angehört.« 1955 sind es keine Autotester, sondern Philosophen wie Roland Barthes, die angesichts des neuen Modells von Citroën die Sprache zuerst wiedererlangen. Der DS – Déesse – bedeutet »Göttin« im Französischen, ist kein Auto, sondern eine himmlische Erscheinung. Barthes: »Die Déesse hat alle Wesenszüge … eines jener Objekte, die aus einer anderen Welt herabgestiegen sind.« 1955 sind solche Schwelgereien verständlich. Pontonkarosserie ist der Terminus für die Kastenform, mit der Firmen wie Mercedes, Opel und Peugeot erstmals Autos ohne Trittbretter anbieten. Während die Konkurrenz sich mühsam von den letzten Relikten der Kutschenzeit verabschiedet, präsentiert Citroën 1955 ein Auto, für dessen Form es kein Vorbild und keinen Vergleich gibt. »Kühner als der kühnste amerikanische Traumwagen«, holt sich das Stuttgarter Magazin *Das Auto Motor und Sport* 1956 Beistand bei der Schutzmacht. US-amerikanische Designer beginnen da gerade, ihre chrombehängten Modelle mit Heckflossen zu verschönern.

Der DS ist der Generalangriff der Avantgarde auf einen kollektiven Traum. Die Massenmotorisierung hat Europa erfasst. Ein eigenes Auto ist der sehnlichste Wunsch von Millionen, und wie dieses Traumauto auszusehen hat, darüber herrschen klare Vorstellungen: schwer, solide, mit Chromschmuck wie ein amerikanisches Auto und mit einer Technik, die jeder Dorfschmied versteht. Bei näherem Hinsehen erscheint der DS noch geheimnisvoller, als die Formensprache seiner Karosserie vermuten lässt. Am neuen Citroën ist wirklich alles anders.

Schon beim Einsteigen fällt das Fehlen des Fensterrahmens ins Auge.

Dünne Scheiben bilden den Türabschluss. Hält das? Gut, dass der DS-Aspirant da noch nicht weiß, dass sich über ihm kein Blechdach, sondern ein leichtes Kunststoffbauteil spannt. Die Sitze sind sehr weich, rechts und links fallen die Ellenbogen auf Armstützen. Doch das behagliche Gefühl von Luxus wird 1955 vom Blick in den Fußraum gestört. Brems- und Kupplungspedal fehlen. Das Pedal links außen ist für die Fußfeststellbremse, die eine Handbremse ersetzt. Das Lenkrad schwebt wie ein Saturnring, von einer einzigen Speiche gehalten, vor einem Armaturenbrett, das so gar nicht mehr bezeichnet werden kann, denn kein Brett erstreckt sich vor den Augen des Fahrers, sondern eine Skulptur mit asymmetrischer Rundung und tiefen Höhlen. Der helle Kunststoff wirkt weich, und das Handschuhfach ist fast so breit wie der sehr breite Beifahrersitz. Der Luxus und das angenehme Erscheinungsbild des Neuen ist unumstritten, aber alle zentralen Bedienungselemente sehen beim DS entweder anders aus oder fehlen gleich ganz. Kann man so ein Auto überhaupt fahren?

Die Technik ist so modern wie die Karosserie. Werden die Räder bei der Konkurrenz von Federbeinen oder mit einfachen, von Kutschfedern gehaltenen Starrachsen geführt und von hydraulischen Stoßdämpfern im Zaum gehalten, verzichtet Citroën vollkommen auf Metallfedern. Schwingarme führen die Räder, und eine Hydropneumatik übernimmt Federung und Dämpfung. An jedem Rad befindet sich eine mit Öl und Gas gefüllte Kugel. Das mit einer Gummimembran vom Öl getrennte Gaspolster dient als Puffer. Die vier Kugeln sind über ein Leitungssystem miteinander verbunden. Drückt eine Bodenwelle die Vorderräder hoch, führt der Druckausgleich des Hydrauliksystems dazu, dass sich das Heck hebt und die Karosserie trotz Bodenwelle in der Waagerechten bleibt. Egal wie schwer der Wagen beladen ist, der DS behält immer die ursprüngliche Bodenfreiheit. Der Druckausgleich sorgt auch dafür,

■ Das nüchterne ID 19 Armaturenbrett betont die Funktion des Modells als Friedensangebot an die verschreckte Kundschaft, nur das Raumgefühl bleibt, unübertroffen.

»Nach wie vor kann man sich des Eindrucks nicht erwehren, dass hier manches nur anders gemacht wurde, um es anders zu machen.«
Das Auto Motor und Sport, 1961

■ 34 Meter Hydraulikleitung für ein unvergleichliches Fahrgefühl.

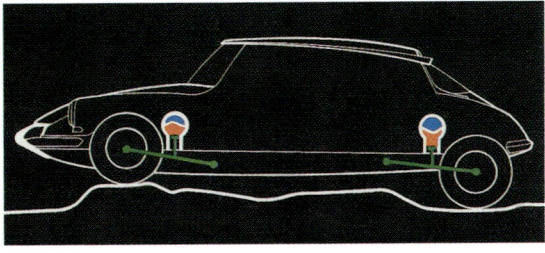

EIN FRANZOSE IST
KEIN AMERIKANER
*Dieser Wagen hat den
Mut, eine ehrliche Ma-
schine zu sein. Er ver-
sucht nicht, wie die Pro-
dukte der amerikani-
schen Schule, den Käufer
durch abscheuliche farbi-
ge Zierrate und überdi-
mensionierte Chromteile
zu verführen. Die euro-
päische Schule versteht
es, auf die Technik zu
hören.* Giò Ponti, 1957

dass die Frontpartie eines DS bei einer Vollbremsung nicht zu-
sammensackt, sondern sich sogar leicht aufbäumt. Die Hydraulikfederung ergibt ein unvergleichlich komfortables und sicheres
Fahrverhalten. Weil ein DS notfalls auf drei Rädern fährt, stellen
selbst überraschend geplatzte Reifen kein Problem dar, ein Um-
stand, dem Charles de Gaulle 1962 das Leben verdankt, als sein
Fahrer bei einem Anschlag den DS trotz zerfetztem Reifen an
einer Straßensperre vorbeilenken kann.

Aber das ist noch lange nicht alles, was den Citroën-Technikern
während jahrelanger Entwicklungszeit eingefallen ist. Ein hy-
draulisches Zweikreisbremssystem, eine hydraulikunterstützte
Lenkung und ein hydraulisch betätigter Schaltautomat, der das
Kuppeln übernimmt, sorgen dafür, dass für einen neuen Citroën
DS vierunddreißig Meter Hydraulikleitungen verlegt werden müssen. Gebremst wird vorn mit innenliegenden Scheibenbremsen –
die sind 1955 noch nicht einmal bei Rennwagen üblich. Die technischen Neuerungen verändern die Bedienungselemente. Das
Kupplungspedal ist überflüssig, der Schaltstock ist so zierlich wie
ein Blinkschalter, mit einem anderen Hebel lässt sich die gewünschte Bodenfreiheit einstellen. Das Bremspedal ersetzt ein
kleiner Gummiball neben dem Gaspedal. Die anderen Schalter
und Knöpfe sind grundsätzlich da angebracht, wo sie niemand
vermutet. Im *Spiegel* stellt Alexander Spoerl 1957 folgerichtig fest:
»Der neue Citroën ist gar kein Auto, sondern ein Apparat zur
Fortbewegung mehrerer Personen auf Straßenebene.« Von diesem
Apparat ist Spoerl so begeistert, dass er ihn gleich kauft. In seinem
Artikel erklärt er die Wirkung der Federung: »Steigt man ein, dann
senkt sich der DS 19 wie ein ganz gewöhnliches Auto in seinen Federn. Schnauft, hebt sich langsam an, bis er wieder altes Niveau
hat. Steigt man aus und hat die Tür zugeschlagen, dann federt er
normal erleichtert nach oben, sinkt aber sofort seufzend auf seine eingestellte Bodenfreiheit zurück.« Die
avantgardistische Technik beginnt zu men-
scheln. Anders als bei anderen Autos rumo-
ren Pumpen, zischen Ventile, ächzen Lei-
tungssysteme. Soll die Fahrt beginnen, muss
bei laufendem Motor gewartet werden, bis
der DS sich auf Fahrtniveau gehoben hat. Er
streckt sich hinten, sammelt Kraft, um vorn
den schweren Motor hochzustemmen. Jetzt
ist er oben, doch zu hoch, dann sinkt er auf
die gewünschte Höhe ab. Spoerl: »Ich mach-

■ In 20 Jahren DS-Produktion
sind die mitlenkenden Fern-
scheinwerfer die markanteste
Veränderung.

te mir Mut, indem ich das Hebelchen auf 2 stellte. Klick machte ein Ventil, klöng machte ein anderes, fhuup der Kommandoblock, klang war der Gang drin. Es ging alles wie am Schnürchen.«
Kleine Fenster, starke Holme und dralle Dachrundungen vermitteln in den Autos des Jahrgangs 1955 Geborgenheit. Aus seiner Höhle blickt der Fahrer in die Welt draußen hinter der Windschutzscheibe. Gewölbtes Glas, ein zierlicher Rahmen für die Windschutzscheibe und ein lichter Innenraum vermitteln im DS genau den entgegengesetzten Eindruck. Nicht die Furcht vor dem Draußen, sondern eine entspannte Souveränität stellt sich ein. Dieses Gefühl wird durch das gleitende Fahrverhalten, die Halbautomatik und die Lenkung unterstrichen, die so leichtgängig ist, dass nur ein zartes Einrasten anzeigt, wenn die Räder wieder in Fahrtrichtung stehen. Egal ob man mit dem neuen Citroën fährt oder nur einen skeptischen Bogen um den DS macht, wohin man 1955 bei diesem Auto blickt, wird Zukunft signalisiert. Der DS ist der Aufbruch in eine Zeit, die am Horizont noch nicht einmal dämmert.
Bei Citroën hat sich niemand Gedanken darüber gemacht, ob das neue Modell seiner Zeit nicht zu weit voraus ist. Der DS verkörpert Technikbegeisterung und ungebrochene Zu-

■ Bei dem 1960 präsentierten DS-Cabrio von Henri Chabron fällt die schlichte Eleganz glitzernder Opulenz zum Opfer.

EIN AUTO IST KEIN THEATERSTÜCK
Es ist heute keine Ausnahme mehr, ... dass die Ehefrau gelegentlich das Auto des Mannes fährt, dass man von einem Wagen in den anderen steigt – unter diesen Umständen ist es nicht zumutbar, dass man zunächst einmal genau eine Betriebsanleitung (im Falle des DS 19 übrigens eine höchst dürftige und unklare Betriebsanleitung) studieren und sich auf eine Menge von Besonderheiten einstellen muss. Ganz abgesehen davon, dass ein kleiner Knopf an Stelle eines Bremspedals ungeübte Fahrer zu einer Gefahr im Straßenverkehr macht. Das muss gesagt werden; wir halten es für völlig falsch, um diesen Wagen einen Nimbus des Besonderen und Ungewöhnlichen zu weben. Ein Auto ist kein Theaterstück und kein Film, in dem man mit einer »neuen Welle« Aufregung unter Kritikern hervorruft. Reinhard Seiffert, *Das Auto Motor und Sport,* 1961

EIN KÄFER IST KEIN CITROËN

Das interessanteste Auto der Welt hat sich wieder einmal nicht geändert. ... Sogar das formale Rezept hat sich als richtig erwiesen. Zwar hat es die Auto-Stilistik nicht beeinflusst; die DS 19-Form ist einmalig geblieben. Aber gerade dadurch ist sie außer Konkurrenz. Die meisten übrigen Auto-Hersteller müssen der Mode folgen und ihre Kühlergrills, Dächer und Fenster so gestalten, wie es gerade en vogue ist. Citroën tut das nicht, und man hat sich längst damit abgefunden, dass Citroën-Autos »anders« aussehen. Es handelt sich hier um eine Parallele zur Käferform des VW 1200.

Reinhard Seiffert,
Auto Motor und Sport,
1964

kunftsgläubigkeit. Neue technische Lösungen, neue Materialien, neue Formen – während in Deutschland und anderswo davon geträumt wird, überhaupt ein Auto zu besitzen, hat man bei Citroën keine Gelegenheit ausgelassen, das Objekt der Begierde mit zahllosen Einfällen und Veränderungen in Frage zu stellen. Das Auto sieht nicht mehr so aus, wie ein Auto aussehen soll. Dass der hintere Kotflügel beim DS von einer einzigen verchromten Schraube gehalten wird, können deutsche Autotester noch 1961 nicht fassen.

1955 ist die Begeisterung in Frankreich groß. 80 000 Bestellungen zählt man bei Citroën am Ende des Pariser Salons. Doch erst als 1957 der ID herauskommt, setzt sich das neue Modell wirklich durch. Die Sparausführung zeichnet sich vor allem dadurch aus, dass sie all das wieder besitzt, was die Solidität vermittelt, die dem DS abgesprochen wird: ein ordentliches Brems- und ein Kupplungspedal, eine schwergängige Lenkung, einen richtigen Schalthebel und ein schlichtes Armaturenbrett. Der ID ist nicht nur das DS-Sparmodell, sondern er ist das Friedensangebot an die verstörte Kundschaft. In Deutschland und anderswo ebnet der ID dem DS den Weg. Citroën versteht und entschärft die Urausführung mit jeder weiteren Modifizierung. Am deutlichsten wird dies bei den Veränderungen des Armaturenbretts. Das helle, asymmetrisch geschwungene von 1955 wird 1961 durch ein symmetrisches mit schwarzem Oberteil ersetzt. 1968 wird das ganze Armaturenbrett einfarbig schwarz, 1969 verschwinden Wölbung

■ Symbolträger: DS im Geländetrimm, Concorde mit abgesenkter Nase.

und Bandtacho endgültig. Drei schlichte Rundinstrumente sind von der Rauminszenierung, die das besondere Flair des großen Citroën einmal ausgemacht hat, übrig geblieben.

In seiner Grundkonzeption bleibt der Citroën DS zwanzig Jahre lang unverändert. Er wird das Auto besserverdienender Intellektueller und er bleibt einzigartig. Weder seine Linienführung noch die hydraulische Federung findet Nachahmer, noch nicht einmal seine Bequemlichkeit wird von irgendeinem anderen Modell je wieder erreicht. Verehrt wird der DS heute nicht nur von denen, die ihn als Kinder kennengelernt und das wohlige Gefühl nie vergessen haben, wenn ein DS sich aufrichtet und seine Kraft für die große Fahrt sammelt. Noch heute fasziniert ein DS seine Betrachter genauso wie die Besucher des Pariser Autosalons, die 1955 um den neuen Citroën herumstreichen. Roland Barthes: »Es ist die große Phase der tastenden Entdeckung, der Augenblick, da das wunderbare Visuelle den prüfenden Ansturm des Tastsinns erleidet ... Hervorgegangen aus dem Himmel von Metropolis, wird die Déesse binnen einer Viertelstunde mediatisiert und vollzieht in dieser Bannung die Bewegung der kleinbürgerlichen Beförderung.« Zwanzig Jahre später wird der Citroën DS dann endgültig zur Legende.

■ Familienkutsche: Wer in dem großen Citroën-Modell gereist ist, behält das Auto in Erinnerung – ein Leben lang.

EIN CITROËN IST KEIN MERCEDES

Nicht selten gaben die Käufer zusätzlich auch weniger fassbare Motive an. »Den Wagen fährt nicht jeder aufgestiegene Prolet«, begründete etwa ein Steuerberater. Für einen Regisseur war der Citroën »die einzige Alternative zum Mercedes 220, den ich aus beinahe weltanschaulichen Gründen nicht fahren möchte«. Ein wissenschaftlicher Assistent entschied sich für den Citroën, weil ihm »die Alternative Mercedes 190 in der Betriebshierarchie des Bergbaus nicht zustehe – abgesehen davon, dass er auch zu häufig ist.

Umfrage, *Der Spiegel*, 1965

CITROËN DS

BESCHREIBUNG

Citroën DS:
Viertüriger Personenwagen mit fünf Sitzplätzen. Hinter der Vorderachse längs eingebauter Motor mit Frontantrieb. Plattformrahmen mit Einzelradaufhängung und hydropneumatischer Federung. Lenkung, Bremse und Schaltung hydraulisch unterstützt. Der Radstand von 3125 mm entspricht dem des Rolls Royce Silver Cloud, die Spurweite beträgt vorn 1500 mm, hinten 1300 mm. Der lange Radstand ergibt in Verbindung mit der großen Spurweite der Vorderachse einen extrem stabilen Geradeauslauf und einen geräumigen Innenraum.

 ## DATEN

Geschichte:
1939 Unter dem Kürzel VGD (Voiture de grande diffusion) beginnt die Planung des neuen Citroën, der die Traction-Avant-Modelle ersetzen soll.

April 1944 Die Testfahrten mit einem Hydraulik gefederten 2 CV beginnen.

Dezember 1950 Citroën-Chef Pierre Boulanger verunglückt tödlich mit einem Traction Avant, der von einem VGD-Versuchsmotor angetrieben wird.

1954 Unter der Bezeichnung 15/6 H wird am 24. April das Traction-Avant-Spitzenmodell mit einer Hydraulikfederung für die Hinterräder angeboten.

1955 Der Citroën DS wird am 5. Oktober auf dem Pariser Autosalon vorgestellt.

1956 Heinrich Böll bestellt einen DS. Er kostet 1956 in Deutschland genauso viel wie ein Mercedes 220 S.

März 1957 Produktionsbeginn des ID-Modells. Die Sparversion der DS-Reihe besitzt keine Servounterstützung für Bremse und Lenkung, kein Automatikgetriebe und weniger Zierrat.

Januar 1959 Colteloni/Alexandre siegen mit einem ID bei der Rallye Monte Carlo.

Oktober 1959 Auf Basis des ID wird eine Behördenversion produziert, die als Voiture de maire (Bürgermeisterauto) auf Wunsch mit Stander und Trennscheibe geliefert wird.

Oktober 1960 Das Kabriolett wird auf dem Pariser Autosalon präsentiert.

1961 Der DS bekommt ein zahmeres Armaturenbrett. Der helle, weiche Kunststoffbogen, unter dem sich zierliche, an ein Display erinnernde Anzeigen befinden, wird durch ein schwarzes geschwungenes Oberteil ersetzt, das auf einem weißen Blecharmaturenbrett liegt.

1962 General de Gaulle gerät am 22. August mit seinem DS in einen terroristischen Hinterhalt der OAS. Obwohl das Auto beschossen und ein Reifen zerfetzt wird, weicht de Gaulles Fahrer der Straßensperre aus, ohne die Geschwindigkeit senken zu müssen. De Gaulle und sein Fahrer entkommen unverletzt. Französische Staatschefs vertrauen seither den Citroën-Modellen.

1962 Die Frontpartie wird modifiziert. Ein glattflächiges Spritzblech mit 2 Belüftungsschlitzen für die innenliegenden Scheibenbremsen ersetzt das zerklüftete Blech unter der Stoßstange.

1963 Der DS ist jetzt auch mit Schaltgetriebe lieferbar.

1964 Auf dem Pariser Autosalon wird das Luxusmodell Pallas präsentiert, dessen Chromschmuck, Jodscheinwerfer und Citroën-Emblem auffallen.

1965 Der DS bekommt neue Motoren. Die Frontschürze wird noch einmal verändert. Die 2 Luftschlitze für die Bremsen werden quer angeordnet.

Januar 1966 Nach Disqualifikation des Mini-Werksteams siegen Toivonen/ Mikkander bei der Rallye Monte Carlo mit einem DS.

1966 Das englische Citroën-Werk in Slough stellt am 14. Februar die Produktion ein, während das Pariser Werk am Ende des Jahres mit 524 380 Autos einen Rekord aufstellt. In keinem Jahr wurden mehr gebaut.

1967 Die neue Frontpartie mit zwei unter Glas mitschwenkenden Fernscheinwerfern wird vorgestellt.

1969 DS und ID erhalten das gleiche Armaturenbrett mit biederen Rundinstrumenten und klapprigen Schaltern.

1971 DS und ID bekommen hässliche Griffmulden. Dafür ist der DS jetzt erstmals mit einer Vollautomatik von Borg-Warner zu haben.

1972 Eine störanfällige Einspritzung verschafft dem DS eine Motorleistung von 126 PS.

1975 Am 24. April Produktionsende des Citroën DS. Insgesamt wurden 1 330 755 DS und ID gebaut.

Lesenswert:
Roland Barthes: *Mythen des Alltags*, Frankfurt am Main 1964.

Besuchenswert:
Museo Europeo dei trasporti Ogliari in Ranco am Südufer des Lago Maggiore.

BIOGRAPHIEN

André Lefèbvre wird 1894 geboren. 1919 fängt er in der Entwicklungsabteilung der ehemaligen Flugzeugfirma Voisin an, die nach dem Ersten Weltkrieg beginnt, Luxusautos zu produzieren. Er wechselt 1931 zu Citroën. André Lefèbvre ist der Konstrukteur der bahnbrechenden Traction-Avant-Modelle, des 2 CV und des DS. 1958 geht er in Rente. Lefèbvre stirbt am 4. Mai 1964.

Paul Magès wird 1908 geboren. Mit 17 Jahren beginnt er eine Schlosserlehre bei Citroën. Er beschäftigt sich früh mit Hydrauliksystemen. Citroën-Chef Pierre Boulanger wird auf den Autodidakt aufmerksam, der fortan in der Bremsenentwicklung arbeitet. Das System, das Magès entwickelt, widerspricht allen gängigen Lehrmeinungen über Automobilfederungen.

Flaminio Bertoni wird am 10. Januar 1903 in der Nähe von Como geboren. Nach dem Schulabschluss beginnt er 1918 bei Carrozzeria Macchi. Bertoni beginnt sich intensiv mit Malerei und Bildhauerei zu beschäftigen. Er wird in die Planungsabteilung versetzt, wo seine Zeichnungen und Bilder einer Besuchergruppe aus Frankreich auffallen. 1923 wird Bertoni nach Frankreich eingeladen. Als er nach Italien zurückkehrt, wird er bei Macchi zum Chefzeichner befördert. 1929 kommt es zum Zerwürfnis, und Bertoni macht sich mit einem Entwurfsbüro selbstständig. Kurz darauf präsentiert die Mailänder Akademie der Künste Arbeiten von Bertoni. 1931 verliebt er sich in Giovanna Barcella. Seine Mut-

ter möchte ihren Sohn jedoch mit einer Cousine verheiraten. Flaminio und Giovanna ziehen im Oktober 1931 nach Paris, am 25. April 1932 wird ihr erster Sohn, Leonardo, geboren, zwei Tage später unterschreibt er einen Vertrag bei Citroën. 1934 wird der Traction Avant der erste große Entwurf des jungen Designers. Zum ersten Mal in der Geschichte des Automobilbaus wird ein Plastilinmodell hergestellt. Im selben Jahr gewinnt er bei einer Ausstellung der Schönen Künste in Asnières-sur-Seine den ersten Preis. Neben seiner Tätigkeit als Bildhauer ist Flaminio Bertoni auch weiterhin für die Gestaltung der neuen Citroën-Modelle verantwortlich. 1935 beginnt er mit den Karosserieentwürfen zum 2 CV. Der Autodesigner und bildende Künstler hat immer weniger Zeit für seine Familie. Giovanna Barcella trennt sich von ihm und kehrt 1936 mit Leonardo nach Italien zurück. Nach dem Kriegseintritt Italiens wird Bertoni 1940 interniert. Der Einmarsch der deutschen Truppen in Paris verhindert seine Deportation in eine französische Kolonie. Ein schwerer Motorradunfall zwingt Bertoni kurz darauf für ein Jahr ins Krankenhaus. In der Folgezeit beschäftigt er sich mit Malerei, Architektur und versucht, in Italien ein Torpedo patentieren zu lassen; das Patent wird aber nicht anerkannt. Er arbeitet für Citroën, wo die Autoentwicklung nur mühsam vorankommt, und lebt als Künstler in Paris. Während einer Ausstellung lernt er die Primaballerina Lucienne Marodon

kennen. Als am 25. August 1944 französische Truppen Paris befreien, wird Bertoni wieder inhaftiert. Kollaboration mit den deutschen Besatzern lautet der Vorwurf, den Bertoni nach einigen Tagen widerlegen kann. Bei Citroën beschleunigen sich die Planungsarbeiten. Der 2 CV muss zur Serienreife gebracht werden, und der VGD, das Versuchsmodell zum späteren DS, bekommt seine erste Karosserie. Werksintern wird der wuchtige Prototyp Flusspferd genannt. Während einer Ausstellungseröffnung freundet sich Bertoni mit dem späteren Papst Johannes XXIII. an. Am 27. März 1947 heiraten Lucienne Marodon und Bertoni. Bei Citroën naht die Serienreife des 2 CV, der im Oktober 1948 auf dem Pariser Autosalon vorgestellt wird. Kurz darauf legt Bertoni sein Architekturdiplom ab. Das Studium hat er seit seinem langen Krankenhausaufenthalt weiterverfolgt. Am 27. Juni 1949 wird sein zweiter Sohn Serge geboren. Bertoni arbeitet verstärkt als Architekt, beschäftigt sich mit Fertighausbau und stellt seine Plastiken und Bilder aus. Für Citroën nimmt der DS, der im Oktober 1955 vorgestellt wird, allmählich Gestalt an. Während sein DS 1957 auf der Mailänder Triennale ausgezeichnet wird und in den USA Bertonis Typenhäuser Erfolg haben, arbeitet er auch als Bildhauer weiter. Der Ami 6 mit seinem übermütigen Pagodendach wird sein letzter Entwurf für Citroën. Nach einem Schlaganfall stirbt Flaminio Bertoni am 7. Februar 1964.

✳ AUF DEN PUNKT GEBRACHT

1955 markiert der Citroën DS den Einzug der Moderne in den Automobilbau. Fahrkomfort und Straßenlage sind bis heute unerreicht.

Lounge Chair – der bequeme Kompromiss
Charles und Ray Eames

Was macht Billy Wilder im Lounge Chair mit Ottomane? Noch heute wirbt Vitra mit dem Hollywood-Regisseur für den populärsten Entwurf des Designerpaares Charles und Ray Eames. Die lebhafte Motorik seines Freundes Billy Wilder dient Charles Eames 1946 als Maßstab für eine ausgewogene technische Konstruktion, die den Lounge Chair zum aufwändigsten und wertvollsten aller Eames-Produkte macht. Jetzt kann der »unruhige Wilder beim Fernsehen problemlos umherspringen«, ohne später von Rückenproblemen geplagt zu werden oder um doch vielleicht mal ein Nickerchen einzuschieben.

Der Lounge Chair mit Ottomane ist bereits ein Klassiker, als er 1956 vom US-amerikanischen Möbelhersteller Herman Miller produziert wird. Er gilt als die für das 20. Jahrhundert neu interpretierte Version des traditionellen englischen Klubsessels. »Ich wollte dem Lounge Chair das warme, bequeme Aussehen eines viel benutzten Baseball-Handschuhs geben«, erklärt Charles Eames. Anschmiegsame schwarze Lederpolster, gefüllt mit Weichschaum, laden zum Entspannen, die großzügigen Abmessungen zum Verweilen ein. Sechs Schichtholzschalen, mit Palisanderholz furniert, geben dem Körper Halt. Die Aluminiumdrehfüße, veredelt mit einer matten schwarzen Oberfläche, garantieren Beweglichkeit. Komfortabel, stabil und flexibel, das sind die Attri-

■ Der Lounge Chair: Ein Sessel so bequem wie ein viel benutzter Baseball-Handschuh.

bute, die den Sessel auszeichnen. Diese Version des Lounge Chair ist 1955 der erfolgreiche Abschluss einer langen Reihe von Versuchen am Herstellungsverfahren für die serielle Produktion.

Die Entwicklung des ersten Prototyps beginnt 1940, als das Museum of Modern Art einen Wettbewerb mit dem Titel »Organic Design in Home Furnishings« ausschreibt, bei dem Entwürfe für zeitgemäße Möbel, Lampen und Stoffe eingereicht werden können. Die Idee kommt vom New Yorker Kaufhaus Bloomingdale's. Zwölf weitere Kaufhäuser und wichtige Sponsoren aus der Möbelbranche beteiligen sich an dem Wettbewerb und versprechen, die Stücke herzustellen und zu vermarkten. Eero Saarinen, Don Albinson, Harry Bertoia, Ray – die hier noch Kaiser heißt – und Charles Eames arbeiten gemeinsam an ersten Zeichnungen und Modellen. Sie alle hatten sich kurz zuvor an der legendären Cranbrook Academy of Art kennengelernt. Eames und Saarinen gewinnen den ersten Preis gleich in zwei Kategorien.

Die eingereichten Entwürfe bestehen aus einem mehrteiligen Sofa und einem multifunktionalen Anbausystem, dessen Einzelteile als Tische, Regale, Bänke oder Stühle kombinierbar sind. Doch begeistert sind Jurymitglieder wie Alvar Aalto und Marcel Breuer vor allem von den weich geschwungenen Schalensesseln aus formgepresstem Holz, die in ihren auf den menschlichen Körper abgestimmten Linien genau den Vorgaben des Wettbewerbs entsprechen. Die Stühle sind in einem bis dahin in der Möbelindustrie noch nicht bekannten Verfahren gefertigt: eine Holzschale, die aus Furnierschichten und Kunstharz besteht und in dreidimensionale Formen gepresst wird. Die Kombination aus intelligenter Technik

■ Gute Laune gehört für Charles und Ray Eames zum Gesamtkonzept.

DESIGN ALS GESCHENK

Die Motivation für die meisten Dinge, die wir gemacht haben, war die, dass wir es entweder für uns selbst haben wollten oder dass wir es anderen geben wollten. Und die Art, das möglichst praktisch zu machen, ist die, die Geschenke in Serie herzustellen. Charles Eames

■ Dem Filmregisseur Billy Wilder ist die Flexibilität des Lounge Chair zu verdanken. Dem begeisterten Sammler moderner Kunst »schenkten« die Eames auch eine maßgeschneiderte Liege.

und ästhetischer Brillanz, nimmt alle späteren Eames-Entwürfe vorweg. Die Ausstellung zum Wettbewerb nimmt die Tendenz zu einem flexibleren und entspannteren Wohnen auf und setzt damit neue Maßstäbe. Organisches Design ist die Weiterentwicklung des funktionalen Prinzips, das die aus Deutschland emigrierten Bauhaus-Architekten in den USA populär gemacht hatten. Designer wie Charles und Ray Eames lösen die Form von der strengen Geometrie und verbinden sie mit der weichen Kontur der Stromlinienform.

Die Produktion und Vermarktung der preisgekrönten Möbel wird jedoch durch den Eintritt der USA in den Zweiten Weltkrieg zunächst zurückgestellt. Stattdessen erhalten Charles und Ray Eames ihren ersten Regierungsauftrag – für ein eher außergewöhnlich anmutendes Designprojekt. Für die US-Marines sollen sie Prototypen für Beinschienen aus schichtverleimtem Sperrholz herstellen. Nicht ohne Kalkül nehmen sie den Auftrag an. Sie entwickeln ein Gerät, das sie »Ala Kazam! machine« nennen und das unter Zufuhr von Hitze das Sperrholz in die gewünschten Formen bringt. Das Team des 1941 gegründeten Eames Office fabriziert nicht nur Prototypen für die serielle Produktion der Beinschienen und Tragen für verwundete Soldaten, sondern nutzt den Auftrag auch, um weiter an einem geeigneten Verfahren für das Lieblingsstück zu experimentieren – den Lounge Chair.

Zwar gelingt es, eine Sperrholzschale zum Sitzen aus einem einzigen Stück herzustellen, doch der Versuch eine integrierte Sitz- und Rückenschale herzustellen, ist nur mit einem Trick, dem Schlitz in der Rückenlehne zu lösen. Der fängt an den Kanten allerdings schnell zu splittern an. 1946 werden weitere Vorläufer in der Ausstellung »New Furniture designed by Charles Eames« gezeigt, die das Problem der Nahtstelle zwischen Rücken und Sitz auf unterschiedlichste Weise lösen. Gummischeiben, Stahlrohr- und Sperrholzkonstruktionen dienen jetzt als Verbindungsstück.

Für die industrielle Serienproduktion eignet sich der Lounge Chair immer noch nicht. Doch endlich können andere Entwürfe mit Hilfe von Möbelherstellern wie Herman Miller produziert werden und finden schnell Verbreitung.

»Vom Besten so viel wie möglich für so wenig wie möglich«, so lautet das von Charles und Ray Eames formulierte Credo für hochwertige, bezahlbare Möbel. Dahinter verbirgt sich ein optimistischer Fortschrittsglaube, der aus dem Zeitgeist einer neu entstandenen Massengesellschaft hervorgegangen ist. In der Nachkriegszeit wird modernes Design für viele junge US-amerikanische Architekten und Künstler zum »Symbol für die neue politisch-technologische Macht ihres Landes«. Berührungsängste zwischen Regierung, Großindustrie und eigenem Schaffen kennen auch die beiden Eames nicht. Für die erhaltenen Aufträge arbeiten sie allerdings immer eigenverantwortlich. Sie beschäftigen sich ausschließlich mit Projekten, die sie persönlich interessieren. Um den kommerziellen

■ Organische Form in der Kunst: *Liegende* von Henry Moore, 1945

■ Eames im Kino: Sunnyi Melles und Axel Milberg auf La Chaise in dem Film *Long Hello & Short Goodbye* von Rainer Kaufmann.

■ Rückenlehne und Sitzfläche des LCM Chair von 1946 lassen die Formen des Lounge Chairs schon erahnen.

Erfolg ihrer Produkte brauchen sie sich keine Gedanken zu machen, denn längst schon sind sie berühmt geworden und gelten als *das* Designerpaar der US-amerikanischen Nachkriegsära. Händchenhaltend, sprühend vor guter Laune und mit viel Humor, das ist das Bild, das die Öffentlichkeit von ihnen kennt. An der Selbstdarstellung wird permanent gearbeitet. Ihre Garderobe ist stets aufeinander abgestimmt und wird von der bekannten Kostümbildnerin Dorothy Jeakins entworfen. Auf allen Fotos erkennt man ein bis ins Detail gestaltetes Gesamtkonzept. Charles und Ray Eames ergänzen sich gut. Ray ist die Künstlerin, Charles der Konstrukteur. Sie ist zuständig für Form und Originalität, er für Technik und Funktionalität. Doch die Rollenaufteilung ist klassisch. Er steht im Rampenlicht und sie dahinter. Bei gemeinsamen Projekten und Entwürfen wird bis weit in die 1950er Jahre hinein nur der Name von Charles Eames genannt. Aber nicht nur Ray Eames fällt dabei unter den Tisch, sondern das gesamte Team – ein Grund für Harry Bertoia, das Eames Office zu verlassen.

Don Albinson, der seit 1946 mit den Eames zusammenarbeitet, ist es letztlich zu verdanken, dass der Lounge Chair schließlich doch so realisiert wird, wie er heute noch zu kaufen ist. Gemeinsam mit dem Produzenten Herman Miller gelingt es Albinson in zahllosen Experimenten, das teure handwerkliche Verfahren für die weit günstigere industrielle Herstellung zu kopieren. Doch auch unter Aufbietung aller technischen Innovationen bleibt das Problem mit der einheitlichen Rücken- und Sitzschale bis heute ungelöst. Der Lounge Chair mit Ottomane ist ein Kompromiss.

LOUNGE CHAIR

BIOGRAPHIEN

Ray Eames wird 1912 in Sacramento, Kalifornien, als Ray Kaiser geboren. Nach einem Tanzstudium bei der Wigman-Schülerin Hanya Holm und bei Martha Graham studiert sie von 1933 bis 1939 Malerei bei Hans Hoffmann in New York, Gloucester und Provincetown. 1936 ist sie Gründungsmitglied der American Abstract Artists. 1940 studiert sie Design an der Cranbrook Academy of Art in Michigan.

Charles Eames wird 1907 in St. Louis, Missouri, geboren. Dort studiert er Architektur und eröffnet 1930 sein erstes Büro. 1936 geht er zunächst als Student an die Cranbrook Academy of Art, wird unter dem Direktor Eliel Saarinen Dozent für Architektur und arbeitet bis Ende der 1930er Jahre in dessen Büro. Charles und Ray Eames nehmen gemeinsam mit anderen Cranbrook-Absolventen 1940 an der Ausschreibung des Museum of Modern Art zum Thema »Organic Design in Home Furnishings« teil. Eero Saarinen und Charles Eames gewinnen den ersten Preis. 1941 heiraten Ray Kaiser und Charles Eames, ziehen nach Kalifornien und gründen das Eames Office. Seitdem beschäftigen sie sich mit der Herstellung von Sitzmöbeln. In den 1940er Jahren entwerfen sie Stühle und Sessel aus Sperrholz. Anfang der 1950er Jahre entstehen Stapelstühle aus glasfaserverstärktem Kunststoff, weitere Entwürfe für Stuhlgruppen sind aus Drahtgitter oder Aluminium. Das Gesamtwerk des Paares umfasst Architektur, Graphikdesign, Kinderspielzeug, Ausstellungskonzeptionen, Werbung und Beratung für die Großindustrie sowie ein umfangreiches filmisches Werk. Charles Eames stirbt am 21. August 1978, Ray zehn Jahre danach am 21. August 1988.

BESCHREIBUNG

Lounge Chair:
Der Lounge Chair mit Ottomane besteht aus sechs Schichtholzschalen, die mit Palisander- oder Walnussholz furniert werden und durch Aluminiumträger miteinander verbunden sind. Sessel und Ottomane haben je einen Drehfuß aus Aluminium. Die sechs Polster sind aus schwarzem Leder, gefüllt mit Weichschaum. Der Lounge Chair wird in den USA von dem Möbelhersteller Herman Miller produziert, in Europa von Vitra.

DATEN

Geschichte:
1940 Anlässlich des Wettbewerbs »Organic Design in Home Furnishings«, den das Museum of Modern Art gemeinsam mit dem New Yorker Kaufhaus Bloomingdale's veranstaltet, entsteht der erste Prototyp des Lounge Chair.

1941/42 Experimente mit gebogenem Schichtholz folgen im Auftrag der US-Marine.

1946 Ein weiterer Vorläufer ist der Plywood Lounge Chair. Eine Version erhält einen Aluminiumrahmen zum Schaukeln, eine andere hat Beine aus Holz. Doch das Herstellungsverfahren kann noch nicht für die serielle Produktion umgesetzt werden.

1956 Dank der Zusammenarbeit von Don Albinson mit der Firma Herman Miller wird ein industrielles Herstellungsverfahren für den Lounge Chair entwickelt. Diese Version wird bis heute produziert.

1984 gehen die Rechte an den Eames-Möbeln für Europa an Vitra über.

Lesenswert:
Vitra (Hg.): *vitra eames*, Weil am Rhein 1996.

Alexander von Vegesack, Peter Dunas, Matthias Schwartz-Clauss (Hg.): *100 Masterpieces aus der Sammlung des Vitra Design Museums*, Weil am Rhein 1997.

Ernst & Sohn, Vitra Design Museum, Library of Congress (Hg.): *Die Welt von Ray und Charles Eames*, Berlin 1997.

Sehenswert:
Long Hello & Short Goodbye. Regie: Rainer Kaufmann; mit Nicolette Krebitz und Marc Hosemann, D 1999

http://www.vitra.com

http://www.eamesoffice.com

http://www.design-museum-berlin.de

✳ AUF DEN PUNKT GEBRACHT

Die Kombination aus Technik, Ästhetik und Finish machte den Lounge Chair zum Klassiker – bis heute.

Univers – Zeichen für die Zukunft
Adrian Frutiger

■ Adrian Frutiger ist der erfolgreichste Schriftgestalter des 20. Jahrhunderts.

Nach dem Zweiten Weltkrieg werden Ausdrucksformen gesucht, die von den Spuren der Vergangenheit befreit sind. Nicht Pathos, sondern Klarheit, Schlichtheit, Funktion sind gefragt. Diese Anforderungen werden auch an die Typographie gestellt. Die Antiquaschriften, mit ihren altertümlichen Abschlußstrichen, den Serifen, und unterschiedlichen Strichstärken, erinnern an Amtsdeutsch und Verbotsschilder. Anders die Groteskschriften. Sie haben keine Serifen, sie wirken nüchtern, klar und sind in ihrer Schmucklosigkeit gut lesbar. Hinzu kommen neue Anwendungsbereiche. Industrialisierung, Werbung und Printmedien stehen am Anfang einer rasanten Entwicklung. Bei der Drucktechnik deutet sich mit dem Lichtsatz ein technologischer Umbruch an, der in seinen Dimensionen Ende der vierziger Jahre kaum erkannt wird. Fest steht nur: Die Stunde der Groteskschriften ist gekommen. Als Deberny & Peignot die Univers von Adrian Frutiger 1957 vorstellen, setzen sie eine Lawine in Bewegung. Der Variationsreichtum der Univers liefert die Grundvoraussetzung für ein neues Layout und den Durchbruch einer neuen Technik.

Damit rührt Frutigers Entwicklung an den Kern der Schrift. Der Zugewinn an Ausdrucksfähigkeit, Lesbarkeit und Reproduzierbarkeit hat die Entwicklung der Schrift von Beginn an vorangetrieben. Die ersten Schriftzeichen der Sumerer und die ägyptischen Hieroglyphen sind reine Bilderschriften, deren Zeichen die bezeichneten Gegenstände abbilden. Eigenschaften oder abstrakte Überlegungen lassen sich so kaum mitteilen. Erst als Laute und Silben mit Zeichen dargestellt werden, kann die geschriebene Sprache den Reichtum der gesprochenen Sprache darstellen. Das phönizische Ur-Alphabet um 1000 v. Chr. und die Vokalzeichen der Griechen führen zum heute bekannten Alphabet. Lange bleibt die Schrift das Medium einer Elite. Ab 1450 setzt mit dem Buchdruck die Demokratisierung ein. Die Gruppe der Nutznießer wird größer, die Alphabetisierung schreitet voran, die Menschen werden zu Lesern. Doch noch Anfang des 20. Jahrhunderts ist

LESBARE WELT I

Im Blei habe ich die Schrift und ihre Fähigkeit, mit immer denselben Lettern die ganze geistige Welt lesbar werden zu lassen, zuerst erlebt. Damit erwachte in mir das Bedürfnis, die bestmögliche Lesbarkeit zu entwickeln. Schnell kam die Zeit, in der ein Text nicht mehr mit Bleibuchstaben, sondern durch einen Lichtstrahl gesetzt wurde. Die Aufgabe, die Schriften der alten Meister vom Hoch- in den Flachdruck umzudenken, war für mich die beste Schule. Als es jedoch um den Grotesk-Stil ging, hatte ich meine eigene Vorstellung: Es entstand die Univers-Familie. **Adrian Frutiger**

das Herstellen von Druckerzeugnissen nur einem kleinen Kreis vorbehalten. Neue Drucktechniken, die nach dem Zweiten Weltkrieg Produktionsreife erreichen, sind weniger aufwändig, billiger, und die Maschinen werden immer schneller. Für sie werden Schriften gebraucht, die einfach sind, die sich auch von weniger Geübten vergrößern, verkleinern – die sich gestalten lassen. Erst jetzt wird die gedruckte Schrift wirklich demokratisiert, sie wird ein Massenmedium, und fast jeder kann Druckerzeugnisse herstellen und lesen.

Mit der Univers beginnt 1957 eine neue Zeit. Sie eignet sich sowohl für den herkömmlichen Bleisatz als auch für den Fotosatz. Gibt es beim Bleisatz für jede Schriftgröße eine spezielle Type, kann beim Fotosatz die Schrift stufenlos zur gewünschten Größe kopiert werden. Im Gegensatz zum Bleisatz nimmt die Lesbarkeit beim Fotosatz jedoch rapide ab, je kleiner die Schrift wird. Der Bleisatz passt das proportionale Verhältnis der Buchstaben dem Grad der Verkleinerung an, der Fotosatz zieht bei der Verkleinerung alles gleichmäßig zusammen. So kann es passieren, dass »o« und »i« nach der Verkleinerung wie ein einziges »d« aussehen. Nicht so bei der Univers. Verkleinern, vergrößern, verzerren – Frutigers Schrift erweitert nicht nur den Rahmen beträchtlich, ihre Varianten sind Teil einer eindeutig definierten Systematik. Anders als etwa bei der weitverbreiteten Helvetica, deren Versionen kaum mehr als durch ihren Namen verbunden sind, behält die Univers ihren Charakter. 21 Varianten werden 1957 angeboten, ein Zahlensystem, das Schriftbreite und Strichstärke definiert und bei

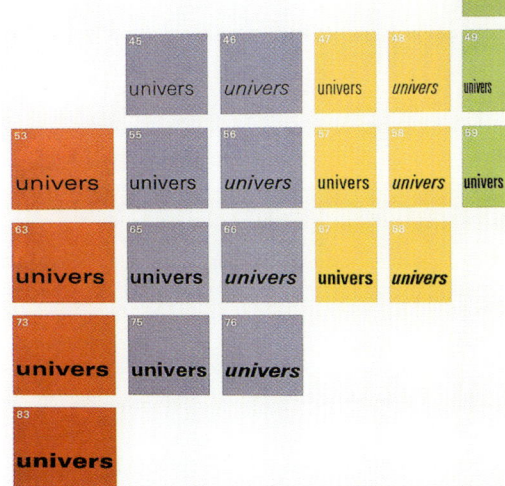

■ Systemgedanke: Schriftbreite und Strichstärke lassen sich im Ordnungssystem der Univers an den Endziffern ablesen. Kursive Varianten haben gerade Ziffern.

■ Groteskschriften gab es schon vor der Univers. Adrian Frutiger erkannte ihr Potential und schuf die erste sowohl für den Blei- als auch Lichtsatz geeignete Schrift.

1896	Akzidenz Grotesk	The quick **brown** fox	Hambge
1928	Futura	The quick b ro w n fox	Hambge
1928	Gill	The quick **brown** fox	Hambge
1957	Univers	The quick **brown** fox	Hambge
1957	Helvetica	The quick **brown** fox	Hambge
1976	Frutiger	The quick **brown** fox	Hambge

LESBARE WELT II
Der Ethiker der Schrift, dem so viel an deren menschlicher Proportionen, an ihrer Lesbarkeit gelegen ist, hat für die Zeichen der Zeit einen gelassenen Blick, bleibt zuversichtlich. Selbst das totale Aufsprengen der Schrift, wie es derzeit etwa in den Sprayereien der Graffiti passiere, nimmt er als einen Vorgang, der durchaus zu dieser Epoche passe, in der ja die Menschheit einen Übergang von kaum je gekannten Ausmaßen zu vollziehen habe.

Tages-Anzeiger Zürich
über Adrian Frutiger,
1997

dem die geraden Endziffern kursive Varianten kennzeichnen, sorgt für die nötige Übersicht in der typographischen Vielfalt.

Die neue Schrift erlaubt neue Freiheit beim Layout. Strikte Information, keine Emotion, lautet die Losung der Zeit. Asymmetrische Kompositionen mit unbedruckten Flächen entstehen, die Textspalten gliedert ein Rastersystem, halbfette Zwischenzeilen im Fließtext schaffen Ordnung. Frutigers Univers bietet ein universelles Modulsystem. Doch ihr unerschütterlicher Funktionalismus schwächt die Ausdruckskraft der Univers. Zehn Jahre nach ihrem Erscheinen wird die Univers eher hingenommen als bejubelt. Man hat sie einfach zu oft gesehen.

Mit dem Einzug der Elektronik in Grafik und Satz beginnt die Verzackung und Vektorisierung des Schriftbilds. Die hohe Kunst der Typographie scheint ihrem Ende entgegenzustreben. Seit 1966 flimmert auf Monitoren kantig, grün und orange die OCR-A (optical character recognition) Schrift, die auch Computer lesen können. Adrian Frutigers OCR-B von 1968 gibt der Techno-Schrift das menschliche Maß und wird heute noch auf die Kassenbons der Welt gedruckt. Selbst einfache Schriften wie die Univers sind den Rechnern noch zu kompliziert. Der Computersatz beginnt sich durchzusetzen, doch das Angebot der Schriften ist noch dünn. Unabhängig von den Begrenzungen der neuen Technologie entwickelt Adrian Frutiger seine Univers weiter. Für den 1975 eröffneten Pariser Flughafen Charles de Gaulle konzipiert er ein Leitsystem mit einer neuen Schrift. 1976 bringt Linotype die »Frutiger« heraus. Sie ist eine weiterentwickelte Univers und wirkt weniger geometrisch und offener als die Ausgangsschrift.

Kurvenprogramme für Computer und Laserbelichtung erlauben heute eine unendliche Variationsbreite. Es können nicht nur alle erdenklichen Schriften digitalisiert und benutzt, mit Spezialprogrammen können Schriften auch selbst erfunden werden. Unbeschadet von der technischen Entwicklung und dem gewachsenen Umfang der Anwendungsbereiche zwischen Buchdruck und Web-Design hat die Univers ihren Platz behauptet. Adrian Frutiger: »Die gute Schrift ist diejenige, die sich aus dem Bewusstsein des Lesers zurückzieht, um dem Geist des Schreibenden und dem Verstehen des Lesenden alleiniges Werkzeug zu sein.«

UNIVERS

BIOGRAPHIE

Adrian Frutiger wird am 24. Mai 1928 in Interlaken in der Schweiz geboren. Zwischen 1944 und 1948 absolviert er eine Schriftsetzerlehre in Interlaken. Er studiert bei Walter Kräch und Alfred Willimann an der Kunstgewerbeschule in Zürich. Ab 1952 arbeitet er als künstlerischer Leiter in der Schriftgießerei Deberny & Peignot in Paris. Er unterrichtet an der École Estienne und an der École Nationale Supérieure des Arts Décoratifs. 1962 gründet er zusammen mit André Gürtler und Bruno Pfäffli in Arcueil bei Paris ein Studio. Zwischen 1963 und 1981 berät Frutiger IBM bei der Gestaltung ihrer Schreibmaschinenschriften. Neben Univers, 1957, und ihrer Überarbeitung zur »Frutiger«, 1976, gehört die OCR-B, 1968, zu Adrian Frutigers erfolgreichsten Schriften. Die vom Computer lesbare OCR-B wird noch heute bei einfachen Rechenmaschinen und Kassenbons verwendet. 1968 wird Adrian Frutiger in Paris zum Chevalier des Arts et des Lettres ernannt, 1986 ehrt ihn die Stadt Mainz mit dem Gutenberg-Preis. Seit 1992 lebt Adrian Frutiger in Bremgarten bei Bern.

BESCHREIBUNG

Univers:
1957 veröffentlichte Schrift von Adrian Frutiger, die sowohl für den herkömmlichen Bleisatz als auch für den Lichtsatz geeignet ist. Die 21 Varianten werden 1957 erstmals durch eine Ziffernsystematik unterschieden, bei der gleiche Zahlen identische Schriftgrößen oder -stärken kennzeichnen und die Kursivfassungen mit geraden Endziffern markiert sind. Variantenreichtum, die verständliche Systematik und die überzeugende Klarheit der Schrift sorgen auch in Zeiten von Digitalisierung und Web-Design für die ungebrochene Aktualität und Popularität der Univers.

DATEN

Geschichte:
1952 Adrian Frutiger wird künstlerischer Leiter der Schriftgießerei Deberny & Peignot in Paris.

1957 Deberny & Peignot veröffentlichen Frutigers Univers.

1973 Für den Pariser Flughafen Charles de Gaulle beginnt Adrian Frutiger mit der Überarbeitung der Univers.

1975 Der neue Pariser Flughafen wird eröffnet.

1976 Linotype veröffentlicht die für den Pariser Flughafen entwickelte neue Univers unter dem Namen ihres Typographen Frutiger.

Lesenswert:
Lewis Blackwell: *Twentieth Century Type*, London 1992.

Friedrich Friedl, Nicolaus Ott, Bernard Stein (Hg.): *Typographie*, Köln 1998.

AUF DEN PUNKT GEBRACHT

Eine Schrift, deutlich, unprätentiös, auch sehr klein noch gut lesbar und vielseitig einsetzbar. 1957 gibt Adrian Frutiger der Zeit ihre Zeichen. Die Univers übersteht nicht nur die digitale Revolution, sondern sie prägt sie mit ihrer zeitlosen Typographie.

Braun SK 4 – Schneewittchens Generalangriff auf Protz und Imitat

Hans Gugelot/Dieter Rams

■ Hans Gugelot: Verfechter des Systemgedankens.

»Unsere elektrischen Geräte … sollten eigentlich verschwinden, wie es gute Diener in früheren Zeiten auch immer gemacht haben.« Die Einsicht könnte Erwin Braun angesichts einer Musiktruhe gekommen sein – so viel Talmi auf so wenig Raum. Die damals gebräuchliche Bezeichnung Musiktruhe für die beliebten Radio-Plattenspieler-Kombinationen, klingt nach Schlossverlies. Der glimmende Schein eines magischen Auges sollte Käufer locken, eine Senderskala mit exotischen Stationsnamen eine Weltläufigkeit vorgaukeln, von der deutsche Radiohörer Mitte der 1950er Jahre träumen. Brauns Forderung nach visueller Enthaltsamkeit ist da ein kühner Schritt. Musikmöbel – auch eine damals beliebte Bezeichnung – sollten zu pompösen Anrichten genauso passen wie zu drallen Sofarundungen und Raffgardinen. Der Elfenbein-Appeal nikotingelber Plastikschalter und poliertes Furnierholz mit gold glänzenden Verzierungen lösen die Aufgabe vorbildlich.

SK 4 ist die trockene Bezeichnung für Brauns Generalangriff auf Protz und Imitat. Die Nüchternheit, mit der schon der Name jede Assoziation verweigert, die von der schlichten Aufgabe des Geräts ablenken könnte, wird zum Programm. Mit dem damals aus technischen Gründen umstrittenen Metallgehäuse wagten sich Hans Gugelot und Dieter Rams auf Neuland. Doch weniger die Technik als die Hülle der Braun-Phonokombination leitet die Revolution ein. Neben die Furnierklötze der Konkurrenz gestellt, kann bei SK 4 von einer Hülle gar nicht gesprochen werden. Der Metallkorpus sieht in seinem weißen Lack nicht nur nach Blech aus,

STIL UND MORAL

Wir versuchen nicht, die Funktion zu verdecken oder zu verdrängen, sondern wir sind im Gegenteil sehr froh, wenn es uns gelingt, die Funktion durch eine zurückhaltende, selbstverständliche und harmonische Form sichtbar zu machen – etwas, was leider lediglich in den besten Fällen völlig gelingt. Designethik ist vielleicht ein etwas pompöses Wort für diese Bestrebungen.

Dieter Rams, 1965 in einem Vortrag über das Braun-Design

■ Braun SK4: Ästhetisch ein Meilenstein, technologisch der Schlusspunkt einer Epoche.

er fühlt sich auch so an. Die leicht gerundeten Schalter sind sinnvoll plaziert. Ihr kühles Grau und die übersichtliche Anordnung laden zum Berühren ein. Auf der Senderskala befinden sich nur noch Frequenzangaben, Stationsnamen fehlen. Über allem ruht ein Plexiglasdeckel, der den Blick auf die weiche Form des hellgrauen Plattenspielers mit dem weißen Plattenteller freilässt und die Maxime des Entwurfs noch einmal betont: Nichts wird verborgen.

»Ein Produkt ist immer auch ein Zeichen, und zur Produktqualität gehört, dass das Produkt signalisiert, was es ist.« Das ist einer der Grundsätze, an die sich Otl Aicher hält, der wie Hans Gugelot 1955 von Braun als Berater und Gestalter angeheuert wird. Mit den Entwürfen der Dozenten der Ulmer Hochschule für Gestaltung (HfG) wagt sich die Firma weit vor. Die ersten Produkte der neuen Gerätegeneration werden 1955 auf der Düsseldorfer Radio- und Fernsehausstellung präsentiert.

Für die Messe hat Otl Aicher extra ein Ausstellungssystem entwickelt, das sich in seiner lichten Übersichtlichkeit von dem der anderen Stände unterscheidet und als eine Manifestation des neuen Denkens bei Braun auch sofort verstanden wird. Hans Gugelot erinnert sich: »Dieses hell beleuchtete Objekt inmitten der mit Fontänen und Girlanden geschmückten Stände der Konkurrenz löste einen wahren Schock aus.«

■ Dieter Rams: Vordenker des Braun Designs.

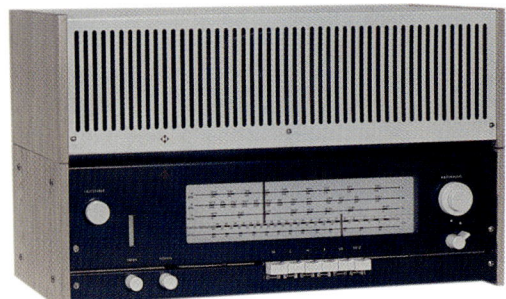

■ Sieht so aus, ist es aber nicht – das Heli-Radio aus der DDR-Produktion ist deutlich vom Braun-Design inspiriert.

■ Braun-Phonogeräte von 1955 – die SK4-Vorläufer tragen schwer an ihrem Holz.

»Der Begriff ›schön‹ wäre Gugelot nur im Zusammenhang mit Frauen oder Pflanzen über die Lippen gekommen.«
Herbert Lindinger

Aichers Entwurf eines immer wieder einsetzbaren, den jeweiligen Gegebenheiten anpassbaren Messestands liegt der an der HfG favorisierte Systemgedanke zu Grunde. Hans Wichmann: »Die Systemstruktur lockert gleichsam den in sich geschlossenen Charakter des Dinges, eröffnet einen lebendigen Umgang mit ihm und zugleich eine neue Dimension: Potenzielles. Das ist ein Schritt hin zum eigentlichen Wesen unseres Jahrhunderts, es partiell erschaffend und zugleich bestätigend, ein Schritt hin zum Novum.« Die in den Folgejahren wachsende Produktpalette der Firma Braun folgt dem Systemgedanken. Ist SK 4 noch ein eleganter Solitär, der in den unterschiedlichsten Umgebungen seine Funktion erfüllt, entsteht bei Braun Ende der 1950er Jahre das erste System aus separaten, kombinierbaren Hi-Fi-Komponenten. Die Diplomarbeit des Gugelot-Studenten Herbert Lindinger, der bei SK 4 noch für die Grafik der Skalen zuständig war, schafft hier die Grundlage. Sein Rundfunk-Phono-Tonband-Baukastensystem besteht aus Einzelgeräten, die je nach Bedarf zusammengestellt

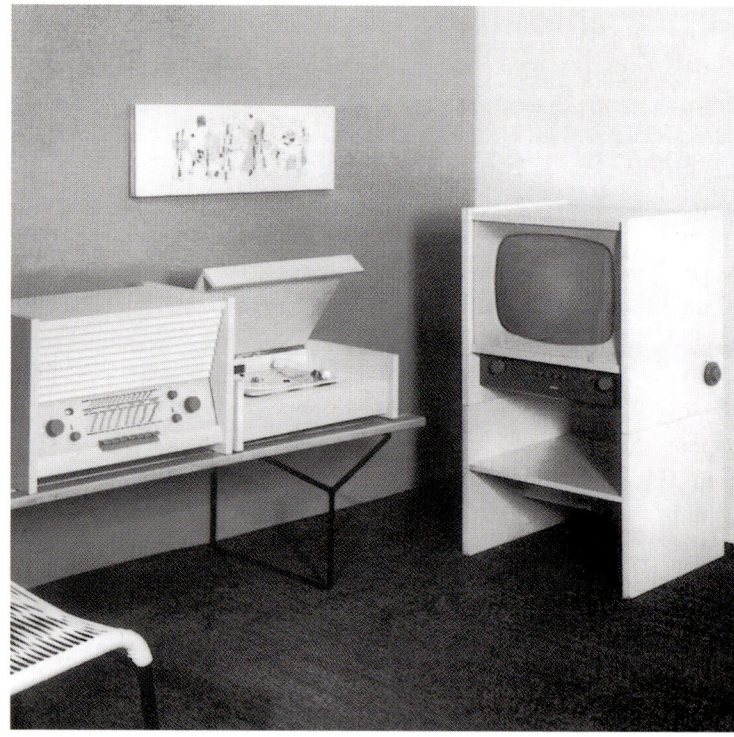

VOM NUTZEN DER DINGE

Gugelots Entwurfshaltung wird bei dem Radio SK 4 deutlich: »... kein willkürliches Anordnen von Details, sondern ein geradezu mathematisches Ordnungs- und Beziehungssystem der Teile untereinander, dem die Platzierung aller Elemente, wie Griffe, Skalen, Schriften, Fugen, Lautsprecheröffnungen, unterliegen. Eine Art unsichtbares Raster also. Aber auch Bills Essay über die ›Mathematische Denkweise‹ in der Kunst, seine Malerei und Typographie zählen zu den Wurzeln dieser neuen Gestaltungsgeschichte.   Gugelot-Schüler Herbert Lindinger

werden können und sich in ihrem Design ergänzen. Mit diesen Geräten produzierte Braun Anfang der 1960er Jahre den Vorläufer der noch heute gebräuchlichen Hi-Fi-Komponentenanlagen. Verantwortlich für das Design dieser Anlagen ist Dieter Rams, der zu Beginn der 1960er Jahre Leiter der neu eingerichteten Abteilung für Produktgestaltung bei Braun wird.

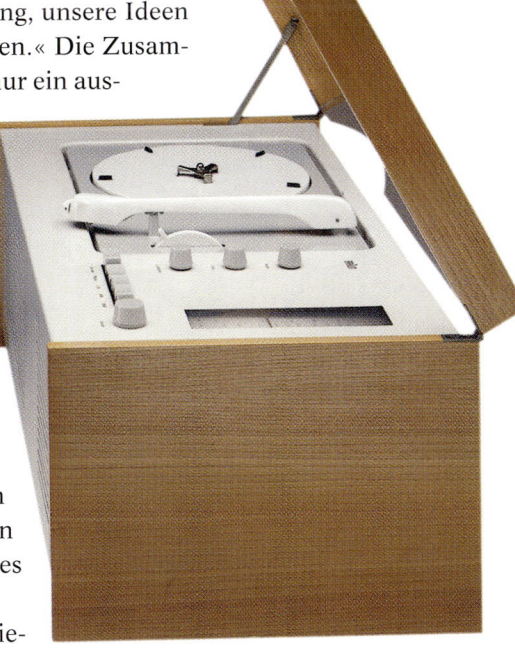

■ Braun SK4 – ein Produkt ist ein Zeichen und zur Produktqualität gehört, das es signalisiert, was es ist.

Rams ist 1957 noch nicht lange bei Braun angestellt. SK 4 ist seine erste Zusammenarbeit mit Hans Gugelot und Otl Aicher von der Ulmer Hochschule. Mit der Aufgabe, eine Musiktruhe zu entwerfen, die zu den populären Knoll-Möbeln passt, war der Braun-Angestellte in Schwierigkeiten geraten. Rams: »Ich war damals zu jung, um zu bemerken, dass man sich festfährt. ... Sicher ist jedenfalls, dass es uns damals nicht gelang, unsere Ideen richtig zu interpretieren. Hier hatten wir zu lernen.« Die Zusammenarbeit ist fruchtbar. Mit SK 4 entsteht nicht nur ein ausgesprochen schönes und funktionales Gerät; die Arbeit im Team, die Herangehensweise an Aufgabenstellungen, der Anspruch an die Brauchbarkeit eines Geräts, die Umsetzungsmöglichkeit eines Entwurfs und seine ästhetische Qualität – schlicht alle für das Braun-Design der späteren Jahre wichtigen Paradigmen haben ihre Wurzeln in dieser Arbeitssituation zum Ende der 1950er Jahre. Der damalige Braun-Gestaltungschef Fritz Eichler: »Das, was damals geschah, war entscheidend für die zukünftige Entwicklung der Firma Braun; denn da stand ein reales Modell, das alle Fragen von Erwin Braun beantwortete und das zeigte, dass es und wie es geht.«

Heute liegt die Faszination der Braun-Geräte die-

■ Braun Küchenmaschine KM3 von 1950 – mit seiner breitgefächerten Produktpalette war Braun in der Nachkriegszeit stilbildend.

■ Braun-Phonokombination – Hans Gugelot übertrug den Systemgedanken auf das Braun-Design.

VOM NUTZEN DER DINGE

Der Begriff Funktionalismus hat im Bereich des Design als Schlachtruf und Schlagwort, als Stiletikett und Beleidigung gedient. … Aber ich bin davon überzeugt, dass – um es einfach und direkt auszudrücken – der Hauptgrund für die Wirksamkeit dieses Konzeptes seine Ehrlichkeit und innere Wahrheit ist. Ein Stuhl wird zum Sitzen gemacht, zum Sitzen gekauft, zum Sitzen genutzt. Er wird zuallererst einmal so gestaltet, dass er diese Funktion erfüllt. … Gebrauchsgeräte sind Werkzeuge und sollen es bleiben. Sie sollen zurücktreten, wenn sie nicht gebraucht werden. Und dem Menschen Platz lassen für eine individuelle, selbstbestimmte und lebendige Gestaltung seiner Umwelt. Sie sind weder Kunstwerk noch Kultobjekt, weder Statussymbol, noch Staffage.   Dieter Rams, 2000

ser Jahre in ihrer Alterslosigkeit. Egal, ob man an die muskulöse Küchenmaschine KM 3 (Gerd Alfred Müller, 1950) und den zierlichen »Tischlüfter HL 1« (Reinhold Weiss, 1961) mit seinem querliegenden Tangentialgebläse denkt, oder sich die SK 4 von 1956 vorstellt, die mit ihrem Plexiglasdeckel als »Schneewittchensarg« populär wird – die Geräte sind viel zu unaufdringlich, als dass sie unmodern oder peinlich aussehen könnten. Über die Jahre, wenn nicht Jahrzehnte des Zusammenlebens erinnern sie eher an Familienmitglieder, die einem ans Herz gewachsen sind und deren gesundheitliche Schwächen man mit Sorge beachtet. Nur zum Teil wird damit das Diktum von Erwin Braun erfüllt, der die Geräte »eigentlich verschwinden« lassen wollte. SK 4 ist einfach zu schön, um wie ein guter Diener aus früherer Zeit ausschließlich im Verborgenen zu wirken.

BRAUN SK 4

BIOGRAPHIEN

Hans Gugelot wird 1920 in Indonesien geboren. 1934 zieht die Familie nach Davos in die Schweiz. Er studiert in Lausanne und Zürich, ist Gitarrist in verschiedenen Jazz-Formationen und tritt nach dem Architekturdiplom 1948 in das Büro von Max Bill ein. Er wird Dozent an der Hochschule für Gestaltung in Ulm und beginnt 1955 mit den Entwürfen für das neue Braun-Phonoprogramm. Neben seiner Arbeit als Dozent gründet Gugelot 1960 in Ulm sein eigenes Konstruktionsbüro. 1964 wird die Entwicklung des ersten Sportwagens der Welt mit einer selbsttragenden Bodengruppe aus Kunststoff aufgenommen. Hans Gugelot stirbt am 10. September 1965 in Ulm.

Dieter Rams wird 1932 in Wiesbaden geboren. Durch den Großvater, der Schreinermeister ist, wird ihm schon früh das Handwerk nahegebracht. Nach Abschluss seines Architekturstudiums tritt Rams 1953 in das Büro Otto Appel ein, das in Zusammenarbeit mit Skidmore, Owings & Merrill für die USA Konsulatsgebäude entwirft. 1955 wechselt Rams zur Braun AG, wo er erst als Architekt arbeitet und ab 1956 mit Produktgestaltung befasst ist. In den Folgejahren baut Rams dort die Abteilung für Produktgestaltung auf, die stilbildend wird und deren Produkte regelmäßig Designmaßstäbe setzen. Ein großer Teil des Braun-Programms wird in der permanenten Design-Ausstellung des Mu-

seum of Modern Art in New York präsentiert, darunter sind zahlreiche Entwürfe von Dieter Rams.

BESCHREIBUNG

Braun SK 4:
Radio-Plattenspieler-Kombination mit eingebautem Lautsprecher. Das Gehäuse besteht aus einem U-förmig gewinkelten, nach unten offenen Blech, das von zwei senkrecht stehenden, tragenden Holzteilen an den Seiten geschlossen wird. Senderskala und alle Bedienungselemente befinden sich auf der Oberseite und werden von einer schwenkbaren Plexiglashaube bedeckt. Blechgehäuse und Plexiglashaube sind bei Phonogeräten 1957 noch unbekannt, beides gehört mittlerweile zum Designstandard.

DATEN

Geschichte:
1951 Max Braun stirbt, seine Söhne Erwin (30) und Artur (26) übernehmen die Firmenleitung. Braun produziert zu dieser Zeit Radio-, Phono- und Küchengeräte sowie Elektrorasierer.

1954 Hans Gugelot erhält den Auftrag, für Braun Phono- und Fernsehgeräte zu entwerfen.

1955 Die Radio-Phono-Kombination PKG (interner Firmenname: der lange

Heinrich) wird mit drei verschiedenen Untergestellen neben verschiedenen Plattenspielern, Tischradios und einem Fernseher auf der Düsseldorfer Funkausstellung auf einem Messestand präsentiert, den Otl Aicher eigens für diesen Anlass entworfen hat.

1956 Dieter Rams bekommt den Auftrag, den Gugelot-Entwurf so zu verändern, dass er besser zu den modernen Knoll-Möbeln passt. Gugelot wird nach einiger Zeit hinzugezogen. Die Arbeit an SK 4 beginnt.

1959 SK 4 wird in die Dauerausstellung des Museum of Modern Art in New York aufgenommen.

Lesenswert:
Hans Wichmann (Hg): *System Design Bahnbrecher: Hans Gugelot 1920 – 1965*, Göttingen 1990.

François Burkhardt, Inez Franksen (Hg.): *Design: Dieter Rams*, Berlin 1980.

Industrieforum Design Hannover (Hg.): *Dieter Rams, Designer. Die leise Ordnung der Dinge*, Göttingen 1990.

Sehenswert:
http://www.braun.com

AUF DEN PUNKT GEBRACHT

Plexiglasdeckel, Metallgehäuse, helles Holz und weißer Lack – SK 4 ließ die anderen Musiktruhen alt aussehen. Mit Stereo kam das Ende aller Truhen. Allein SK 4 bleibt in Erinnerung.

Superleggera – massenkompatible Moderne
Giò Ponti

■ Giò Ponti – Architekt, Designer und Zeitschriftenherausgeber.

■ Dem Superleggera-Vorbild ist seine Solidität anzusehen.

Wer auf ihm gesessen hat, behält ihn in Erinnerung: vier solide runde Stäbe, zwei kurz, zwei lang, unten jeder mit zwei Sprossen verbunden, ein Weidengeflecht mit kleiner Senke und zwei Kanthölzer, die zwischen den langen Hölzern als Lehne dienen. Menschen, die auf solchen Stühlen lange sitzen können, wurden noch nicht geboren. Trotzdem ist der Erfolg der Sitzgelegenheit einzigartig. Rund um das Mittelmeer finden sie sich – Handwerker in ähnlicher Bauart haben sie seit Jahrhunderten hergestellt. Chiavari-Stuhl, nach dem Ort bei Portofino, Campanino oder Leggera (»der Leichte«) heißt der Stuhl in der Gegend von Genua, wo er seit Beginn des 19. Jahrhunderts nach dem Vorbild eines französischen Stuhls aus dem 18. Jahrhundert hergestellt wird. 1951 gestaltet der Architekt und Designer Giò Ponti den ebenso robusten wie unbequemen Stuhl neu. Aus dem üblen Kreuzbrecher wird eine elegante Sitzgelegenheit, aus Leggera wird Superleggera, ein Stuhl, der aus den Schnellrestaurants und Raststätten bald nicht mehr wegzudenken ist.

Von der historischen Variante nimmt Giò Ponti die wesentlichen Konstruktionsmerkmale, Sprossenverbindung und geflochtene Sitzfläche, doch das Ergebnis seiner Interpretation eines einfachen Stuhls hat mit dem weitverbreiteten Primitivmöbel nicht mehr viel gemein. Als Material wählt Ponti schwarzlackiertes Eschenholz, das leicht und hart ist. Die runden Verbindungssprossen ersetzt er durch Leisten mit abgerundeten Kanten. Das Sitzgeflecht ist aus spanischem Rohr, das geschmeidiger ist als das ursprüngliche Weidengeflecht. Die Verstrebungen der Rückenlehne sind der Rundung des Körpers angepasst, die Lehne ist im Bereich der Schulterblätter leicht nach hinten geneigt, was den Stuhl in Verbindung mit der größeren Sitztiefe erstaunlich bequem macht.

Auch die Silhouette erfährt eine Überarbeitung. Das stabile Eschenholz erlaubt es, den Durchmesser der Stuhlbeine erheblich zu reduzieren. Sie verjüngen sich zu den Enden, was – begünstigt durch ihre schwarze Farbe – das geringe Gewicht von Superleggera, dem Superleichten, auch optisch hervorhebt.

Die nur noch an den Seitenteilen vorhandene doppelte Sprossenverbindung – vorn und hinten reicht eine einzelne Sprosse – wandert näher an das Sitzgeflecht, was den Stuhl gestreckter wirken läßt. Der runde Knauf auf dem Lehnenende fehlt, wodurch Superleggera strenger aussieht als sein bäuerlicher Vorläufer.

Mit seinem Rückgriff auf eine traditionelle Form wird Pontis Superleggera 1951 als Credo eines Architekten und Designers verstanden, der die Neuerungen von Bauhaus und Rationalismus immer mit Abstand betrachtet hat. 1926 haben Ponti und Emilio Lancia, mit dem er ein gemeinsames Studio betreibt, die Novecento-Gruppe gegründet, die sich in ihrer Arbeit eher auf die Wiener Werkstätten, das französische und englische Kunsthandwerk bezieht und nicht auf das Bauhaus. Pontis 1928 gegründete Zeitschrift *Domus*, das *Magazin für Architektur und Inneneinrichtung und für modernes Leben in Stadt und Land*, wird zum Sprachrohr einer Architektengruppe, die mit ihren neoklassizistischen Entwürfen im faschistischen Italien Furore macht. Von einzelnen Repräsentationsbauten wie Giovanni Muzios Palazzo dell'Arte (1933) für die erste Mailänder Triennale bis zu ganzen Städten wie Littoria und Sabaudina südlich von Rom wird der Neoklassizismus zum prägenden Stil der Zeit.

Doch anders als in Deutschland reißt der Kontakt zur Moderne nicht ab. Nach einem Entwurf des vom Bauhaus inspirierten Giuseppe Terragini wird 1934 für die faschistische Partei in Como die Casa del Fascio gebaut, ein modernes Gebäude ohne historisierende Anklänge. Stahlrohrmöbel, als Fanal der Moderne gefeiert und geschmäht, werden in Italien weiter produziert und auch zur

■ Superleggera – leicht, stabil und elegant. Der Stuhl war einer der großen italienischen Design-Erfolge.

KLEINKÜNSTLER
Auf seinen Bestseller ließ Cesare Cassina nichts kommen. Wer an Superleggera herummäkelte, dem zeigte der Möbelproduzent, wozu man Giò Pontis Stuhl noch gebrauchen konnte – zum Jonglieren. Noch immer schätzen ungeübte Kleinkünstler am Superleggera neben dem geringen Gewicht vor allem seine ausgesprochene Robustheit.

GLAUBENSKÜNSTLER

Wirklich gutes Design kann sich auf den Verkauf auswirken, ja sogar einen neuen Markt erschließen. Als Cassina meine neuen Stühle anbot, wurden in Italien und Amerika Tausende davon verkauft. Diese und andere Stühle … brachten jene alten Modelle zum Verschwinden – das Wort trifft genau den Sachverhalt –, die man für ewige Favoriten gehalten hatte. Gewisse alte Imitationen, die noch heute ihr Publikum haben, werden zwangsläufig auch verschwinden. Nur das neue Modell und nicht allein die technische Leistung bewirkt den neuen Verkauf. Man denke nur, wie wichtig der Bedarf an neuer Werbung ist; neue Werbung kann es aber nicht ohne ein neues Produkt geben; wenn sich Funktionalität und Preis stabilisiert haben, erhält es eine neue Form, das heißt, ein neues gutes Design.

Giò Ponti als Mitglied der Jury des Compasso d'Oro während der Mailänder Triennale 1954

■ Giò-Ponti-Entwurf von 1945: ungebrochenes Verhältnis zu ornamentaler Pracht.

Einrichtung von Regierungs- und Parteigebäuden verwendet. In diesem Umfeld interpretiert die Gruppe um Giò Ponti die historischen Vorbilder neu, dabei gibt es keine Berührungsängste mit dem Konzept der Moderne, dem man sich in vielem verbunden fühlt.

Nach Krieg und Faschismus gehört Giò Ponti zu den Ersten, die davon überzeugt sind, dass die reiche Tradition des italienischen Kunsthandwerks nur durch die industrielle Produktionsweise zu bewahren ist. Notwendig sind die Entwicklung einer eigenen Produktpalette, Typisierung und Marketing, denn die Massenproduktion stellt neue Anforderungen an Handwerksbetriebe, die gewohnt sind, einer kleinen, aber zahlungsfähigen Klientel die Wünsche von den Augen abzulesen. Um erfolgreich zu sein, müssen Bedürfnisse erkannt, formuliert und mit Objekten befriedigt werden. In der Zusammenarbeit mit Designern müssen die Kleinbetriebe den Übergang zur Massenproduktion bewältigen. Trotzdem sollen die neuen Produkte eine individuelle Note bewahren und die jeweiligen Fertigkeiten und Kompetenzen der Produzenten berücksichtigen. Giò Pontis Arbeit für den Möbelhersteller Cassina, aber auch für zahlreiche andere Hersteller von Haushaltsgegenständen ist dafür beispielhaft.

Giò Ponti, der Verfechter einer traditionsbewussten Moderne, ist bereits über sechzig Jahre alt, als er seinen größten Erfolg als Designer und Architekt feiert. Das 1960 fertig gestellte, mächtige und doch filigrane Pirelli-Hochhaus in Mailand mit seinen gespannten, sich zu den Seiten verjüngenden Fronten und der ab 1957 massenhaft produzierte, federleichte Superleggera werden zu Symbolen des Wirtschaftswunders in Italien und begründen das Renommee des italienischen Industriedesigns. Pontis Superleggera gehört zu den Beispielen einer massenkompatiblen Moderne. Die Stückzahlen seines Ahnherrn aus dem 19. Jahrhundert wird der Stuhl trotzdem nicht erreichen.

SUPERLEGGERA

 BIOGRAPHIE

 BESCHREIBUNG

 DATEN

Giò Ponti wird am 18. November 1891 geboren. Nach seiner Militärzeit im Ersten Weltkrieg studiert er am Mailänder Polytechnikum Architektur. 1921 gründet er mit seinen Studienkollegen Mino Fiocchi und Emilio Lancia in Mailand ein Architekturbüro. 1923 stellt das Büro auf der Biennale in Monza aus. 1926 verläßt Fiocchi die Bürogemeinschaft. Ponti und Lancia machen mit ihrem Studio PL bis 1933 weiter. Zwischen 1933 und 1945 arbeitet Ponti mit Antonio Fornaroli und Eugenio Soncini im Studio Ponti-Fornaroli-Soncini (P.F.S.) zusammen. Neben seiner Arbeit als Architekt entwirft Ponti Möbel, Lampen, Bestecke, Geschirr, Bühnenbilder und Kostüme. 1928 gründet Ponti das Architekturmagazin *Domus*, dessen Herausgeber er – mit der Unterbrechung von 1941 bis 1947, als er *Stile* herausgibt – bis zu seinem Tod bleibt. Bis 1961 lehrt er Architektur am Mailänder Polytechnikum. Ab 1952 bilden Ponti, Rosselli und Fornaroli das Studio P.F.R., dessen Entwürfe zahlreiche Wettbewerbe gewinnen. Giò Ponti gehört zu den Begründern des modernen italienischen Designs. Er stirbt am 16. September 1979.

Superleggera:
Er geht auf den seit dem 19. Jahrhundert populären Chiavari-Stuhl zurück. Vier von Sprossen verbundene Rundstäbe, eine abgeknickte Sprossenlehne und ein Sitz aus Weidengeflecht machen den Stuhl leicht und widerstandsfähig. Er wird 1951 von Giò Ponti entworfen und seit 1957 von Cassina produziert. Superleggera war lange Jahre als Stuhl in der italienischen Gastronomie populär.

Geschichte:
18. Jahrhundert Handwerker aus der Region Chiavari beginnen mit der Produktion eines einfachen Stuhls mit Sprossenverbindung und Sitz aus Weidengeflecht. Der Chiavari-Stuhl findet große Verbreitung.

1951 Nach dem Vorbild dieses Möbels entwirft Giò Ponti den Superleggera.

1957 Nachdem der Stuhl 1956 mit dem begehrten Compasso d'Oro ausgezeichnet worden ist, beginnt Cassina mit der Serienproduktion.

Lesenswert:
Hans Wichmann (Hg.): Italien: *Design 1945 bis heute*, München 1988.

 AUF DEN PUNKT GEBRACHT

Wenn die Stühle, die Giò Pontis Entwurf aus Raststätten, Schnellrestaurants und Bistros verdrängt haben, längst vergessen sind, wird dieser Stuhl noch immer da sein. Neben Thonets Nr. 14 ist Superleggera das Maß aller Stühle.

Mini – die fliegende Telefonzelle
Alec Issigonis

Morgens auf dem Weg zur Arbeit, mittags beim Blick auf den Werksparkplatz und am Abend auf dem Nachhauseweg, überall fallen sie Leonard Lord auf – »Bubble Cars«. Sie haben drei Räder, zwei, höchstens drei Sitze, auf denen man eng zusammenhockt, einen röhrenden Motorradmotor und sind ausgesprochen populär. Für junge Arbeiter, Angestellte und Kleinfamilien sind die zum Teil als Bausatz angebotenen Modelle von Bond, Reliant, Trojan, aber auch die Importe von Iso und Messerschmitt eine beliebte Alternative zu Motorrad oder Roller. Dem BMC-Chef Leonard Lord sind die Nuckelpinnen ein Dorn im Auge. Mit einem richtigen Auto will der Boss von Austin und Morris die Invasion der in England steuerbegünstigten Dreiradautos und Kit Cars stoppen. Den Auftrag für die Entwicklung bekommt Alec Issigonis. Marktanalyse nach Augenschein, ein einsamer Entschluss und ein genialer Entwickler, das ist die offizielle Legende des Modells, das die Zeitenwende im Automobilbau einleitet.

■ Der 1906 in Izmir geborene Alec Issigonis schuf mit dem Mini den Vorläufer aller Kompaktwagen.

Von allem weniger, das ist der Unterschied zwischen Klein und Groß, Arm und Reich. Autos machen da keinen Unterschied. Weniger Länge, weniger Leistung, weniger Luxus, und das alles mit der Technik von gestern, so sehen nach dem Zweiten Weltkrieg die Einstiegsmodelle der großen Autokonzerne aus. Die sparsamen Bubble Cars sind so beliebt, weil sie mit ihren drei Rädern, dem aggressiven Motorengeknatter, den merkwürdigen Einstiegsluken – mal von vorn mit herausklappbarem Lenkrad, mal von oben, wie beim Autoscooter, mal wie beim Flugzeug – frecher wirken als die kleinen Modelle der Großkonzerne. Dort markieren runde

MINI N°1

Der Vorarbeiter Albert Green baut den ersten von drei Mini-Prototypen. Dafür werden 1958 alle benötigten Teile auf einem 200 Meter langen Fließband bereit gelegt. Sieben Stunden benötigt Green, bis das Auto auf den Rädern steht. Dieser erste Mini existiert noch. Er gehört zur Sammlung des British Motor Industry Heritage Trust.

Formen und schwächliche Heckmotoren den aktuellen Trend. Renault 4 CV und Dauphine, Fiat 500 und 600 und der allgegenwärtige VW Käfer sind so konstruiert.

Nichts davon übernimmt der Mini. Klein, kastig, Frontmotor und Frontantrieb, oder wie John Cooper zusammenfasst: »Von außen so klein wie eine Telefonzelle, von innen so groß wie die Royal Albert Hall.« Mit seinen Renn-Minis bringt Cooper den Telefonzellen das Fliegen bei. Damit vereint der Mini die Attraktionen von Bubble Car und Kleinwagen.

Er ist klein, flink und er hat alles, was zu einem modernen Auto gehört. Der Mini ist der erste Kompaktwagen der Automobilgeschichte, ein Großteil der heute produzierten Personenwagen entspricht seinem Konzept. Raumökonomie zeichnet den Mini aus. Bei gut drei Metern Außenlänge und einem Innenraum von zweieinhalb Metern bleiben für Motor und Getriebe fünfzig Zentimeter. Darum sind Reihenmotor und das angeflanschte Getriebe quer zur Fahrtrichtung eingebaut. Die Räder befinden sich an den äußersten Enden der Karos-

■ Von den frühen Minis (links) bis zu den späten Minis (rechts) halten sich die Veränderungen in Grenzen. Die Räder wurden größer, der Kühlergrill eckiger und die Polster weicher.

■ Twiggy auf Mini: zwei Ikonen der »Swinging Sixties« bei der Vermarktung ihrer Legende.

■ Im Februar 1965 hat sich auch dieses Paar für den Mini entschieden. Der Jahresproduktionsrekord wird erst 1971 erreicht.

serie. Um keinen Platz durch hohe und tiefe Radkästen zu verschenken, steht der Mini auf 10-zolligen Felgen. Die Einzelradaufhängung mit Quer- (vorn) und Längslenkern (hinten) senkt die Bauhöhe. Gerade Flächen und Aussparungen für Ablagen, wo immer es möglich ist, kennzeichnen das Innenleben. Geräumige Fächer in den Türen, Schiebefenster, ein großes Rundinstrument unter der Windschutzscheibe und wieder Ablageflächen links und rechts vom ovalen Instrumententräger – im Innenraum hat der Mini kaum weniger zu bieten als mancher Mittelklassewagen. Der Kleine hat alles, was man braucht und noch etwas mehr … er besitzt Charme.

Woran das liegt, lässt sich nur vermuten. Sind es Kühlergrill und Lampen, die dem Mini seinen etwas vorlauten Gesichtsausdruck geben, oder ist es die Überraschung, dass sich unter den winzigen Außenmaßen ein erstaunlich geräumiges Auto verbirgt? Wer die kleine Tür hinter sich ins Schloss fallen lässt, fühlt sich gut aufgehoben, und wer das besondere Fahrverhalten kennengelernt hat, will sowieso nicht mehr aussteigen.

Als der Mini am 29. August 1959 vorgestellt wird, schlägt den Bubble Cars die Stunde. Dabei ist der Mini keineswegs ein ausgereiftes Auto. Zwar hat ein 30000-Meilen-Test noch rechtzeitig gezeigt, dass Motor, Getriebe, Lenkung und Federung in zwei Hilfsrahmen montiert werden müssen, damit der Mini die Alltagsbelastung aushält und nicht einfach auseinanderfällt. Dabei wird aber eine Blechversteifung übersehen, die Wasser direkt in den Innenraum leitet. Die Kupplung neigt zum Verölen, und lautes Poltern kündigt stets eine lockere Motoraufhängung an, die in kürzester Zeit die Auspuffanlage zerstört. Diese Fehler werden schnell behoben, eine andere Eigenheit dagegen behält der Mini zeitlebens – die stöckerige Federung.

An ihr tüfteln Alec Issigonis und Alex Moulton lange herum. Eine Verbundfederung, wie sie den Citroën 2 CV sanft über tiefe Kuhlen schaukeln lässt, soll es sein. Doch kein langhubiges Federelement, sondern eine Hydraulikleitung verbindet Vorder- und Hinterachse und sorgt für den Druckausgleich. Hydrolastic- und später Hydragas-Federung wird die eigenwillige Entwicklung genannt, die nie befriedigend funktioniert, weil der Mini einfach zu leicht ist und viel zu schwer wird, wenn er mit vier Personen besetzt ist. Gerade in Kombination mit den kleinen 10-zolligen Felgen ist die Mini-Federung immer überfordert. Zur Premiere haben Issigonis und Moulton ihr Federsystem sowieso nicht fertig bekommen. Bis 1964 (und wieder von 1971 bis zum Produktionsende) wackelt der Mini mit einer schlichten Gummifederung über unwegsame Straßen, was 1964 in einem sonst euphorischen Mini-Test in *The Motor* resignierend zur Kenntnis genommen wird: »Das Auto hat die meisten Übel der anderen Minis übernommen: unbequeme Sitze, unangenehme Sitzposition und ein rumpeliges Fahrwerk.«

Da steht der Mini schon in der Blüte seines Erfolgs. Nachdem Pat Moss mit ihrer Kopilotin Ann Wisdom 1962 den ersten Mini-Cooper-Sieg bei einer internationalen Rallye geholt hat, gewinnen die getunten Kleinwagen bei allen wichtigen Veranstaltungen. 1964 siegen Paddy Hopkirk und Henry Liddon bei der Rallye Monte Carlo, 1965 heißen die Sieger Timo Mäkinen und Paul Easter, und 1966 gewinnt in Monte Carlo nur deswegen ein Citroën DS, weil das siegreiche Mini-Team später dis-

■ Mini-Camper: Platz ist in der kleinsten Hütte.

■ Limousinenflair gegen Aufpreis: Erst bei den letzten Modellen waren Holz und Leder serienmäßig.

**DER EINE DENKT,
DER ANDERE LENKT**

Marktforschung ist Quatsch. Es ist der Konstrukteur des Autos, der am besten weiß, was dem künftigen Autobesitzer gut tut: zum Beispiel der Quermotor und der Frontantrieb, für die der Mini Pionierarbeit geleistet hat. Beides wird uns auch in Zukunft erhalten bleiben. Ich denke nicht, dass Revolutionen dieser Art noch einmal stattfinden können.

Alec Issigonis, 1986

qualifiziert wird. Die Zusatzscheinwerfer sind nicht regelkonform. Die Rennerfolge des Minis werden Teil des Mythos, der dazu führt, dass der Mini nicht länger ein Kleinwagen ist. Die Geschichte von David und Goliath hat eine Entsprechung gefunden. Fortan ist der Mini kein Armeleuteauto, er ist ein Sieger.

Twiggy fährt einen, Peter Sellers, Enzo Ferrari und Curd Jürgens haben einen, und die britische Königsfamilie hält sich gleich ein ganzes Rudel. Der Mini schafft den Spagat. Das Establishment kurvt mit ihm durch die Stadt, und trotzdem behält das Auto ein junges, unangepasstes Image. Die späten 1960er Jahre werden seine große Zeit, doch erst 1971 wird der Produktionsrekord erreicht. 318 000 Minis werden in diesem Jahr montiert, danach beginnt der Sinkflug.

Trotzdem kann sich kein Nachfolger gegen den Alten durchsetzen. Vom Versuch, den Mini mit einer neuen Frontpartie zu modernisieren, über einen von Bertone für Innocenti entwickelten Kleinwagen auf Mini-Basis bis zum glücklosen Metro, der 1980 eingeführt wird und an den sich heute niemand mehr erinnert, übersteht der Mini alle Ablösungsversuche. Technisch veraltet und überteuert, rettet er sich über die Zeit. Aus der etwas spartanischen Antwort auf die Invasion der Bubble Cars wurde später mit furniertem Armaturenbrett und Lederpolstern ein geschmacklos ausstaffiertes Relikt einer anderen Epoche. Am 4. Oktober 2000 ist Schluss, in Longbridge rollt der letzte Mini vom Band.

■ Die Countryman, Traveller oder Van genannten Kombiversionen, der Wolseley Hornet mit Daimler-Kühler und Stufenheck oder wie hier der Mini Pickup erreichten nie die Verkaufszahlen des Ur-Modells.

MINI

 BIOGRAPHIE

Alec Issigonis wird am 18. November 1906 in Smyrna, dem heutigen Izmir, geboren. 1921 zieht er mit seiner Mutter nach London und besucht das Battersea Polytechnikum. 1928 beginnt er seine Laufbahn bei dem Getriebekonstrukteur Edward Gillett, wechselt zu Humber in Luton und wird schließlich von Morris Motors angestellt. Der Mini-Vorläufer Morris Minor, der von 1948 bis 1971 produziert wird, ist der erste große Wurf von Alec Issigonis. 1948 lernt er Alex Moulton kennen, der wesentlich an der Entwicklung der Mini-Federung beteiligt ist. Die Issigonis-Entwürfe Mini, Austin 1100, 1300 und Austin Maxi bilden die letzte erfolgreiche Modellpalette eines selbstständigen britischen Autokonzerns. 1969 wird Alec Issigonis in den Adelsstand erhoben und 1971 pensioniert. Sir Alec stirbt am 2. Oktober 1988.

 BESCHREIBUNG

Mini:
Viersitziger Kleinwagen mit quer eingebautem Vierzylinder-Reihenmotor und Frontantrieb. Motor und vordere Radaufhängung sowie die hintere Radaufhängung sind jeweils in Hilfsrahmen mit der Stahlkarosserie verbunden.

 DATEN

Geschichte:
März 1957 BMC-Chef Leonard Lord entscheidet, dass Alec Issigonis sich ausschließlich um die Entwicklung des Mini kümmern soll.

1959 BMC stellt am 29. August den Mini vor, der als Austin Seven und als Morris Mini Minor verkauft wird.

Oktober 1961 Die Serienproduktion des von John Cooper getunten Mini-Coopers läuft an und wird baugleich von Austin und Morris angeboten.

1962 Pat Moss und Ann Wisdom erzielen den ersten internationalen Ralley-Erfolg auf einem Mini-Cooper.

1964 Die Hydrolastic-Federung wird eingeführt.

1971 Die Hydrolastic-Federung wird wieder durch die ursprüngliche Gummifederung ersetzt.

1988 Alec Issigonis experimentiert (erfolglos) an einem Mini mit Dampfantrieb.

2000 Am 4. Oktober Produktionsende des Mini.

 EMPFEHLUNG

Lesenswert:
R.M. Clarke (Hg.): *Mini Road Test Book. Mini Cooper Gold Portfolio 1961–71*, Cobham, Surrey, 1990.

Anders Ditlev Clausager: *Mini Cooper. Die Autos und ihre Geschichte 1961–1971*, Stuttgart 1997.

Sehenswert:
The Italian Job (Charlie staubt Millionen ab). Regie: Peter Collinson; mit Michael Caine, Noel Coward und Raf Vallone, 1968. Für Fans von Michael Caine und *Minis* ein Muss.

Goodbye Pork Pie (Ein Mini hängt die Bullen ab). Regie: Geoff Murphy; mit Kelly Johnson, Tony Barry und Claire Oberman, NZ 1981.

Besuchenswert:
Der Mini-Cooper mit dem Kennzeichen 33 EJB gewann mit Paddy Hopkirk und Henry Liddon 1964 die Rallye Monte Carlo. Im Heritage Motor Museum in Syon Park (Brentford, Middlesex) wird der Rennwagen ausgestellt.

 AUF DEN PUNKT GEBRACHT

Keine Konstruktion vor ihm veränderte das Bild des Autos so stark. Der Mini ist das Vorbild aller modernen Kompaktwagen und wurde über 40 Jahre nahezu unverändert produziert.

Twen – Gestaltung der dritten Dimension
Willy Fleckhaus

■ Die erste *Twen* (oben) erschien im April 1959 als Sonderheft, denn die Resonanz der jungen Leser sollte abgewartet werden. Titel und Themen sind bei *Twen* immer eine Provokation.

In den Zeitschriftenredaktionen haben die Dinge 1959 ihre Ordnung. Die Gestaltung ist dem Text untertan. Ein Foto dient der Beweisführung, und ein Gestalter sorgt dafür, dass Wort und Bild nett aussehen. Texte werden mit Rahmen von anderen Texten separiert, Überschriften notfalls unterstrichen und kleine Fotos dort eingerückt, wo der Text erklärt, was auf dem kleinen Bild vielleicht gar nicht mehr zu erkennen ist. Dann hilft der Text dem Bild. So gesehen ist Gestaltung 1959 eine Form von Krisenmanagement.

»Sonderheft Nr. 1« lautet im April 1959 die Unterzeile von *Twen*, die im westdeutschen Zeitschriftenjournalismus die Wende einleitet. Ein neues Gestaltungsverständnis lässt Zeitschriften in den nächsten Jahren zu Magazinen werden. Mit *Twen* wird die Gestaltung neben dem Text zum gleichberechtigten Element. Damit verändert sich nicht nur das Erscheinungsbild der Zeitschriften vollkommen, auch die Hierarchie in Redaktionen und Verlagen wird umgekrempelt. Durch *Twen* werden die deutschen Magazine international. *Twen* findet überall in der Welt Nachahmer.

Student im Bild heißt die Zeitschrift, die sich 1959 mit einer Sonderausgabe den Versuch mit *Twen* leistet. Mit dem vagen Konzept eines überregionalen Magazins für Jugendliche hat man Anzeigen akquiriert und mit den Werbezusagen eine Druckerei gefunden, die erst nach den Einnahmen aus dem Anzeigengeschäft Geld fordert. Das ganze Projekt ist ein Versuchsballon. Der Erfolg von Blättern wie der 1956 gegründeten *Bravo* oder regionalen Studentenzeitungen wie dem Hamburger *Studentenkurier*, aus dem *Konkret* wird, zeigt, dass junge Leute Geld für Zeitungen ausgeben. Für diese Zielgruppe gibt es kaum ein Angebot. *Twen*-Chefredakteur Adolf Theobald im Editorial der Erstausgabe: »Es gab bisher in Deutschland keine Zeitung, Zeitschrift oder Illustrierte, die es verstanden hat, die ganze Sympathie des jungen Menschen zu erringen und über alles zu berichten, was die Teens und Twens heute gemeinsam angeht. Hier ist sie: *Twen*.«

Reportagen wie »Ich flog schneller als der Schall« oder »Ich war Dienstmädchen bei feinen Leuten«, Starporträts von Belmondo oder Faye Dunaway, Geschichten zu Themen wie Abtreibung, Homosexualität, Probeehe sowie die Dauerbrenner Mode, Autos,

Reisen ergeben am Vorabend der Studentenrevolution genau die richtige Mischung. Die Leser fühlen sich angesprochen, ernst genommen, sie werden informiert und unterhalten. Ein Jahresrückblick unter der Schlagzeile »Dies war das Jahr sex und sexig« ist heute zwar ein schwer verdaulicher Kalauer, 1966 trifft so eine Zeile jedoch ins Herz von Leserinnen, die sich mit Fräulein anreden lassen müssen, und Lesern, deren gesellschaftliche Anerkennung davon abhängt, ob sie »gedient« – also ihren Kriegsdienst abgeleistet – haben.

Entspricht Themenmischung und Schreibstil den Wünschen und Vorstellungen der Leser, ist die optische Präsentation vollkommen neu. Die Fotos werden von Ausgabe zu Ausgabe größer, Bildlegenden werden nur dort eingesetzt, wo sie tatsächlich gebraucht

TWEN IN DEN USA
Was die US-Layouter an der Zeitschrift Twen faszinierte, war die konsequente Durchgestaltung des Blattes. Der Umbruch, der dem Produkt eine stringente Einheit und ein einheitliches Image gab. Auch die Auswahl und Behandlung der Fotos waren eine Überraschung für die Amerikaner. Diese Erkenntnis war neu, aber zu einer innovativen Wendung kam es nicht.
Eckhard Neumann

■ Uschi Obermeier, die Ikone der 68er, auf dem Cover der *Twen*. Das Magazin bleibt sich treu, auch wenn 1969 kein Hochglanz mehr gefragt ist.

■ Text allein ist nicht alles, Inhalt wird auch durch Bilder und Gestaltung vermittelt: ein Layout von Willy Fleckhaus für den Suhrkamp Verlag 1979.

werden, es gibt viel freie Flächen auf den Seiten, und die Schriftgröße der Überschriften nimmt Plakatformat an. Willy Fleckhaus ist für diese Gestaltung verantwortlich. Er drückt *Twen* seinen Stempel auf.

1959 geht Fleckhaus systematisch ans Werk. Vom Titel bis zur Gestaltung der Anzeigen kümmert er sich um alle Bereiche. Redaktionelle Beiträge beginnen mit dem Signet eines kleinen Kornetts. Das Kornett ist weniger Spielerei als eine Notwendigkeit, um auf extrem unterschiedlich gestalteten Seiten Kontinuität zu betonen – nach dem Kornett beginnt der Text. Dass Text im Gestaltungshorizont von Willy Fleckhaus nur als Grauwert auftaucht, ist ein Vorwurf, der ihm schon früh gemacht wird. Doch die Art, wie er gerade in den ersten Jahren die *Twen*-Geschichten präsentiert, zeigt genau das Gegenteil. Rechts das einseitige Bild von Kondensstreifen eines Düsenjets und links oben ein über zwei Spalten gezogenes fettes M, das auf der kursiven Unterzeile »Ich flog Mach, schneller als der Schall!« steht, flankieren 1960 einen zweispaltigen Textblock. Die Doppelseite ergibt optisch die dramatische Einführung zu einer Reportage über den Überschallflug in einem Militärjet. In der Komposition von Bild, Fließtext und Schlagzeile gestaltet Fleckhaus einen Auftritt, wie es ihn nie zuvor zu sehen gab. Wer die Geschichte jetzt nicht liest, wird sie nie lesen.

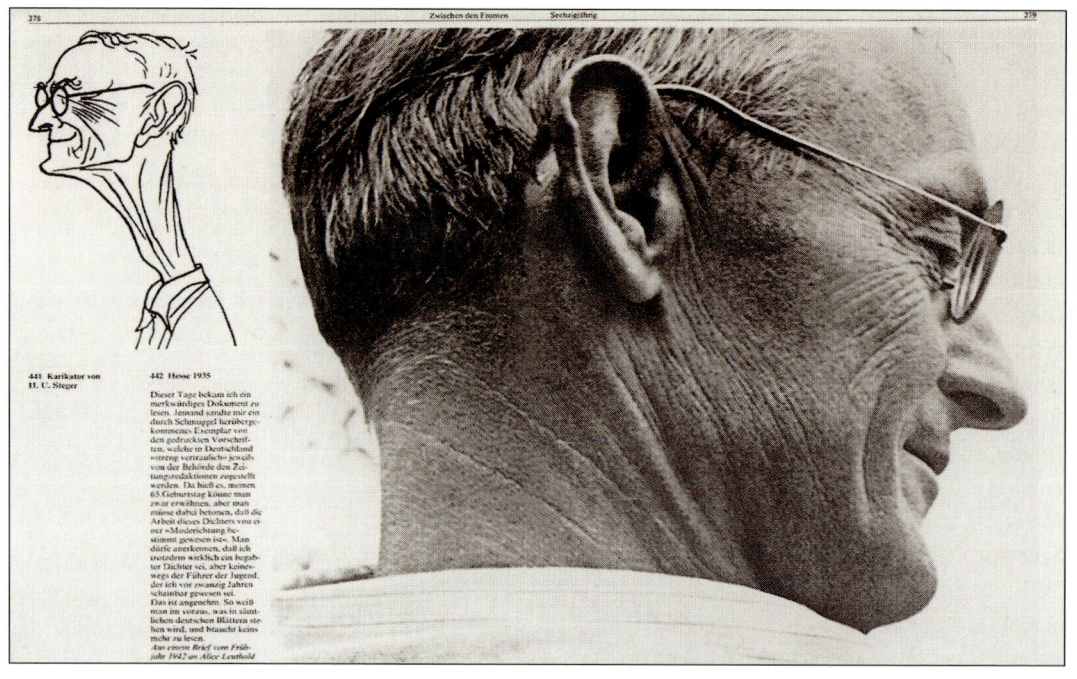

Das Bezugssystem der Fotostrecken liefern Filmbilder mit extremen Kadrierungen, wie sie das damals beliebte Kinoformat Cinemascope erzeugt. Eine Reportage über den Nürburgring fotografiert Horst H. Baumann aus der Froschperspektive. Die Kamera liegt auf der Straße, zwei Drittel der Doppelseite gehen in der schwarzen Trommel eines Reifens unter, hinter dem zwei

weitere Rennwagen auftauchen, von denen auch nur die riesigen Räder und die kleinen Köpfe der Fahrer zu erkennen sind. Das Foto einer anderen Doppelseite ist unter einem Rennwagen hindurch aufgenommen. Nur die Beinpaare des Starters mit gezückter Startflagge und eines Teammitglieds sind unter dem schattenhaften Umriss von Bodenblech und Reifen zu erkennen. Die extremen Ausschnitte und Kameraperspektiven sprengen die Begrenzung des Formats. Die Rennautos scheinen aus den Seiten heraus in die dritte Dimension zu wachsen. Die Bilder erreichen durch ihre harten Kontraste eine haptische Qualität, mit der sie dem flüchtigen Filmbild an Intensität überlegen sind. In anderen Geschichten arbeitet Fleckhaus mit Fotoserien, die den Seiten nie gesehenes Tempo und Dynamik verleihen.

Je weiter sich Fleckhaus mit seiner Gestaltung vom herkömmlichen Layout enfernt, desto stärker nähert sich *Twen* einer Filmästhetik an, wie sie Michelangelo Antonioni oder Jean-Luc Godard in diesen Jahren prägen. Längst ist Gestaltung nicht mehr ein Arrangieren vorgefundener Texte und Bilder. Bei Willy Fleckhaus ist Gestaltung ein aktiver Prozess innerhalb eines Redaktionsgefüges. Ausgehend von einer Idee, bestellt ein Gestalter wie Fleckhaus auch Geschichten. Willy Fleckhaus ist Artdirector, eine Berufsbezeichnung, die es in Deutschland erst seit *Twen* gibt.

Für Fotografen wie auch für die viel beschäftigten Illustratoren und Autoren wird die Arbeit für *Twen* dadurch nicht einfacher. Selbst renommierte Fotografen wie Will McBride bekommen gescribbelte Seiten als Vorgabe für ihre Aufträge. Was anschließend immer noch nicht zu der Vorstellung von Fleckhaus passt, ver-

■ Willy Fleckhaus hatte die Gesamtwirkung der Seiten im Blick. Doppelseite mit Illustrationen von Willy Fleckhaus und einem Text von Joachim Ernst-Berendt aus *Twen*, Heft 4/61.

»Twen« ist eine Wortneubildung, die – analog zum Teenager – Menschen im Alter zwischen zwanzig und dreißig bezeichnet. Mit der Zeitschrift *Twen* wurde der Twen in die Umgangssprache eingeführt.

■ Zeichen setzen: Mit wenigen Lettern weckt Willy Fleckhaus die Neugier der Leser auf das, was zwischen den Buchdeckeln steckt; für den Suhrkamp Verlag gestaltete Bucheinbände.

dichtet er mit schnellen Schnitten zu einem Bild, das von dem gelieferten Foto nicht mehr viel übrig lässt. Dem Autor kann dabei die undankbare Aufgabe zufallen, sich aus Gründen graphischer Unabänderlichkeiten eine Schlagzeile aus genau sieben Anschlägen zu überlegen. Das gleichberechtigte Nebeneinander von Text und Bild, das in *Twen* viel mehr als nur ein Nebeneinander ist, sondern eher einer symbiotischen Beziehung gleicht, kränkelt. *Twen* gerät ab 1968 zusehends in eine Krise. Auch ändern sich Geschmack und Bedürfnisse der Zielgruppe. 1968 ist nicht die Zeit für Hochglanz und Hedonismus. An *Twen* haftet der Makel bourgeoiser Dekadenz.

Die Besitzer wechseln mehrfach. Vom Münchner Verleger Martens & Co zu Heinrich Bauer, von dort zu Springer und über Weitpert schließlich zu Gruner + Jahr. Im Dezember 1970 wird das Ende von *Twen* angekündigt, das nach einem letzten Rettungsversuch im Mai 1971 dann auch eintritt.

Twen hat das Erscheinungsbild, aber auch das Selbstverständnis des Magazinjournalismus gewandelt. Noch heute bilden die *Twen*-Layouts von Willy Fleckhaus den grafischen Fundus des aktuellen Magazinjournalismus.

TWEN

BIOGRAPHIE

Wilhelm August (Willy) Fleckhaus wird am 21. Dezember 1925 in Velbert im Bergischen Land geboren. Als Schüler spielt er in einer Theatergruppe, schreibt Stücke, malt Bühnenbilder. Er ist in der katholischen Jugend aktiv und muss nach einer Auseinandersetzung mit einem Nazi-Lehrer die Schule verlassen. Die Eltern melden ihn auf einer Privatschule an. 1943 wird er zum Arbeitsdienst einberufen, 1944 zur Wehrmacht. Nach kurzer Kriegsgefangenschaft in Norditalien kehrt er im Oktober 1945 nach Velbert zurück. 1947 ist Willy Fleckhaus Korrespondent der katholischen Jugendzeitung Der Fährmann. Er schreibt über Kunst, aber auch zu politischen Themen. 1950 wechselt Fleckhaus zu Aufwärts, der Zeitung der Gewerkschaftsjugend, bei der er ab 1952 auch für die Gestaltung zuständig ist. An der Hochschule für Gestaltung in Ulm lernt er Max Bill kennen. Neben seiner Tätigkeit bei Aufwärts übernimmt Fleckhaus Aufträge als Buchgestalter. 1958 ist er Chef vom Dienst bei Welt der Arbeit. Ein Jahr später lernt er Adolf Theobald kennen, für den er Student im Bild gestaltet. Als überregionale Sonderausgabe von Student im Bild erscheint im April 1959 die erste Nummer von Twen, die kurz darauf alle acht Wochen, ab 1961 vierwöchentlich herauskommt. Nachdem Fleckhaus für den Suhrkamp Verlag den Hermann-Hesse-Bildband gestaltet hat, der sich bis heute im Programm befindet, entwickelt er das visuelle Konzept der Bibliothek Suhrkamp. Es ist vor allem die Gestaltung der 1963 gestarteten »Regenbogenreihe« der Edition Suhrkamp, die mit dem Namen Fleckhaus verbunden wird. 1963 führt Twen die Bezeichnung Artdirector für den Aufgabenbereich von Willy Fleckhaus ein. 1970 ehrt der New Yorker Art Directors Club Willy Fleckhaus für seine Twen-Gestaltung mit der Goldmedaille. Twen wird im Dezember des gleichen Jahres eingestellt. Eine Wiederauflage scheitert nach vier Heften im Frühjahr 1971. Für Die Zeit entwirft Fleckhaus im Dezember 1970 das Zeit-Magazin. Die Gesamthochschule Essen beruft ihn 1974 als Professor für Grafik-Design. Neben seiner Lehrtätigkeit übernimmt er in den folgenden Jahren weiter Aufträge als Buchgestalter, vor allem für den Suhrkamp- und Insel-Verlag. 1981 wird Fleckhaus an die Gesamthochschule Wuppertal berufen. Am 12. September 1983 stirbt Willy Fleckhaus in seinem Haus in der Toskana an Herzversagen.

BESCHREIBUNG

Twen:
Die 1959 erstmals erschienene Zeitschrift wendet sich an eine junge Zielgruppe. Die Themenmischung aus Kultur, Gesellschaft, Politik und Unterhaltung, die Sprache und vor allem die aufwändige und völlig neuartige Gestaltung von Twen setzen Maßstäbe. Nach 1968 sinken Auflage und Werbeeinnahmen. Nach 129 Heften wird Twen 1971 zum letzten Mal ausgeliefert.

DATEN

Geschichte:
Januar 1959 Willy Fleckhaus lernt Adolf Theobald kennen, für den er kurz darauf die Zeitschrift Student im Bild gestaltet.

April 1959 Als Sonderausgabe von Student im Bild wird die erste Ausgabe von Twen vorgestellt.

1961 Twen erscheint monatlich.

1962 Fleckhaus ist kurzzeitig Gestalter und Chefredakteur von Twen.

1963 Twen führt Willy Fleckhaus im Impressum als Artdirector.

1970 Der Art Directors Club of New York ehrt Willy Fleckhaus mit der Goldmedaille.

Dezember 1970 Gruner + Jahr stellt Twen ein. Unter Chefredakteur Kai Hermann und Artdirector Günter Halden wird eine neue Zeitschrift, der Weiße Twen, herausgebracht.

Mai 1971 Nach nur vier Ausgaben wird auch der Twen-Nachfolger eingestellt.

Lesenswert:
Michael Koetzle, Carsten M. Wolff: Fleckhaus. Deutschlands erster Art Director, München/ Berlin 1997.

Michael Koetzle: Twen. Revision einer Legende, München, 1995.

AUF DEN PUNKT GEBRACHT

Twen, das können die Texte nicht verleugnen, war ein Kind seiner Zeit. Die Gestaltung führt jedoch weit darüber hinaus und setzt im Zeitschriftenlayout immer noch den Maßstab.

Nilfisk GM 80 – Held der Arbeit
Nilfisk-Entwicklungsabteilung

DER STAUBSAUGER IN DER WERBUNG
Manche Dinge haben sich die Gunst von Designern zugezogen, ohne auch nur das Geringste dafür zu können, zum Beispiel dieser immerhin 30 Jahre alte Staubsauger. Bis vor wenigen Jahren war er allenfalls in Kreisen berühmt, denen es tagtäglich, und zwar zum Zwecke des Broterwerbs, um Reinlichkeit zu tun ist … Dann entdeckte die Designszene seine schöne Silhouette … und doch wirkt der Nilfisk in der Nachbarschaft von Design-Produkten ähnlich deplaziert wie Hans Albers auf der Love-Parade.
Manufactum Katalog Nr. 12, Waltrop 1999

Der Ritterschlag kommt spät und einigermaßen unvermutet. 1995 enthüllt Jasper Morrison, der mit seinen schlichten und funktionalen Entwürfen das Design des ausklingenden Jahrhunderts prägt, seinen Favoriten unter den Industrieprodukten der letzten hundert Jahre – den Nilfisk GM 80 von 1960. Morrison: »Der König der Staubsauger, hergestellt in Dänemark. Unverwüstlich, schön, wirkungsvoll. Ein Kauf fürs Leben.« Was macht einen über vierzig Jahre alten Staubsauger, der heute immer noch so viel kostet wie eine Waschmaschine, zum Klassiker?

Der GM 80 wirkt auf den ersten Blick so unauffällig wie ein viel benutztes Werkzeug, über das man sich keine weiteren Gedanken zu machen braucht. Graues Gummi und Plastik, reichlich Metall, leuchtend blaue Knöpfe und Schrauben betonen strenge Sachlichkeit. Kein stromlinienförmiges Design, keine Chromleisten und geschwungenen Schriftzüge, jedes Detail, das ins Auge fällt, erfüllt eine Funktion. Bei GM 80 schützt ein solider grauer Gummiring das eiförmige Gehäuse aus poliertem Aluminium. Alles für die Bedienung Notwendige ist leuchtend blau gehalten. Alle Zubehörteile sind entweder aus grauem, soliden Plastik oder aus Leichtmetallguss wie die Düse, deren Nylonrollen zur besseren Reinigung außen liegen. Der Staubsauger hat keine Kabeltrommel, dafür lässt sich das Kabel ganz abziehen. Das Gehäuse klemmt auf einem leicht abnehmbaren Rollenfuß.

GM 80 besitzt keinerlei Extras: keine Lampe in der Düse, wie sie Hoover zeitgleich in die Klopfstaubsauger einbaut, keine Kraftregulierung für den Motor, noch nicht einmal ein integrierter Behälter für Düsen und Bürsten ist vorhanden. GM 80 saugt, das ist es. Dass er besser saugt als alle anderen, leiser arbeitet und robust ist, hat ihn zum Arbeitsgerät für Raumausstatter und Putzko-

■ Strenge Sachlichkeit: poliertes Aluminium, grauer Kunststoff und blaue Köpfe, denn – ein Sauger ist zum Saugen da.

lonnen gemacht. Einzig Wasser und Feuchtigkeit erledigen GM 80
umgehend. Er ist ein Staubsauger und keine Wasserpumpe, seine
Saugleistung verdankt er einem nässeempfindlichen Filtersystem
aus Filz- und Papiereinsätzen.

1960 ist GM 80 Teil eines ausgeklügelten Baukasten-
systems. Neben ihm bietet Nilfisk Staubsauger
mit zwei und drei Motoren an. Die Motoren
aller Modelle sind identisch und lassen sich
mit Klemmverschlüssen in immer größere Gehäuse stecken. Fasst der Staubbeutel von GM
80 neun Liter, können es bei dem größten Modell bis zu 220 Liter werden. Die höchste Saug-
kraft produziert dabei ein Gerät mit drei Motoren und einem Fünfzig-Liter-Behälter, dessen
Leistung ausreicht, einen Stecker aus der Steckdose
zu reißen. Solche Geräte, die teilweise so groß wie Ge-
schirrspüler sind, bietet Nilfisk Industriekunden an. Wesentliche Bauteile und Zubehör sind mit denen von
GM 80 identisch, entsprechend hoch sind die
Qualitätsanforderungen an die kleine Stan-
dardausführung.

Der Name Nilfisk steht für eine dänische Indus-
trielegende. Die Firma, 1906 von Peter Andersen Fisker
und Hans M. Nielsen gegründet, baut Elektromotoren und
stellt ab 1910 Staubsauger her. Im Frühjahr 1919 präsentiert
Peter Andersen Fisker das erste Motorrad der Firma. Mit längs
eingebautem Vierzylindermotor, Schwingengabel, Hinterradschwinge und Kardanantrieb ist Fiskers Nimbus der Motor-
radentwicklung in einigen Bereichen um Jahrzehnte voraus.
Die durch ihren langen Motor sehr eigenwillig aussehende
Konstruktion wird bis 1960 gebaut. Dänische Behörden, Handwerker, Feuerwehr, das Rote Kreuz, und – versehen mit Sei-
tenwagen und Maschinengewehr – auch die Armee fahren
Nimbus. Nach 1960 konzentriert sich Nielsen & Fisker vollends auf die Produktion von Bodenreinigungsmaschinen
aller Art. Seither profitiert der Nilfisk von dem Ruf, so un-
zerstörbare Geräte zu produzieren, wie die an Landma-
schinen erinnernden Motorräder, die bei Behörden auch
noch zwanzig Jahre nach Produktionsende eingesetzt wurden.

Außerhalb Dänemarks sind es andere Qualitäten, die GM
80 zu einer Ikone des Industriedesigns werden lassen: Eine

■ Wie wirbt man für ein
Haushaltsgerät, dass schön
wie ein vielbenutztes
Werkzeug ist und so solide
wie eine Landmaschine?

einfache, aber wirkungsvolle Konstruktion, gute Materialien, einwandfreie Verarbeitung, ein nüchternes Erscheinungsbild ohne
Firlefanz und falsche Versprechungen – alles, wofür skandinavisches Design steht, verkörpert das Modell GM 80. Hervorgegangen aus einer ganzen Reihe von Kesselstaubsaugern, die Nilfisk
seit 1913 in Serie produziert, stellt GM 80 den Höhepunkt einer
Entwicklung dar. Kein einzelner Designer ist für diesen Entwurf
verantwortlich, sondern die über Jahrzehnte beibehaltene gestalterische Kontinuität einer Firma. Kompakter als seine Vorgänger,
mit zahlreichen Detailverbesserungen und ohne jeden modischen
Schnickschnack, ist der Nilfisk GM 80, was er ist: ein Staubsauger, sonst nichts. Kein Wunder, dass gerade Jasper Morrison von
so viel Enthaltsamkeit begeistert ist.

■ Ohne Lampe in der Düse
und ohne Chromschmuck
zeigt das Nilfisk-Standard-
modell was es kann: saugen!

NILFISK GM 80

BIOGRAPHIE

Peter Andersen Fisker wird 1875 in Skalmstrup in der Nähe von Randers, Dänemark, geboren. 1896 legt er seine Prüfung als Volksschullehrer ab und wird nach Ableistung des Militärdienstes Hilfslehrer. An der Lehreranstalt in Kopenhagen beschäftigt er sich mit Elektrotechnik, geht in die USA und arbeitet zuletzt als Konstrukteur in einer Fabrik in Chicago. 1904 kehrt er nach Dänemark zurück und macht sich 1906 mit Hans M. Nielsen selbstständig. Fisker & Nielsen, wie das Unternehmen zuerst heißt, produziert Elektromotoren und ab 1910 einen Staubsauger, den sich das Unternehmen unter dem Namen Nilfisk patentieren lässt. Ein Kesselstaubsauger folgt kurz darauf. Ab 1911 exportiert Nilfisk seine Produkte auch ins Ausland. Während des Ersten Weltkriegs erweitert die Firma ihre Produktpalette und stellt Bohrmaschinen und Ofenklappen her. In seiner Freizeit zeichnet Peter Andersen Fisker ein Vierzylinder-Motorrad. Ein Prototyp entsteht 1919, die Serienproduktion der Nimbus läuft ein Jahr später an, das nötige Kapital bringt der Börsengang von Nilfisk. Die Motorräder mit dem charakteristischen längs eingebauten Vierzylindermotor werden bis 1960, die Kesselstaubsauger bis heute gebaut. Schon hoch in den Neunzigern, besuchte der ehemalige Lehrer und Rennfahrer, Konstrukteur von kleinen Elektromaschinen und schweren Motorrädern, Peter Andersen Fisker, regelmäßig seine Kopenhagener Fabrik. In einer Firmenchronik schreibt die Werbeabteilung: »Durch den Einsatz von Herrn Fisker ist das kleine Land Dänemark überall in der Welt bekannt geworden. ... Die von Herrn Fisker entwickelten technischen Ideen haben in Verbindung mit der Pflege dänischer Qualitätsarbeit in 60 Ländern der Erde zu einem vollen Erfolg geführt.«

BESCHREIBUNG

Nilfisk:
Kleiner Industriestaubsauger mit zweigeteiltem Gehäuse aus poliertem Aluminium mit separatem Motoreinsatz und 1100-Watt-Motor, der einen Unterdruck von 227 Millibar erzeugt. Das Gehäuse klemmt auf einem abnehmbaren Rollengestell. Der Staubsauger ist 41 cm hoch, 30 cm breit und wiegt ohne Anbauteile 6,1 kg.

DATEN

Geschichte:
1901 Der Engländer Hubert Cecil Booth baut den ersten funktionsfähigen elektrischen Staubsauger. Das Gerät wiegt 40 kg.
1907 In Ohio, USA, entwickelt Murray Spangler einen leichteren Staubsauger, der ab 1908 von William Hoover produziert wird.
1910 Ein Buchdrucker aus Odense kauft den ersten Nilfisk-Staubsauger.
1911 Nilfisk exportiert Staubsauger nach Deutschland und unter dem Namen Victor nach Österreich.
1919 Mit Nimbus steigt Peter Andersen Fisker in die Motorradproduktion ein.
1920 Fisker & Nielsen geht an die Börse.
1923 Die dänische Post kauft ihre erste Nimbus.
1925 Nilfisk exportiert über 60% der hergestellten Staubsauger.
1940 Der Krieg zwingt Fisker & Nielsen zur Herstellung neuer Produkte. Ein dreimotoriger Industriestaubsauger und ein Teppichkehrer ohne Motor entstehen.
1958 Mit den Modellen G 70, G 72 und G 73 wird das Nilfisk-Baukastensystem etabliert.
1950 Die erste Bohnermaschine wird exportiert.
1960 GM 80, das neue Einstiegsmodell der Baukastenreihe, wird vorgestellt.
1986 Nilfisk wird Teil der dänischen NKT-Holding.
1994 NKT und Nilfisk schlucken den US-amerikanischen Reinigungsmaschinenhersteller Advance Machine Co.
1998 Electrolux, die schwedische Sauger-Ikone des deutschen Wirtschaftswunders, geht in NKT/ Nilfisk auf.

AUF DEN PUNKT GEBRACHT

Ein Staubsauger, dem man seine Funktionalität, Solidität und Kraft ansieht. Für Jasper Morrison schlicht der »König der Staubsauger«, einer, der ganz ohne Krone und Zepter auskommt.

Rock-Ola Regis 1495 – Pop aus Chrom und Glas

David Colin Rockola

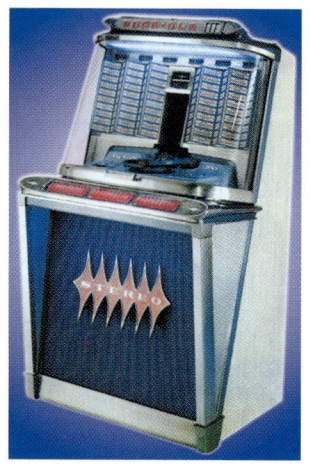

■ Kein American Diner ohne Jukebox. Seit 1960 bietet sie sogar ein neues Sound-Erlebnis: Stereo.

■ Szene aus dem Film *American Diner* von Barry Levinson, 1982.

Versuch über die Jukebox heißt Peter Handkes Erzählung, in der ein Autor in den Trümmerfeldern der Popkultur gräbt, um Momente der eigenen Lebensgeschichte freizulegen. Obwohl wenig über die Jukebox zu erfahren ist, bleibt sie in dem Text immer gegenwärtig. Ob in der Kindheit des Erzählers beim Ausflug mit den Eltern oder auf seinen Reisen als Erwachsener, mal ist die Jukebox prächtig illuminiert, mal hinfällig und verstaubt, mal wird sie vermisst. Ähnlich den Koordinaten einer Landkarte markieren die Jukeboxes das wechselnde Lebensgefühl der Handke-Figur. Sie sind die Wegweiser zu ihrem Sehnsuchtsort.

Eine Jukebox ist keine klassische Schönheit. Die Rock-Olas besitzen nicht die Eleganz wie etwa eines Braun-Radios aus der gleichen Zeit. Wie Film und Popmusik arbeitet ihr Design mit den Zeichen und Codes ihres Publikums. Panoramascheiben, Heckflossen, Chrom, bunte Skalen und ein Gelenkarm, der mit lässigem Schwung die Single auf den Plattenteller bugsiert – eine Rock-Ola ist ein Straßenkreuzer, der Musik macht. Natürlich erinnert der Lautsprecher an einen Truck-Kühler, und der Chromschmuck ist martialisch. Die Regis 1495 präsentiert 1961 das Zauberwort der Dekade: Stereo. Mit der Möglichkeit, aus zweihundert Titeln zu wählen, und modernem Sound erfüllt die Jukebox endlich, was sie

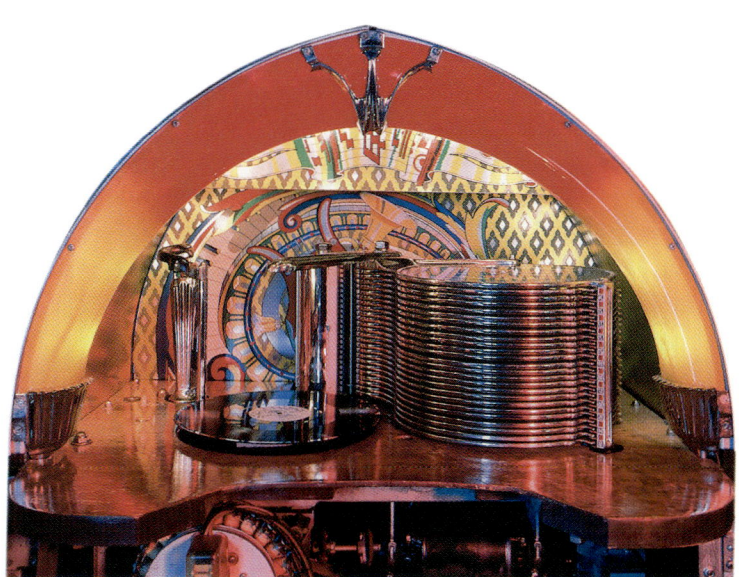

■ Lange Zeit sind 24 Titel die ganze Musik, »die eine Jukebox braucht«. Mit CD-Technik ist die Wahlfreiheit jetzt nahezu grenzenlos.

optisch verspricht. Die Zeit der Verstellung ist zu Ende. Die Regis 1495 wird zur Inkarnation der Popkultur.

Die Geschichte der Jukebox hat erstaunliche Parallelen zur Geschichte des Kinos, und wie die Film-Mogule Meyer, Cohn und Warner sind die wichtigsten Jukebox-Produzenten Rudolph Wurlitzer, Justus P. Seeburg und David Colin Rockola Einwanderer der ersten Generation. Nahezu gleichzeitig beginnen Film und Jukebox in den USA ihre Karriere als Attraktion, mit der Schausteller und Kneipiers das proletarische Publikum locken. In San Francisco stellt Louis Glass im Palais Royal Saloon 1889 zum ersten Mal einen Münzmusikautomaten auf. Ein Jahr später beginnt die Produktion kommerziell genutzter Tonträger. Im Pathé-Salon in Paris gibt es um 1900 schon vierzig Tischgeräte. Im Stockwerk über dem Salon legen Diskjockeys die Musik auf, die unten gewünscht wird. Erst 1906 bringt die John Gable Company ein Gerät heraus, das Ähnlichkeit mit der heute üblichen Jukebox hat. Der Gable Automatic Entertainer besitzt einen Schalltrichter, damit nicht nur einer die Musik hören kann, und er hat einen automatischen Plattenwechsler, dem man durch ein Glasfenster bei der Arbeit zusehen kann. 1927 bringt AMI (Automatic Musical Instruments) eine elektrische Jukebox auf den Markt. Das Gerät ist endlich so laut, dass auch ein ganzes Lokal mithören kann.

Doch die Jukebox, die anfangs in Saloons, auf Jahrmärk-

■ Dank der Jukebox zum King of Rock 'n' Roll – Elvis bei einem Auftritt in München, 1959.

■ Vinylsingles: Stereo und Rockmusik lösen den dritten Frühling der Jukebox aus. Um 1960 steht sie im Zentrum der sich sprunghaft entwickelnden Popkultur.

ten und in Speakeasys gestanden hat, bleibt eine Jahrmarkts-attraktion. Gewinnt der Film über Historien- und Literaturadap-tionen an Renommee, bleibt die Jukebox unseriös, und das sieht man ihr an. Was der Kinoorgelproduzent Wurlitzer, der nach Ein-führung des Tonfilms 1928 verstärkt als Jukebox-Hersteller her-vortritt, an Automaten vorstellt, steht jenseits jeder Geschmacks-frage: Eine wüste Melange aus buntem Glas, Art-déco-Motiven und endlosen Intarsienbändern ziert Möbelstücke, die sich nicht entscheiden, ob sie Anrichte, Altar oder doch nur Kühlschrank sein wollen. Der optischen Zügellosigkeit widerspricht die einge-schränkte Musikauswahl. Noch 1948 tönt Wurlitzer-Manager Homer Capehart, dass 24 Titel »die ganze Musik sind, die eine Jukebox je brauchen wird«. Der Konkurrent Seeburg bietet zu die-ser Zeit schon Modelle an, die hundert Titel bereit halten. Optisch bemüht sich Seeburg dabei um schlichte Seriösität. Die M-100 A erinnert an ein mit Holzimitat ummanteltes Gebläse, mit Hoch-haus-Klingelbrett und gläsernem Brotfach, in dem Schellackplat-ten angeboten werden.

John Philip Sousa's Marine Band und John Y. At Lee sind Ende des 19. Jahrhunderts die ersten Stars der Jukebox – eine Marsch-kapelle und ein Kunstpfeifer. Doch wirklich populär wird der Au-tomat erst in der Folgezeit, weil er Musik bietet, die sonst totge-

LIEBE NACH DEM ERSTEN TON
Unversehens war die Musicbox der Mittelpunkt der Parkstube geworden, wo sonst mehr die Gestelle der Zeitungshalter klapperten … Und heute noch dachte er, das Anfänger-Schallen der Beatles im Ohr, aus jener von Parkbäumen umstandenen Wurlitzer: Wann würde je wieder solch eine Anmut in die Welt treten?
Peter Handke, *Versuch über die Jukebox*

schwiegen wird. Bessie Smith, Muddy Waters, Roosvelt Sykes, Rhythm and Blues, Jazz, die schwarze Musik, die kein Sender spielt, findet jetzt ein großes Publikum. Um 1930 hält eine Jukebox höchstens 24 Titel bereit. Aber gerade dieser Begrenzung verdankt sie ihren Einfluss. Die Auswahl dieser Titel macht nicht nur den Stil einer Bar aus, über deren Erfolg oder Misserfolg sie entscheidet; Musiker, deren Platten es bis in die Auswahlfächer einer Jukebox schaffen, werden jetzt auch ohne Radioauftritte populär. Die Jukebox erlebt mehrere Blüteperioden, und jede ist mit einem Markennamen verbunden. Das Ende der Prohibition 1933 löst in den USA einen Run auf Bars aus und führt zu einer massenhaften Verbreitung der schweren, bunten Automaten. Wurlitzer und AMI beherrschen den Markt. Mit Ende des Zweiten Weltkriegs setzt die nächste Welle ein, und Seeburg-Modelle sind plötzlich gefragt. Ab 1959 schaffen Vinylsingles, Stereotechnik und Rockmusik die Voraussetzung für eine dritte Karriere, damit beginnt der Aufstieg von Rock-Ola zum Branchenführer.

Die Jukebox ist nicht länger Medium der Gegenkultur; je größer die Szene wird, die sich um die Automaten versammelt, desto wichtiger wird sie für die Musikvermarktung. Um 1960 ist der Höhepunkt erreicht, die Jukebox steht im Zentrum einer sich sprunghaft entwickelnden Popkultur. Von einer bunt leuchtenden Kneipeneinrichtung ist sie zum Teil einer Szene geworden, bei deren Ritualen sie nicht fehlen darf. Die Rock-Olas mit ihrem einzigartigen Plattenwechsler erlangen Kultstatus: »Der mechanische Arm legt die Platte mit einer Eleganz

■ Als der Swing die weiße Mittelschicht in den USA eroberte, brach die große Zeit des Kinoorgelproduzenten Wurlitzer an. Eine US-amerikanische Anzeige von 1947.

■ Panoramascheibe, Chrom, bunte Skalen und ein Gelenkarm, der mit lässigem Schwung die Single auf den Plattenteller bugsiert – die Jukebox als Straßenkreuzer, der Musik macht. Szene aus: *Radio Star – Die AFN-Story*, 1994.

auf, vergleichbar dem Ellenbogenknick, mit dem ein formvollendeter Kellner ein Gericht serviert«, schreibt Peter Handke. Die Rock-Ola wird zu einer Ikone der Popkultur.

Die Regis 1495 markiert den Höhepunkt der Entwicklung. Zweihundert Vinylsingles, Stereo und so viel Glitter wie ein Straßenkreuzer lassen sich nicht toppen – auch nicht von Automaten mit 2500 CD-Titeln oder Internetzugang für eine noch größere Wahlmöglichkeit. Ohne die identitätsstiftende Kraft einer Beschränkung auf zweihundert Singles und die Begeisterung für den Ellenbogenknick eines Maschinenarms wäre Peter Handke wahrscheinlich nie auf die Idee gekommen, sich 1990 Gedanken über die Jukebox zu machen.

LIEBE AUF DEN ERSTEN BLICK

Zuerst warf ich aus den Augenwinkeln einen schüchternen Blick auf die Ursache meiner Erregung, schließlich fasste ich den Mut, die Schönheit an der Wand unumwunden anzustarren. Es war Liebe. Meine Leidenschaft wuchs, und bald reichten weder eine Jukebox noch zwei oder zehn. Ich liebte die Peacock wegen ihrer protzigen Eleganz, die 1015 für ihren einfachen, übersprudelnden Humor. Ich kann den hängenden Schultern der 950 nicht widerstehen, noch der garstig hockenden Sprungbereitschaft der Seeburg Barrel. Ich habe erwachsene Menschen über einen Singing Tower weinen und unschuldige Kinder stundenlang in das Gesicht einer Rock-Ola 1426 starren sehen. ... Das Schönste aber ist – alle meine Geliebten singen!

David Rubinson

ROCK-OLA REGIS 1495

BIOGRAPHIE

David Colin Rockola wird in der kanadischen Provinz Manitoba geboren. Mit 14 geht er von der Schule ab, arbeitet als Hotelboy und eröffnet einige Jahre später einen Kiosk in Calgary. Als die Einnahmen des Spielautomaten den Umsatz seines Geschäfts übersteigen, erkennt Rockola mit 23 Jahren seine Berufung und zieht nach Chicago, wo er sich bei den ersten Adressen unter den Spielmaschinenherstellern umsieht. 1927 macht er sich mit der Rockola Scale Company selbstständig, die vorerst als Zulieferer für die großen Firmen tätig wird. 1930 bringt Rockola mit Juggle Ball einen eigenen Flipperautomaten heraus und mit World Series einen sehr schön gestalteten Automaten, der wie die Tippkick-Variante für Baseball aussieht. Die Spielautomaten bringen Rockola an den Rand des Ruins. Mit dem letzten Kredit der Bank kauft er 1934 das Gable-Patent für den mechanischen Plattengreifer. Das Ende der Prohibition lässt überall neue Bars, Restaurants und Diners entstehen. Von der explodierenden Jukebox-Nachfrage profitiert auch Rockola, der im Schatten von Wurlitzer, Seeburg und AMI (Automatic Musical Instruments) kräftig mitverdient. Während des Krieges wie seine Konkurrenten zur Rüstungsproduktion angehalten, stellt Rockola bis 1946 Gewehre und Munition her, bis die Jukebox-Produktion wieder aufgenommen werden kann.

Die Folgejahre werden die erfolgreichste Zeit für Rockola, dessen chromblitzende Musikautomaten nicht nur besser klingen, sie passen mit ihrem spitzkantigen Design, den gespannten Glasflächen und hellen Farben auch viel besser zu den Popsongs der Zeit. Unter dem Firmennamen Rock-Ola werden immer noch Automaten produziert. David Colin Rockola stirbt am 6. Juni 1993.

BESCHREIBUNG

Rock-Ola Regis 1495:
Stereo-Musicbox für 200 Vinyl-singles, die über ein Tastenfeld angewählt werden. Plattengreifer und Plattenteller sind sichtbar. Die Jukebox wiegt 151 Kilo, Höhe 146 cm, Breite 75 cm, Tiefe 69 cm.

DATEN

Geschichte:
1889 Louis Glass stellt am 23. November den ersten Münz-Musikautomaten im Palais Royal Saloon in San Francisco auf.

1890 Die Columbia Phonograph Company produziert die erste kommerzielle Musikaufnahme.

1906 Die John Gable Company produziert mit dem Gable Automatic Entertainer den ersten Jukebox-Vorläufer.

1927 Die Automatic Music Instrument Company (AMI) baut die erste elektrische Jukebox.

1927 David Colin Rockola gründet die Rockola Company.

1934 Rockola erwirbt das Gable-Patent auf den Schallplatten-Greifarm.

1961 Die Rock-Ola Regis 1495 wird vorgestellt. Die Rockola Company wird Marktführer.

Lesenswert:
Peter Handke: *Versuch über die Jukebox*, Frankfurt am Main 1990.

Sehenswert:
The Apartment (Das Appartment). Regie: Billy Wilder; mit Jack Lemmon, Shirley McLaine, USA 1960.

Ghost (Ghost – Nachricht von Sam). Regie: Jerry Zucker; mit Patrick Swayze, Demi Moore, Whoopi Goldberg und einer AMI Continental 2 von 1961, USA 1990.

http://www.juke-box.de/
Hier finden sich Links zu Clubs, Herstellern und Fan-Sites.

AUF DEN PUNKT GEBRACHT

Mit der Rock-Ola Regis 1495 erreicht die Jukebox 1961 ihre endgültige Form. Weder Art-déco-Hydrant noch viktorianische Kühlkombination, sondern ein Design, das die Codes seiner Zielgruppe kennt und mit ihnen spielt.

Moulton-Fahrrad –
zum Klappen zu schade
Alex Moulton

■ Alex Moulton 1998, hier mit einer Weiterentwicklung des AM 7.

■ Konkurrenz auf hohem Niveau: das Brompton-Faltrad

Mit einem Klapprad an Radrennen teilnehmen, Geschwindigkeitsrekorde aufstellen, Weltreisen machen? Das erscheint so unsinnig, wie sich mit einem Gokart an Formel-1-Rennen zu beteiligen. Wer kommt auf solche Ideen? John Woodburn zum Beispiel. Er unterbietet 1962 den bestehenden Rekord bei dem 300-km-Rennen zwischen London und Cardiff um 18,5 Minuten. Woodburn fährt ein Moulton Speed, das mit seinen kleinen Rädern, der langen Sattelstütze und dem Rennlenker ziemlich skurril aussieht. Erfolge bei anderen Wettbewerben zeigen, dass Woodburns Rekordfahrt kein Zufall ist. Vergleichstests mit konventionellen Rennrädern gewinnt das Moulton-Modell souverän. Spurt, Dauergeschwindigkeit, Handling, das Gefährt ist in allen Bereichen überlegen, und dass es durch die kleinen Räder gefährlich kipplig ist, behauptet danach auch keiner mehr. Etwas später werden Moulton-Modelle als Reiseräder entdeckt. Sie sind schnell, solide, leicht und zerlegbar.

Alex Moulton ist 1962 kein Unbekannter. Für Austin/Morris entwickelte er die Gummi- und die Hydrolastic-Federung des Mini. Größtmögliche Reduktion bei maximalem Wirkungsgrad und eine hohe Effizienz zeichnen seine Erfindungen aus. Dass die Hydrolastic-Federung im Mini nie so funktioniert wie erhofft, liegt an der extremen Belastung und an dem fehlenden Willen des Konzerns, das System noch entsprechend weiterzuentwickeln. Wie wirkungsvoll Moultons Federung eigentlich sein kann, demonstriert er mit diesem Fahrrad, das mehr ist als die trotzige Beweisführung eines missverstandenen Erfinders. 1962 entwickelt Alex Moulton damit einen der Grundsteine für ein mögliches neues Verkehrskonzept. Mit seinem Rad kann die Verknüpfung von Individual- mit Massenverkehrsmitteln gelingen. Damit ist er seiner Zeit Jahrzehnte voraus. Das Moulton-Rad verkörpert eine Utopie. Während in England bis 1974 allein rund 150 000 dieser Räder verkauft werden, boomt in Deutschland das Klapprad als poppig buntes Zweitrad, das im Kofferraum für einen Ausflug an den Stadtrand befördert wird. Der endet schnell, weil das Fahrverhalten des Radbehelfs gefährlich, die Sitzhaltung unbequem und die Übersetzung so kurz ist, dass man nur mit hektischem Getrampel vorwärts kommt. Andere Klappmodelle versprechen mit ihren billigen Kopien der Moulton-Gummifederung einen Luxus, dem die simplen Kaufhausräder nicht gerecht werden können. Die Klappradwelle endet nach wenigen Jahren im Ausverkauf der Restposten. Ganz anders in England, wo der ehemalige Rolls-Royce-Konstrukteur Bickerton sein gleichnamiges Rad anbietet und mit Brompton noch ein anderer Hersteller hochwertige Falträder produziert. Doch Moulton-Räder sind keine Klappräder, darauf legt der Erfinder Wert. Dass man sein Rad in wenigen Sekunden zerlegen kann, ist ein erwünschter Nebeneffekt der Konstruktion, es ist jedoch nicht das Motiv für die Entwicklung.

Moulton Standard von 1962 und MK 3 von 1970 sind die Vorläufer von AM 7, das sich durch seinen Rahmen von ihnen unterscheidet. Ein räumliches Gittergerüst aus filigranen Reynolds-531-Rohren bildet das Rückgrat. Der Rahmen ist extrem verwindungssteif und gibt dem Rad einen niedrigen Schwerpunkt. Das Vorderrad wird von einer Kurzschwinge mit Antidive-Geometrie geführt, die beim Bremsen das Eintauchen der Gabel verhindert; so bleibt der Federweg erhalten. Die Hinterradschwinge verbindet ein Gummi-Federelement mit dem Sattelrohr. Die Übersetzung der Schaltung gleicht den geringen Durchmesser der 17-Zoll-Felgen aus. Die Räder sind mit Hochdruckreifen ausgestattet und durch ihre geringe Höhe leicht und stabil. AM 7 wiegt knapp elf Kilo, ist schnell zerlegbar und wird in einer zugehörigen Tasche als Handgepäck befördert.

Moultons Entwurf widerspricht allen gängi-

STADTFAHRER

Wir donnerten mit Genuss über die innerstädtische Teststrecke für Federgabeln: Kopfsteinkatzenköpfe und verschiedene steile Aufpflasterungen. Mit diesen vom Magistrat favorisierten Verkehrshindernissen kann man alle möglichen Arten von Fahrzeugführern einschüchtern, aber keinen Moulton-Pilot.

Hans Heinrich Pardey, *Frankfurter Allgemeine Zeitung*, 1995

■ Ein Fahrrad, das anderen Rädern in allen Belangen überlegen ist, war Alex Moultons Ziel, als er 1957 erste Entwürfe zeichnete. Das Rennrad Pylon wurde 2000 vorgestellt.

■ Auch beim neuen Moulton-Rad ist die leichte Konstruktion mit der Federung das Geheimnis.

gen Regeln des Fahrradbaus. Er braucht keine großen Räder, um Bodenunebenheiten auszugleichen, keinen hohen Rahmen für eine angenehme Sitzposition. Moulton überträgt Ergebnisse aus der Motorrad- und Autoentwicklung auf Fahrradverhältnisse. Kleine Räder machen seine Erfindung schnell und wendig, die hervorragende Federung schluckt Unebenheiten und gleicht damit die mögliche Unruhe aus. Der damals im Rennwagenbau übliche Gitterrohrrahmen ist so steif, dass er mit der langen Sattelstütze kein Problem hat. Dafür senkt der niedrige Rahmen den Schwerpunkt, was das Rad wendiger macht und den Geradeauslauf verbessert. Sind aus Mangel an hochwertigen Bauteilen die ersten Modelle noch mit Eigenentwicklungen wie der Moulton-Automatiknabe ausgestattet, kommt in den folgenden Jahren nur das Beste (und Teuerste), das der Markt bietet, zum Einsatz.

1967 übernimmt der britische Fahrradhersteller Raleigh die Moulton-Produktion. Bis 1974 werden die Räder in großen Stückzahlen hergestellt. Als Raleigh das Ende des aufwändigen Modells verkündet, beginnt der Kult. 1975 wird The Moulton Bicycle Club gegründet, der mit weltweit über 1200 Mitgliedern der größte Fahrradmarkenclub der Welt ist. In der Clubzeitung *The Moultoneer* und ihrem Online-Ableger *The Electronic Moultoneer* werden Restaurierungstipps für verwahrloste Moultons gegeben oder die Vor- und Nachteile einer 17- beziehungsweise 20-Zoll-Bereifung abgewogen. Zum regen Clubleben gehören gemeinsame Reisen, Treffen und die jährlichen Erinnerung an den bevorstehenden Geburtstag des Erfinders.

Seit 1983 baut Alex Moulton wieder seine Fahrräder. Sie sind besser denn je. Vom Reiserad mit rahmenfesten Gepäckträgern über Geländeversionen bis hin zur Rennmaschine aus noch leichteren Rahmenrohren reicht das Angebot. 1962 hat Alex Moulton das erste Hightech-Rad vorgestellt. Das Potenzial seiner Entwicklung für neue Verkehrskonzepte ist nie ausgeschöpft worden. Heute sind seine Räder erlesenes Spielzeug für eine technikbegeisterte Klientel, Spielzeug, das leicht so teuer wie ein Kleinwagen werden kann. Der Spaß beginnt bei 2500 Euro.

HERRENFAHRER

Die meiste Zeit meines Lebens habe ich mich mit der Entwicklung von Kraftfahrzeugen beschäftigt, dabei ist mir aufgefallen, dass Autos mit ihrer ganzen Bequemlichkeit und ihrer Faszination eine unausweichliche Weiterentwicklung von der vom Pferd gezogenen Kutsche sind. Demgegenüber ist das vom Menschen angetriebene, einspurige Fahrrad eine außerordentliche Erfindung. Der Unterschied zwischen dem Lenken eines Wagens und dem Fahrrad fahren kann nicht größer sein. Der Fahrer sitzt in einer niedrigen, abgeschotteten, von Aircondition belüfteten Dose und ist von seiner Umwelt isoliert. Demgegenüber hat der Fahrradfahrer eine übersichtliche Sitzposition, befindet sich an der frischen Luft, ist physisch beteiligt und setzt sich einer Gesundheit spendenden, entspannenden Betätigung aus. Alex Moulton

MOULTON-FAHRRAD

 BIOGRAPHIE

Alexander Eric Moulton wird am 9. April 1920 in Stratford-upon-Avon geboren. Nach dem frühen Tod seines Vaters wächst er auf dem Familiensitz seiner Großeltern auf. Hier hatte sein Urgroßvater eine am Fluss gelegene Wassermühle 1846 zu Englands erster Gummifabrik umgebaut. Das Patent erwarb er von Charles Goodyear. Alex Moulton studiert am King's College in Cambridge und arbeitet während des Krieges bei der Motorenentwicklung der Bristol Flugzeugwerke. Dann tritt Moulton in den Familienbetrieb ein und beschäftigt sich mit Federelementen aus Metall-Gummi-Verbindungen. 1946 lernt er den Autokonstrukteur Alec Issigonis kennen, den Moultons Entwicklungen interessieren. Eine langjährige Zusammenarbeit, die in der Hydrolastic-Federung für den Mini und andere BMC-Modelle gipfelt, beginnt. 1956 verkauft Moulton den Familienbetrieb an den Reifenhersteller Avon. 1958 gründet er Moulton Developments Ltd. In der Folgezeit beschäftigt er sich mit Federungssystemen. 1967 übernimmt Raleigh die Produktion der Fahrräder. 1983 stellt Alex Moulton mit der AM-Serie Weiterentwicklungen seines Rads vor. Alex Moulton lebt auf dem Familiensitz in Warwickshire.

 BESCHREIBUNG

Moulton AM 7:
Vollgefedertes Fahrrad mit 17-Zoll-Hochdruckbereifung. Fahrradgabel mit drehstabgefederter Kurzschwinge, Hinterradschwinge mit Gummifederelement am Sattelrohr abgestützt. Gitterrohrrahmen aus Reynolds-531-Rohren.

 DATEN

Geschichte:
1957 Alex Moulton zeichnet erste Entwürfe seines Fahrrads.

1959 Mit Monocoque stellt Alex Moulton sein erstes Fahrrad vor.

1962 Das Moulton Standard wird vorgestellt.

1967 Raleigh übernimmt die Moulton-Produktion.

1970 Das überarbeitete Modell MK 3 wird präsentiert.

1974 Raleigh beendet die Moulton-Produktion.

1975 The Moulton Bicycle Club geht aus dem Moulton Safari Club hervor und wird zum mitgliederstärksten Fahrradmarkenclub der Welt.

1983 Mit dem Moulton AM GT nimmt Alex Moulton die Fahrradproduktion wieder auf.

Sehenswert:
Die Moulton-Homepage mit Links zu allen wichtigen Adressen:
http://www.alexmoulton.co.uk/ambikes

 AUF DEN PUNKT GEBRACHT

1962 war das Moulton-Modell seiner Zeit weit voraus. Heute ist es nur noch eine Hightech-Spielerei. Dabei kann dieses Rad nicht nur Londons Verkehrsprobleme lösen. Wenig Gewicht und eine spektakuläre Erscheinung machen das Rad zum Schmuck jeder Großstadtwohnung.

Classic Bob – Bauhaus für den Kopf
Vidal Sassoon

■ Vidal Sassoon eröffnet 1954 in London seinen ersten Friseursalon in der Bond-Street.

■ Der Classic Bob wird zum Prototyp für alle geometrischen Haarschnitte.

»Ich finde, dass ein guter Haarschnitt die Ausstrahlung eines Gesichts verschönert, genauso wie gute Architektur eine Stadt verschönert.« Diese Analogie möchte Vidal Sassoon 1961 gern bestätigt sehen. Der junge Friseur aus der Londoner Bond Street hat es erreicht, sich eine Einladung in das Büro im obersten Stockwerk des legendären Seagram Building in New York zu verschaffen. Dort erwartet ihn Philip Johnson, ein enger Mitarbeiter Mies van der Rohes, der diese Ikone der Moderne erbaut hat. Was hat eine Frisur mit einem Wolkenkratzer zu tun? Die Beweisführung tritt Sassoon mit Fotos seiner streng geometrisch aufgebauten Haarschnitte an. Johnson war »nicht gerade begeistert«, erinnert sich Sassoon später, und die ganze Präsentation krankte daran, dass »so innovative Haarschnitte wie der Five Points oder der Graduated Bob noch entwickelt werden mussten«. Doch für Vidal Sassoon wird die Begegnung zum Schlüsselerlebnis, »sowohl für meine Berührung mit dem Bauhaus als auch für den Stand und die Situation des Friseurhandwerks in den frühen 60er Jahren«.

Dieses Handwerk leidet unter seinen Kundinnen und umgekehrt. Eine Frau, die eine entspannte häusliche Atmosphäre schafft, Kinder und Garten versorgt und viel Wert auf die eigene gepflegte Erscheinung legt, entspricht ganz dem Nachkriegsideal. Ihre Nach-

mittage verbringt sie im chemischen Dunst eines Frisier-
salons, um sich ihre Haare für den glamourösen
Abendauftritt an der nachbarlichen Hausbar zum
Bienenkorb drapieren zu lassen. Den Look der Dekade geben die bauschigen Frisuren von Farah
Diba vor. Das handwerkliche Können des Friseurs
beschränkt sich dabei vor allem aufs Toupieren und
Ondulieren, den Rest besorgt eine ordentliche Ladung Haarspray. Wenn das alles nicht hilft, wird
auch gerne ein künstliches Haarteil eingeflochten.
»Das Resultat waren extrem pflegeintensive Frisuren, die hauptsächlich als Ornament dienten. Einmal
zerstört, konnten sie nur durch einen erneuten Sa-
lonbesuch wiederhergestellt werden«, beschreibt Gerald Battle-Welch den zeitraubenden Aufwand, der
mit einer enormen Abhängigkeit der Frauen von ihrem Friseur
verbunden war.

■ Nancy Kwan 1963:
Haarschnitt mit System.

Nancy Kwan heißt die Frisur, die Sassoon 1963 nach seiner ersten
Trägerin benannt und mit der er dem Haar sein Eigenleben
zurückgibt. Statt es einzuwickeln, zu verknoten, zu verflechten
oder mit Klemmen festzuzurren, erhält das Haar einen präzisen
Schnitt, der es locker und natürlich um das Kinn schwingen lässt.
Schon nach kurzer Zeit wird die Frisur so erfolgreich, dass Nancy
Kwans Foto erst in der *Vogue* und später auf den Titelseiten aller
internationalen Magazine erscheint. Als Classic Bob hat der Haarschnitt inzwischen Geschichte gemacht und dabei nie an Aktualität verloren. Spätestens alle fünf Jahre verkünden die Modema-
gazine: »The Bob is back!«

Mit Vidal Sassoon hält die Moderne Einzug in die Friseursalons.
Beeindruckt von der Architektur des New Bauhaus, die mit den
emigrierten deutschen Architekten in Chicago und New York entsteht, übernimmt Sassoon deren ästhetische Prinzipien: »Die
Leichtigkeit der Strukturen, die klare Geometrie, die Präzision der
Ausführung und die Vorstellung eines international gültigen Ka-
nons.«

Sassoon ist der Erste, der seinen Frisuren ein System zugrunde
legt. Allen Schnitten geht die eingehende Analyse der Physiognomie des Gesichts, der einzelnen Partien des Kopfes und seiner ty-
pischen Bewegungsmuster voraus. Wie verhält sich der Abstand
von Kinn, Wangenknochen, Ohren und Nacken zueinander, wie
sind Stirn und Hinterkopf geformt? Wie fällt das Haar, wenn der
Kopf nach vorn oder zur Seite geneigt wird? Diese Bemessungen

**OPTIMISMUS DER
SCHNITTE**
*Eine Sache, die ich für
sehr bedeutungsvoll hal-
te, war der Optimismus
seiner Schnitte. In Vidals
Denken gab es niemals
auch nur die Spur eines
Zweifels über das, was
vor sich ging. In der Regel
haben die meisten Leute
Zweifel, wenn sie ästhe-
tische Entscheidungen
treffen müssen. Doch er
zweifelte nie an dem, was
er tat. Und das wurde in
beeindruckender Weise
vermittelt.*
Terence Donovan,
Fotograf des
Classic Bob, 1992

■ Swinging London: Der Minirock von Mary Quant (rechts) ist der Look zum Bob.

bilden für Sassoon die Basis für Proportionen, Längen und die technischen Details seiner geometrischen Haarschnitte. Das Verhältnis zur individuellen Gesichtsform bestimmt die Frisur. Neu ist auch, dass die Haare wie bewegliches Material behandelt werden, die bei einem guten Schnitt immer wieder in die Ausgangsposition zurückfallen. »Ein schönes Material, das als Kunstform modelliert wird«, wie es Sassoon gerne betont. Durch ihn wird der Friseur zum Stylist.

Vidal Sassoons Haarschnitte sind aus dem London der Swinging Sixties nicht wegzudenken. Gemeinsam mit der Musik der Beatles und der Mode von Mary Quant symbolisieren sie die Aufbruchstimmung dieser Zeit. Im Salon der Londoner Bond Street ist die Hölle los. Ob Mannequins, Sekretärinnen, Rechtsanwältinnen oder Krankenschwestern, sie alle möchten einen dieser Bobs mit der unverwechselbar markanten Kontur, der die Haare seidig schimmern lässt und ganz ihrem Lebensgefühl entspricht. Zu aufkommender Emanzipationsbewegung und Berufstätigkeit passt keine Frisur, die sie mehrmals pro Woche an den Friseurstuhl fesselt. Vidal Sassoons Schnitte ermöglichen ein pflegeleichtes »wash and wear«. Der radikale Wandel im weiblichen Styling markiert die Rolle der selbstständigen Frau. Die neue Freiheit drückt sich auch in der Mode aus, die zum ersten Mal nicht von den Couturiers, sondern von der Jugend ausgeht. Keine Hüte, keine Handschuhe, die Mode wird unkompliziert. Zum Schönheitsideal wird das englische Mannequin Twiggy. Ihre kindliche Schlankheit wird durch die zarten Stoffe der Minikleider Mary Quants unterstrichen. Teenager und Twens werden zum Modeideal schlechthin. Der Sound zum neuen Stil kommt von den Beatles. Was wäre »Yeah, Yeah, Yeah« ohne das Schütteln der Pilzköpfe?

Zu den zentralen Ideen von László Moholy-Nagy, des Begründers des New Bauhaus, gehört das künstlerische Gesamtwerk. Alle Lebensmomente soll es berühren und dabei vor allem die soziale Funktion von Gestaltung betonen. Er hätte sicher nicht erwartet, dass diese Idee Jahre nach seinem Tod im London der Swinging Sixties doch noch realisiert wird.

CLASSIC BOB

 BIOGRAPHIE

Vidal Sassoon wird am 17. Januar 1928 im Londoner Eastend geboren. Im Alter von 14 Jahren beginnt er ein paar Straßenzüge weiter eine Lehre bei dem Friseur Adolf Cohen. Bei Cohen lernt er alles, was dieser ihm beibringen kann. Nach Beendigung der Lehre sucht sich Sassoon Arbeit im eleganteren Westend. Um so viel Erfahrungen wie möglich zu sammeln, arbeitet er dort in verschiedenen Salons der renommiertesten Friseure Londons. 1954 eröffnet Sassoon seinen ersten eigenen Salon in der Londoner Bond Street. Seine geometrischen Haarschnitte passen zum radikalen Wandel im Leben junger Frauen und zur Aufbruchstimmung des Swinging London Mitte der 1960er Jahre. Die Fotos seiner legendären Frisuren gehen um die Welt,. Er arbeitet mit zahlreichen Modeschöpfern zusammen. 1965 eröffnet Sassoon seinen ersten Salon in New York. Es folgen weitere in Kanada und Deutschland. Immer wieder entwirft er neue Haarschnitte. Technische Entwicklungen wie die luftgetrocknete Dauerwelle und Foliensträhnen sind Produkte seiner Salons. Bald gründet Vidal Sassoon eigene Akademien, in denen weltweit 6000 Friseure jährlich ausgebildet werden. 1974 kommt die Vidal-Sassoon-Pflegeserie auf den Markt. 1983 verkauft er die Produktabteilung an die Firma Richardson-Vicks, die später von Procter & Gamble übernommen wird. Seine Salons verkauft er an seine engsten Mitarbeiter. Sassoon bleibt Sprecher für das

Unternehmen. Außerdem hat er eine eigene Stiftung gegründet, die Stipendien vergibt und unterstützt zahlreiche karitative Einrichtungen. Vidal Sassoon lebt in Los Angeles.

 BESCHREIBUNG

Classic Bob:
Er ist ein kinnlanger Haarschnitt, bei dem die Haarlängen des Hinterkopfs und der Seitenpartien auf eine horizontal verlaufende Linie gebracht werden. Die Spitzen schwingen sanft nach vorne. Der Bob kann auch mit einem tief in die Stirn fallenden Pony getragen werden. Der Classic Bob wird zur Basis für sämtliche geometrische Haarschnitte.

 DATEN

Geschichte:
1961 Vidal Sassoon begegnet in New York Philip Johnson, dem Architekten und engen Mitarbeiter Mies van der Rohes. Sassoon ist von der Architektur des New Bauhaus fasziniert. Die ästhetischen Prinzipien überträgt er auf das Friseurhandwerk.

1963 Sassoon entwickelt den Nancy-Kwan-Haarschnitt, den er nach seiner ersten Trägerin nennt, im selben Jahr erscheint das Foto von Nancy Kwan in der *Vogue*, als Classic Bob wird der Schnitt bald in jedem internationalen Magazin gefeiert.

ab 1965 Vidal Sassoon eröffnet zahlreiche Salons in England, den USA, Deutschland und Kanada. Überall dort können sich Frauen den Classic Bob schneiden lassen. Sassoons Traum vom international gültigen Kanon ist erreicht.

Lesenswert:
Gerald Battle-Welch, Luca P. Marighetti, Werner Möller: *Vidal Sassoon und das Bauhaus*, Ostfildern 1992.

Sehenswert:
Help (Hi-Hi-Hilfe). Regie: Richard Lester, mit den Beatles, England 1965.

 AUF DEN PUNKT GEBRACHT

Der Classic Bob ist die eindeutigste Neuinterpretation des Bauhaus-Leitsatzes »form follows function«.

Panton-Stuhl – Keinbeiner aus Kunststoff
Verner Panton

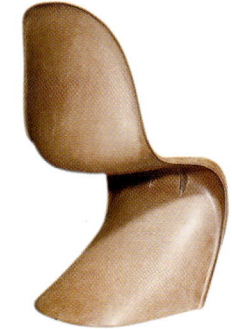

Der Raum ist in tiefes Rot getaucht. Orangefarbene Kreise auf rotem Grund und rote Kreise auf orangefarbenem Grund addieren sich an den Wänden zu einem Muster, das die Sehnerven reizt. Der Teppich variiert den Rapport noch einmal großflächig. Mittendrin ein gleißendes Weiß. Die Umrisse der Muschellampe bilden eine Aussparung und lassen das Auge für einen Moment ruhen. Auf den Tisch mit den vier Stühlen wird der Betrachter vielleicht erst durch die sitzende Gestalt aufmerksam. Ohne sie gingen die weich geschwungenen Konturen der signalrot glänzenden Stühle im Rhythmus der Rauminszenierung ganz verloren. Langsam gleitet der Blick an den fließenden Formen hinab bis zum konvexen Abschluss, der im Teppich versinkt.

Verner Panton will alle »Sinne wiederbeleben«, so interpretiert die dänische Kulturzeitschrift Mobilia sein Werk, »von der Erfahrung der Platzangst bis zur erotischen Begierde«.

In Weiß, Blau, Gelb, Schwarz und natürlich in Rot ist der Panton Chair auch heute zu haben. Längst ist der 1967 erstmals der Öffentlichkeit vorgestellte Stuhl zu einem Klassiker geworden. Auch losgelöst aus Pantons psychedelischem Universum kann sich seine harmonische Gestalt in fast jeder Umgebung behaupten. Doch eine Reminiszenz an die Jahre großer Experimentierfreudigkeit wird für immer an der Design-Ikone haften bleiben.

Zum ersten Mal schockiert Verner Panton seine Zeitgenossen 1958 mit dem Entwurf eines auf der Spitze stehenden Tütenstuhls, mit dem er ein Ausflugsrestaurant im dänischen Langesø ausstattet. Die Farbigkeit des Raums stimmt er bis auf die Tischdecken und die Kleidung der Kellnerinnen genauestens aufeinander ab. Die Besucher kommen in Scharen, um sich das »untraditionellste Gasthaus«

■ Alles aus einem Guss: Kunststoffe ermöglichen ab 1968 die Produktion des außergewöhnlichen Sitzobjekts.

anzusehen, denn mit dänischem Teakholzdesign haben schon diese Entwürfe nichts mehr zu tun. Als er den Tütenstuhl ein Jahr später samt Tisch und Teppich anlässlich einer Möbelmesse in Fredericia an der Decke des Ausstellungsraums anbringt, »weil die Leute sonst nichts anderes als den Rücken des Vordermanns zu sehen bekommen«, verfestigt sich sein Ruf als Enfant terrible.

Verner Panton will eigentlich Architekt werden, als er nach Abschluss seines Studiums 1950 im Büro von Arne Jacobsen angestellt wird. »Aber ich war nicht dazu geeignet, in einem Architekturbüro zu arbeiten«, erinnert sich Panton, »dann sollte ich Möbel machen, einfach weil ich der Jüngste und Miserabelste im Büro war. So war es immer bei Arne Jacobsen, für so etwas wollte er

■ Seine Vision von neuen dynamischen Formen für Möbel überträgt Verner Panton auch auf Polstermöbel.

FARBE UND VISION
Betrachten wir heute eine von Verner Pantons Raumgestaltungen, bestaunen wir die Farben und die Vision eines wahrhaft originellen Kopfes. Wenn man bedenkt, welches Aufsehen seine Arbeit erregte, als sie das erste Mal gezeigt wurde, bekommt man eine Vorstellung von dem Ausmaß seiner Leistung. Jasper Morrison, 1990

■ Sitzen, liegen, räkeln – neue Formen verändern das Wohnen.

seine guten Architekten nicht nehmen.« Panton arbeitet an der Entwicklung des Stuhls Nr. 3100 mit, der aus dreidimensional geformtem Sperrholz – ähnlich der Entwürfe von Charles und Ray Eames – hergestellt wird. Unter dem Namen Ameise wird er weltberühmt. Er ist der erste in Serie produzierte Stuhl, bei dem Sitz- und Rückenschale aus einem Stück gefertigt sind. Sein Unterbau aus Stahlrohr wird so unauffällig wie möglich gehalten. Die Idee, einen Stuhl aus einem einzigen Material herzustellen, lässt Panton seitdem nicht mehr los. Die Leichtigkeit, der geringe Materialverbrauch und die preiswerte Herstellung sind weitere Attribute, die den jungen Designer nachhaltig beeinflussen. Bereits 1956 entwirft er den S-Stuhl, einen Sperrholzfreischwinger aus einem Guss. Weitere Versionen für den Stuhl, der als Vorläufer des Panton-Stuhls gilt, reicht er für einen Wettbewerb ein, der von der »Neuen Gemeinschaft für Wohnkultur« (WK-Möbel) im gleichen

KUNST UND WIRKLICHKEIT

In den 6oer Jahren ist eine Annäherung zwischen Kunst und Design zu beobachten, die in der Pop-Art ihre deutlichste Ausprägung fand. Die Fallhöhe zwischen »hoher« Kunst und »profaner« Wirklichkeit wurde tendenziell aufgehoben und das Alltägliche zur Kunst erklärt. … In den Werken von US-Amerikanern wie Roy Lichtenstein, Jasper Johns, Claes Oldenburg, Robert Rauschenberg, Frank Stella und Barnett Newman wurden die Grenzen zwischen Bild und Environment verwischt, der Betrachter sollte im Bild sein und nicht davor. Auch Pantons Einrichtungskonzeptionen, die eher den Charakter von Environment annahmen, sind Produkt dieses Bewusstseins.

Bärbel Birkelbach, 2000

Jahr ausgeschrieben wird. Als Material könnte auch »transparentes oder dichtes Plastik« verwendet werden, schlägt er vor. Panton erhält weder einen Preis, noch werden seine Entwürfe realisiert. Zwar geht der Sperrholzfreischwinger einige Jahre später in Produktion und findet unter Designern viel Beachtung, doch die Herstellung ist teuer, und er wird nur in kleineren Stückzahlen vertrieben. Mittlerweile beschäftigt sich Panton intensiv mit den Möglichkeiten der Herstellung aus Kunststoff. Erste Skizzen für seinen Panton-Stuhl fertigt er wohl schon Ende der 1950er Jahre an, doch die Suche nach einem Produzenten bleibt erfolglos. Über zehn Jahre muss sich die Welt noch gedulden, bis Herman Miller und Vitra endlich verkünden können: »Es gibt Vierbeiner, Dreibeiner, Einbeiner. Verner Panton entwarf einen Keinbeiner. Warum? Weil er aus Kunststoff gemacht wird. Eigenschaften und Fähigkeiten des Werkstoffs sind überzeugend ausgenutzt. Das aus der Form kommende Produkt ist der fertige Stuhl. Bitte nehmen Sie Platz.«

Mit dem ausladenden Schwung und seinem ergonomisch geformten Sitz ist er mehr Skulptur als Stuhl. Die Dynamik seiner Linie wird durch die hochglänzende Farbe nur noch unterstrichen. Stolz loben die Hersteller auch seine vielseitige Verwendungsfähigkeit: draußen oder drinnen, im Garten, im Schlafzimmer, im Bad, in der Küche oder in der Sauna, überall ist das rote, violette, giftgrüne, orangefarbene oder blaue Möbelstück verwendbar. Doch der Werbeprospekt von 1970 zeigt nur eine Version des jahrzehntelang andauernden Entwicklungsprozesses. Insgesamt dreimal wird das Material ausgetauscht, bis es allen Anforderungen des Designers und des Herstellers entspricht. Zwischen 1965 und

1967 werden zehn Versuchsmodelle aus handlaminiertem, glasfaserverstärkten Polyester angefertigt, bis die elegante Form endgültig gefunden ist. 1967 entsteht eine Vorserie aus kalt gepresstem, fiberglasverstärktem Polyester. Als die dänische Design-Zeitung *Mobilia* den Panton-Stuhl auf der Titelseite zeigt, erregt er sofort internationales Aufsehen. Ein Jahr später verhilft ihm die Kölner Möbelmesse zu bahnbrechendem Erfolg.

Doch Panton stört das schwere Gewicht des Stuhls und die aufwändige Produktion, die für einen hohen Verkaufspreis sorgt. Das von der Firma Bayer produzierte Polyurethan macht die kostengünstige serielle Fertigung zwar möglich, doch muss der Rohling nachgeschliffen werden, was den Preis wieder in die Höhe schnellen lässt. Bessere Materialeigenschaften verspricht das von der Firma BASF entwickelte Polystyrol. Das Spritzgussverfahren zu dieser Zeit kann nur eine einheitliche Wandstärke herstellen, deshalb müssen die statisch kritischen Stellen verstärkt und mit hässlichen Versteifungen versehen werden. Ein Wermutstropfen dieser Generation, die ab 1971 in den Handel kommt, ist die breite

■ Abtauchen in Zeit- und Schwerelosigkeit: So stellt sich Verner Panton Entspannung vor.

seitliche Kante, die dem Möbel die nötige Stabilität verleiht. Trotzdem wird der Panton-Stuhl ein Bestseller.

Im internationalen Design markiert der Stuhl den Übergang der organischen Moderne zum Pop. Der konsumorientierten Gesellschaft, die auf eine neu entdeckte Individualität mit wechselnden Inszenierungen bedacht ist, passt sich der Stuhl mühelos an, denn Wohnen wird ab 1968 zum Experiment, wie es vor allem Pantons Raumgestaltungen nahelegen. Er will »den Menschen neue Möglichkeiten geben« und ist davon überzeugt, dass neue räumliche Dialoge auch »die menschlichen Beziehungen verändern«. So entwirft Panton extravagante Gesamtkonzepte aus Möbeln, Stoffen und Beleuchtung für private und zahlreiche öffentliche Interieurs. Die variationsreichen geometrischen Muster in den bekannten Leuchtfarben haben allerdings auf »manchen Besucher eine – nicht beabsichtigte – aggressive Wirkung«. In Deutschland ist nur die 1969 entworfene Kantine des Spiegel-Verlags in Hamburg erhalten geblieben. Den »lebendigen dynamischen Umgang miteinander«, den Panton durch seine Gestaltung bewirken möchte, kann man dort heute noch – ob positiv oder negativ – nachvollziehen.

Ab Mitte der 1970er Jahre häufen sich die Reklamationen am Panton-Stuhl. Das Material erweist sich als weniger alterungs- und witterungsbeständig als angenommen, die Stühle brechen ausein-

■ Starke Wirkung von Farben Formen. Verner Pantons Entwürfe bringen unterbewusste Empfindungen hervor.

KUNST UND KÜNSTLICHKEIT

Panton erarbeitete eine Welt, die das Gegenteil von totalitärer Härte und brutaler Funktionalität nach dem Rechenschieber darstellte. Sie war weich, sie war rund, sie war absolut künstlich. Künstlichkeit war das eigentliche Ziel seiner Gestaltungen, die man als moderne Entsprechung zum Capriccio des 18. Jahrhunderts oder direkt als Fake auffassen kann. Bazon Brock, 2000

■ Dynamisches Gesamtkunstwerk: Mobiliar, Stoffe und
Beleuchtung – alles ist aufeinander abgestimmt.

ander. Gleichzeitig verändert sich sein Image. Die Ölkrise von 1973
hat Technikbegeisterung und Fortschrittsglauben infrage gestellt.
Der Stuhl gilt jetzt als billig und unökologisch. 1979 wird seine Produktion eingestellt. Ab 1990 wird der Panton-Stuhl wieder von
Vitra ins Programm genommen. Fortschritte in der Kunststoffverarbeitung haben es ermöglicht, die Haltbarkeit zu verbessern. Mit
der Aktion »Hommage à Panton« zeigen einige Designer der jungen Generation ihre überarbeitete Version. Ron Arad bestätigt,
was längst alle wissen: »Es besteht nicht der geringste Zweifel,
dass der Panton-Stuhl nicht nur das herausragende Beispiel für
Sechziger-Jahre-Design ist, sondern dass er weit darüber hinaus
Gültigkeit hat.«

PANTON-STUHL

BIOGRAPHIE

Verner Panton wird am 13. Februar 1926 in Gamtofte, Dänemark, geboren. Nach der Technischen Schule studiert er Architektur an der Königlichen Kunstakademie in Kopenhagen. Von 1950 bis 52 arbeitet er im Büro von Arne Jacobsen. 1955 produziert der Möbelhersteller Fritz Hansen erste Stuhlentwürfe Pantons in Serie. Ein Jahr später reicht er den Entwurf für seinen ersten Freischwinger aus Sperrholz ein. 1958 stattet er ein Restraurant in Langesø mit den Tütenstühlen aus – die Gäste sind schockiert. 1959 beginnt er mit PlusLinje (Möbel), Unika Vaev (Stoffe), Louis Poulsen (Lampen) zusammenzuarbeiten. 1963 zieht Panton nach Basel und beginnt die Zusammenarbeit mit Herman Miller/Vitra. 1965 produziert Thonet den S-Chair, den Freischwinger aus gebogenem Schichtholz. 1967 wird der Panton-Stuhl der Öffentlichkeit vorgestellt. 1968 konzipiert Panton die Einrichtung für das Spiegel-Verlagshaus in Hamburg. Im Louvre in Paris präsentiert er den Living Tower. 1970 ist er für die Visiona-2-Ausstellung auf der Kölner Möbelmesse verantwortlich. Die Zusammenarbeit mit Mira-X fängt an. 1973 beginnt er mit der Ausgestaltung des Gruner & Jahr-Verlagshauses in Hamburg. Ein Jahr später produziert Fritz Hansen die Sitzmöbel 1-2-3. 1977 bringt Louis Poulsen die Leuchtenserie VP-Europa heraus. 1984 wird das Zirkusgebäude in Kopenhagen nach einem Farbkonzept von Panton gestaltet. Er erhält eine Gastprofessur an der Hochschule für Gestaltung in Offenbach. 1994 entwirft Panton für Ikea den Stuhl Vilbert. 1995 beginnt die Zusammenarbeit mit VS-Möbel. Verner Panton stirbt am 5. September 1998 in Kopenhagen.

BESCHREIBUNG

Panton-Stuhl:
Der aus durchgefärbtem Polypropylen gefertigte Freischwinger ist heute in der 4. Generationen erhältlich. Er hat eine Sitzhöhe von 42 cm, ist witterungsbeständig und stapelbar. Seine Farben sind weiß, schwarz, blau und natürlich rot.

DATEN

Geschichte:
1957–1960 Verner Panton stellt erste Entwurfskizzen her.

1960 Die Firma Dansk Acryl Teknik entwickelt einen Prototyp. Mit dem nicht sitztauglichen Modell wollte Panton einen Produzenten gewinnen.

1965–1967 In Kooperation mit Herman Miller/Vitra entstehen 10 Versuchsmodelle aus handlaminiertem, glasfaserverstärkten Polyester.

1967 Eine Vor-Serie aus kalt gepresstem, fiberglasverstärktem Polyester wird hergestellt. Die dänische Design-Zeitschrift *Mobilia* zeigt den Panton-Stuhl auf der Titelseite.

1968 Der Stuhl wird auf der Kölner Möbelmesse präsentiert. Die erste Serienfertigung aus Polyurethan der Firma Bayer beginnt.

1970 Das Material wird einmal gewechselt. Das von der Firma BASF entwickelte Polystyrol hat bessere Eigenschaften.

1974–1979 Das Material erweist sich als nicht alterungs- und witterungsbeständig. Die Produktion wird eingestellt.

1975 Die Herstellung des Stuhls in den USA durch die Firma Herman Miller wird eingestellt.

1983 Die WK-Gruppe beauftragt die Firma Horn mit der Herstellung des Stuhls aus Polyurethan-Hartschaum (PU).

1990 Vitra hat den Stuhl wieder im Programm.

1999 Die 4. und letzte von Panton autorisierte Generation aus Polypropylen entsteht.

Lesenswert:
Alexander von Vegesack, Mathias Remmele (Hg.): *Verner Panton. Das Gesamtwerk*, Balingen 2000.

Sehenswert:
Kantine im Spiegel-Verlagshaus, Hamburg

Vitra-Design-Museum, Weil am Rhein

http://www.design-museum.de

AUF DEN PUNKT GEBRACHT

Die konsequente Umsetzung des Vollkunststoff-Freischwingers aus einem Guss ist Verner Pantons gestalterischen Visionen der 1960er Jahre entsprungen. Die zeitlos elegante Erscheinung des Panton-Stuhls macht ihn zur Design-Ikone des 20. Jahrhunderts.

Cylinda Line – edle Eimer
Arne Jacobsen

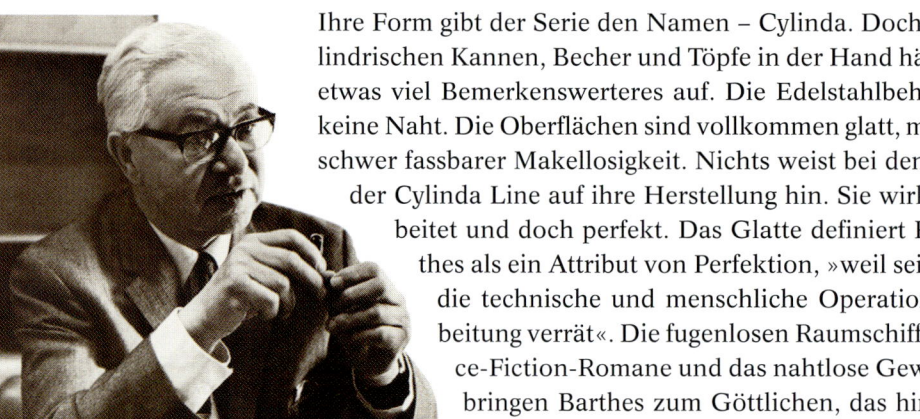

Ihre Form gibt der Serie den Namen – Cylinda. Doch wer die zylindrischen Kannen, Becher und Töpfe in der Hand hält, dem fällt etwas viel Bemerkenswerteres auf. Die Edelstahlbehälter haben keine Naht. Die Oberflächen sind vollkommen glatt, matt und von schwer fassbarer Makellosigkeit. Nichts weist bei den Produkten der Cylinda Line auf ihre Herstellung hin. Sie wirken unbearbeitet und doch perfekt. Das Glatte definiert Roland Barthes als ein Attribut von Perfektion, »weil sein Gegenteil die technische und menschliche Operation der Bearbeitung verrät«. Die fugenlosen Raumschiffe der Science-Fiction-Romane und das nahtlose Gewand Christi bringen Barthes zum Göttlichen, das hinter solcher Perfektion schlummern muss und das den Betrachter zu eingehender Untersuchung des fehlerfreien Gegenstands verleitet. Doch an den Bechern von Cylinda ist nichts Übernatürliches. Sie liegen fest und kühl in der Hand, sie sind grundsolide und absolut irdisch. Die Form von Cylinda ist eine Feier der reinen Materie. Cylinda ist pur.

Arne Jacobsen ist für das Design der Cylinda Line verantwortlich. Das Elementare der stereometrischen Formen markiert 1967 die Gegenposition zu den organischen Formen, wie sie Jacobsen in seinen Möbelentwürfen – allen voran sein Ameisenstuhl von 1952 – variiert hat. Während sich das internationale Design unter dem Einfluss von Pop-Art, Plastik und Raumfahrt mit wulstigen Formen, weichen Materialien und leuchtenden Farben in eine antibürgerliche Gemütlichkeit verstrickt, versteift sich Arne Jacobsen auf einen nie dagewesenen Minimalismus. Eine geometrische Grundform und unverfälschtes Material. Dem Übernatürlichen der metallischen Perfektion fehlt jeder psychedelische Thrill. Mattes Metall gegen leuchtendes Plastik – 1967 ist Cylinda absolut unzeitgemäß.

Stelton heißt die Firma, die ab 1960 Blechwaren von Dansk Rustfrit vermarktet, bevor sie selbst mit der Herstellung beginnt. »Es waren uninteressante Produkte, die ich nie für mich selbst gekauft hätte«, erinnert sich Stelton-Chef Peter Homblad 1998 in einem Interview an die Frühzeit der Firma. Seit 1963 arbeitet Homblad für Stelton. Der Manager versucht Arne Jacobsen, mit dem er ver-

■ Der Architekt und Designer Arne Jacobsen ließ keinen Trend aus.

■ Das Callgirl Christine Keeler löste 1963 in England die Profumo-Affaire aus und machte den Jacobsen-Stahlrohrstuhl berühmt. Stoff und Stuhl wurden 1988 verfilmt.

ZYLINDER MIT WIRKUNG
Stelton of Denmark gab mit seinem nobel wirkenden Stahlprogramm für den gedeckten Tisch 1967 der Metallwarenindustrie einen wichtigen Anstoß. Seit den Entwürfen von Wilhelm Wagenfeld für die WMF in den 1950er Jahren hatte keine Firma ein ähnlich vielseitiges Geräteprogramm von einheitlichem Erscheinungsbild mehr herausgebracht.
Barbara Mundt

wandt ist, für die Gestaltung zu gewinnen. Der vielbeschäftigte Jacobsen, der das 1961 in Kopenhagen eröffnete SAS Royal Hotel entworfen und bis zum Gardinenmuster gestaltet hat, arbeitet gerade am Entwurf des HEW-Verwaltungsgebäude in der Hamburger City Nord, er wiegelt zunächst ab. Zwar gilt die 1964 nach einem Essen auf eine Papierserviette skizzierte Zylinderform als Ausgangspunkt für die Cylinda Line, doch es dauert drei Jahre, bis die ersten achtzehn Produkte serienreif sind.

Weniger Jacobsens Überbeschäftigung als vielmehr die technischen Probleme bei der Umsetzung seiner Entwürfe sind für die lange Entwicklungszeit verantwortlich. Edelstahl ist schwierig zu verarbeiten. Nur eine außerordentliche Präzision im Herstellungsprozess verhindert Spannungen, die leicht zu Unebenheiten und Rissen in dem dünnwandigen Material führen. Die engen Radien der Cylinda-Rundungen verstärken die Schwierigkeit. Stelton muss neue Techniken und Werkzeuge entwickeln, bis die Produktion gelingt. Der aufwändige Herstellungsprozess schützt bis heute vor Plagiaten. 1967 erregt Steltons Cylinda Line Aufsehen. Der im

■ Alles auf Linie: Zylinder für Pfeffer, Salz und Senf mit passendem Toastständer.

■ Cylinda-Aschenbecher – für größere Kaliber hat der Zigarren- und Pfeifenraucher Jacobsen ein Modell mit drei Zentimeter größerem Durchmesser vorgesehen.

■ Kaffeeset der Cylinda Line:
Kanne mit Milchkännchen
und Zuckerdose auf rundem
Tablett.

MATTER ZYLINDER
*Im Unterschied etwa zu
Alessi-Erzeugnissen, die
auf Hochglanz poliert
werden, weisen die däni-
schen Stahlobjekte einen
seidig-matten Glanz auf.
»In unseren Augen wirkt
Hochglanz billig«, sagt
Peter Holmblad, »es
würde nicht passen zu
Arne Jacobsens Design.«
Denn so zurückhaltend-
schlicht die Entwürfe
sind, so zurückhaltend
soll auch die Oberfläche
der Produkte sein.*

Katrin Ambühl in
Wohnrevue, 1998

gleichen Jahr vergebene ID-Preis von Dansk Desingråd und ein Jahr später der International Design Award täuschen jedoch darüber hinweg, dass es einige Zeit braucht, bis sich das zylindrische Ensemble auch durchsetzt. Immerhin gehört das New Yorker Museum of Modern Art zu den ersten Käufern. Einzelne Produkte aus Arne Jacobsens Serie finden sich dort wie auch in den Dauerausstellungen des Londoner Victoria and Albert Museums und des Kunstindustriemuseums in Kopenhagen.

Dass die Cylinda Line heute so erfolgreich ist, hängt wesentlich vom Ausbau der Produktreihe ab. Bis zu Arne Jacobsens Tod 1971 kommen ständig neue Teile hinzu. Aus achtzehn Modellen von Kannen über Zuckerschüsseln, Streuer für Salz und Pfeffer zu den Cocktail-Utensilien, die Holmblad dem Antialkoholiker Jacobsen abtrotzt, wächst die Serie auf vierunddreißig mehr oder weniger zylindrische Objekte an. In einer Gruppe zusammengestellt, erzeugen die Gefäße der Cylinda Line das Bild einer miniaturisierten Industrieanlage, eine Raffinerie der mehr oder weniger verbotenen Genüsse. Wie funktional die Produkte im einzelnen sind, zeigt der Aschenbecher. Der Metallzylinder wird von einer hohlen, halbierten Kugel geschlossen, die lose in zwei Einkerbungen schaukelt. Zigaretten können in der Halbkugel abgelegt oder ausgedrückt werden. Mit einem Dreh wird sie in den Zylinder entleert, womit der Aschenbecher auch an zugigen Plätzen benutzt werden kann, nicht stinkt und sauber aussieht. Für größere Kaliber hat der Zigarren- und Pfeifenraucher Jacobsen ein Modell mit drei Zentimeter größerem Durchmesser vorgesehen.

Die Cylinda Line verkörpert skandinavisches Design im besten Sinn. Sie ist funktional, besitzt eine klare Form, ist aus einem langlebigen Material hergestellt und sehr robust. Die formale Beschränkung, die bei Stelton auch wirtschaftliche Gründe hatte – andere Grundformen hätten neue aufwändige Maschinen erfordert –, hat keineswegs zu einer ästhetischen Verarmung geführt. Egal, ob Thermoskanne, Sauciere, Weinkühler oder Aschenbecher auf den Tisch kommt – Zylinderform, matt gebürstetes Metall und das Fehlen von Nähten, Schweißpunkten oder Riffelkanten deuten, wenn schon nicht auf himmlische, dann immerhin auf die dänische Herkunft der Behälter. Die auf die Serviette skizzierte Cylinda Line ist Arne Jacobsens populärster Entwurf geworden.

CYLINDA LINE

BIOGRAPHIE

Arne Jacobsen wird am 11. Februar 1902 in Kopenhagen geboren. Nach Maurerlehre und Ingenieurschule legt er 1927 sein Architekturexamen an der Kopenhagener Kunstakademie ab. Schon seine ersten Entwürfe sind vom Funktionalismus, vom Bauhaus, den Arbeiten von Le Corbusier und De-Stijl-Künstlern geprägt. Eine Wohnanlage in Klampenborg, nördlich von Kopenhagen, ein Labor der Novo Fabrik und seine Beteiligung an den Entwürfen der Rathäuser von Århus und Holte gehören zu seinen Arbeiten dieser Zeit. Während der deutschen Besatzung Dänemarks flüchtet Arne Jacobsen, der jüdischer Abstammung ist, nach Schweden. 1945 kehrt er nach Dänemark zurück. Mit seinen neuen Entwürfen für das Rathaus in Rødovre, die Novo Fabrik und vor allem das SAS Royal Hotel in Kopenhagen befindet sich Jacobsen auf der Höhe der Zeit. Glas, Sichtbeton, schwebende Treppen und säulenfreie Hallen erinnern an Bauten von Mies van der Rohe. Der Unterschied liegt im Detail, in der Inneneinrichtung, die Jacobsen nach Möglichkeit von den Möbeln bis zum Muster von Teppich und Gardinen selbst gestaltet. Zu seinen bekanntesten Möbelentwürfen gehören die vielfältigen Stahlrohrstühle mit ihren gebogenen Schichtholzauflagen und seine Sessel

Aegget (Ei), 1957, Svanen (Schwan), 1958, und Dråben (Tropfen), 1959, für Fritz Hansen, die zeitgemäß organische Formen variieren. Aber auch Lampen, Badearmaturen, Türklinken und Bestecke entwirft Arne Jacobsen, wobei er sich um Fragen der technischen Umsetzung wenig kümmert. Beim Material schätzt er neue Werkstoffe – so sind seine Sessel anfangs aus geschäumtem Plastik. Modische Formen und handwerklicher Leichtsinn sind Jacobsen regelmäßig vorgeworfen worden. Die Perfektion und Zeitlosigkeit der Cylinda Line zeichnen die wenigsten seiner realisierten Entwürfe aus. Arne Jacobsen stirbt am 24. März 1971 in Kopenhagen.

BESCHREIBUNG

Cylinda Line:
Die Zylinderform der einzelnen Behälter gibt der Cylinda Line ihren Namen. Die 1967 herausgebrachte Serie wurde von Arne Jacobsen konzipiert. Seit 1971 ist Erik Magnussen der Gestalter des Programms, zu dem mittlerweile 34 unterschiedliche Objekte gehören. Die von Magnussen entworfene Thermoskanne ist das mit Abstand erfolgreichste Modell der Cylinda Line.

DATEN

Geschichte:
1960 Stelton wird gegründet und vertreibt Produkte der Firma Dansk Rustfrit.

1963 Peter Holmblad wird Angestellter von Stelton.

1964 Arne Jacobsen skizziert die Grundlinie der neuen Produkte auf eine Serviette.

1967 Stelton stellt die 17-teilige Cylinda Line vor. Das Museum of Modern Art in New York gehört zu den ersten Käufern.

1971 Nach Arne Jacobsens Tod führt Eric Magnussen seine Arbeit fort.

AUF DEN PUNKT GEBRACHT

Als die Cylinda Line nach dreijähriger Entwicklungszeit endlich herauskommt, markiert sie eine Gegenposition zur Pop-Art – eher aus Zufall. Am Ende sind es ausgerechnet Jacobsens zylindrische Behälter, die überleben. Vom Aschenbecher bis zur Thermoskanne ist die Cylinda Line »skandinavischer Pop«. Sie ist aus dem Alltag nicht mehr wegzudenken.

Sacco – das plötzliche Ende einer antiautoritären Karriere

Piero Gatti/Cesare Paolini/Franco Teodoro

■ Piero Gatti, Cesare Paolini und Franco Teodoro.

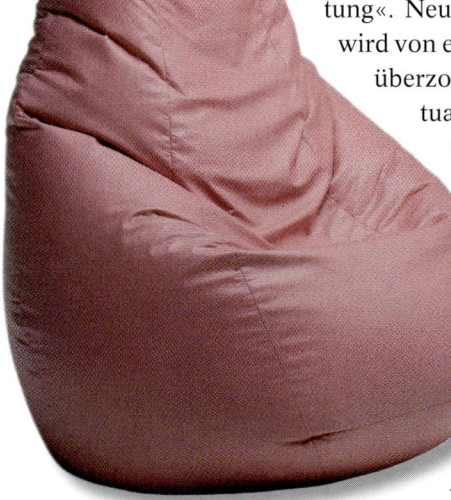

■ Der Sitzsack ist weder Stuhl noch Sessel – Sacco passt sich an.

Stühle, das ist 1968 ein einsichtiger Gedankengang, sind autoritär. Sie pressen den Körper in eine vorgegebene Form, fordern Haltung und erinnern, in Reih und Glied gestellt, an strammstehende Soldaten. Egal, ob Thonet Nr. 14 oder namenloser Küchenhocker, der Stuhl passt nicht mehr zum selbstbestimmtem Individuum. Sacco fällt 1968 in eine Zeit, in der auch das Design die Sinnkrise befällt. Die jährlich vom Rat für Formgebung ermittelte »Gute Form« ist nicht länger gut, und die Frage nach der Funktion schließt auch die ideologische Funktion eines Möbelstücks mit ein. Wem dient der Stuhl?

Der Münchner Architekt Werner Nehls fordert 1968: »Die heiligen Kühe des Funktionalismus müssen geopfert werden.« Nach Nehls sind die neuen Formen »gemalter, geformter Protest gegen die vergangene Epoche mit ihrer mechanistischen, rationalen, puritanisch-utilitaristischen, seelenlosen, inhumanen Umweltgestaltung«. Neue Formen führen zu neuen Begriffen. Die Wohnung wird von einer Wohnlandschaft mit Liegewiese und Kuschelecke überzogen. Die Untersuchung von Kommunikation und Ritualen ist an die Stelle der verpönten Funktion getreten. Gestaltung ist nicht länger die Arbeit eines Einzelnen, sondern meist ein Prozess, der in Arbeitsgruppen vollzogen wird.

Über die Gestalter der 1968 genauso wie Sacco von Zanotta angebotenen aufblasbaren Sessel schreibt die Zeitschrift *Form*: »Was sie tun, greift über die konventionelle Vorstellung des festgefügten Möbels hinaus. Sie experimentieren mit

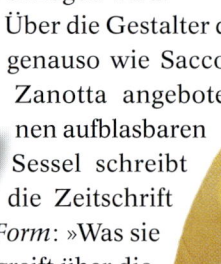

Luft und dünnen Folien … und denken in pneumatischen Formen. … Bei ihnen geht es nicht mehr um Sessel, Sofa, Tisch, sie wollen … ›Möbel, die zu neuen physiologisch-psychologischen Funktionen stimulieren‹. Es sind Konstruktionen …, die durch optische und akustische Eindrücke den Benutzer in überirdische Sphären der Entspannung, der Glückseligkeit, der Liebe transponieren wollen.« Das will auch Sacco, der in aller Formlosigkeit den Ausbruch aus der normierten Gesellschaft betont.

Sacco gibt keine Sitzposition vor, Haltung wird noch nicht einmal angeboten. Der mit Polystyrolkugeln gefüllte Sack passt sich dem Körper höchst unzuverlässig an und gewährt erst dann Halt, wenn mit Nachdruck Stützkraft gefordert wird. Wer auf Sacco sitzt, befindet sich in einer permanenten Auseinandersetzung mit Schwerkraft, Plastikfüllung und Muskelermüdung. Man kann auf Sacco niedrig, aber aufrecht sitzen, liegen oder runterfallen. Damit taugt Sacco nicht als Sitzgelegenheit bei Tisch, am Arbeitsplatz oder im Konferenzraum. Sacco ist eher etwas für Happenings und Spiele aller Art.

■ Der zottelige Flokati ist die ideale Basis für einen Sacco. Gleitet man versehentlich herunter, landet man flauschig.

Saccos Form fordert Aktion. Der Sitzsack ist kein Ohrensessel, der am Fenster steht. Er wird hervorgeholt, benutzt, herumgezerrt, anders genutzt, weggebracht, wieder hervorgesucht. Damit entspricht Sacco den Wohnidealen, wie sie in dieser Zeit entwickelt werden. Sitze und Polster sollen beliebig variierbar sein. Der Raum soll sich den Bedürfnissen seiner Benutzer anpassen und nicht umgekehrt.

1968 markiert Sacco einen Bruch. Der bunte Sitzsack strahlt noch den Optimismus der schönen Plastikwelten mit ihrer ungebrochenen Zukunftsgläubigkeit und den Träumen vom Leben in Barbarellas Weltraum aus. Genauso deutet er aber schon die Begrenzung dieser Hirngespinste an, in dem er seine schlaffe Sackgestalt den schwelgerischen Formen und glänzenden Oberflächen der knallbunten Kunststoffwelt entgegenhält.

Damit liegt Sacco voll im Trend. Die Kritik am Objektfetischismus gehört zu den zentralen Überlegungen der Strömung Radical Design, die um 1968 in Turin, Mailand und Florenz heftig diskutiert wird. Die Gruppen geben sich Namen wie Archizoom und Superstudio, Gruppo Strum, UFO, 9999 oder 65. Mal schließen sich nur Ar-

BRAUCHBARE PRODUKTE
Wie endete das Jahrzehnt, das mit einem Aufbruch begonnen hatte? Wohl nicht mit einem Einbruch für das Design, aber doch mit einer Phase der Unruhe. … Wir hörten die Angriffe auf Design als »Warenästhetik«, die keine Gebrauchswerte schafft, sondern nur Verkaufsförderung ist. Wir hörten die Kritik an der ausufernden Warenproduktion, die unsere Ressourcen vergeudet und unsere Umwelt zerstört. … In Wahrheit bestätigt die Kritik unsere Position. Uns ging und geht es um brauchbare, langlebige Produkte.
Der langjährige Braun-Designer Dieter Rams, 1990

■ Wer behauptet, man könne in einem Sacco keine elegante Sitzhaltung einnehmen, irrt. Jedoch erfordert es ein wenig Übung, die Füllung aus Polystyrolkugeln gleich in eine stabile Position zu drängen.

BRAUCHBARER SINN
Ich bin zu der Überzeugung gekommen, dass, wenn es überhaupt einen Sinn macht, Gegenstände zu entwerfen, er nur darin liegen kann, den Menschen das Leben irgendwie zu erleichtern und es ihnen zu ermöglichen, sich selbst zu erkennen und zu befreien.
Ettore Sottsass, 1970

chitekten zusammen, mal mischen sich Designer, Künstler und Philosophen. Gemeinsam ist ihnen die grundsätzliche Kritik an System und Perspektive. Der diagnostizierten fehlenden Utopie werden komplexe Städtebau- und Gesellschaftsprojekte entgegengehalten. Neben der klassischen Zeichnung gehören Collage, Montage, Performance, Happening und Film zu den Ausdrucksformen der Design-Gruppen. Radical Design ist strikt antikommerziell, entsprechend wenig Projekte werden tatsächlich realisiert. Man betont die Sprünge der fröhlichen Plastikwelt. Kunststoff, das demokratische Material, macht die Möbel keineswegs so preiswert wie erhofft. Aufwändige Oberflächenbehandlung und teure Designer treiben die Preise hoch und lassen derartige Möbel zu den aktuellen Statussymbolen des Establishments werden. Andererseits sehen Kunststoffeinrichtungen schnell gammelig aus, sie lassen sich nicht reparieren, und die leuchtenden Farbflächen verbleichen. Plastik, der Stoff der Wegwerfartikel, macht auch Designobjekte zu Wegwerfartikeln. Das gerade noch gefeierte Material vereint alle Widersprüche. Kunststoff wird der perfekte Ausdruck der Konsumgesellschaft – glatt, bunt, schön, oberflächlich und überflüssig.

Sacco erwischt eine andere Geschichte. Das Gerücht, seine Polystyrolfüllung wäre ein Abfallprodukt aus der Napalmproduktion, lässt Sacco-Käufer zu Unterstützern des Vietnamkriegs werden. Das reicht, um die politisch korrekteste Sitzgelegenheit zu erledigen. Als im Oktober 1973 der Krieg zwischen Ägypten und Israel die erste sogenannte Ölkrise auslöst, ist das Ende der Kunststoffzeit sowieso gekommen. Sacco verschwindet in den Kinderzimmern, wird mit den unterschiedlichsten Materialien befüllt und taucht irgendwann in Stoff- und Lederversionen wieder auf. Zanotta hat den Sitzsack immer noch im Programm. Wem dient Sacco heute?

SACCO

 BIOGRAPHIEN

Die 1940 und 1939 in Turin geborenen Architekten **Piero Gatti** und **Franco Teodoro** sowie der 1937 in Genua zur Welt gekommene **Cesare Paolini** arbeiten seit 1965 zusammen. Architektur, Innenarchitektur, Stadtplanung, Industrie- und Gebrauchsdesign bis hin zu Graphik-Design und Photographie gehören zu den umfangreichen Tätigkeitsfeldern des Ateliers. Sacco ist ihr populärster Entwurf. Cesare Paolini stirbt 1983.

 BESCHREIBUNG

Sacco:
Ursprünglich aus einer durchsichtigen PVC-Hülle bestehender Sitzsack, der mit Polystyrol-Perlen gefüllt war. Später wurde die Hülle mit Synthetikgewebe verstärkt. Die Nähte blieben der Schwachpunkt des durchsichtigen Materials, das durch Kunstleder, Leder oder Segeltuch ersetzt wurde.
1968 wurde Sacco von kritischen Stimmen noch abfällig »Nicht-Sessel« genannt; aber zum 30. Geburtstag erweitert die Firma Zanotta die Frabpalette der Sitzgelegenheit: nach Gelb, Orange, Rot, Grün, Hellblau und Violett, kommt 1998 der silberfarbene Sacco dazu.

 DATEN

Geschichte:
1965 Piero Gatti, Franco Teodoro und Cesare Paolini schließen sich zu einer Ateliergemeinschaft zusammen.

1968 beginnt Zanotta die Produktion von Sacco.

1970 Sacco wird in Mailand mit dem Compasso d'Oro ausgezeichnet.

2001 Sacco gehört zu Zanottas Klassikerprogramm.

Besuchenswert:
Sacco sowie andere Arbeiten der Ateliergemeinschaft finden sich in verschiedenen Dauerausstellungen:

Im Museum of Modern Art, New York

In der Collection Centre Georges Pompidou, Paris

 AUF DEN PUNKT GEBRACHT

Sacco ist ein echter 68er. Die Erinnerung an ideologische Auseinandersetzungen tröstet über seinen geringen Nutzwert hinweg.

Concorde – die Titanic der Lüfte
Bristol Aircraft/Sud Aviation

Das Finale vollzieht sich am 25. Juli 2000 vor den Fenstern des Büros von Air-France-Generaldirektor Jean-Cyril Spinetta. Mit brennenden Tragflächen gewinnt das Flugzeug langsam an Höhe, schwenkt nach links, überfliegt niedrig die dicht befahrene Autobahn, dreht sich vollends auf den Rücken und verschwindet aus dem Blickfeld der Chefetage. Eine Explosion, die Augenzeugen später mit der Detonation einer Atombombe vergleichen, löst ein Inferno aus, dem 114 Menschen zum Opfer fallen. Als sich die Rauchschwaden verziehen, bietet sich der Anblick eines riesigen Trümmerfelds. Vom Hotel, auf das die Maschine gestürzt ist, sind nur noch die Badewannen zu erkennen, die ausgeglüht in einem Schuttberg stehen.

■ Die elegante Erscheinung der Concorde verkörpert die ungebrochene Zukunftsgläubigkeit einer optimistischen Epoche. Atomkraftwerke, Schiffe mit Atomantrieb, Autos mit Turbinen, Flüge zum Mond – es wird nicht nur vieles probiert, mit einem Mal scheint auch alles möglich zu sein.

Die Brutalität der Bilder passt nicht zur Aureole, die das erste Überschallflugzeug der zivilen Luftfahrt seit dem Jungfernflug 1969 umgibt. Kann 1912 das hochgereckte Heck der als unsinkbar erklärten *Titanic* noch zum Menetekel blinder Technikgläubigkeit schöngeredet und der Tod von 1503 Passagieren als stilvoller Abgang überliefert werden, bei dem Champagner trinkende Herrschaften in Smoking und Abendkleid, einen Choral auf den Lip-

pen, dem Meeresboden entgegen-
sinken, versagt jeder interpretato-
rische Kunstgriff angesichts der Spur
der Verwüstung, die Air-France-
Flug 4590 in dem Pariser Vorort Gonesse zurücklässt. Die Concorde ist
»für Franzosen ein Symbol nationa-
ler Grandeur vom Range des Eiffel-
turms« (*Der Spiegel*). Ihr Absturz ist
mehr als bloß ein Flugzeugunglück.
1969 verkörpert die Concorde den
ungebrochenen Glauben an Fortschritt, Technik und Zukunft. Ex-
kursionen zu den Gestirnen, Energie aus Atomkraftwerken, Autos
mit Turbinenantrieb und Urlaubsreisen in mehrfacher Schallgeschwindigkeit – der Start von Prototyp 001 am 2. März 1969 rückt
alles in greifbare Nähe. Am 20. Juli 1969 gibt die Landung von
Apollo 11 auf dem Mond die letzte Gewissheit: Eine neue Zeit ist
angebrochen, und sie wird wunderbar. Die Concorde verleiht der
Zukunft ihre Gestalt. Der spitze, absenkbare Vogelkopf, der zierliche Rumpf, der Schwung der Tragflächen und die mächtigen
Rolls-Royce-Triebwerke, alles strahlt die Dynamik eines neuen
Zeitalters aus.

Die Eleganz der Concorde lässt Kritik gar nicht erst aufkommen.
Wie immens die Kraftanstrengung eines so großen Flugzeugs sein
muss, um so schnell zu fliegen, verbergen Schwingen und Rumpf
perfekt. Als fliegenden, von Nachbrennern umgebenen Kerosin-
tank mag niemand die britisch-französische Gemeinschaftsent-
wicklung beschreiben. Aber genau das ist die Concorde. Beim Ab-

■ Bei der Präsentation der
Concorde wurde stets auf
photogene Arrangements
geachtet. Nicht die brachiale
Gewalt der vier Rolls-Royce-
Triebwerke, sondern leichte
Eleganz sollen vermittelt
werden.

LAHMER STARTER
*Vier mal 18 Tonnen Schub setzen den Deltaflügler zunächst zögernd
in Bewegung. Für Kavalierstarts ist die Concorde also nicht das geeignete Objekt. Dennoch ist die Beschleunigung absolut gesehen nicht
schlecht. Nach acht Sekunden werden 100 km/h erreicht, nach 15 Sekunden ist die Concorde bereits 200 km/h schnell, und den Kilometer
mit stehendem Start legt sie in weniger als 25 Sekunden zurück. Noch
bleibt die Concorde für einige Sekunden am Boden, bis die Startgeschwindigkeit von 360 km/h erreicht ist. Dann reicht der Auftrieb aus,
um 160 Tonnen steil in den himmel zu tragen.*
                                    Gert Hack in Motorrevue 1979/80

■ Schneller als der Schall – Was früher Piloten in Militärjets vorbehalten war, bietet die Concorde seit 1969 zahlenden Fluggästen.
Schneller als die Formel 1 – Starts und Landungen jenseits von 300 km/h.

flug besteht mehr als die Hälfte ihrer Masse aus hochexplosivem Treibstoff. Die Deltaflügel genannten Tragflächen werden für die hohe Reisegeschwindigkeit gebraucht. Beim Start erzeugen die Flügel so wenig Auftrieb, dass eine Startgeschwindigkeit von 360 km/h benötigt wird, um die Concorde überhaupt in die Luft zu bringen. Start und Landung sind für die Reifen eine Tortur. Nichts davon verraten die dicken, extra für die Concorde produzierten Gummiwalzen, die von acht Systemen mit jeweils zehn gebläsegekühlten Scheibenbremsen zum Stehen gebracht werden.

Jede Funktion ist bei der Concorde versteckt. Die Verkleidung wird von der Aerodynamik vorgegeben, doch es ist nicht das technisch Notwendige, das den Eindruck der Maschine bestimmt. Anders als eine Rakete oder ein herkömmliches Passagierflugzeug besitzt die Concorde eine Physiognomie. Die bei Start und Landung abgesenkte Kanzel verleiht dem Überschallflieger die leicht unbeholfene Grazie eines Schwans. Und wenn die Maschine mit gesenkter Nase – vor sich hinstarrend – auf dem Rollfeld steht, erinnert das Bild eher an einen sich ausruhenden Vogel als an den gigantischen Schub der vier Triebwerke.

Das ist auch gut so, denn wer will wirklich wissen, wann genau nach dem Start das Überschallvisier zum Schutz der Windschutzscheiben ausgefahren wird und wann wie viel der 80 000 Liter Kerosin zum Trimmen in die Tragflächen umgepumpt werden? Während der Treibstoff in unmittelbarer Nähe der von Nachbrennern auf Höchstleistung befeuerten Triebwerke auf die Tanks verteilt wird, nähert sich die Concorde der Schallmauer, die nach einer halben Stunde erreicht ist. Die Endgeschwindigkeit von Mach 2,2, das sind 2281 km/h, wird in achtzehn Kilometer Höhe geflogen. Ähnlich spektakulär verläuft die Landung, die rund fünf-

zig Minuten dauert: Die Concorde setzt mit etwa 300 km/h auf dem Rollfeld auf und kommt nach 2400 Metern zum Stehen.

Die Geschwindigkeit der Concorde gehört wie ihre elegante Erscheinung zum Mythos. Im Inneren des Überschallfliegers geht es weit weniger extravagant zu. Vierzig Zentimeter für den Mittelgang und eine Sitzbreite von dreiundfünfzig Zentimetern sind nur Charterflugdurchschnitt. Air France und British Airways beschränken sich auf hundert von 140 möglichen Sitzplätzen – für eine zahlungskräftige Klientel. Eng bleibt es trotzdem, und die Fenster sind so schmal, dass Passagiere, die bei der Sonnenfinsternis 1999 gestartet waren, um dem Kernschatten des Mondes mit doppelter Schallgeschwindigkeit zu folgen, ihr Geld zurückverlangten, weil sie von dem Naturphänomen nichts mitbekommen hatten.

Der Mythos Concorde schöpft seine Kraft aus der äußeren Erscheinung. Weder der mangelnde Komfort noch der Name des Designers der ersten Innenausstattung (Raymond Loewy) bleiben im Gedächtnis. Auch die zahllosen Pannen des »bestgewarteten Flugzeugs« (Eigenwerbung) sind kein Thema. Über Haarrisse in den Tragflächen, Probleme bei Hydraulik und Schubumkehr, Triebwerksbrände, abfallende Teile und allein siebzig Reifenpannen bei Starts und Landungen wird erst nach dem Pariser Unglück berichtet. Der Absturz am 25. Juli 2000 bedeutet das Ende der Legende. Nichts bleibt von der Grazie des

■ Die für Start und Landung abgesenkte Nase erlaubt Blickkontakt mit der Startbahn, ist aber auch für die Aerodynamik wichtig.
Ein Überschallvisier schützt bei Höchstgeschwindigkeit die Cockpitverglasung.

■ Concorde-Vorbilder bei der Demonstration von Start und Landung.

■ Spritverbrauch und Umweltbelastung, geringe Nutzlast und wartungsintensive Technik machen die Concorde zum reinen Prestigeobjekt der Luftfahrtgesellschaften.

■ Ein Eisenstück, das einen Reifen beschädigte, dessen Fetzen einen Tank zerschlugen, gelten im Juli 2000 als offizielle Absturzursache.

schnellsten Passagierflugzeugs der Welt erhalten. Die Zerstörung ist grundsätzlich. Lebt der Mythos der *Titanic* auch mit den Unterwasseraufnahmen des viertausend Meter unter dem Meeresspiegel liegenden Wracks weiter, bleibt von der Concorde die Erinnerung an ein Trümmerfeld, unter dem der Glaube an den wunderbaren Fortschritt begraben ist.

Die Concorde soll weiterfliegen. Über 45 Millionen Euro lassen sich British Airways und Air France die Renovierung ihres Traums kosten. Doch die erneuerte Concorde wird nur noch ein altes Flugzeug mit tragischer Geschichte sein. Das Zukunftsversprechen, das dreißig Jahre von ihrer Gestalt ausging, ist gebrochen. »Bye, bye, Concorde« titelte *Libération* nach dem Absturz in Gonesse. Es wird nie mehr so sein wie vorher.

CONCORDE

ENTSTEHUNG

Unabhängig voneinander arbeiten in den Entwicklungsabteilungen der britischen Firma *Bristol Aircraft* und der französischen *Sud Aviation* ab 1956 Teams an den Plänen zu einem Überschallpassagierflugzeug. Als sich Kosten und Dimension des Projekts abzeichnen, suchen die Firmen nach Partnern. Die Konzeptionen passen so gut zusammen, dass 1962 ein Kooperationsvertrag geschlossen und die Planung als Gemeinschaftsprojekt weitergeführt wird. Projektname wird Concorde, nach dem lateinischen »concordantia« (Übereinstimmung).

BESCHREIBUNG

Concorde:
Überschallpassagierflugzeug für 100 Passagiere mit vier Olympus-Triebwerken von Rolls Royce.

DATEN

Geschichte:

1948 John Derry fliegt am 6. September mit einer D e Havilland 110 erstmals schneller als der Schall.

1962 Die französischen Sud Aviation und die britische Bristol Aircraft schließen am 29. November einen Kooperationsvertrag für die Entwicklung eines Überschallpassagierflugzeugs.

1968 Mit der Tupolew Tu 144 testet die UdSSR am 31. Dezember das erste Überschallpassagierflugzeug der Welt.

1969 Erster Testflug der französischen Concorde 001 am 2. März.

1969 Erster Start des britischen Prototyps 002 am 9. April in Filton.

1969 Der erste Überschallflug der Concorde gelingt am 3. Oktober.

1976 Air France (Paris – Rio de Janeiro) und British Airways (London – Bahrain) setzen die Concorde am 21. Januar erstmals im Liniendienst ein.

1989 Papst Johannes Paul II. fliegt am 2. Mai mit der elf Jahre später in Paris abgestürzten Concorde nach Lusaka, Sambia.

Oktober 1998 Eine Concorde verliert ein großes Ruderstück, kann aber landen.

Juli 2000 Haarrisse in den Flügeln fast aller Maschinen werden entdeckt.

Juli 2000 Bei dem Concorde-Absturz am 25. Juli in Paris sterben 113 Menschen.

2000 Der Concorde wird am 16. August die Zulassung entzogen, die Maschinen dürfen nicht mehr starten.

2001 Die sieben Concordes der British Airways werden seit Januar für mehr als 45 Millionen Euro umgerüstet. 26 Millionen Euro sollen in technische Verbesserungen gesteckt werden, 21 Millionen für neue Sitze und die Kabineneinrichtung. Mindestens 15 Jahre soll die veränderte Concorde noch im Einsatz bleiben.

Sehenswert:
http://www.geocities.com/zivile_luftfahrt/html/concorde.html

AUF DEN PUNKT GEBRACHT

Obwohl technisch schnell veraltet, wurde die Concorde für Jahrzehnte zu dem Synonym für Hightech. Der Absturz im Jahr 2000 beendete ihre Überflieger-Karriere.

Honda CB 750 – Spaßmobil für Besserverdienende
Honda-Entwicklungsabteilung

■ Honda CB 750: seidenweicher Motorlauf, hohe Zuverlässigkeit und mehr Kraft als Fahrwerk und Fahrer verkraften können.

Wie ein modernes Motorrad aussehen soll, ist 1968 kein Stoff für lange Diskussionen. Zu wenige Begeisterte wollen überhaupt noch Motorrad fahren, als dass sich die großen Anbieter schwerer Maschinen über neue Konzepte den Kopf zerbrechen. Die aktuellen Modelle von BMW, BSA, Norton, Triumph oder Harley Davidson gehen auf dreißig, wenn nicht vierzig Jahre alte Entwürfe zurück. Große Maschinen werden für Touren und Reisen gebraucht; bequeme Lenker, große Tanks, gut gepolsterte Sitzbänke sind der Ausstattungsstandard. Die Motoren sind ausnahmslos anspruchslose Zweizylinder mit untenliegender Nockenwelle. Solide und ein bisschen langweilig sehen diese Maschinen aus. Aber wen interessiert das überhaupt, die Motorradnachfrage ist seit Jahren rückläufig.

Das Modell, das Honda im Oktober 1968 auf der Internationalen Motor Show in Tokio vorstellt, ist von den Daten her so unglaub-

lich, dass es sich nur um einen exotischen Messe-prototyp handeln kann: Vierzylinder-Reihenmotor, vier Vergaser, obenliegende Nockenwelle, 67 PS, Scheibenbremse und 200 km/h Spitzengeschwindigkeit – nichts davon hat die Konkurrenz zu bieten. Der rote Bereich des Drehzahlmessers – so ein Instrument gibt es bei BMW und Harley Davidson noch nicht einmal – beginnt bei 8500 Umdrehungen, fast 10000 U/min sollen möglich sein. Das sind Werte jenseits des 1968 Vorstellbaren, undenkbar, so etwas industriell in Serie zu produzieren. 1969 beginnt in den USA der Verkauf der neuen Honda CB 750. 1970 werden die ersten Maschinen in Deutschland ausgeliefert. Wenige Monate später produziert man die CB 750 Four schon im Minutentakt. Alle 15 Minuten verlässt eine Palette mit zehn versandfertigen Exemplaren das japanische Werk. Mit der Honda CB 750 beginnt die Wiederentdeckung des Motorrads; sie ist das erste moderne Motorrad, und ihr Konzept wird zum Vorbild für nahezu alle Großserienmodelle der schweren Hubraumklassen.

■ 1969 setzt die Honda mit 67 PS und 200 km/h Spitze Maßstäbe.

■ Der Vierzylinder-Reihenmotor ist Hondas Glanzstück: Er brachte unvorstellbare Höchstleistungen mit konkurrenzloser Zuverlässigkeit.

Der große Erfolg der CB 750 ist kein Zufall. Die Maschine erobert zuerst den Kontinent, auf dem der japanische Hersteller sich auskennt. Früh hat Honda die USA als den wichtigsten Exportmarkt nach Südostasien erkannt. 1959 gründet die Firma ihre erste Niederlassung in Los Angeles. Kleine, schnelle, preisgünstige und vor allem zuverlässige Maschinen bietet Honda an. Wenn Scrambler-Maschinen mit hochgelegten Auspuffanlagen gefragt sind, hat Honda umgehend das richtige Modell im Angebot. Nerven englische Zweizylinder mit ölenden Motoren, sind Hondas Zweizylinder-Motorblöcke knochentrocken. Honda fährt Rennen und nimmt mit einem Werkteam an Weltmeisterschaftsläufen teil. Zwischen 1959 und 1967 zeigen 137 Grand-Prix-Siege, 16 Fahrer- und 18 Markenweltmeisterschaftstitel das hohe Know-how der japanischen Firma, deren Modelle immer noch belächelt werden.

Als Honda sich in den kleinen Hub-

■ Chromglänzende Details eines Meilensteins.

■ Tacho und Drehzahlmasser markieren 1969 den Quantensprung.

raumklassen etabliert hat, will die Firma mehr. 1967 glaubt man in den USA einen Bedarf an schweren Motorrädern entdeckt zu haben. In diesem Segment werden nur veraltete Konstruktionen angeboten, der Umsatz ist so schlecht wie das Image der Piloten. Nette Menschen treffen Sie auf einer Honda – der etwas einfältige Slogan passt nicht zur klassischen Klientel der Fahrer hubraumstarker Maschinen. Auch mag niemand in ausgedienten Polizei-Harleys, ölenden Twins aus England und biederen BMWs Hobbygeräte erkennen. Doch genau darum geht es Honda. Die erfolgreich verkauften kleinen Modelle sind in den USA Zweitfahrzeuge. Der typische Honda-Kunde hat noch ein Auto in der Garage stehen. Die bisherigen Verkaufshits Cub, CB 72 und CL 77 werden von Anfängern oder Gelegenheitsfahrern genutzt, und genau die sollen mit einem spektakulären neuen, starken und schnellen Modell angesprochen werden. Die Honda CB 750 ist ein Spaßmobil für Besserverdienende und kein Fortbewegungsmittel für arme Teufel, die sich kein Auto leisten können.

Entsprechend muss das neue Modell aussehen. Nicht die Ausstrahlung eines deutschen Behördenfahrzeugs, eines englischen Oldtimers oder einer Polizeimaschine ist gefragt, sondern ein Motorrad, dem man seine Leistung ansieht. Sind die technischen Daten der Honda schon atemberaubend, soll es das Design erst

TAUCHPROBE

Nach der Montage des Motors wurde dieser verschlossen und in ein Wasserbecken getaucht. Anschließend wurde Luft in die Antriebseinheit hineingepumpt. Anhand des Volumens konnte schnell festgestellt werden, ob alle Teile eingebaut waren. Ferner zeigte sich an der Tatsache, ob Luftblasen aufstiegen oder nicht, dass der Motor dicht war.

Reinhard Hopp

recht sein. Die harmonischen Proportionen verleihen der CB 750 eine gedrungene, kräftige Linie. Die Scheibenbremse im Vorderrad und der breitbauende Vierzylinder versprechen Kraft, Sicherheit und modernste Technik. Zwei Auspuffrohre auf jeder Seite des Hinterrads betonen, dass man gerade von einem Vierzylinder-Motorrad überholt wird. Mit einem Paukenschlag zeigt Honda, dass japanische Hersteller es schon lange nicht mehr nötig haben, sich bei Technik und Design an Europa zu orientieren. Die CB 750 hat eine eigene Linie, neben der die gleichzeitig vorgestellten neuen Dreizylinder-Modelle von Triumph und BSA wie Maschinen aus einem Entwicklungsland aussehen.

■ Eine Honda als Special Edition in Silber, die nur in Japan erhältlich war.

Die neue Honda löst 1968 eine Lawine aus, deren Auswirkung die europäischen Hersteller noch nicht einmal erahnen. Obwohl die CB 750 keineswegs perfekt ist – Kette und Fahrwerk verkraften die Motorleistung nicht, die Ersatzteilversorgung funktioniert schlecht, die Händler sind schon beim Einstellen der vier Vergaser überfordert –, wird die CB 750 in kürzester Zeit zum Bestseller mit langen Lieferfristen. Die europäischen Hersteller ignorieren den Boom. Als die japanischen Mitbewerber Suzuki und Kawasaki zwei Jahre später ähnlich leistungsstarke Modelle anbieten, liegt die englische Motor-

> RUDERN UND SPRINGEN
> *Rahmen etwas labil (auf schlechten Straßen in Kurven seitliche Ruderbewegungen), Federung zu hart und ungenügende Dämpfung (auf schlechten Straßen springt das Motorrad ab 120 km/h, was das Tempo drückt).* Das Motorrad, 1970

radindustrie, deren wichtigster Exportmarkt jahrzehntelang die USA war, in den letzten Zügen. Erst schließen BSA und Triumph, kurz darauf Norton. Als Nischenanbieter für schwere Tourenmaschinen überleben in Europa BMW und Moto Guzzi.

Seither ist der Motorradmarkt fest in japanischer Hand. Ob Viertakt, Zweitakt, die Zylinder in Reihe, V-Form oder als Boxer, mit großen Verkleidungen und Radio, als getarnte Rennmaschine oder als geländetaugliches Reisemotorrad mit ausladender Verkleidung und riesigen Federwegen – der Bedarf wird geweckt und gedeckt. 1978 will es Honda trotzdem noch einmal wissen. Zehn Jahre nach der Präsentation des revolutionären Reihenvierzylinders präsentiert Honda mit der CBX ein Motorrad mit Sechszylinder-Reihenmotor. Besser, schöner, schneller – die CBX wird bejubelt, nur gekauft wird das wartungsintensive Modell nicht. 1983 verschwindet es wieder aus dem Programm.

Die CB 750 wird immer noch gebaut. Als Seven Fifty bietet sie Honda seit 1993 in einem Design an, das die CB 750 von 1968 noch erahnen lässt. »Naked Bike« ist der Terminus für solche Maschinen, die seither sehr populär sind. Was ein modernes Motorrad ist, wird seit 1968 in Japan definiert.

■ Geschicktes Marketing: Im 1984er Blockbuster *Terminator* fährt Arnold Schwarzenegger Honda.

HONDA CB 750

 BIOGRAPHIE

 BESCHREIBUNG

 DATEN

Soichiro Honda wird am 17. November 1906 in Komyo geboren. Er absolviert eine Mechanikerlehre in Tokio, wo er 1923 als einziger Angestellter seines Lehrbetriebs das große Erdbeben überlebt. Auf Eigenbauten nimmt er an Autorennen teil. 1936 übersteht er einen schweren Rennunfall. Nachdem er sich aus dem Rennsport zurückgezogen hat, beginnt er mit einer kleinen Firma Kolbenringe zu produzieren. 1946 gründet er in Hamamatsu City die Honda Company. Mit leichten Fahrrädern mit Hilfsmotoren hat Honda schnell Erfolg. Früh beginnt die junge Firma sich im Exportgeschäft zu etablieren. Die USA werden der wichtigste Exportmarkt außerhalb Asiens. 1960 gründen Soichiro Honda und sein kaufmännischer Direktor Takeo Fujisawa das Honda-Tochterunternehmen Research & Development (R & D), das sich mit einem jährlichen Budget von zwei Prozent des Honda-Jahresumsatzes ausschließlich um die Entwicklung neuer Honda-Modelle kümmert und weitgehend unabhängig vom Mutterkonzern agiert. Bei R&D wird 1968 auch die CB 750 entwickelt. Seit dieser Zeit ist Honda der größte Motorradhersteller der Welt. Die Autosparte des Konzerns ist kaum weniger erfolgreich. Soichiro Honda stirbt im August 1991.

Honda CB 750:
Erstes Großserienmotorrad mit quer eingebautem Vierzylinder-Reihenmotor. Motor mit obenliegender Nockenwelle und vier Vergasern. Doppelschleifenrohrrahmen mit Telegabel und einzelner Scheibenbremse. Höchstgeschwindigkeit: 200 km/h.

»Hinter allen Unternehmungen und Plänen stehen Menschen, Menschen mit ihrem Recht auf Phantasie und Überlegung.«, Soichiro Honda

Honda feierte 1998 ihren 50. Geburtstag, kurz zuvor war das 100millionste Motorrad der Firma vom Band gelaufen.

Geschichte:
Oktober 1968 Die CB 750 wird auf der Internationalen Motor Show in Tokio vorstellt.

April 1969 Die ersten Modelle werden in den USA ausgeliefert.

Januar 1970 In Deutschland werden die ersten CB 750 angeboten.

1975 Die erste tiefgreifende Modifizierung der CB 750 wird vorgestellt.

ab 1993 Unter der Bezeichnung CB 750 Seven Fifty wird das Modell immer noch angeboten.

Lesenswert:
Reinhard Hopp: *Honda CB 750. Die Geschichte einer Legende*, Stuttgart 1998.

Besuchenswert:
The Allen Vintage Motorcycle Museum in Boston, Massachusetts

Museum für Industriekultur, Nürnberg

Wastl Niedermeier Museum, Bogen

http://www.allenmuseum.com/index.htm

 AUF DEN PUNKT GEBRACHT

Die Honda CB 750 leitete die Gezeitenwende im Motorradbau ein. Das Konzept wurde von allen japanischen Herstellern übernommen.

Mezzadro – für Treckerfahrer und Salonlöwen
Achille und Pier Giacomo Castiglioni

»Vor allem müssen sich die Studenten bewusst machen, dass es Design schon immer gegeben hat.« Bei seinen Entwürfen hat sich Achille Castiglioni regelmäßig der Objekte seiner Kollegen bedient. Einen 1910 von Michael Thonet entworfenen Klappstuhl verwandelt er 1957 in ein bequemes Möbel, indem er die Lehne verlängert und die Sitz- und Rückenfläche mit dickem farbigem Filz beklebt. Im gleichen Jahr wird ein schöner Fahrradsattel aus Leder zur Attraktion einer Stehhilfe; ein Treckersitz, wie er jahrzehntelang bei Bau- und Landwirtschaftsmaschinen verwendet wurde, wird zum Ausgangspunkt eines Entwurfs für einen Arbeitsstuhl.

Mezzadro, der Halbpächter, heißt dieser lehnenlose Stuhl. Ein Halbpächter zahlt seine Pacht in Naturalien und träumt vielleicht vom eigenen Trecker. Das massive Querholz am Boden, das den Hocker seitlich stabilisiert, erinnert an das Joch eines Zuggeschirrs, und allen Bolzen, der zentralen Feder und der Flügelmutter unter dem Sitz sieht man die solide Arbeit eines Dorfschmieds an. Unter den Händen Castiglionis wandeln sich die Dinge vom »objet trouvé« zum »transformed object«, was kunstbeflissene Betrachter an Marcel Duchamp und Man Ray denken lässt. Aus dem alltäglichen Zusammenhang gelöst, erhalten die Objekte eine neue Bedeutung, und von der alten bleibt vielleicht nur ein Witz: Mezzadro, der Halbpächter.

Ihre Welt präsentierten die Brüder Achille und Pier Giacomo Castiglioni 1957 in der Villa Olmo in Como. Im Rahmen der Ausstellung »Colori e forme nella Casa d'Oggi« richten die Brüder einen Raum ein, in dem Verspieltheit und Funktionalität kein Widerspruch sind. Um einen quadratischen Tisch sind eine Anzahl leicht zusammenklappbarer, mo-

■ Achille Castiglioni auf dem Allunaggio-Prototypen für Zanotta, 1981.

biler Möbel gruppiert. Als Raumteiler kann ein Paravent benutzt werden. Es gibt eine Schiefertafel mit Schwamm, ein Waschbecken mit Schlauch, einen Maurereimer, einen großen Weidenkorb, einen einbeinigen Melkschemel, und der Fernseher hängt in einer höhenverstellbaren Tragekonstruktion von der Decke herab. Die Gegenstände anonymer Gestalter stehen neben einem Thonet-Stuhl Nr. 14 und eigenen Entwürfen der Castiglionis: Die Stehlampe Luminator, das Hängeregal, der Sessel Cubo, La Sella, der Hocker mit dem Fahrradsattel, und Mezzadro haben hier ihren ersten Auftritt. Kontrast, nicht Harmonie bestimmt diesen fröhlichen Raum, dem man das Jahr seiner Entstehung nicht ansehen kann. Der Reiz geht von der visuellen Autonomie der einzelnen Gegenstände aus, die zur Benutzung einladen. Der Raum wandelt sich mit jedem Besucher. In Anlehnung an einen musiktheoretischen Text von Theodor W. Adorno meint der Kunsthistoriker Attilio Marcolli, dass die Projektionsmethoden der Brüder Castiglioni im Gegensatz stehen zu der ständig zunehmenden Verarmung des Visuellen. Ein Treckersitz bleibt ein Treckersitz. Doch dann ist seine Blechschale mit einer federnden Stahlschiene verschraubt, der man ihre Herkunft vom selben Treckertorso nicht mehr ansieht, und schon beginnt sich das Bild von dem Ding zu wandeln. Die Eindeutigkeit bekommt Brüche. Dass Mezzadro auch noch bequem ist, macht die Verwirrung noch größer.

Auch als Kritik an der Konsumgesellschaft, die in Italien gerade ihr erstes Wirtschaftswunder erlebt, lassen sich die Castiglioni-Entwürfe für die Villa Olmo lesen. Solche Themenangänge sind den Brüdern nicht fremd, wie ein anderer Auftrag aus demselben Jahr verdeutlicht. Für Angelo Rizzoli, den Verleger und Fellini-Finanzier, gestalten die Brüder 1957 ein Privatkino. In seiner äußerlichen Harmonie und Einheitlichkeit stellt der Raum mit den ko-

■ Mezzadro – Castiglionis übermütige Antwort auf die Bauhaus-Freischwinger wird seit 1971 produziert.

■ Mezzadro gibt es in orange, rot, gelb, weiß, schwarz und alufarben. Die kaltgebogene, federnde Metallstütze sorgt für den richtigen Schwung.

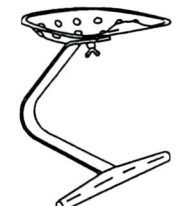

NORMENKONTROLLE

Es ist gut zu wissen, dass es Normen gibt, um sie dann zu überschreiten. Meine Arbeiten sind zumeist das Gegenteil dessen, was der Auftraggeber erwartet, aber sie sind im Einvernehmen mit den Wünschen derer, die die Objekte benutzen sollen.   **Achille Castiglioni**

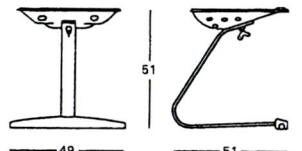

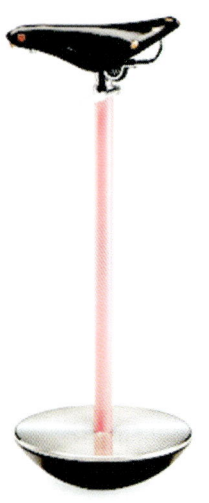

■ Sella, das Sitzgerät: schwarzer Rennradsattel, rosa lackierte Stange und gusseiserner Fuß.

WINKELVERKÜRZUNG
Wer zum ersten Mal Achille Castiglionis Studio im Foro Buonaparte betritt, kann nicht anders als staunend stehenzubleiben, um den Spiegel zu betrachten, der quer vor einer Ecke hängt und in dem sich der Arbeitsraum des Designers spiegelt, wie auch der weite Flur, der zu ihm führt. Mit einem Lächeln verändert Castiglioni den Winkel, um damit zu demonstrieren, wie die Welt der Gegenstände sich mit einer kleinen Geste ändern lässt.

Silvia Giacomoni

rinthischen Säulen aus Zedernholz die Gegenposition zum lebhaften Durcheinander der Villa Olmo dar. »In Wirklichkeit machten wir uns hiermit über eine gewisse Überheblichkeit unseres Auftraggebers lustig«, gestand Achille Castiglioni Jahre später. Rizzoli ließ den Entwurf umsetzen, inklusive roter Plüschsessel, die er zwischen die Säulenreihen platzierte.

Mit seinem Unverständnis für die Ironie der Castiglionis stand Rizzoli nicht allein. Dass Gestaltung Entwicklungen so pointiert kommentiert, wie es die Castiglionis immer wieder vormachen, ist Ende der 1950er Jahre die Ausnahme. Ihre Raumgestaltung in der Villa Olmo wird 1957 belächelt. Achille Castiglioni: »Unsere Kollegen dachten, wir wollten scherzen.«

Die Objekte für die Villa Olmo verschwinden in der Grauzone zwischen freier Kunst und nie realisiertem Industriedesign. Erst viele Jahre später tauchen sie wieder auf und werden umstandslos zu Klassikern. Mezzadro wird 1971 von Zanotta erstmals in Serie hergestellt. Sella, der Sitz mit dem Fahrradsattel, geht erst 1983 in Produktion. Achille Castiglioni, 1988: »Mit dem Anschein zu spielen, erscheint uns von großer Wichtigkeit, denn gerade in diesem Spielraum hat der Designer die Möglichkeit, gewisse umfassende Bedeutungen auszudrücken, die im Sinne der eigenen Zeit stehen und gegebenenfalls einem Geschmacksphänomen Kulturwert übertragen mögen.«

MEZZADRO

 BIOGRAPHIE

 BESCHREIBUNG

 DATEN

Achille Castiglioni wird am 16. Februar 1918 in Mailand geboren. Sein Vater war Bildhauer, verdiente sein Geld als Medaillenpräger und schuf zahlreiche Grabmäler für den Cimitero Monumentale in Mailand. Die Mutter gab Französischunterricht. Achille hat zwei ältere Brüder, Livio und **Pier Giacomo**, die ein Architekturbüro gründen, in das Achille 1944, nach Abschluss seines Architekturstudiums, eintritt. 1952 steigt Livio aus der Bürogemeinschaft mit seinen Brüdern, die sich verstärkt mit Raumgestaltung beschäftigen, aus. Die Castiglionis sind überaus erfolgreich und stehen mit ihren zukunftsweisenden Konzepten schnell im Mittelpunkt des Interesses. Achille Castiglioni: »Zusammen waren wir ein gutes Team und zufällig auch noch Brüder.« Raum-, Farb- und Lichtgestaltung sind ihr Hauptbetätigungsfeld. Pfennigartikel, wie der bis heute von VLM produzierte Streckenschalter und die Radio-Plattenspielerkombination RR 126 für Brionvega gehören zu den bekanntesten Massenprodukten der Brüder. 1968 stirbt Pier Giacomo Castiglioni, Livio 1979. Achille setzt die Arbeit fort, übernimmt jedoch einen Lehrstuhl in Turin und später in Mailand. Mit der Produktion zahlreicher Entwürfe aus den fünfziger und sechziger Jahren beginnt in den 1980er Jahren die Wiederentdeckung der Castiglionis.

Mezzadro:
Treckersitz, der mit einer elastischen Stahlschiene verschraubt ist, die am Boden von einer Querstange aus massivem Holz gestützt wird.

Geschichte:
1944 Achille Castiglioni tritt in das Architekturbüro seiner Brüder ein.

1957 Mezzadro wird im Rahmen der Ausstellung »Colori e forme nella Casa d'Oggi« in der Villa Olmo in Como präsentiert.

1971 Zanotta beginnt die Produktion von Mezzadro.

Lesenswert:
Paolo Ferrari: Achille Castiglioni, Katalog der Wanderausstellung, Mailand 1984.

Sehenswert:
Mezzadro sowie andere Arbeiten der Castiglionis befinden sich in den verschiedenen Dauerausstellungen:

Im Vitra Design Museum in Weil am Rhein

Im Staatlichen Museum für angewandte Kunst in München

Im Kunstmuseum in Düsseldorf

Im Museum für angewandte Kunst in Köln

Im Kunstgewerbemuseum in Berlin und Zürich

Im Victoria and Albert Museum in London

Im Israel Museum in Jerusalem

Im Museum of Modern Art in New York

 AUF DEN PUNKT GEBRACHT

Spektakulär, schön und trotzdem der bequemste Hocker, der bis heute gebaut wird.

Tizio – Einladung zum Spiel
Richard Sapper

Eine helle Lampe, die den Arbeitsplatz und nicht den ganzen Raum beleuchtet, die auf einem überquellenden Schreibtisch nicht im Weg ist und sich mit der Fingerspitze in jede gewünschte Position dirigieren lässt – das hatte sich Richard Sapper vorgenommen. Was dabei herauskam, erinnert auf den ersten Blick an eine Förderpumpe auf einem Ölfeld, an Konstruktionselemente einer Hubbrücke, einen Montagekran, eine Schiffschaukel vom Jahrmarkt oder den Tonarm eines Plattenspielers. Eine Lampe mag man 1972 in dem Ding nicht recht erkennen. Dazu fehlt der

■ Richard Sapper – Erleuchtung am Arbeitsplatz.

■ Im Gleichgewicht: Egal, wohin man die Arme der Tizio schwenkt, sie halten ihre Position.

große Reflektor, es gibt kein Kabel, und ob die ganze Konstruktion vielleicht nicht doch sogleich kopfüber vom Schreibtisch
kracht, erscheint keinesfalls ausgemacht. Dabei drückt die Tizio-
Leuchte perfekt aus, was Richard Sapper unter Design versteht.
»Die sogenannte modische Form ist in Wirklichkeit nicht ori-
ginell. Der Grund für ihr schnelles Veralten liegt
darin, dass sie sich immer auf eine vorhergehende Form bezieht. Sie nimmt deren Grundkonzeption, wandelt sie oberflächlich ab oder stellt
sich absichtlich in Gegensatz zu ihr. … Es ist klar, dass
nichts leichter ist, als eine solche Form durch eine weitere, ähnlich oberflächliche Spielart wieder abzulösen.« Als
Designer sollte Richard Sapper umsetzen, was er 1956 als Student der Betriebswirtschaft in seiner Diplomarbeit postulierte.
Sappers Formen meiden jeden Bezug auf vorhergehende Entwürfe. Sie sind keine neue Spielart einer alten Idee. Sapper bastelt
nicht am Gehäuse einer Sache, sondern beschäftigt sich erst einmal mit ihr. Wofür ist was gut, was wird gebraucht und wo? Seine
Entwürfe sind Neukonstruktionen, notfalls von der ersten Schraube an. Bei Industrieprodukten geht es ihm darum, »der Form
einen Sinn« zu geben. Dem ausgestellten Funktionalismus seiner
Generationskollegen antwortet er mit schönen, wohlproportionierten Formen und dem weitgehenden Verzicht auf Verzierung und Ornament. Der Sinn, dem Sapper eine Form gibt, ist
von einleuchtender Klarheit. So sieht die Pfeife auf seinem Alessi-
Wasserkessel nicht nur wie ein kleiner Industrieschornstein aus,
sondern sie pfeift auch noch einen harmonischen Zweiklang in e
und h. Die Schönheit der Entwürfe liegt in Sappers Begeisterung
für technisch einwandfreie Lösungen.

1972 war Tizio nach Gino Sarfattis Leuchtpfanne (für Arteluce) aus
dem Vorjahr die zweite in Serie hergestellte Halogenlampe. Bei
Raumleuchten hatte sich die Niedervolt-Halogentechnik noch
nicht durchgesetzt, und so, wie Sapper diese einsetzte, sollte er
zum Vorreiter werden. Die zarte, aber kräftige Halogenbirne er-
laubte einen viel kleineren Reflektor als herkömmlicherweise, und
weil die Niedervolttechnik es möglich macht, den Strom direkt
durch die Tragekonstruktion der Lampe zu leiten, konnte Sapper
auch auf Kabelverbindungen verzichten. Doch der Höhepunkt der
Technikreduktion sind die Gelenke. Schlichte Druckknöpfe übernehmen diese Aufgabe, sie sind ohne große Reibungsverluste beweglich und sie schützen die Leuchte: Sollte das Chaos auf dem
Schreibtisch einmal zu groß geworden sein und Tizio bei einer

■ George Carwardines
Anglepoise-Leuchte von 1932
wird mit ihren Schrauben-
federn zum Vorbild der
meisten heute noch gebräuchlichen Schreibtischlampen.

■ Gebraucht wird Flexibilität:
Wer häufig am Schreibtisch
arbeitet, wünscht sich
optimale Beleuchtung.

Aufräumaktion versehentlich vom Tisch gestoßen werden, sprin-
gen die Knöpfe einfach auf und bewahren so das filigrane Gestänge vor Verformung.

Die eigentliche Sensation von Tizio liegt in der für das charakte-
ristische Erscheinungsbild verantwortlichen Konstruktion. Sie besteht aus einem frei beweglichen Arm mit einem Gegengewicht,
der einen zweiten, ebenso schwenkbaren Arm mit Gewicht im
Gleichgewicht hält. Durch die genaue Austarierung konnte Sapper auf Schraubenfedern verzichten, die sonst vergleichbare Ar-
beitslampen in die gewünschte Position zwingen. Dass diese auf
George Carwardines Anglepoise-Leuchte von 1932 zurückgehen-

SAPPERS OPTIMISMUS

*Aus einer eher noblen, sportlichen Haltung zu den Fragen des Aus-
sehens unserer Umwelt zur Zeit von van de Velde, Hoffmann, Behrens,
Mies van der Rohe haben wir uns in hundert Jahren herabvulgarisiert
zu Nike-Schuhen, iMac-Computern und Smart-Automobilen. Viel
schlimmer kann es ja eigentlich nicht mehr kommen, und deshalb
müsste man eher optimistisch in die Zukunft schauen.*

Richard Sapper

DESIGNER HEUTE
*Wir wissen nicht, was die nächsten Jahre bringen, aber wir wissen,
dass sie auch unsere Gesellschaft umkrempeln werden. Ideen aus der
Vergangenheit werden zur Bewältigung der Zukunft wenig nützen.
Neue Ideen sind gefragt .... Besonders gilt das für Designer, von
Berufs wegen mit der Zukunft befasst: Nur wenn sie ein Gefühl dafür
haben, was für eine Welt, was für eine Gesellschaft sie in Zukunft
wünschen, können sie imstande sein, die Formen ihrer Produkte zu
solch einer Idee in Beziehung zu setzen.*   Richard Sapper, 1992

den Konstruktionen die gewünschte Position tatsächlich selten halten und die Lampen sich meistens, der Federkontraktion folgend, nach einiger Zeit heben oder senken, markiert den konstruktiven Fortschritt der Sapper-Leuchte. Diese lässt sich tatsächlich mit der Fingerspitze – ohne knarrende Federgeräusche – dirigieren und behält die einmal gefundene Stellung auch bei.

Neben der Konstruktion besticht Tizio durch gestalterisches und handwerkliches Finish. Den an Tragarmen aus glasfaserverstärktem Nylon verschraubten Gegengewichten mit ihren abgerundeten Ecken sieht man ihre Schwere nicht an. Sie stören die filigrane Silhouette genauso wenig wie das zierliche Parallelogramm des Reflektors. So lädt die Lampe geradezu dazu ein, berührt zu werden, um der Bewegung der Tragarme und ihrem Spiel mit der Schwerkraft zu folgen.

Anfang der 1970er Jahre war die Begeisterung für Tizio noch mäßig. Der Einzelpreis der Lampen war hoch, Halogenlicht in Räumen ungebräuchlich. Die Faszination eines auf seine makellose Technik reduzierten Designs konnte bei einem Publikum, das auf seine Technikverweigerung stolz war, nicht verfangen. Erst zehn Jahre später, als mit dem Einzug von Neonleuchten und Halogenspots das Licht in den Bars kälter wurde, Spiegel und Glas bei der Inneneinrichtung gefragt waren und Design zum Gesprächsthema avancierte, begann der Boom für Tizio. Doch auch die Konkurrenz schlief nicht. Kein Kaufhaus, das Mitte der 1980er Jahre nicht eine Leuchte mit schwarzem Sockelfuß, Gelenkarmen und klobigen Gewichten im Sortiment hatte. Artemide antwortete mit einer Anzeigenkampagne. Das Foto des Schattens einer Tizio, die über einen Telekom-Standardapparat gebeugt steht, darüber die Zeile: »Das Original.« 1992 ist der Klassikerstatus erreicht. Peugeot wirbt mit einer Tizio, in deren Schein das Modell 205 steht. Text: »Sie haben den Stil. Wir das Auto.« Seither gehört

■ Wenn es soweit ist, pfeift der Fabrikschornstein auf der Tülle von Sappers Wasserkessel in *e* und *h*.

■ Vom Transformator im Lampensockel direkt durch das Gestänge zur Leuchte im Kopfteil – in Tizio fließt der Strom kabellos.

Richard Sappers Lampe zu den Symbolen, die Ausstatter deutscher Fernsehfilme in keinem Chefzimmer fehlen lassen. Dass Tizio anders als andere Statussymbole seine Funktion als Arbeitsleuchte tatsächlich erfüllt, wird dabei leicht übersehen. Verkauft wird die Lampe übrigens mit einem kleinen Abstandhalter, der verhindern soll, dass kostspielige Oberflächen Schaden nehmen, wenn der heiße Reflektor der Leuchte zu nah kommt. Mit dem kleinen Stäbchen hat auch Richard Sapper seine Schwierigkeiten: »Ich persönlich mach es immer weg bei meinen Leuchten. Es ist so gemacht, dass man es einfach herausziehen kann, wenn es einem nicht gefällt.«

TIZIO

BIOGRAPHIE

Richard Sapper wird am 30. Mai 1932 in München geboren. Er studiert ab 1952 Anatomie, Graphik, Maschinenbau, Philosophie. 1956 schließt Sapper das Studium mit einem Diplom in Betriebswirtschaft ab und beginnt in der Designabteilung von Daimler-Benz. 1958 zieht er nach Mailand, arbeitet mit Gio(vanni) Ponti und für die Warenhauskette La Rinascente. Von 1959 bis 1975 entwirft er zusammen mit Marco Zanuso Designklassiker wie den Stahlblechstuhl Lambda (1963 für Gavina), das Kinderstuhlsystem K 1340 (1964 für Kartell), das Klappradio TS 502 (für Brionvega) oder das Telefon Grillo (1965 für Siemens), das mit seinem Klappmechanismus Vorbild für viele mobile Telefone werden sollte. Ab 1970 berät Sapper Fiat, ab 1980 IBM bei ihrem Produktdesign. Von 1986 bis 1997 hatte Richard Sapper den Lehrstuhl für Industriedesign an der Staatlichen Akademie der Bildenden Künste in Stuttgart inne sowie 1986 eine Gastprofessur im Fachbereich Produktdesign an der Hochschule für Angewandte Kunst in Wien.

BESCHREIBUNG

Tizio:
Leuchte, die von zwei frei beweglichen Schwenkarmen mit Gegengewichten gehalten wird. Der Strom für die Niedervolttechnik wird vom Transformator, der als drehbarer Lampensockel konstruiert ist, direkt durch das von Druckknöpfen zusammengehaltene Gestell aus glasfaserverstärktem Nylon geleitet. So kann auf Kabelverbindungen verzichtet werden. Zwei Helligkeitsstufen können geschaltet werden. Mit dem lieferbaren 70 cm hohen Sockelfuß kann Tizio auch als Standleuchte genutzt werden. Tizio wird von Hersteller Artemide seit 1972 angeboten.

Nach 25 erfolgreichen Jahren gibt Artemide 1998 eine limitierte Sonderedition von Tizio heraus: Tizio Silver '98 Limited Edition. Die Edition ist numeriert und von Richard Sapper signiert.

DATEN

Geschichte:
1932 Präsentation von George Carwardines Anglepoise. Die Arbeitsleuchte, deren Arme von Schraubenfedern gehalten werden, ist das Vorbild zahlreicher Schreibtischlampen.

1970 Für Artemide erteilt Ernesto Gismondi Richard Sapper den Auftrag für eine Arbeitsleuchte.

1972 Artemide präsentiert die Tizio-Leuchte.

Lesenswert:
Hans Höger: *Die Tizio-Leuchte von Richard Sapper*, Frankfurt am Main 1997.

AUF DEN PUNKT GEBRACHT

Tizio ist immer noch ein absoluter Bestseller. Ob als Tisch- oder Standleuchte, ob in Schwarz, Weiß oder metallfarben mit Sapper-Signet — der Ausverkauf hat begonnen. Die Zeit arbeitet für Tizio.

Piktogramme – das Esperanto-System
Otl Aicher

■ Otl Aicher entwickelte zahlreiche Gestaltungskonzepte. Die Corporate Identity der Lufthansa und die Farbgebung der Gugelot-Züge der Hamburger U-Bahn gehören zu seinen populärsten Entwürfen.

Dem vorwärts stürmenden Männchen begegnet man überall. Im Treppenhaus, in der Tiefgarage, im Theater, in der Bar, selbst in der Kirche hängt es an der Wand. Das Bild wird verstanden, sein Vorhandensein beruhigt auf eine irrationale Weise. Das Männchen kennt den Weg, es zeigt Weiß auf Grün, wo der Notausgang ist. Auch wenn wir nicht wissen, ob die Flucht nicht vor einer verschlossenen Tür endet, steht das Männchen für das Vorbereitetsein. Im Notfall wird Rettung versprochen. Wir befinden uns in guten Händen.

Seit der Münchner Olympiade von 1972 regeln punktköpfige Männchen unser Leben. Sie zeigen nicht nur den Weg für die Flucht, sondern auch zur Treppe nach oben oder zum Wickelraum, sie warnen vor Gefahr, formulieren Verbote und bezeichnen Sportarten. Es gibt nichts, was nicht mit Piktogrammen geklärt wird. 1972 haben die gesichtslosen Wesen die Herrschaft übernommen, wir sind ihnen ausgeliefert. Otl Aicher ist für die Invasion verantwortlich. Der Graphiker, der zu den Begründern der Ulmer Hochschule für Gestaltung gehört, wird 1967 zum »Gestaltungsbeauftragten« der Münchner Olympiade ernannt. Die Aufgabe erfüllen Otl Aicher und seine Mitarbeiter vorbildlich. Vom Farbkonzept, das zum zentralen Element der Corporate Identity wird, bis zum Leitsystem, das in der Folgezeit zu einem international verständlichen Zeichensystem ausgebaut wird, werden Maßstäbe gesetzt. Dieser Erfolg war nicht vorherzusehen.

STRENGER ORDNER
Zeitgeist zersetzt wie rasend Aichers Ordnungen der Dinge und in den Dingen, seine graphischen, visuellen Gesetzlichkeiten, sein Prinzip unablässiger Reflexion öffentlicher, gesellschaftlicher Zusammenhänge. Aicher würde sich jetzt wohl umbringen, erlebte er die vorherrschende Planlosigkeit der Schriftgestaltung, die ratlos-planlose Buntheit von Plakaten und Büchern als Spiegelung nivellierenden Infotainments.
Süddeutsche Zeitung, 13. Oktober 1998

1967 ist der Olympia-Auftrag ausgesprochen heikel. Schon die Bewerbung Münchens als Austragungsort ist ein Politikum und hängt 1965 direkt mit dem Entschluss des IOC zusammen, die Olympiamannschaft der DDR – gegen den erbitterten Widerstand der Bundesrepublik – zu den Wettkämpfen zuzulassen. Wenige Monate später reicht München seinen Antrag ein und wird kurz darauf mit 31 zu 30 Stimmen als Austragungsort für die Olympiade 1972 bestimmt. Die Erinnerung an die Berliner Olympiade, die 1936 zu einer gigantischen Propagandaveranstaltung des nationalsozialistischen Deutschlands wurde, ist so gegenwärtig, dass sich bei den Veranstaltern Nervosität breit macht. Otl Aicher soll das Dilemma mit einem umfangreichen Gestaltungskonzept lösen. Inwieweit sein Ruf als Antifaschist und Ehemann von Inge Scholl, der Schwester der von den Nationalsozialisten umgebrachten Sophie und Hans Scholl, eine Rolle bei seiner Berufung spielt, ist reine Spekulation. Mit seinen Leitsystemen für den Frankfurter Flughafen und die Hamburger Hochbahn ist Aicher in Deutschland der einzige Spezialist für diese Aufgabe.

Das Olympiaprojekt fällt in eine Phase des Umbruchs. Die Bewerbung wird unter einer CDU/FDP-Bundesregierung abgegeben, die Vorbereitungszeit geschieht unter einer CDU/SPD-Regierung, die Ausführung fällt in die Zeit der SPD/FDP-Koalition. Der Wunsch, den Wandel, der weit grundsätzlicher ist als nur ein Regierungswechsel, auch deutlich zu machen, wirkt sich auf die gesamten Planungen aus. Ist das Dach des Olympiastadions von

■ Weltweit verständlich: Weiterentwicklung des Aicher-Piktogramms.

■ Kombination aus Eindeutigkeit, Dynamik und Proportion: Piktogramme für Tuniertanz, Polo, Schwimmen.

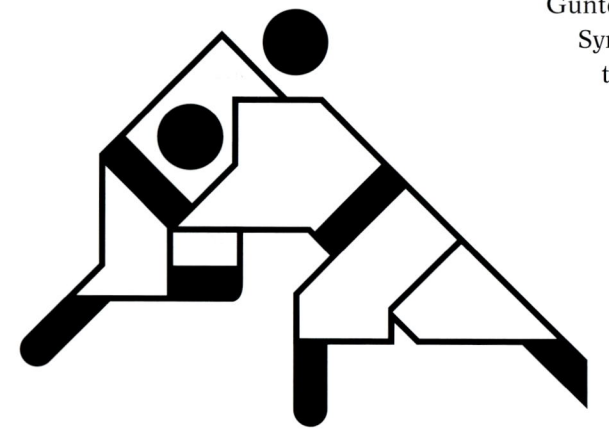

Günter Behnisch 1972 das weithin sichtbare Symbol einer neuen Zeit, liefert das Leitsystem von Otl Aicher das Fundament dazu. Es gilt deutschen Regelwahn, Ordnungswut und Ablaufperfektionismus durch ein System zu absorbieren, das freundlich wirkt. Neben einer Farbpalette, die mit gelben, grünen und blauen Pastelltönen jede nationale Symbolik meidet und die von den Plakatwänden und Fahnen bis hin zu den Uniformen der Hostessen das Münchner Stadtbild prägt, sind es die Piktogramme selbst, die der Flut an Hinweisen, Ge- und Verboten jede Dramatik und jeden autoritären Gestus nehmen.

■ Politische Entscheidung: Der Anerkennung der DDR-Olympiamannschaft durch das IOC folgt die Vergabe der 72er Olympiade an München. Die Erinnerung an die Nazi-Olympiade 1936 in Berlin ist gegenwärtig, als Otl Aicher und Mitarbeiter das Gestaltungskonzept erarbeiten.

Zu den Vorbildern gehören die Bildzeichen der ab 1925 von Otto Neurath entwickelten »Wiener Methode der Bildstatistik«, die später in Isotype (International System of Typographic Picture Education) umbenannt wird. Neuraths Zeichen werden von Otl Aicher und seinen Mitarbeitern genauso analysiert wie alle anderen verfügbaren Bildzeichen, die im Laufe einer umfangreichen Recherche zusammengetragen werden. Darunter ist auch das System, mit dem der japanische Graphiker Katsumi Masaru 1964 die Besucher der Olympiade in Tokio durch die Welt der japanischen Schriftzeichen führte.

Neuraths schwärmerischem »Wörter trennen, Bilder vereinen!« antwortet Aicher in konsequenter Kleinschreibung, die er seit seiner Schulzeit anwendet: »unsere kultur und zivilisation ist so komplex, vielschichtig und kompliziert geworden, dass wir mit

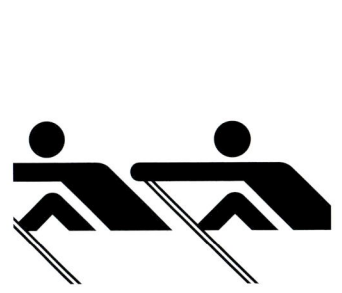

nur einer sprache nicht mehr auskommen.« Aicher will sich an der »entwicklung der neuen weltsprache« beteiligen – das Piktogramm als gezeichnetes Esperanto.

Dass Pathos und Schwärmerei nicht Aichers Sache sind, sieht man den Piktogrammen an. Sein »wer es mit kommunikation zu tun hat, muss auf kunst verzichten« ist Programm. In ihrer absoluten Reduktion beschränken sich die Sportzeichen auf die schematisierte Darstellung eines signifikanten Bewegungsablaufs. Die Zeichen bestehen aus gleichstarken Strichen verschiedener Länge, einem Punkt für den Kopf und einem Rechteck für den Körper der Figur. Die Elemente werden auf einem quadratischen Raster aus rechten Winkeln und Diagonalen angeordnet. Kein Auge, kein Fuß, keine Turnhose, alles Illustrative und Dekorative verschwindet. Dass die Strichmännchen trotzdem eine beträchtliche Dynamik vermitteln, ist der überraschende Effekt der Graphik von Otl Aicher.

Die Piktogramme sind Teil eines Leitsystems, das die Stadt München genauso flächendeckend überzieht wie Kiel-Schilksee, wo 1972 die Segelwettbewerbe stattfinden. Die Dominanz von Aichers eingängiger Farbdramaturgie und seinen Zeichen, die der Olympiade 1972 ihren Stempel aufdrücken, werden zum Signal eines ungebrochenen Gestaltungswillens. Alles soll sich verändern. In westdeutschen Städten werden zu dieser Zeit ganze Stadtteile aus der Erde gestampft. Es wird der Versuch unternommen, Leben und vor allem Kommunikation zu planen. Fußgängerzonen und Parkhäuser in der Innenstadt, Trabantenstädte am Stadtrand und dazwischen ein Netz aus Autobahnen und öffentlichem Nahverkehr – das Leben soll neue Koordinaten bekommen. Organisation ist gefragt, wo früher Gewohnheit herrschte. Im Chaos der neuen Städte, deren Unwirtlichkeit 1972 eher

■ Rudern, Bogenschießen, Biathlon – es gibt keine Sportart, für die sich kein Piktogramm finden ließe.

■ Piktogramm für Motorradrennen: Auch die neugestalteten Piktogramme orientieren sich an dem Konzept, das Otl Aicher 1972 für die Olympiade entwickelte.

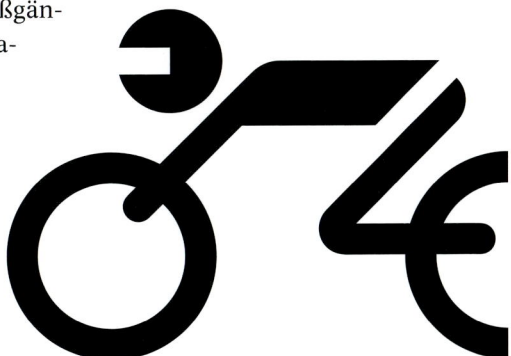

■ Otto Neuraths »Wiener Methode zur Bildgestaltung« und Katsumi Masarus Leitsystem für die Olympiade in Tokio werden zu Vorbildern von Otl Aichers Piktogrammen.

bestaunt als beklagt wird, weisen die Piktogramme den Weg. Zweiundzwanzig Jahre später entlädt sich die Wut über das Scheitern der städtebaulichen Konzepte ausgerechnet an Otl Aicher. Die *Tageszeitung*, 19. April 1994: »Als wäre München ein Privatunternehmen, überzog Aicher das Stadtbild bis tief in die Regionen hinein mit seinen Symbolen.« Sein Gestaltungskonzept für München wird als »Sozialtechnologie zur Verminderung von Reibungswiderständen« gescholten, wobei die Ursachen der Reibung im Dunst der Beziehung von Staat und Kapital untergehen. Die Piktogramme bleiben lesbar, nur diesmal scheinen sie in die falsche Richtung zu weisen. Nicht nur in Kulturen, die von einem Verbot gegenständlicher Abbildungen geprägt sind, werden Piktogramme gelegentlich falsch gelesen.

Befreit vom Überbau, wirkt das sportliche Männchen noch immer erfreulich konkret. Erweitert zu einem System aus über siebenhundert Zeichen sind die Piktogramme zwar keine Sprache, aber doch ein international verständliches Zeichensystem geworden. Das Männchen stürmt weltweit.

■ Piktogramme für Drachenflug, Fußball und Rollhockey: Seit 1972 haben die gesichtslosen Helfer die Herrschaft übernommen.

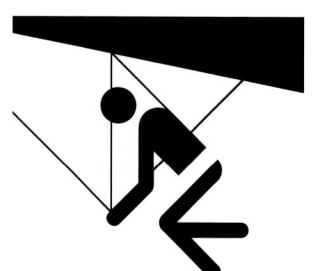

PIKTOGRAMME

BIOGRAPHIE

Otl Aicher wird am 13. Mai 1922 in Ulm geboren. Weil er sich weigert, in die Hitlerjugend einzutreten, wird ihm 1941 das Abitur entzogen. Er muss zur Wehrmacht und kehrt 1945 nach Ulm zurück. Zwischen 1946 und 1947 studiert Aicher an der Akademie der Künste in München. 1947 gründet er ein Entwurfsbüro in Ulm. Zu dieser Zeit gehört er neben seiner späteren Ehefrau Inge Scholl zu den Gründungsmitgliedern der Hochschule für Gestaltung (HfG) in Ulm, die 1953 ihren Betrieb aufnimmt. Zwischen 1954 und 1966 ist er Dozent in Ulm, gehört zwischen 1956 und 1959 dem Rektorenkollektiv an, das dem Gründungsdirektor Max Bill folgt. Von 1962 bis 1964 ist er Rektor der Hochschule. Zeit ihres Bestehens ist die HfG die maßgebliche Designschule in Westdeutschland. Neben seiner Arbeit an der Hochschule übernimmt er Industrieaufträge. Die Corporate Identity von Lufthansa, Westdeutscher Landesbank, Hamburger Hochbahn, Blohm & Voss, Bayerischer Rückversicherung, ZDF und Erco gehen auf Aichers Konzeption zurück. Zwischen 1967 und 1972 ist er »Gestaltungsbeauftragter« der Olympischen Spiele in München. 1972 verlegt er sein Entwurfsbüro ins Allgäu. Dort gründet er 1984 das Institut für analoge Studien. Otl Aicher stirbt nach einem Unfall am 1. September 1991 in Leutkirch.

BESCHREIBUNG

Piktogramme:
1972 für die Olympiade in München entwickeltes System aus Bildzeichen, das heute über 700 Zeichen umfasst. Die Symbole bestehen aus der schematischen Darstellung einer für die bezeichnete Sportart signifikanten Bewegung. Die Strichstärke der Darstellung bleibt gleich, auf alles Illustrative und Dekorative wird verzichtet.

DATEN

Geschichte:
1925 Otto Neurath entwickelt die »Wiener Methode der Bildstatistik«, die später in Isotype (International System of Typographic Picture Education) umbenannt wird.

1964 Der Grafiker Katsumi Masaru entwickelt für die Olympiade in Tokio ein Bildleitsystem.

1967 Otl Aicher wird zum »Gestaltungsbeauftragten« der Olympischen Spiele in München berufen.

1972 Die Olympischen Spiele in München werden am 26. August eröffnet.

1976 Für den Lampenhersteller Erco, der die Rechte an den Piktogrammen erworben hat, entwickelt Otl Aicher weitere Bildzeichen.

2001 Über 700 Bildzeichen sind mittlerweile verfügbar.

AUF DEN PUNKT GEBRACHT

Otl Aicher wollte sich an der Entwicklung einer Weltsprache beteiligen. Tatsächlich wurden seine Piktogramme für die Münchner Olympiade zur Grundlage eines Zeichensystems, das weltweit verstanden und angewendet wird.

Armani-Jackett – für sanfte Männer und starke Frauen
Giorgio Armani

■ Giorgio Armani gründet 1975 gemeinsam mit Sergio Galeoti sein Label

»Die Modegöttin warf einen Blick auf die Anzugsakkos dieser Welt, und ihre Augen füllten sich mit Tränen. Sie sah: Revers mit der Grundfläche von New Jersey. Zwangsjackenärmel, frech im Sonnenlicht glänzende Kunstlederknöpfe und Taillierungsnähte, die eine Bedrohung kardiovaskulärer Funktionen darstellten. Die Göttin seufzte: Die armen Menschen. Der Seufzer fiel aus dem Modehimmel direkt einem Mailänder Designer auf den Zeichentisch. Giorgio Armani nahm ihn und schneiderte daraus seine Eintrittskarte in den Designer-Olymp«, dichtet die *Vogue* und beschreibt damit das Jahr 1974. Es ist ein Herrenjackett, aus dem Armani das Futter samt Brustversteifung heraustrennt und die festen Schulterpolster durch solche ersetzt, die die Partie sanft gerundet erscheinen lassen. Den Ärmeln gibt er die Bewegungsfreiheit zurück und den Revers schmalere Proportionen. Ein Jahr später überträgt Armani die Maße des Jacketts auf den Körper der Frau. Die geschmeidige Hülle mit dem sanften Fall wird bald zum Lieblingsstück in jedem Kleiderschrank. Gut eingetragen und ganz und gar unspektakulär, ist es ihm kaum zuzutrauen, dass es die Mode des ausgehenden 20. Jahrhunderts revolutioniert hat. Denn mit der Auflösung des starren Konzepts für das traditionelle Herrenjackett hat Giorgio Armani Männern wie Frauen unbekannte Freiheiten gebracht und dazu beigetragen, die Welt der Mode zu demokratisieren.

Die Schöpfung des Armani-Stils fällt zusammen mit dem Entstehen der Prêt-à-porter. Neben Gianni Versace, Krizia oder Laura Biagiotti steht vor allem Giorgio Armanis Name für eine neue Ge-

---

ARMANIZATION I

Meine Mode ist nicht unisex, aber sie betont die Sanftheit des Mannes und die Stärke der Frau. Ich weiß, dass in jedem Menschen beides existiert, maskuline und feminine Komponenten, die ein harmonisches Gleichgewicht schaffen können, weit entfernt von den extremen Stereotypen des Macho-Mannes und der gefangenen Frau im abgelegensten Teil eines Puppenhauses.   **Giorgio Armani**

neration von italienischen Designern, die mit der traditionellen Haute Couture brechen. Modedesign wendet sich dem Alltag zu und verlässt den inneren Zirkel einer auserwählten Käuferschicht. Neue ökonomische und soziale Sehnsüchte der Gesellschaft machen Designermode zum Massenprodukt. »Sports Wear« findet Eingang in das Vokabular der Modeindustrie.

ARMANIZATION II

Giorgio Armani hat das Gesicht der Frauenmode zu Beginn der 70er Jahre radikal verändert. Tausende verwirrter Frauen schenkten ihm ihr Vertrauen und waren mit einem Mal bestens angezogen. Anjelica Huston

Gleichzeitig hat die 68er-Rebellion den Wunsch nach Freiheit geweckt, die sich auch in neuen Bekleidungscodes ausdrückt. Armani erkennt, dass Modekonzepte, die die Menschen in jung und alt, arm und reich, männlich oder weiblich einteilen, überholt sind. Der weibliche Einheitslook ganzer Dekaden wie die tausendfachen Kopien einer Brigitte Bardot in den 1950ern, der Twiggy-Stil der 1960er und auch der Gemeinschaftslook romantischer Hippiemädchen Anfang der 1970er Jahre verlangt nach einer Neudefinition.

»Ich begann Mode für Frauen zu entwerfen, als sie herumliefen … wie Blumen. Ich wollte Mode machen, die jeder anziehen kann. Und ich sah, dass Frauen nichts hatten, was unkompliziert und modern war, etwas, was der männlichen Kleidung nahe kommt. Es war die Zeit, als Frauen begannen, entschieden für ihre Rechte einzustehen – Feminismus, mehr oder weniger«, erinnert sich Armani an seine ersten Entwürfe für die weibliche Mode. Dass es sich dabei ausgerechnet um ein Jackett handelt, das er in die Damenmode einführt, ist nicht nur seinem gutem Gespür für den femininen Zeitgeist zu verdanken. Mit Jacketts kennt sich Armani einfach am besten aus. Bevor er 1976 beginnt, unter seinem eigenen Label auch Frauenmode herzustellen, hat er acht Jahre lang bei Nino Cerrutti ausschließlich Mode für Männer entworfen. Spuren, die man seinen Entwürfen bis heute ansieht. »Das Jackett ist für mich das perfekte Kleidungsstück«, betont Armani immer wieder – für die meisten seiner Kollektionen bildet es den Ausgangspunkt.

Die Linie der nahezu asketischen Eleganz, die

■ Mit seinen Entwürfen knüpft Armani an den zeitlosen Stil Coco Chanels an

■ »Soft covering for hard bodys« – Don Johnson und Philip Michael Thomas in Armani-Anzügen zu T-Shirt oder offenem Hemdkragen in Miami Vice.

■ Marlene Dietrich nahm den androgynen Stil vorweg. Sie trug im Film und privat Hosen mit Jackett, hier sogar mit Frack und Zylinder in Josef Sternbergs *Marokko*, 1930.

ARMANIZATION III

Mein Stil ist Armani. Niemand (auf der ganzen Welt) hat mich je gefragt: »Was tragen Sie?« Es ist immer und nur Armani. Ich mag die Einfachheit, die Raffinesse, ich erkenne mich selbst in seiner modernen und minimalistischen Linienführung, ich mag die Leichtigkeit seiner Stoffe, die der Linie des Körpers folgen, ohne sie je zu belasten.

Claudia Cardinale

seine Entwürfe auszeichnet, reicht weit in die Designgeschichte zurück. Gestalterisch orientiert sich Armani an den 1920er Jahren. Vor allem die Ideen des Bauhaus haben es ihm angetan: ein Design, frei von überflüssigem Ornament, das den Blick auf die perfekten Proportionen lenkt. Umso schöner schimmern auch die Oberflächen der edlen Materialien. In der Mode sind es die frühen Entwürfe von Coco Chanel, die Armani anregen. Der Name Chanel steht für legere Eleganz. Die Modemacherin hat Frauen nicht nur vom Korsett befreit, sondern auch Elemente männlicher Kleidung in ihre Entwürfe einfließen lassen und sie mit neuen Materialien wie dem dehnbaren Jersey kombiniert. Beeinflusst hat Armani auch der androgyne Stil von Yves Saint Laurent, dem Begründer der Pariser Prêt-a-porter, der den Smoking und den Nadelstreifen für die Frauen auf den Laufsteg brachte. Doch während sich die Frauen bei Saint Laurent immer wieder in romantische Wesen verwandeln, sind es bei Armani die Männer.

Samt, Seide oder leichte Wollstoffe mit changierender Oberfläche umschmeicheln seine Haut, verträumte Blicke schauen dem Betrachter aus den Werbefotos entgegen. Cross-Dressing: Der Mann wird erotisiert, die Frauen stattet Armani mit betont nüchternen Attributen aus. Er bekleidet sie mit Hemd und Schlips unter dem Jackett, manchmal kommt auch eine Weste dazu. Aus den dunklen, gedeckten Farben für den Mann und den zarten für die Frau wird Armanis berühmte Nicht-Farbe »greige«, eine Mischung zwischen grau und beige. »Ich liebe diese neutralen Töne. Sie sind ruhig, still und sie brauchen einen Hintergrund, den sich jeder selbst aussuchen kann. Sie sind die Basis, um andere Farben zu kombinieren. Sie sind nicht de-

finiert, nie dissonant, kein vergangener Trend –
etwas, das bleibt.« Was Armani über seine Farben
sagt, gilt auch für seine Materialien, letztlich für
alle seine Entwürfe. Armanis Erfolg liegt darin,
1976 die Möglichkeiten eines universell einsetzbaren Kleidungsstückes erkannt zu haben. Eu-
phorisch beschreiben die Modejournalistinnen
die »Freiheiten«, die nur ein Jackett bieten kann.
Die Frau der 1980er Jahre ist eigenwillig, wage-
mutig und will ihren eigenen Stil. Einen, der sich
variieren lässt, je nachdem, wie ihr gerade zumute ist. Ob verführerisch oder sachlich, roman-
tisch, elegant oder sportlich, sie möchte sich aus-
drücken – ganz individuell. Mit einem Jackett
wirkt sie weder overdressed noch unbekleidet, es
überbrückt die Kluft zwischen Büro und Bar, je
nachdem was drunter oder drüber getragen wird.
Mitte der 1980er Jahre ergänzt Armani das Jackett
mit der passenden Hose zum Power-Suit. Jetzt
wollen Frauen mehr, sie wollen an die Macht.

Schnell wird der Hosenanzug auch für sie zum Dresscode, in der
Geschäftswelt bewegt sie sich kaum noch ohne ihn. Unterstützt
von den Modezeitungen, wird er zum Synonym für Kompetenz,
Bestimmtheit und Stärke, alles, was Frauen brauchen, um Karriere zu machen.

■ Die Zeit der Roben ist
vorbei: Angelina Jolie bei der
Verleihung des Academy
Awards im Armani-Anzug.

Armanis Mode reflektiert die Bedürfnisse einer neuen Generation von Frauen und Männern nach einem anderen Rollenbild.
Dabei bezieht er auch das veränderte Körperbewusstsein mit ein.
Es ist die Ära der Supermodels, die Körperkult und Fitness-Stu-
dios etablieren. Don Johnson führt in *Miami Vice* vor, dass ein
hautenges weißes T-Shirt allein nicht mehr ausreicht, um die markanten Konturen seines durchtrainierten Körpers zu unterstrei-
chen. Viel besser kommt die Kombination mit der fließenden Silhouette, die ihm das Armani-Jackett verleiht. Abends tragen
Frauen das Jackett am liebsten pur, höchstens ein Body aus kost-
barer Spitze darf zwischen Haut und Stoff. »Soft covering for hard
bodies« – »sanfte Hüllen für harte Körper«, ein Statement wird
zum Postulat für die gesamte Modeindustrie, das bis weit in die
1990er Jahre hineinreicht.
Bei allen Triumphen, die Armanis Mode feiert, ist sie nie extrem,
schrill schon gar nicht. Vergleicht man seine Jacketts der 1980er
Jahre mit denen anderer Designer wie Montana oder Mugler,

ARMANIZATION IV

Ich erzähle Ihnen die Wahrheit und Giorgio weiß es auch. Ich weiß überhaupt nichts über Mode und wusste noch weniger bevor ich den American Gigolo machte. Aber es war ein gewagtes, vorausschauendes Design, dass eine ganze Generation anderer Designer beeinflusste, ihre Träger und möglicherweise die Träumer im Kino.   Richard Gere

deren Schulterpolster die Ausmaße von Rugby-Spielern annehmen, so erscheinen seine Entwürfe zeitlos. Obwohl Armani in jeder Saison mit neuen Formen für das Jackett experimentiert – mal ist es so lang wie der dazugehörige Rock, mal übernimmt es die Kragenpartie vom Gewand eines indischen Gurus, mal ist es tailliert oder kurz wie ein Mieder, seine Seitenteile werden geschlitzt, gefältelt oder gewickelt –, ist es kaum möglich, sie zu datieren. Alles ist maßvoll kalkuliert und sitzt perfekt. Außergewöhnliches wird zum kunstvollen Einzelstück, das nie aufdringlich ist und sich mühelos kombinieren lässt. »Ich mag Mode, die man nicht sieht«, lautet Armanis Erklärung.

Die Modegöttin sieht nie mehr zurück, seit Jahrzehnten schaukelt sie tief schlafend in den Wolken ihres Olymp, nur einmal im Jahr

■ Armani für sie und für ihn. Die Austattung des Films *American Gigolo* mit Richard Gere und Lauren Hutton wurde Giorgio Armani übertragen – mit seiner Mode eroberte er Hollywood und Amerika im Sturm.

wischt sie sich neugierig die Augen und schaut, was die Stars zur Oscar-Verleihung tragen. Richard Gere hat Armanis Anzüge bereits 1980 in der Rolle des *American Gigolo* in Hollywood populär gemacht. Als »the Armanization of the Academy Awards« bezeichnet die US-amerikanische Modezeitung *Women's Wear Daily* die Tatsache, dass sich zahlreiche Stars alljährlich von dem italienischen Designer einkleiden lassen. »Ich möchte nicht die aufgedonnertste Person im Raum sein«, lüftet Jodie Foster das Geheimnis, »sondern die überzeugendste.«

ARMANI-JACKETT

BIOGRAPHIE

Giorgio Armani wird am 11. Juli 1934 in Piacenza, Italien geboren. Nach dem Zweiten Weltkrieg zieht die Familie nach Mailand. 1952 beginnt er ein Medizinstudium. Das bricht er nach zwei Jahren ab, vor allem weil er seine Familie finanziell unterstützen muss. Armani geht als Sanitäter zur Armee. Mitte der 1950er Jahre wird er Dekorateur im Kaufhaus La Rinascente in Mailand. Dort wird er nach kurzer Zeit Einkäufer für Herrenmode. Ab 1961 entwirft er für den italienischen Ausstatter Nino Cerrutti sieben Jahre lang Mode für Männer. Danach arbeitet er einige Jahre als freier Designer für verschiedene Hersteller. Zusammen mit Sergio Galeoti gründet er 1975 sein eigenes Label – heute ist es eines der kommerziell erfolgreichsten der Modegeschichte. Im Zentrum seiner Kollektionen steht immer wieder das Jackett, von dem er seit Anfang der 1990er Jahre 80000 Stück jährlich verkauft, eines kostet zwischen 1400 und 2000 DM. Im Jahr 2000 besitzt das Armani-Imperium fünf verschiedene Marken: Die Luxuslinie Giorgio Armani, die preiswertere Armani Collezione, die junge Emporio Armani, Armani Jeans und A/X Armani Exchange sowie zahlreiche Boutiquen rund um die Welt. Außerdem entwirft Armani Parfüms und Accessoires.

BESCHREIBUNG

Armani-Jackett:
Es ist das Resultat einer formalen Überarbeitung des traditionellen Herrenjacketts. Armani entfernt Brustversteifung, Belege und Futter. Er lässt die Schultern sanft gerundet erscheinen und verändert die gesamten Proportionen inklusive Revers, Ärmel und Knopfleiste. Der geschmeidige Fall des Jacketts wird durch strukturierte Stoffe, die matt schimmern, unterstrichen. Seit Mitte der 1970er Jahre wird das Jackett gleichermaßen von Männern wie Frauen getragen und etabliert nachhaltig den androgynen Kleidungsstil.

DATEN

Geschichte:
1974 Giorgio Armani löst das starre Konzept des traditionellen Herrenjacketts auf und entwirft das unstrukturierte Jackett für die Männermode.

1975 Entwurf der weiblichen Ausgabe des Jackett-Softies.

1975 Armani gründet gemeinsam mit Sergio Galeoti sein eigenes Label.

1976 In Mailand zeigt er seine ersten Kollektionen für Männer und für Frauen; im Mittelpunkt der Show steht das Jackett.

1977 Die Armanization Hollywoods beginnt, als Diane Keaton im Armani-Jackett den Oscar für die Rolle in Woody Allens Film *Annie Hall* (*Der Stadtneurotiker*) in Empfang nimmt.

1978 Giorgio Armani entwirft den »Power Suit«, den Hosenanzug für Frauen.

1980 Mit der Ausstattung für den Film *American Gigolo* mit Richard Gere in der Hauptrolle feiern Armanis Anzüge triumphale Erfolge, seine Mode wird zum Statussymbol, unzählige Ausstattungen für Hollywoodfilme folgen.

1984 Armani kleidet Don Johnson für *Miami Vice* ein.

1990 Martin Scorsese dreht den Kurzfilm *Made in Milan*, der die Überarbeitung des traditionellen Herrenjacketts zum Armani-Jackett nachvollzieht.

2001 Die Giorgio Armani-Ausstellung wird im Guggenheim-Museum in New York und in Bilbao gezeigt.

Lesenswert:
www.giorgioarmani.com

Germano Celant (Hg.): *Giorgio Armani*, Ostfildern 2000.

Sehenswert:
American Gigolo (*Ein Mann für gewisse Stunden*). Regie: Paul Schrader; mit Richard Gere, USA 1980.

Prêt-à-porter. Regie: Robert Altman; mit Anouk Aimée, Lauren Bacall, Sophia Loren, Marcello Mastroianni, Julia Roberts, Tim Robbins, USA 1994.

AUF DEN PUNKT GEBRACHT

Mit dem Jackett hat Armani ein Bekleidungsstück entworfen, an dem alles stimmt.

Billy – die Kanzlerablage
Ikea-Design

■ Es fing damit an, dass Ingvar Kamprad gerne verkaufte. Dafür wurde er 1989 zum »Schweden des Jahres in der Welt« gewählt.

■ Wer mit Gebrauchsanweisung und mitgelieferten Werkzeugimitationen umgehen kann, hat das stabile Regal schnell aufgebaut.

Eine Karriere als Bestseller, der sich über Jahrzehnte blendend verkauft, über den man aber keine weiteren Gedanken verliert, scheint Billy vorherbestimmt zu sein. Das Regal taucht 1978 im Ikea-Katalog auf und wird in den Folgejahren mit einer Produktionszahl jenseits der dreißig Millionen neben Thonet Nr. 14 das erfolgreichste Typenmöbel der Designgeschichte. Doch ein Skandal stoppt 1992 den ruhigen Karriereverlauf. Formaldehyd dünstet aus den Brettern. Unangekündigt verschwindet das beliebte Regal aus dem Sortiment, und erst ein Brief von Ex-Bundeskanzler Helmut Schmidt an die Geschäftsleitung ebnet den Weg für eine Resozialisierung der Giftschleuder. »Danke, Helmut« plakatiert Ikea kurz darauf. Aus einem schlichten Pressspanregal ist ein Möbelstück mit Geschichte geworden. Alle lieben Billy.

Den Regalen verdankt das schwedische Möbelkaufhaus seine Popularität. 1970 stellt Ikea mit Ivar ein Modell vor, das eine Alternative zum studentischen Einrichtungs-Nonplusultra aus Obstkiste und Bananenkarton darstellt. Ivar sieht mit den unlackierten Kiefern-Leiterstützen schon wie ein richtiges Regal aus, muss für

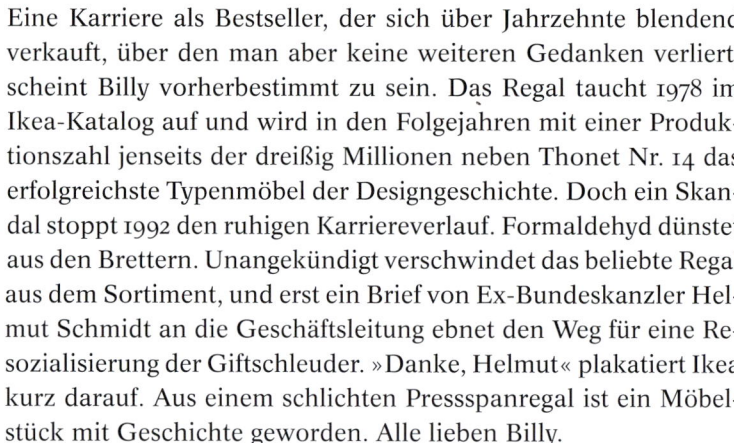

den sicheren Stand aber noch an der Wand befestigt werden. Nach Stühlen von Alvar Aalto und Arne Jacobsen wird Ivar zum skandinavischen *Leitmöbel* der nächsten Jahre. Das Regal ist bis heute im Programm – in Spanien auch dunkelgebeizt mit maurischen Türmchen auf den Rahmenenden. Acht Jahre nach seiner Einführung ist Ivars Kellerregal-Appeal nicht mehr unumstritten, die Zeit ist reif für Billy.

Billy ist ein Systemregal aus dem Lehrbuch. Es besteht aus wohlproportionierten Einzelelementen, die sich je nach Bedarf kombinieren lassen. Die für Ikea typische Bauweise mit versenkten Inbusschrauben und Steckmuttern, die jedes vierte Brett mit den Seitenteilen verbindet, sorgt für Stabilität und Variabilität. Das Regal braucht (zumindest in niedriger Ausführung) nicht an die

Wand geschraubt zu werden, und es verkraftet den Auf- und Abbau mehrerer Umzüge. Billy gibt es furniert in Birke, Buche, Esche oder folienbeschichtet in Braun, Weiß oder Silber. Mit seinen verschiedenen Oberflächen und Farben passt sich das Regalsystem jedem Einrichtungsstil an. Die lieferbaren Breiten (60 und 80 cm) und die unterschiedlichen Höhen (106 und 202 cm) sowie das Aufsatzregal (35 cm) ergeben in Verbindung mit den 20 mm starken Furnierbrettern optisch kompakte Einzelelemente. Zusammengestellt entsteht ein gestrecktes Raster, das durch seine ruhige Proportion die unruhige Oberfläche der Buchrücken auffängt.

In seiner langen Produktionsgeschichte wird das Regal ständig modifiziert. So ersetzt die 80-cm-Version eine anfangs lieferbare 90-cm-Variante. In dieser Breite wirkt das Regal unproportioniert und billig, was nicht allein an den schnell durchhängenden Regalböden der Extrabreitfassung liegt. Auch das schwarze Billy-Regal wird nicht mehr angeboten. Dafür finden sich jetzt Dekorfronten, Türen aus Holz und Glas, eine passende TV-Bank und verschiedene Beleuchtungssysteme im Programm, mit denen das schlichte Regal zur indirekt beleuchteten Schrankwand mit Sammeltassen-Vitrine umgemodelt werden kann. Doch je mehr an Billy herangeschraubt wird, desto deutlicher tritt hervor, dass dieses einfache Regal nicht verbesserbar ist; Billys Schlichtheit ist sein Erfolgsgeheimnis.

Ikea erscheint im richtigen Augenblick auf dem westdeutschen

■ Birke, Buche, Esche oder gleich Folie: Billy hat für jeden Stil die richtige Oberfläche.

■ Das Kind im »Kinderparadies« untergebracht, die Vornamen der Mitarbeiter im Ohr, und Billy im Einkaufswagen: 1974 wähnen sich Ikea-Kunden in einem sozialdemokratischen Traum.

Markt. Studentenbewegung und sozialliberale Koalition haben ein aufnahmebereites Klima geschaffen. Die Abkehr von wulstigen Polstergarnituren, pompösen Vitrinenschränken, schweren Stoffen und Zierkissen mit akkuratem Mittelknick – was Bauhaus und Ulmer Schule nicht vermitteln konnten, erledigt Ikea mit Ivar, Billy, Krumelur und Moppe. Lichte Farben, Transparenz und Klarheit werden zu Leitbildern, die Geschmack und Kaufverhalten verändern. Dass Ikea für sein Sortiment regelmäßig die Designklassik plündert, sie entweder schamlos kopiert – Thonet Nr. 14 taucht in recycelbarem Kunststoff als Ögla wieder auf – oder variiert – Roder, Orgel und Skyar heißen Ikea-Assoziationen zur Akari-Papierleuchte – wird eher als Cleverness interpretiert, wie auch die Ikea-Werbung, die Respektlosigkeit in den porentiefen Wahn der deutschen Werbesprache einführt. Mit Blödelzeilen wie »Auf nach Wohnolulu«, »Mit Herrn Nussbaum und Frau Palisander wollen wir nichts zu tun haben« oder der schlichten Drohung »Am 13. August vermöbeln wir unsere Konkurrenz« leistet Ikea in westdeutschen Werbeabteilungen Entwicklungshilfe.

Die Fahrt zur Industriehalle am Stadtrand wird dank Kinderparadies und Picknickmöglichkeit zum Familienvergnügen. Nicht die Amerikanisierung des Einkaufs mit riesigem Verkaufsgelände in Autobahnnähe, Großparkplatz und XXL-Einkaufswagen für die Kundschaft wird im Nachhinein mit den ersten Ikea-Ansiedlungen verbunden, sondern die Rundumbetreuung mit Kindergarten, Restaurant und hilfsbereitem Personal, das seine Chefs duzen darf. Damit verkörpert Ikea einen sozialdemokratischen Traum: gute Möbel für alle, Wohlfahrt ohne Grenzen und Chefs, die man duzt, wenn man ihnen ihr Bücherregal aufbaut. Danke, Helmut!

BILLY

BIOGRAPHIE

Ingvar Kamprad 1926 geben Feodor Kamprad, Erbe des Kamprad-Hofes Elmtaryd, und Berta Nilsson, deren Eltern einen florierenden Landhandel in Älmhult betreiben, die Geburt ihres ersten Sohns Ingvar bekannt. Früh fällt die Begabung des kleinen Jungen auf. Streichhölzer, Weihnachtskarten, Fische – alles, was Ingvar in die Finger bekommt, wird umgehend der Vermarktung zugeführt, »verkaufen wurde zu einer Art fixen Idee« (Kamprad). Mit 17 Jahren gründet er 1943 den Versandhandel Ikea, der aus der Küche seines Onkels die Kundschaft mit Schreibwaren, Nylonstrümpfen und Uhren versorgt. Zwischen 1943 und 1945 besucht der junge Geschäftsmann die Handelsschule in Göteborg, kümmert sich um seine Firma und engagiert sich in der Kampforganisation der schwedischen Nationalsozialisten Sven Olov Lindholm und Per Engdahl. Kamprads Jugendsünde löst 1994 in Schweden auch deshalb einen Skandal aus, weil sein Kontakt zur faschistischen »Neuschwedischen Bewegung« bis 1958 bestanden haben soll, was erst später widerlegt wird. Nach dem Militärdienst kümmert sich Kamprad wieder um sein Geschäft. 1951 wird bei Ikea die erste Million Kronen umgesetzt, 1958 das erste Möbelhaus in Älmhult eröffnet. 1986 übergibt Kamprad die Geschäftsleitung an Anders Moberg. Kamprad, der seit 1978 in der Schweiz lebt, wird 1989 zum »Schweden des Jahres in der Welt« gewählt.

BESCHREIBUNG

Billy:
Bausatz-Bücherregal aus 20 mm dicken Spanplatten, das von Inbusschrauben und Steckmuttern zusammengehalten wird. Oberfläche wahlweise in Buche, Birke, Esche furniert oder folienbeschichtet. Höhe 106/202 cm; Breite 60/80 cm; Tiefe 28 cm. Es werden Aufsatzregale, Eckelemente, Türen, Lampen und Unterschränke angeboten. Der Name des Designers ist nicht bekannt.

DATEN

Geschichte:
1943 Ingvar Kamprad lässt Ikea als Firmennamen registrieren. Den Namen bildet Kamprad aus seinen Initialen, Elmtaryd, dem Namen des elterlichen Hofs, und Agunnaryd, seinem Heimatdorf.

1951 Der erste Ikea-Katalog wird veröffentlicht.

1956 Ikea verkauft Bausatzmöbel in flachen Kartons.

1958 Im schwedischen Älmhult wird das erste Einrichtungshaus eröffnet.

1963 Am Stadtrand von Oslo eröffnet die erste Auslandsfiliale.

1965 Mit der Eröffnung der Stockholmer Niederlassung wird Selbstbedienung eingeführt.

1970 Das Regal Ivar wird in das Sortiment aufgenommen.

1974 In München-Eching wird die erste deutsche Niederlassung eröffnet.

1978 Das Regal Billy taucht im Katalog auf.

1993 Ikea besitzt 114 Verkaufsstellen in 25 Ländern.

1995 Auf der Mailänder Möbelmesse präsentiert Ikea das Konzept »Democratic Design«.

Lesenswert:
Bertil Torekull, Ingvar Kamprad: *Das Geheimnis von Ikea*, Hamburg 1998.

Sehenswert:
http://www.IKEA.de

AUF DEN PUNKT GEBRACHT

Billy erfüllt alle Anforderungen an gelungenes Design. Das Regal ist universell, funktional, variabel, mobil und preiswert. Billy ist klassenlos und auf der ganzen Welt zu Hause.

Sony Walkman – die Glücksmaschine
Akio Morita

■ Akio Morita wollte zu jeder Gelegenheit von Musik umgeben sein und erfand den Walkman.

■ Der erste Walkman aus dem Jahr 1979.

Dass Film im Kopf passiert, ist nicht erst seit Alfred Hitchcock ein Allgemeinplatz. Wer jedoch nach einem eindeutigen Beweis fahndet, muss bis 1979 warten. In diesem Jahr bringt Sony ein kleines, in seinem Metallgehäuse unscheinbar wirkendes Gerät heraus, das die Wahrnehmung der Welt weit mehr beeinflusst, als es Filme vermögen. Der Walkman lässt die Grenzen verschwimmen. Mit den Kopfhörern auf den Ohren und der Lieblingskassette im Gerät wird die Umwelt zur Filmkulisse und der Alltag zum aufregenden Erlebnis. Der kleine Kassettenspieler wird zum eskapistischen Ventil, das vollbesetzte Bahnen, lange Urlaubsflüge und emotionale Hoch- und Tiefpunkte nicht nur erträglich macht, sondern solchen Momenten Ereignischarakter verleiht. Der Walkman ist eine Glücksmaschine.

Pressman heißt der kleine Helfer, der ab 1977 bei Journalisten immer beliebter wird. Das Diktiergerät mit eingebautem Mikrofon ist klein, einfach zu bedienen und hält auch einen Absturz vom Schreibtisch aus. Die offizielle Legende schreibt Sony-Mitgründer Akio Morita den Einfall zu, aus dem unverwüstlichen Arbeitsgerät einen Kassettenabspieler für die ganze Familie zu machen. Passend zum Beginn der Sommerferien 1979 soll der Mini-Rekorder ausgeliefert werden. Der Verkaufsprofi Akio Morita kennt das Freizeit- und Kaufverhalten seiner Zielgruppe. Die glückliche Kombination aus Marketing und Technik ermöglicht den Erfolg dieses Geräts, das die Entwicklung der Unterhaltungselektronik der nächsten Jahre prägt.

LEGENDENBILDUNG
Weil Akio Morita mit seiner Frau auch unterwegs Musik hören will, beauftragt der Sony-Chef seine Techniker, das solide Diktiergerät Pressman mit zwei Kopfhöreranschlüssen zu versehen. Das Hörerlebnis gerät so eindrucksvoll, dass Morita kurz darauf die gesamte Technik aus dem Gehäuse entfernen und durch einen Stereoverstärker ersetzen lässt. Mit leichten Kopfhörern ist jetzt sogar ein Spaziergang mit Bachs Goldberg-Variationen drin. Der Walkman ist geboren. Akio Morita setzt die Produktion gegen den Widerstand seiner Berater durch. **Kurzfassung der Walkman-Legende**

■ Schon 1936 haben diese Damen den Wunsch, jederzeit ihren Kofferradios lauschen zu können.

TPS-L2 lautet die Typenbezeichnung des ersten Sony Walkman. Seine Herkunft vom Pressman ist dem Rekorder noch anzusehen. Ein gebürstetes Metallgehäuse, Schalter und Schieberegler, die so groß sind, dass man sie blind bedienen kann, setzen einen funktionalen Maßstab, hinter den die Walkmen der folgenden Generationen zurückfallen. Das blaue Gehäuse mit der silberfarbenen Schalterleiste ist größer und schwerer als die späteren Modelle, dafür wirkt es solider und umhüllt eine einfache Technik. Der Ur-Walkman wiegt 390 Gramm und zerlegt in kürzester Zeit jede bessere Jackentasche. Als Tonträger akzeptiert er nur Eisenoxyd-Normalkassetten, die für Sprachaufnahmen hervorragend geeignet sind, jedoch bei Musik – wer will schon die ganze Zeit Lesungen hören – durch schlechte Höhenwiedergabe auffallen. Der relativ gute Kopfhörer übermittelt die unterdurchschnittliche Klangqualität einwandfrei. Beliebt ist der Walkman trotzdem, vom ersten Verkaufstag an.

■ Im Februar 2001 ist der Walkman Teil des Mobiltelefons geworden. Bis zu zwei Stunden Musik können gespeichert werden.

Eine groß angelegte Marketingkampagne bereitet die Einführung des neuen Abspielgeräts vor. Dafür lädt Sony nach Tokio ein, wo den Journalisten im Yoyogi-Park die Neuentwicklung vorgestellt wird. Für die Präsentation der Weltneuheit wird extra eine Erläuterungskassette produziert. Rollerskater mit Walkmen kurven überall durch die Innenstadt, und auf der Prachtstraße Ginza bummeln Paare mit Kopfhörern auf den Ohren.

1958 wird der Firmenname Tokyo Tsushin Denki in Sony umgewandelt. Das Kunstwort ist aus dem lateinischen »sonus« (Ton) abgeleitet.

Nicht das Gerät selbst, sondern die Gesten und Bilder, die mit seinem Gebrauch einhergehen, stehen im Mittelpunkt der Kampagne. Damit propagiert Sony einen neuen Umgang mit Musik und etabliert eine ganz andere Art der Privatsphäre. Die Intimität des konzentrierten Hörens wird öffentlich, ohne wirklich öffentlich zu sein. Die Umstehenden können zwar nicht verfolgen, was den verzückten Ausdruck auf das Gesicht des Walkman-Hörers zaubert, sein Gesicht aber können sie sehen – das sollen sie sogar. Im gleichzeitigen Zurschaustellen und dem Vorenthalten von Intimität entwickelt der Walkman ein Geheimnis, das Sehnsüchte weckt. Sie zu erfüllen, fällt der Traummaschine nicht schwer. Sie ist Schlüssel zu einer virtuellen Welt, von deren Existenz vorher kaum etwas bekannt war.

Der Walkman wird zum Identität stiftenden Accessoire einer ganzen Generation. Zeig, was du hörst, und ich sage dir, wer du bist. Das Bekenntnis zur Musik und dazugehöriger Szene macht den Walkman unentbehrlich. Den Erkennungscode klebt Sony seit 1981 zusätzlich zum Firmenschild auf alle Geräte – »It's a Sony«. Die hohe Affinität des Walkman zu Moden, Wellen und Tendenzen lässt Sony immer neue Zielgruppen entdecken, denen ein passgenauer Walkman angeboten wird. Skater, Jogger, Skifahrer, alles, was jung und aktiv ist, wird mit bunten, stoßsicheren, Spritzwasser geschützten Modellen umworben. Mit aufwändigerer Technik und dezenterem Gehäuse wendet man sich ab 1983 mit dem WM 7 an sensiblere Gemüter. Camper und Umweltbewusste können einen solarbetriebenen Walkman kaufen, und Kleinkinder werden mit My first Sony verwöhnt. Selbst Profis werden nicht vergessen. Die Professional-Baureihe mit Metallgehäuse, manueller Tonaussteuerung, Eingängen für Netzkabel und externem Mikrofon wendet sich an Rundfunkjournalisten.

NAMEDROPPING
Der Walkman hieß nicht immer Walkman. Als TPS-L2 1979 herauskommt, wird er in den USA hölzern Soundabout genannt. In England versucht es die Marketingabteilung mit Stowaway (blinder Passagier!), und in Australien wird vom sportiven Freestyle geredet. Walkman heißt der Pressman-Abkömmling nur in Japan. Auf diesem Namen besteht Akio Morita. 1981 lässt Sony die Bezeichnung Walkman als Warenzeichen eintragen. Seither taucht der Walkman auch in den Lexika der Welt auf.

Als zur westdeutschen Marktführung 1979 die Musiker der Berliner Philharmonie mit Sonys jüngsten Produkt beschenkt werden, hat der Walkman die Hochkultur erreicht, bevor der Boom überhaupt einsetzt. Ob Karajans Geiger mit dem brummeligen Ur-Walkman etwas anfangen konnten, ist nicht überliefert. Dafür ist der Reiz, die eigene Musik im öffentlichen Raum zu erleben, seit 1979 nicht mehr allein Orchestermusikern vorbehalten. Der Walkman ist eine demokratische Glücksmaschine.

SONY WALKMAN

BIOGRAPHIE

Akio Morita wird 1921 geboren. Seine Eltern betreiben eine Sake-Brauerei. Mit dem Techniker Masaru Ibuka gründet er 1946 Tokyo Tsushin Denki. Mit Ausweitung der Exportgeschäfte 1958 wechselt das junge Unternehmen seinen Namen in Sony. Durch innovative Technik und modernes Styling gelingt Sony ein rasanter Aufstieg. Gefürchtet sind die Marketing-Offensiven des Konzerns, mit denen er seine Produkte lanciert. Ideen, strategische Weitsicht und Streitlust, wenn es gilt, die Handelspolitik Japans und der USA oder die mangelnde Qualität des internationalen Managements zu kritisieren, zeichnen den Konzernchef aus. 1989 überträgt er die Konzernleitung Norio Ohga. 1993 erleidet Akio Morita einen Gehirnschlag und zieht sich aus dem Geschäftsleben zurück. Er stirbt am 3. Oktober 1999.

BESCHREIBUNG

Sony Walkman:
Nach dem Duden ist ein *Walkman* ein »kleiner Kassettenrekorder mit Kopfhörern«. Gehäuseformen, -farben und –materialien unterliegen mittlerweile Modetrends. Von gebürstetem Metall bis zur gummierten Survival-Ausführung ist alles erhältlich. Ähnliches gilt für Modelle und Farbe der Kopfhörer. Technisch gehören solide Laufwerke und Tonköpfe für alle Bandsorten zum Standard. Die Aufnahmefunktion ist – wenn überhaupt vorhanden – mit eingebautem Mikrofon und automatischer Aussteuerung eingeschränkt. Abhilfe bietet hier nur die Sony-Professional-Serie, deren Modelle eine manuelle Aussteuerung und einen Mikroeingang besitzen.

DATEN

Geschichte:
1963 Philips stellt den ersten Rekorder für Kompaktkassetten vor.

1977 Der Verkauf des Diktiergeräts Sony Pressman beginnt.

1978 Sony-Chef Akio Morita drängt die Entwicklungsabteilung, aus dem Diktier-

gerät ein kleines Kassettenabspielgerät zu entwickeln, das noch vor den japanischen Sommerferien 1979 auf den Markt kommen soll.

Juli 1979 Der Verkauf von TPS-L2, dem ersten Walkman, beginnt. Die Erstproduktion von 60 000 Geräten ist innerhalb von vier Monaten ausverkauft.

1981 Sony lässt sich Walkman weltweit als Warenzeichen schützen.

1982 Prinzessin Diana ordert einen Walkman. Ein gut sichtbares Königswappen in Gold unterscheidet die royale Variante.

1983 Das Modell WM 7 macht den Walkman Hi-Fi-tauglich.

1983 WM-D6 heißt das erste Modell der bei Rundfunkjournalisten beliebten Professional-Baureihe.

1986 Der Begriff »Walkman« taucht erstmals im Oxford English Dictionary auf.

1987 Mit My first Sony wird der erste Kinder-Walkman vorgestellt.

1996 Die 21. Auflage des Duden vermerkt zwischen »Walking« und »Walkmühle« den Begriff »Walkman ®«.

2001 Trotz der Invasion von DAT, Discman und Memory Stick gehört der Walkman weiterhin zur unterhaltungselektronischen Grundausstattung.

AUF DEN PUNKT GEBRACHT

Der Walkman eröffnet eine neue Welt: Der Alltag wird Film. Doch das ist nur der Anfang. Mit dem Walkman beginnt der Siegeszug der Mikroelektronik. Er verändert die Lebens- und Kommunikationsgewohnheiten so grundlegend, dass mittlerweile selbst persönliche Telefongespräche in aller Öffentlichkeit geführt werden. Obwohl längst digitale und für das Internet taugliche Walkmen verkauft werden, hat die analoge Variante noch lange nicht ausgedient. Sie ist weniger störanfällig, einfacher zu bedienen und besitzt dieses mahlende Geräusch aus dem Laufwerk, mit dem sich das Nahen der Musik ankündigt.

Fiat Panda – Ode an den Nutzwert
Giorgetto Giugiaro

■ Giorgetto Giugiaro ist der erfolgreichste Designer der Automobilgeschichte.

■ Zum Ende seiner Karriere in Deutschland präsentiert Fiat den Panda in der Geschenkbox.

Glattes Blech, plane Scheiben, keine Türgriffe, ein einsamer Scheibenwischer und vier schmale Räder – so viel Verlockung bietet der Fiat Panda. Verweigerung ist das erste Signal, das von diesem Auto ausgeht. Angesichts der kastigen Karosserie erscheint der Name als händeringender Versuch der Marketingabteilung, aus dem neuen Modell etwas Knuddeliges zu machen – Panda, ein weicher Teddy für ein hartes Auto.

Wie weit sich Fiat mit diesem Modell vorgewagt hat, zeigen frühere Modelle wie der Topolino (»Mäuschen«) oder der 500er. Das sind kleine runde Autos mit gemütlichem Charme. Der Panda besitzt die nüchterne Ausstrahlung eines FCKW-freien Kühlschranks. In seiner Kargheit verweigert er jeden Kontakt zur übrigen Fiat-Modellfamilie. Besitzen die anderen alle Ausstattungsmerkmale, die auf das nächsthöhere Modell verweisen, grenzt der Panda sich ab. Lässt der Fiat 500 Wünsche aufkommen, die das Modell 600 oder später 850 perfekt erfüllen, gibt es beim Panda kein Drunter oder Drüber, kein Aufstiegsversprechen, aber auch keine Abstiegsdrohung.

1980 liegt Fiat damit im Trend. Rezession, steigende Energiepreise und ein beginnendes Umweltbewusstsein sorgen für neue Prioritäten beim Autokauf. Der Wagen soll seinen Zweck erfüllen und wenig Kosten verursachen. Genau das strahlt der Panda aus, vom Dichtungsgummigrau der Stoßstange über den an eine Heizkörperblende erinnernden Kühlergrill des Urmodells bis zu den Campingsitzen im Innenraum. Doch nicht Ärmlichkeit, sondern die Pfiffigkeit der technischen Lösungen bleibt in Erinnerung, nicht die dünne Polsterung der zierlichen Sitze, sondern ihre große Variabilität, die von einer Liegewiese über eine Kinderkrippe bis hin zum Transportabteil jede Nutzung zulässt. Ein Armaturenbrett fehlt, stattdessen gibt es als Instrumententräger einen Karton mit einem Tacho, ein paar Warnleuchten und den Hebeln für Heizung und Lüftung. Einzige Ablagefläche ist eine geräumige Wanne unter dem fehlenden Armaturenbrett. Der Panda ist Auto pur, nur das Notwendigste wird geboten. Der Panda ist ein Jeep

für die Stadt, klassen- und alterslos, reiner Nutzwert auf
Rädern.

Giorgetto Giugiaro hat den Panda mit seiner Firma
Ital Design entwickelt. Als junger Mann hat er für
Bertone an Traumwagen wie dem Ferrari
250 GT oder dem Iso Rivolta gearbeitet,
hat für Ghia den Maserati Ghibli und
den De Tomaso Mangusta entworfen. Giugiaro: »Ich habe mein Handwerk gelernt, indem ich teure Autos entwarf, aber
ein herkömmliches Serienfahrzeug zu entwer-
fen ist weit schwieriger. Ich habe mir die Frage der Ausführ-
barkeit immer bewusster gestellt, um zu einer für eine große Auflage geeigneten Form zu gelangen. ... Meine Entwürfe zeigen
Wege auf, die über die bestehenden Technologien hinausgehen.
Und genau auf dieser Ebene stoße ich auf die letzten Wider-
stände.«

■ Panda 1980: Kein Chrom,
viel Plastik und reichlich Blech,
die ersten Panda-Modelle
machten aus ihrer Kargheit
kein Geheimnis, es ging ums
Prinzip. In den Folgejahren
wurden die Polster dicker und
ein Kühlergrill betonte die
Nähe zum Rest der Fiat-
Modellfamilie.

Der Alfasud von Alfa Romeo, VW Golf und Passat sowie der Fiat
Uno sind die Giugiaro-Entwürfe der 1970er und frühen 1980er
Jahre, aber keines dieser Modelle ist so extrem wie der Panda. Seiner Karosserie meint man noch die
Schweißroboter anzusehen, die sie
zusammensetzten. Die Form versteckt
nichts und täuscht nichts vor. Sie besteht aus wenigen großen Blechteilen.
Es gibt keine Wölbung, keine Kurven,
nur Wellen, um größere Flächen zu
stabilisieren, Sicken für Schweißnäh-
te und Stanzkanten. Ausgangspunkt
dieser Form ist der Container. Giu-

VOM AUTO LERNEN
*Im Möbeldesign gibt es nicht Entwurf und Überprüfung
wie in der Automobilherstellung. Die Einrichtungsstoffe
zum Beispiel werden nicht erprobt. Wir unterwerfen
unsere Polsterstoffe Gebrauchstests. In der Welt der Autos sind die Verpflichtungen nicht ideeller oder kultureller
Natur. Sie sind sehr konkret.*   Giorgetto Giugiaro

giaro: »Eine wunderbare Form, die der reinen Funktionalität folgt.
Leider empfinden wir die besten Formen schnell als langweilig.
Aber wie oft ist gegen Funktionalität gesündigt worden!« Der
Panda ist die Quintessenz der Kompaktwagen, weniger geht nicht.

■ Der Panda besticht durch
pfiffige Detaillösungen und
Reduktion auf das Wesent-
liche.

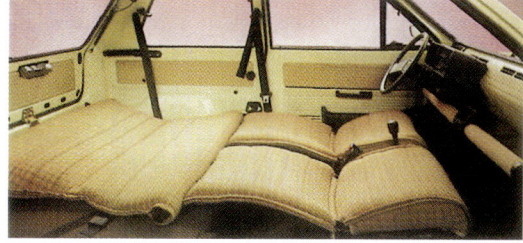

238

■ Auch beim Panda der letzten Baureihe behalten Lüftung und Heizung die meisten Schalter.

Die Enthaltsamkeit wird bei der Werbung für das neue Modell zum Problem. Wo jedes Statusdenken vermieden wird, scheint Sachlichkeit gefragt zu sein. Die ersten Prospekte heben »enganliegende Radzierblenden« hervor, verweisen auf »Himmel, Fußboden und Innenverkleidung abgestimmte Sitzbezüge« und vergessen auch die neue »Schalthebelstulpe« nicht (die Gummimanschette am Schalthebel). Mehr Erfolg hat eine Kampagne, die den Panda so bezeichnet, wie Giugiaro seinen Entwurf sieht, als »tolle Kiste«. Der Text zum Foto eines roten Pandas in der Abendsonne: »Eines Tages stand vor seinem Haus ein kantiges Ding. Kein Chrom, keine Zierleisten, kein Plüsch. Er sei auch so einer, hieß es. Man habe es ja gleich gewusst.« Bei einem anderen Motiv lautet der Text: »Gesucht: Fahrer, die den Club of Rome nicht für eine neue heiße Disco halten.«

Der Panda wird kein Statussymbol, sondern ein erfolgreicher Imageträger, was im Endeffekt auf dasselbe hinausläuft und sich in hervorragenden Verkaufszahlen niederschlägt. Bis zum Jahr 2000 werden über vier Millionen Pandas verkauft, 330000 allein 1989. Die 1980er Jahre mit ihrer Begeisterung für Effizienz und Leistung, die sich in der Renaissance von Glas, Chrom, kantigem Design, Halogen und Neonlicht niederschlägt, finden im Panda ihre ideale Verkörperung. Das Absacken der Verkaufszahlen in den 1990er Jahren beantwortet Fiat mit dickeren Polstern, Aschenbechern für die Rückbank und breiten Reifen. Selbst Allradantrieb und Automatikgetriebe werden angeboten. Doch ein Container auf Rädern bleibt ein Container auf Rädern, auch wenn Leichtmetallfelgen die Kiste zum Rennwagen erklären. Gebaut wird der Panda trotzdem bis über die Jahrtausendwende, nur kaufen kann man ihn in den meisten europäischen Ländern nur noch auf Bestellung. Sein Nachfolger heißt Cinquecento, was an das knubbelige Modell 500 erinnern soll. Etwas mehr Auto bietet der Seicento, der Sechshunderter. So einer Ordnung hat sich der Panda immer widersetzt.

HART, HOCH, KURZ

Das wahre Meisterwerk Giugiaros scheint jedoch der Panda zu sein. Um die Vorzüge dieses Autos zu erkennen, braucht man den Vergleich mit dem Lancia Delta, ebenfalls von Giugiaro. Der Delta war von der »weichen Technologie« der Deutschen beeinflusst, voller Komfort und ergonomischer Kunstgriffe. ... Der Panda dagegen ... orientiert sich aus rein wirtschaftlichen Gründen an der »harten Technologie« der Franzosen. Es verschwinden die Türgriffe, und zum Öffnen der Tür taucht die Hand in eine eigens dafür vorgesehene Öffnung. ... des weiteren gibt es keine Fächer (sie wären zu teuer). ... Der Panda ist das erste Fahrzeug, bei dem die Umkehrung der Dimension versucht wird: ein kurzes und hohes Auto, wobei alles weggenommen ist, was nach außen vorsteht.

Attilio Marcolli

FIAT PANDA

BIOGRAPHIE

Giorgetto Giugiaro wird am 7. August 1938 in Garessio geboren. Mit 17 beginnt er bei Fiat unter der Leitung des legendären Ingenieurs Dante Giacosa zu arbeiten. »Ich hatte verstanden, dass man den Produktionsprozess kennen musste, um den Autos einen ästhetischen Inhalt zu geben.« 1959 engagiert Nuccio Bertone den Fiat-Mann. Das Alfa Romeo Coupé 2000 ist Giugiaros Einstand bei Bertone. Traumwagen wie der Ferrari 250 GT und Iso Rivolta, aber auch Serienmodelle wie der BMW 3200 CS und Fiat 850 Spider entstehen. Zwischen 1965 und 1968 entwirft Giugiaro bei Ghia unter anderem den De Tomaso Mangusta und den Maserati Ghibli. 1968 gründen Giugiaro, Aldo Mantovani und Luciano Bosio Ital Design, die ihren Kunden neben dem Entwurf der Karosserie auch die Konstruktion von Fahrzeugelementen, die Entwicklung der Produktionsmethoden bis hin zum fertigen Auto anbieten. So entstehen 1978 bei Ital Design für BMW 456 Exemplare des Supersportwagens M1. Ende der 1970er Jahre beginnt Giugiaro auch auf anderem Gebiet zu arbeiten. Zu den Auftraggebern gehören: Nikon (F3-Kameragehäuse), Seiko (Armbanduhr), Cigala und Bertinetti (Motorjacht), Shoei (Integralhelm), Bridgestone (Fahrrad), Barilla (Nudel) und Fulda (Reifenprofil). Giugiaro: »Wenn ich ein Modell beende, fühle ich mich leer. Nach einem kurzen Moment der Unsicherheit bringe ich mich wieder unter Spannung, um auf den Füßen zu bleiben.«

»Trotz allen Respekts vor der Vergangenheit lassen wir uns doch zu allererst von der Moderne und ihren Einflüssen inspirieren.«, Giorgetto Giugiaro

BESCHREIBUNG

Fiat Panda:
Fünfsitziger Kleinwagen von 3,40 Meter Länge und 1,49 Meter Breite. Selbsttragende Stahlkarosserie mit quer eingebautem Vierzylinder-Reihenmotor und Frontantrieb.

Panda Trekking 4x4 nennt der Expeditionsausrüster Volker Lapp 1992 seine Modifizierung eines vierradgetriebenen Panda-Geländewagens. Herausragendes Merkmal sind die von einem Kompressor aufblasbaren Schwimmkammern, die an den Stoßstangenhalterungen befestigt sind. Ein Aussenbordmotor macht einen so ausgestatteten Panda zum Schwimmwagen. Mit einem zusätzlichen Rammschutz, verstärktem Unterboden, Sandblechen und Schaufeln, ist ein Panda jetzt für alle Eventualitäten ausgestattet. Der Motor läuft auch nach dem Eintauchen in tiefe Wasserlöcher weiter. Der Vergaser bezieht seine Luft aus dem Innenraum. Erst wenn der Wasserpegel die Ablagemulde unter dem Lenkrad erreicht ist Schluss.

DATEN

Geschichte:
1976 Giugiaro präsentiert dem Fiat-Management erste Entwürfe.

1980 Der Fiat Panda hat auf dem Genfer Autosalon seine Premiere.

1983 Der allradgetriebene Panda 4x4 wird vorgestellt.

1990 Mit dem Fiat Elettra geht die Panda-Elektroversion in Serie.

1991 Mit dem Selecta wird der erste Automatik-Panda angeboten.

1997 Der in 31 Ländern angebotene Panda wird in Deutschland aus dem offiziellen Fiat-Programm genommen.

2000 Mehr als vier Millionen Pandas sind vom Band gelaufen.

Lesenswert:
Silvia Giacomoni, Attilio Marcolli: *Italienische Designer*, München 1990.

Sehenswert:
http://www.italdesign.it
Auf der Ital-Design-Homepage befinden sich neben einem Panda-Special auch Informationen zur Firmengeschichte sowie eine Produktübersicht.

AUF DEN PUNKT GEBRACHT

Der Fiat Panda ist Auto pur. Vier Räder, ein Motor, Sitze, Stauraum und ein Dach über dem Kopf, mehr gibt's nicht. Sein Konzept ist unübertroffen.

Carlton – Götze in Laminat
Ettore Sottsass

Die Gottheit hebt ihre acht Arme. Das oberste Paar lässt seine Muskeln spielen. Das Paar darunter fordert Beifall, das nächste streckt sich in die Breite, und das unterste Paar lässt die Arme hängen. Der kantige Kopf ist leer, aber ist er wirklich leer? Das rätselhafte Gebilde ruht auf einem Sockel. Bereit zur Anbetung, steht vor uns das Kultobjekt einer fremden Religion. Allein die Farben verwirren, sie erzählen eine andere Geschichte.

Können Möbel erzählen?

Das Regal Carlton von Ettore Sottsass weckt Neugier. Nicht Bücher, Mappen, Kästen und Platten, die es zu tragen gilt, nicht die Funktion wird hier inszeniert. Mit Carlton entfaltet Sottsass einen ganzen Fragenkatalog. Welche Bedeutung drückt ein Objekt aus und wodurch? Wann wird es zur Metapher und warum? Carlton fordert zur Ansprache heraus, zum Widerspruch. Carlton ist Kommunikation, womit sich die Frage nach der Funktion neu stellt. Ist Carlton überhaupt ein Regal?

Am 18. September 1981 gehört Carlton zu den Attraktionen der ersten Memphis-Vernissage. Memphis ist der Name einer Designergruppe, zu der neben Ettore Sottsass unter anderem Michele de Lucchi, Andrea Branzi, Michael Graves, Matteo Thun, Hans Hollein, Arata Isozaki, Natalie du Pasquier und Masanori Umeda gehören. Memphis setzt fort, was Ende der 1970er Jahre mit der Gruppe Alchimia begonnen hat. Alchimia und Memphis begründen das postmoderne Design.

Protest gegen das Diktat der Moderne eint 1976 die Mitglieder, die sich zum Studio Alchimia zusammenschließen. Entwicklung und Verbreitung der Mikroelektronik wandeln Industrie und Gesellschaft, ohne im aktuellen Design eine Spur zu hinterlassen. »Form follows function«, das von Louis Henry Sullivan Ende des 19. Jahrhunderts formulierte Glaubensbekenntnis der modernen Architektur, hat eine seiner wesentlichen Voraussetzungen verloren, die

Sichtbarkeit. Wo Funktion nur noch eine Frage der Leistungs-
fähigkeit eines Chips ist, braucht sich die Form nicht länger un-
terzuordnen.

Studio Alchimia bläst zum Angriff auf die Klassik. Ausstellungen
und Performances bekommen Namen wie »Bauhaus 1« und präsentieren Marcel Breuers Wassily-Sessel, den hochlehnigen Mac-
intosh-Stuhl oder Thonet Nr. 14 mit bunten Fähnchen und Kugeln
verziert neben einem Supermarkt-Blumenzerstäuber aus Kunststoff in ähnlicher Dekoration. Dem Zig-Zag-Stuhl verpasst Alessandro Mendini eine gestreckte Rückenlehne in Kreuzform, was
der strengen Design-Ikone von Gerrit Rietveld das Aussehen eines

■ Bücherregal Carlton: Die
Form verweigert der Funktion
die Gefolgschaft und Dekoration ist nicht länger ein
Schimpfwort.

OBJEKT UND LEBEN
*Wenn du die Funktion
eines Objekts genau un-
tersuchen willst, zerrinnt
sie dir zwischen den Fin-
gern, weil sie ein Teil des
Lebens ist. Funktion be-
deutet nicht eine Schrau-
be mehr oder weniger.
Funktion ist der Schnitt-
punkt zwischen Objekt
und Leben.*
Ettore Sottsass

■ La stanza magica hat Ettore Sottsass für Akomena entworfen. Die mystische Wirkung der Farben entsteht durch den einmaligen Glanz der Mosaiksteinchen – zu erleben im Museo dell'Arredo Contemporaneo, Ravenna.

zerknitterten Grabkreuzes gibt. Doch nicht nur Klassiker fallen dem Redesign zum Opfer. Auch biedere Möbelkonfektion wird unter der Hand von Alessandro Mendini zum farbenfrohen Unikat. Die Objekte von Alchimia sind ein Amalgam aus Kitsch und Kunst, ein selbstzerstörerischer Amoklauf gegen das Establishment, nach dem ein neues Design erst möglich wird. Alessandro Mendini: »Die Avantgarde ist dazu verurteilt, eine isolierte, aristokratische, begrenzte, kurze Rolle zu spielen: Eine Art schwächendes Programm der Selbstaufopferung verzehrt und zerstört sie, bevor sie in weiten Kreisen akzeptiert wird.«

Diese Perspektive ist Ettore Sottsass zu pessimistisch: »Man bekennt sich zur Konsumgesellschaft und konsumiert, ohne moralisierend zu sein, und erhält dadurch neue Perspektiven.« 1980 löst er sich von Alchimia. Im Winter desselben Jahres formiert sich die Memphis-Gruppe. Man traf sich, erinnert sich die Memphis-Chronistin Barbara Radice, in Sottsass' Wohnzimmer »mit Vino bianco, Musik, Anregung, Lachen und Rauchen. Keiner sprach an diesen Abenden über Design. Niemand sprach über Formen, Farben, Stil und Dekoration. Wie durch Telepathie oder höhere Gewalt wusste jeder, was er zu tun hatte, was der andere dachte, oder gab es zumindest vor. Jeder behielt seine Zweifel für sich.«

1981 überträgt Memphis das Pamphlet in die Produktion. Die mit ihren Prototypen und Redesign-Objekten im Kunstgewerbe steckengebliebene Kritik von Alchimia bekommt ihre seriell gefertigte Entsprechung, »im Grunde eine Boutiquenversion von Protest, bei der von vornherein die Zustimmung eines bürgerlichen Publikums nach einem gewissen Sich-Zieren sicher ist«, befindet Volker Fischer, der 1995 mit Volker Albus im Frankfurter Museum für Kunsthandwerk die Bilanz-Ausstellung präsentiert, Titel: »13 nach Memphis«.

Bei Memphis ist das Dekor von zentraler Bedeutung. Die Form verweigert der Funktion die Gefolgschaft. Sottsass: »Die Dekoration, wie wir sie verstehen, schließt auch eine Missachtung der konstruktiven Struktur ein.« Das Design verbindet eine Summe einzelner Formen und sucht, so Sottsass, ihre »dekorative Identität. Ein Memphis-Tisch ist Dekoration. Struktur und Dekor sind identisch.« Laminatfurnier ist die bevorzugte Oberfläche. »Die Ikonographie der Verpackung ... stammt aus dem unorganisierten Chaos von Vororten und Metropolen. Brutal dekorativ, grafisch formuliert und oft mit Namen versehen, die an Comic Strips erinnern«, fasst Barbara Radice zusammen. Comic, Punk, Film liefern die Vorbilder und Bezüge für ein Design, das sich als Teil der Popkultur definiert und nicht länger elitär sein will. Die Memphis-Muster werden begierig übernommen. Dekofolien, Haushaltsartikel, Geschenkpapier und Bettwäsche, nichts ist sicher vor den mehr oder weniger gelungenen Nachahmungen von Bacterio, Spugnato und Co. Auch die Farbgebung, die den Gegenständen die Anmutung von Kinderspielzeug verleiht und jeden Diskurs zu verweigern scheint, wird

■ Gottheit, Kaktus oder Cartoon: Comic, Punk und Film liefern die Bezüge. Der Casablanca von Ettore Sottsass.

Ich glaube, dass Design nie eine mehr oder weniger dramatische oder lustige Geschichte dargestellt hat oder darstellen wird. ... Vielmehr war es immer eine Metapher der Kulturgeschichte – wobei Kultur als anthropologische Dimension zu verstehen ist, als Weltanschauung, wie es im Deutschen heißt.
Ettore Sottsass, 2000

■ Manchmal muss man den Dingen einfach eine andere Richtung geben. Suvretta hat die Wirkung eines Strukturbildes, es rhythmisiert den Raum.

zum Modetrend. Sottsass: »Ich war immer auf der Suche nach nicht kultivierter Farbe wie etwa Kinderfarbe. ... Keiner wollte verstehen, dass man Farbe in Bereichen suchen musste, wo noch niemand sie abgenutzt hatte.« Memphis gibt der Dekade ihre Farbe, vor Memphis gibt es kein Entkommen.

»Jede Kritik landet in der Boutique« – Volker Fischers Einwurf dreizehn Jahre nach Memphis ist für Ettore Sottsass die letzte Bestätigung der Memphis-Idee. Sottsass: »Es ist kein Zufall, dass Leute, die für Memphis arbeiten, keine metaphysische ästhetische Idee anstreben, nichts Absolutes, schon gar nicht Ewigkeit. Heute wird alles, was man produziert, verbraucht. Es wird dem Leben gewidmet, nicht der Ewigkeit.« 1988 verlässt Ettore Sottsass die Memphis-Gruppe, um sich wieder der Architektur zuzuwenden. »Memphis beschäftigte mich zu sehr, und vor allem hatte ich genug davon, mich von den Medien mit Memphis identifizieren zu lassen.«

Und heute? Noch immer hebt die Gottheit ihre acht Arme für den Betrachter. Doch ob es sich bei Carlton um ein Kultobjekt handelt oder nicht, ist mittlerweile zur Frage der richtigen Beleuchtung geworden. Zu oft wurde es abgebildet. Michael Graves' Wasserkessel mit dem Vögelchen auf der Tülle, Matteo Thuns abstürzende Kannen, Nathalie du Pasquiers archaische Stoffmuster, Michele de Lucchis Spielzeuglampen und die Regal-Gottheit von Ettore Sottsass haben das Moment der Überraschung verloren. Trotzdem schreibt Barbara Radice im Rückblick: »Als ich Memphis-Eröffnungen in London, Los Angeles, Mailand, Tokio, San Francisco und New York erlebte, wunderte ich mich oft über die seltsame Kraft, die ein ungewöhnlich heterogenes Publikum in Atem halten konnte, eine Kraft, die eine Möbelausstellung in ein ekstatisches Ereignis verwandelte, in eine momentane kollektive Trance, eine Art esoterische Einweihung, die das Eingehen in eine besondere kultische Kaste kennzeichnet.«

DESIGN UND POPKULTUR

Für die mythischen Altäre ihrer Fernsehapparate wollen die Leute vor allem Stars. Und Stars wachsen nicht wie gewöhnliche Sterbliche auf. Sie studieren nicht, für sie gibt es scheinbar keine Anstrengungen. Sie erscheinen durch eine magische Geste zum Erstaunen aller Anwesenden mit der Perversität, die Wunder an sich haben. Wahrscheinlich hatte Memphis Erfolg, weil es im richtigen Moment das sagte, was die Leute hören wollten. ... Auf jeden Fall muss die Öffentlichkeit von den gelähmten und lähmenden Strukturen des »echten Designs« übersättigt und ermüdet gewesen sein.

Barbara Radice

CARLTON

BIOGRAPHIE

Ettore Sottsass wird am 14. September 1917 als Sohn von Antonia Peintner und Ettore Sottsass in Innsbruck geboren. Die Familie lebt im Trentino. 1929 ziehen die Sottsass nach Turin, wo Ettore jun. am Polytechnikum Architektur studiert. 1945 gründet Sottsass sein erstes Büro und übernimmt Architektur- und Designaufträge. 1958 beginnt die langjährige Zusammenarbeit mit Olivetti, deren wichtigster Gestalter er für mehr als 20 Jahre ist. Während eines langen Krankenhausaufenthaltes in Palo Alto und San Francisco freundet sich Sottsass 1962 mit den Schriftstellern Allen Ginsberg, Philip Whale, Neal Cassady, Michael McClure und Shig Murao an. Sottsass' Beschäftigung mit Literatur, Völkerkunde und Psychologie liefert den biographischen Hintergrund, der ihn Ende der 1960er Jahre zur zentralen Figur des Radical Designs werden lässt. Radical Design wendet sich gegen den herrschenden Konsum- und Objektfetischismus des Establishments. 1978 beginnt die Zusammenarbeit mit Alchimia. 1981 gehört Ettore Sottsass zu den Gründern von Memphis, die in den folgenden Jahren zur prägenden Kraft des postmodernen Designs wird. 1988 verlässt Sottsass die Gruppe. Neben Industriedesign und Inneneinrichtung beschäftigt sich das 1980 gegründete Mailänder Atelier Sottsass Associati mit Architektur, Graphik und Corporate Design.

BESCHREIBUNG

Carlton:
Farbiges Regal aus laminatbeschichtetem Holz.

»Es hat mich nie interessiert, ob meine Objekte von Armen oder Reichen gekauft werden. Ich wollte experimentieren und meine Neugier befriedigen. Das ist ein Luxus, den man finanzieren muss. Natürlich schätze ich den Ansatz der Ulmer Schule, die Objekte für die breite Masse konzipierte. Sie hatte die Vorstellung, dass gutes Design die Grundlage für eine gute Gesellschaft sei. Das Projekt ist gescheitert.« Ettore Sottass

DATEN

Geschichte:
1980 Der Möbelfabrikant Renzo Brugola will avantgardistische Möbel nach Entwürfen der Gruppe um Ettore Sottsass produzieren.

1980 Bob Dylans *Stuck Inside of Mobile With the Memphis Blues Again* begleitet am 11. Dezember ein Designertreffen in Ettore Sottsass' Wohnung. Die Gruppe einigt sich auf den gemeinsamen Namen Memphis.

1981 Carlton wird auf der ersten Memphis-Vernissage am 18. September in der Mailänder Design Gallery präsentiert.

1988 Ettore Sottsass erklärt seinen Rückzug aus der Memphis-Gruppe.

Lesenswert:
Barbara Radice: *Ettore Sottsass. Leben und Werk*, München 1993.

Barbara Radice: *Memphis Design*, München 1988.

Besuchenswert:
La stanza magica ist zu sehen im Museo dell'Arredo Contemporaneo, Ravenna

---

AUF DEN PUNKT GEBRACHT

Carlton ist kein Regal, sondern eine seriell hergestellte Skulptur, die dazu einlädt, Gegenstände auf ihr abzulegen. Wer sich Carlton ins Zimmer stellt, sollte Deckenhöhe und Raumgröße im Auge behalten. Carlton liebt den dramatischen Auftritt.

Swatch – Trendbarometer mit Uhrenfunktion
Swatch

■ Swatch ganz groß – nicht nur für das Handgelenk, auch für die Fassade eines Hochhauses produziert Swatch während der Olympiade 1996 in Atlanta die richtige Uhr.

Neue Technologien treiben Betriebe, die auf ihre traditionellen Produktionsmethoden Wert legen, nicht selten in den Abgrund. Um 1980 geht es der Schweizer Uhrenindustrie so. Der Stolz auf Jahrhunderte alte Tradition und feinmechanische Präzision bei der Uhrenherstellung trübt den Blick auf die Gegenwart. In den Jahren zwischen 1977 und 1983 halbiert sich das Ausfuhrvolumen, von 90 000 Arbeitsplätzen bleiben knapp 40 000. Die Schweizer Uhrenindustrie bekommt die nivellierende Wirkung von High-Tech zu spüren. Um eine Uhr zu bauen, die funktioniert, wird kein feinmechanisches Meisterstück mehr benötigt, sondern ein simples Quarzuhrwerk und moderne Produktionstechnik. Um gut zu sein, muss eine Uhr 1983 nicht mehr aus der Schweiz kommen, und sie muss auch nicht teuer sein.

Die Situation ergibt die klassische Ausgangslage für ein radikales Redesign. Doch auch hier sind die Grenzen eng gesteckt. Rund oder eckig, Zifferblatt oder LED-Anzeige, großer oder kleiner Sekundenzeiger, mit Datum oder ohne – es gibt zwar Entscheidungsspielräume, tatsächlich werden Uhren um 1980 aber eher als individuelle Schmuckstücke begriffen. Ein wiedererkennbares Design mit entsprechendem Marketing widerspricht dem Charakter der Armbanduhr. Die Uhrenindustrie ist nur mit einer Neudefinition zu retten.

Die Entwicklungsabteilungen der Allgemeinen Schweizerischen Uhrenindustrie AG (ASUAG) und der Société Suisse pour l'Industrie Horlogère SA (SSIH) quälen sich in dieser Zeit mit einem anderen Problem. 1978 hat Seiko eine 2,5 mm flache Uhr auf den Markt gebracht. Nicht schweizerische, sondern japanische Uhrmacher setzen die technischen Maßstäbe. Das geht an die Berufsehre. Fünf Monate später zieht die ASUAG mit einer 1,98 mm flachen Uhr nach, die den martialischen Namen Kaliber 999 bekommt. Werksintern wird das edle Goldstück »Delirium tremens« genannt. Was den medizinische Ausdruck für das letzte Stadium der Alkoholkrankheit mit dieser Uhr verbindet, bleibt ein Geheimnis. Die Uhr ist so flach, weil die traditionelle Gliederung in Gehäuse, Gehäuseboden und Uhrwerk aufgegeben wird. Der Gehäuseboden ist bei Kaliber 999 integraler Bestandteil des Uhr-

werks, über das zuletzt das Uhrglas gesetzt wird. Die Konstruktion macht die Uhr nicht nur flach, sie lässt sich auch preiswerter produzieren. Eine solche Uhr, ohne Gold und frivolen Namen, ist das nächste Ziel der Entwickler. In einem Kunststoffgehäuse nimmt »Delirium vulgare« (Werksname) mit vereinfachter Mechanik Gestalt an. Sie ist als Unisex-Modell konzipiert und besteht aus nur noch einundfünfzig Einzelteilen. Ihr Goldvorläufer benötigt einundneunzig Teile für den korrekten Lauf. ASUAG und SSIH, die in der Krisenzeit zusammengefunden haben, wissen 1981 nicht, was sie mit der neuen Billiguhr inklusive der entwickelten Mikrospritzguss-Technik anfangen sollen. Als das Projekt aufgegeben werden soll, greift Nicolas G. Hayek ein, der die Uhr in der Produktpalette des Konsortiums verankert.

Hat die Welt auf eine Kunststoffuhr gewartet? Die Distanz im Management zur Neuentwicklung ist aus heutiger Sicht verständlich. Wie soll man mit einem billigen No-Name-Produkt, das dazu auch noch erschreckend zuverlässig funktioniert, Geld verdienen? Das Image der Schweizer Uhrenindustrie basiert auf mehr oder weniger gediegener Handwerkskunst. All das wird von der neuen Uhr in Frage gestellt, die in ihrem Gehäuse viel zu billig aussieht, als dass sie aus der Schweiz kommen könnte. So wird der Name für die Neue zum Bekenntnis. Swiss Watch wird zu Swatch zusammengezogen.

Im nahegelegenen Mailand führen die Memphis-Designer gerade vor, wie man einen Stil lanciert, wie man aus Bett, Tisch, Stuhl und Regal Ereignisse macht und vor allem wie man damit Geld verdient. Die Protest-Attitüde von Memphis, die jedes Unbehagen an der bunten Resopalästhetik als maulenden Konservatismus denunziert, wird die zentrale Geste des Swatch-Marketings. Unangepasst, vorurteilsfrei, jung sind die herausgestellten Attribute, mit der vom Sockel geschubst wird, was die Uhr seit je her bedeutete. Eine Swatch zur Konfirmation oder vielleicht als Erbstück? Eine Swatch taugt noch nicht einmal als Treueprämie für verdiente Mitarbeiter.

War der designtheoretische Aufwand, mit dem Memphis die Kampflinie zwischen Design und Dekor verwischte, noch beträchtlich, ist Swatch

■ Rekord-Swatch – die Uhr an der Frankfurter Commerzbank bringt Swatch 1984 den Eintrag ins Guinnesbuch der Rekorde.

»Swatch ist nicht nur eine Uhr, die Marke bedeutet gleichzeitig auch einen gewissen Lebensstil. Zehntausende von Fans finden Gleichgesinnte im Swatch-Club.«
Swatch-Pressetext, 2001

SAMMLER UNTER SICH
Swatch the Club all over the World, das ist die gelebte Message von Swatch. Kommunikation unter Gleichgesinnten über Länder-, Sprach- und Rassegrenzen hinweg. Für Leute jeder Altersgruppe. … Leute, die sich mit der Marke solidarisieren und mit großer Begeisterung dafür einsetzen. Das Bedürfnis nach einem offiziellen Swatch-Sammlerclub wurde laut. Als deshalb im Jahr 1990 der »Swatch Collectors of Swatch« aus der Taufe gehoben wurde, fand er sofort begeisterten Anklang. Swatch-Pressetext, 2001

■ Aus dem Smart-Projekt zog sich die Swatch-Gruppe zurück.

SAMMLER AN DER LEINE

Der klassische Sammler war getrieben von der Sehnsucht nach Ordnung. Den Zufall des Fundes verwandelte er in die Systematik seiner Sammlung. ... Diesem Grundbedürfnis allen Sammelns hat schon das Prinzip Sammeltasse den Garaus gemacht. Der Produzent ersinnt die Kollektion, der Sammler hat sie nachzuvollziehen. Wer Schmuckteller von Rosenthal oder Designer-Fruchtgummis von Andrea Anastaso sammelt, ist der Chuzpe des Herstellers ausgeliefert, der ihm sein Sammelprogramm vorgibt.
Wolfgang Pehnt, 1996

reines Dekor. Das Gehäuse bleibt nicht nur immer gleich, als Piktogramm wird der Uhrenumriss des Grundmodells Teil der Corporate Identity, der leicht stilisiert auf Firmenbriefbögen genauso auftaucht, wie als Signet in Prospekten und Plakaten. Swatch ist Dekor, die Uhr will auch gar nichts anderes sein. Erst Farbe, Muster, Bebilderung machen die Swatch zur Swatch, zu einem Artikel, der in regelmäßig wechselnden Kollektionen aufgelegt allen Modeströmungen unterliegt. Bewegen sich die siebenundzwanzig Unisex-Modelle der ersten Kollektion noch im Gestaltungsrahmen herkömmlicher Armbanduhren, wird die Farbgebung nach der Aufteilung in Swatch Gent und Swatch Lady mutiger. 1984 übernimmt man nicht nur Farben und Muster, sondern auch die Zitierfreude des Memphis-Designs. Don't be too late, High Moon und Nicholson heißen die Uhren jetzt, die längst Sammlerstücke sind. Folgerichtig kommt 1985 die erste Art Swatch heraus. Die von Kiki Picasso gestaltete Uhr wird bei einem Happening im Pariser Centre Pompidou an einhundertvierzig Zuschauer verteilt.

Alchimia-Vordenker Alessandro Mendini, der Musiker Jean-Michel Jarre, die Grafiker Keith Haring und Neville Brody, der Multimedia-Künstler Nam June Paik, die Filmregisseure Pedro Almodóvar und Robert Altman, die Modemacher Paco Rabanne und Vivienne Westwood, die Fotografin Annie Leibovitz und die Avantgardistin Yoko Ono sind Teil einer Künstlergalerie, mit der Swatch im Niemandsland zwischen Kunst, Kitsch, Sammelwahn und Spaß ein Produkt etabliert, das niemand braucht. Art Swatch, Pop Swatch, Stop Watch, Swatch Irony und Swatch Skin, kein Trend, kein Style, keine Sportart und schon gar keine Zielgruppe entgeht ihrer Verballhornung zum Uhrendekor. Im Schatten von über zweihundertfünfzig Millionen produzierten Uhren wird die Frage, ob Swatch klassisch ist, zur akademischen Überlegung. Das Konzept der Postmoderne findet in der Swatch nicht nur seinen höchsten Ausdruck, die Swatch rettet diese Mode auch noch über die Zeit. Seit 1983 liefert die Swatch die Folie für die Neuinterpretation der Zeit. Klassik oder nicht? Bei entsprechender Nachfrage gibt es die Klassik Swatch zum Sammeln, Tragen oder an die Wand Hängen – notfalls nummeriert und signiert.

SWATCH

ENTSTEHUNG

Die Allgemeine Schweizerische Uhrenindustrie AG (ASUAG) und die Société Suisse pour l'Industrie Horlogère SA (SSIH) gehören um 1980 zu den wichtigsten Schweizer Uhrenproduzenten. Mit einem gemeinsamen Steuerungsausschuss wollen die Firmen die gegenwärtige Krise beheben: Der Umsatz ist zwischen 1977 und 1983 eingebrochen, von 90 000 Arbeitsplätzen sind nur noch 40 000 geblieben. Nicolas C. Hayek berät die Uhrenhersteller und empfiehlt, die Vermarktung der fertig entwickelten Billiguhr selbst in die Hand zu nehmen. 1983 fusionieren ASUAG und SSIH zur Schweizerischen Gesellschaft für Mikroelektronik und Uhrenindustrie AG (SMH). 1985 übernimmt Hayek mit einer Investorengruppe die Aktienmehrheit der SMH. Die Swatch AG wird gegründet und gehört neben Blancpain, Omega, Rado, Longines, Tissot, cK Watches, Certina, Mido, Hamilton, Pierre Balmain, Flik Flak, Lanco und Endura zu den Marken von SMH. Seit 1998 nennt sich die SMH The Swatch Group AG. Neben der Uhrenproduktion beschäftigen sich Firmen der Swatch-Gruppe mit den Bereichen Mikroelektronik und Mikromechanik. Aus einem Jointventure mit Mercedes für die Entwicklung eines Autos zieht sich die Swatch-Gruppe wieder zurück. Der Smart wird seit 1998 von Mercedes allein vermarktet.

BESCHREIBUNG

Swatch:
Armbanduhr mit Kunststoffgehäuse. Das Quarzwerk kann nicht repariert werden. Mit wechselnden Kollektionen und Sondereditionen wird das Dekor der Uhr permanent verändert. Ein straff organisiertes Clubnetz organisiert die Sammlerszene.

DATEN

Geschichte:
1980 Entwicklung eines ersten Prototyps einer Billiguhr.

1981 Ein erstes schwarzes Modell entsteht. Der Name Swatch taucht erstmals auf.

1982 Die ersten 300 000 Uhren werden produziert. Nach Problemen mit Großabnehmern wird ein eigenes Marketingkonzept entwickelt.

1983 Die Allgemeine Schweizerische Uhrenindustrie AG (ASUAG) und die Société Suisse pour l'Industrie Horlogère SA (SSIH) stellen die Swatch vor und kündigen eine neue Produktlinie an. Die beiden Uhrenproduzenten fusionieren zur Schweizerischen Gesellschaft für Mikroelektronik und Uhrenindustrie AG (SMH).

1984 Der Freestyle Ski World Cup, eine Riesenuhr für das Guinness-Buch der Rekorde an der Frankfurter Commerzbank, ein Umzug mit 40 Saxophonen durch Paris und die erste Breakdance World Championship in New York bilden den Hintergrund für Swatch-Präsentationen.

1985 Mit der Swatch Art Special von Kiki Picasso beginnen die Sondereditionen.

1988 Die Swatch-Produktion überschreitet die 50-Millionen-Marke.

1992 Im Centre Georges Pompidou in Paris gehört die Swatch zu den Exponaten der Dauerausstellung. Die Produktion überschreitet die 100-Millionen-Marke.

1993 Vivienne Westwood präsentiert auf der Pariser Prêt-à-porter ihre Swatch.

1995 Nicolas G. Hayek präsentiert am Sitz der Vereinten Nationen in New York die Swatch UNlimited.

AUF DEN PUNKT GEBRACHT

Mit der Swatch wurde die Uhr technisch zum Wegwerfartikel. Ihr Marketingkonzept macht die Swatch zum begehrten Sammlerstück, das fernab von Fragen nach Sinn und Funktion angeschafft wird. Außerdem zeigt sie auch noch die Zeit an, wenigstens solange sich die Zeiger noch bewegen können.

Macintosh 128k – Würfel mit virtuellem Schreibtisch

Hartmut Esslinger

■ Mit seinen Entwürfen für Wega erregte Hartmut Esslinger erstmals 1969 Aufsehen.

■ Esslingers Macintosh 128k: Computer, Keyboard und Maus auf der Fläche eines DIN-A4-Blatts.

Monitor und Rechner anschalten, Diskette mit dem Betriebssystem einlegen, System starten, Diskette rausnehmen und die nächste mit dem Anwendungsprogramm einlegen, Programm starten, dann diese Diskette wieder herausnehmen und schließlich eine Diskette einlegen, die beschrieben werden kann. Neben einem griffbereiten Diskettenvorrat, der Fähigkeit, sich eine Unzahl von Tastenkombinationen und Funktionstasten zu merken, brauchen Nutzer der ersten Heimcomputer Ende der 1970er Jahre unempfindliche Augen – die Bildschirmschriften flimmern türkisgrün oder orange auf dunklem Grund – und Abstraktionsfähigkeit: Die Darstellung auf dem Bildschirm stimmt keinesfalls mit dem überein, das der Nadeldrucker mit lautem Getöse auf das Papier knallt.

Wer so anspruchslos ist, den stören auch die mit einem Kabelgewirr verbundenen cremefarbenen Kästen nicht. Das Ensemble auf dem Tisch kann sich nicht entscheiden, ob es Laborgerät, Schreibmaschine oder doch bloß Registrierkasse sein will. Der Heimcomputer damals ist ein Bastard, dem man die gegensätzlichen Bedürfnisse seiner Benutzer ansehen kann. Die Unentschlossenheit und Widersprüchlichkeit im Erscheinungsbild findet ihre Entsprechung in der Bedienung des Rechners, der nur mit diversen Kombinationen aus alt-, shift-, ctrl- und esc-Tasten sowie einer stetig wachsenden Zahl von Funktionstasten am Leben gehalten werden kann. Besonders heikle Operationen müssen mit Fingerübungen wie dem »Klammeraffen« eingeleitet werden.

Ganz anders dagegen die Apple-Modelle, die

Apple II
1977

IBM PC
1981

Macintosh
1984

nicht nur leistungsfähiger und zuverlässiger sind und bessere Erweiterungsmöglichkeiten bieten, vor allem kommen sie fast ohne Funktionstasten und Tastenkombinationen aus. Eine Metapher macht es möglich: Die Bildschirmoberfläche wird zum Schreibtisch erklärt. Gearbeitet wird an einem Dokument, das in einen Ordner abgelegt wird. Dass der Ordner wie ein kleiner Ordner und der Papierkorb wie eine US-amerikanische Mülltonne aussieht, macht die Arbeit noch anschaulicher. Stürzt der Rechner wider Erwarten doch einmal ab, ist eine Bombe mit brennender Zündschnur das Letzte, was ein Mac-Benutzer vor dem Neustart zu sehen bekommt. Die Schreibtisch-Metapher mit ihren graphischen Elementen führt zu der entscheidenden Vereinfachung.

■ Apple-Macintosh Rechner und Konkurrenzfabrikat: Kampfansage an die cremefarbenen Kästen.

■ Rob Janoff entwickelt 1977 das Apfel-Logo, das bis heute verwendet wird.

EINFACH, NICHT PRIMITIV
Die graphische Benutzungsoberfläche des Macintosh (war) Mitte der achtziger Jahre mit ihrem begrenzten Speicher den Sandzeichnungen der Navajo-Indianer oder den mittelalterlichen Stickereien ähnlicher als den bildhaften Stilen der modernen Kunst. Die heutigen speicherstarken graphischen Benutzungsoberflächen machen allerdings – wie Höhlenmalerei – deutlich, dass einfach nicht gleichzusetzen ist mit primitiv.   Hartmut Esslinger, 1996

On January 24th,
Apple Computer will introduce
Macintosh.
And you'll see why 1984
won't be like "1984".

■ Apple-Werbung 1984: Die Präsentation des Macintosh 128k bedeutet 1984 eine Sensation. Er ist kleiner, schneller, besser und vor allem lässt er sich leichter bedienen.

Dabei hilft ein Cursor, der nicht über die Tastatur, sondern von der Hand (über eine Maus) geführt, als Finger- oder Bleistiftersatz die Stellen auf dem Bildschirm markiert, die bearbeitet werden sollen: markieren, das Symbol für den jeweiligen Befehl mit der Maus auswählen, anklicken, und der Computer spurt. Damit ist der Rechner nicht länger Spielzeug für Spezialisten. Jeder kann mit so einer graphischen Benutzeroberfläche umgehen. Das ursprünglich von Xerox-Technikern entworfene System wird für Apple zum Erkennungsmerkmal.

Doch so einladend leicht ein Apple-Rechner zu bedienen ist, seiner massenhaften Verbreitung steht neben dem hohen Preis sein Aussehen entgegen, das sich kaum von den schwer zu bedienenden Konkurrenzfabrikaten unterscheidet. Der schwäbische Designer Hartmut Esslinger, der Anfang der 1970er Jahre für das WEGA-Design verantwortlich war, bekommt den Auftrag für ein Computergehäuse, das den besonderen Merkmalen der Apple-Rechner entspricht. Der 1984 vorgestellte Macintosh löst das Problem vorbildlich: ein kompaktes Gehäuse, das Rechner, Diskettenlaufwerk und Monitor umschließt und auf ein DIN-A4-Blatt passt, sowie eine separate Tastatur mit Maus. So sieht der Rechner aus, der nicht nur schneller als die Konkurrenzfabrikate ist, sondern der auch schon optisch auf jedes einschüchternde Gehabe verzichtet. Keine Hebelchen und Lampen am Gehäuse, keine flackernden Schriften auf dunklem Grund, kein lautes Brummen oder Gebläsegeräusch, stattdessen ein Würfel mit abgerundeten Ecken und Griffmulde, ein flaches Tastenfeld im Format einer größeren Schokoladentafel und eine zigarettenpackungsgroße Maus. Esslingers Design erinnert an die Kuben seliger HfG-Zeiten: gelungene Proportionen ohne Schnörkel, lichtgraue Oberfläche. Das Gerät zeigt, was es ist – mehr nicht.

VERPACKT NOCH INTERESSANTER

Mit seiner kompakten Form, der hohen graphischen Auflösung und dem einfachen Design verdeutlicht der Mac Apples künftige Richtung: Zugänglichkeit und Tragbarkeit. Noch interessanter ist die komplette Packung, inklusive Schachtel, Handbuch und Zubehör – eine der besten Gesamt-Produktgruppen, die es seit Jahren gegeben hat.

ID magazine of international design, 1984

Beim Anschalten signalisieren ein schnalzendes Geräusch von der Festplatte und ein Tusch Arbeitsbereitschaft, dann wird man von einem Piktogramm – ein zum lächelnden Gesicht verwandelter kleiner Mac-Würfel – am virtuellen Schreibtisch begrüßt. Diese Zeremonie hat sich bis heute kaum verändert, nur die Sounds sind aufwändiger geworden, und das Piktogramm lächelt in Farbe. Seine Beliebtheit macht den Macintosh 128k zum Ur-Mac. Von 1984 bis 1993 wird er gebaut, wird als SE 30 und Classic angeboten, bis er als Colour Classic mit Farbmonitor und klobigen Sockelfüßen – eine designerische Entgleisung – endgültig Geschichte wird. Fünf Jahre später bewahrt ein Enkel des Ur-Macs die Firma Apple vor der Pleite. Der iMac, kompakt, schnell, zuverlässig und erweiterungsfähig, vereint alle guten Eigenschaften seiner Vorfahren und rettet mit seinem Erfolg den finanziell angeschlagenen Hersteller, der mit seinen Entwicklungen immer zukunftsweisend war.

Mit Einführung der Windows-Betriebssysteme 1985 hat auch die Konkurrenz die Mac-Schreibtisch-Metapher übernommen. Die Ähnlichkeit der Benutzeroberflächen macht die Wahl des Be-

■ Mit dieser Holzkiste fing alles an. Apple I war der erste kommerzielle Erfolg der Garagenbastler.

■ iMac: Der adäquate Nachfolger des Macintosh-Würfels ist größer, leistungsfähiger, durchsichtiger, und er ist modisch. So beliebt der neue Mac ist, zum Klassiker wird er es kaum schaffen. Sein Design wirkt jetzt schon alt.

triebssystems seither zur Glaubensfrage. Für Umberto Eco ist das Macintosh-Betriebssystem katholisch, es ist »heiter, konziliant und sagt seinem Gläubigen, was er zu tun hat ... das Wesen der Offenbarung löst sich auf in verständliche Formeln und prächtige Ikonen. Alle haben ein Recht auf Heil.« Das Konkurrenzsystem MS-DOS »dagegen ist protestantisch, nachgerade calvinistisch. Es sieht eine freie Interpretation der Schriften vor, es fordert persönliche und quälende Entscheidungen, es nötigt zu feinsinniger Deutung und setzt voraus, dass das Heil nicht für alle in Reichweite ist.« Mit Windows für Mac haben Mac-Fans einen ökumenischen Weg aus dem Dilemma erfunden. Wer bei diesem Programm das Windows-Icon auf seinem Mac aktiviert, bekommt den – vergeblichen – Startversuch eines maroden VW-Käfers zu hören. Mehr passiert nicht. Das Wesen der Offenbarung wird eben nicht allen zuteil.

MACINTOSH 128k

BIOGRAPHIE

BESCHREIBUNG

DATEN

Hartmut Esslinger wird am 5. Juni 1944 in Beuren bei Calw geboren. Nach dem Abitur studiert er zuerst Elektrotechnik in Stuttgart und später Industriedesign an der Werkkunstschule Schwäbisch Gmünd. Noch während des Studiums macht er sich selbstständig. Erster wichtiger Kunde wird 1969 WEGA, für die er die Hi-Fi-Komponentenanlage Modul 41 und das System 3000 entwickelt. 1975 wird WEGA von Sony gekauft, und Esslinger hat einen Kunden hinzugewonnen. 1982 gewinnt Esslingers Firma frog design gegen internationale Konkurrenz den von Apple ausgeschriebenen Wettbewerb zur Gestaltung der neuen Computergeneration. frog design eröffnet im gleichen Jahr sein erstes Atelier in den USA. In den Folgejahren übernimmt frog design Aufträge von AEG, Villeroy & Boch, Yamaha, NeXT, Hansgrohe, Deutsche Lufthansa und über hundert weiteren Kunden aus 16 Ländern. »Es ist schwer, nicht mit frog design in Berührung zu kommen« (Brand Eins, 2001). Das Multimediageschäft mit einer Verknüpfung von Hardware- und Software-Entwicklung ist mittlerweile zum zentralen Geschäftsfeld von frog design geworden. Hartmut Esslinger lebt in den USA.

Macintosh 128k:
Kompakter Heimcomputer, dessen Gehäuse Rechner, Monitor und Diskettenlaufwerk umschließt. Bedienung über eine graphische Benutzeroberfläche, die Standard wird.

Daten:
1977 Der Apple II wird vorgestellt. Der Rechner wird der erste kommerzielle Erfolg des Computerherstellers, der seit diesem Jahr mit einem neuen, von Rob Janoff entwickelten Logo wirbt – dem angebissenen Apfel in Regenbogenfarben.

1979 Apple-Gründer Steven Paul Jobs sieht bei einem Besuch des Rank-Xerox-Fotolabors Entwürfe zu einer graphischen Benutzeroberfläche, die zum Apple-Standard weiterentwickelt wird.

1982 Hartmut Esslinger bekommt den Auftrag, Apple-Computer zu gestalten. 2 Millionen DM Jahresgage werden garantiert. Esslingers Firma frog design eröffnet ein Atelier im Silicon Valley.

1984 Der Macintosh 128k wird vorgestellt.

1993 Produktionsende des Ur-Mac, der als Piktogramm auf allen Apple-Rechnern weiterlebt.

Lesenswert:
Uta Brandes: *Hartmut Esslinger und frog design*, Göttingen 1992.

AUF DEN PUNKT GEBRACHT

Der Macintosh 128k ist der einzige Rechner, der mittlerweile als Sammlerstück gesucht ist. Der Würfel läuft und läuft und läuft.

Nomos – Schönheit der Statik

Norman Foster

■ Norman Foster, Architekt so spektakulärer Bauten wie der Hongkong & Shanghai Bank in Hongkong, dem Londoner Flughafen Stansted oder dem Umbau des Berliner Reichstags.

Multifunktionstisch wäre die korrekte Bezeichnung für diesen Entwurf von Norman Foster. Doch mit dem Behelfsmöbel für enge Sozialwohnungen, das sich mit einem quietschenden Mechanismus vom kniescheibenniedrigen Couchbeisteller zum schwankenden Esstisch hochkurbeln lässt, hat dieses Modell nichts gemein. Den Unterschied betont schon der Name. In Nomos steckt das griechische Wort für unser Wort Norm. Die Norm definiert hier keinen fixen Gegenstand, sondern zielt auf das zentrale Unterscheidungsmerkmal: Über genormte Verbindungsstücke lässt sich der Tisch mit zahllosen Anbauteilen und Ablageflächen kombinieren. Nomos definiert den Modus, der ein einfaches Tischgestell zum Zentrum eines multifunktionalen Systems macht. Deutet der wackelnde Couch-Esstisch-Zwitter seine unterschiedlichen Funktionen nur an, erfüllt Nomos sie perfekt. Mit dieser Präsenz stellt das Tischsystem gleich den ganzen Raum infrage, in dem es

■ Repräsentatives Hightech-möbel oder ausbaufähige Arbeitsplattform: Nomos bietet für jede Nutzung eine reizvolle Lösung.

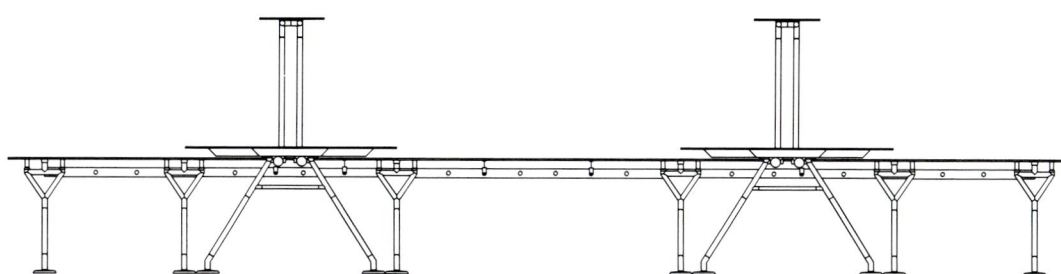

aufgebaut ist. Wird Nomos verändert, wird aus der Arbeitsplatte, ein Esstisch, der kurz darauf als Projektionsfläche für den Diaprojektor dient, wird der Raum zum simplen Gehäuse degradiert, der sich der jeweiligen Aufgabe von Nomos zu unterwerfen hat. Nomos setzt Normen.

Soviel Autorität ist dem spinnebeinigen Grundelement nicht anzusehen. Das Untergestell aus verchromtem Stahlrohr und die schwere Glasplatte wirken nicht besonders spektakulär. Erst die offen zur Schau gestellten technischen Details geben dem Tisch die Ausstrahlung eines Präzisionswerkzeugs. Die Platte ruht auf großen Saugnäpfen, wie sie Glaser als Tragehilfe verwenden. Die dünnen Ausleger stabilisiert ein metallenes Geflecht, das an Gitterrohrrahmen aus dem Rennwagenbau erinnert. Die langen Beine mit ihren abgeknickten, durch kräftige Gewinde höhenverstellbaren Füßen geben dem Tischgestell das insektenhafte Aussehen einer gerade gelandeten Marssonde. Doch die Hauptattraktion besteht in der Ausbaufähigkeit des Systems. Vom Konferenz- zum Esstisch, vom Zeichentisch mit abgeschrägter Arbeitsplatte zur Tafel mit vertikal hochgestellter Fläche, vom Computertisch mit Platz für mehrere Monitore zum aufwändigen Arbeitstisch mit verschiedenen Ebenen und zahllosen Ablagen, um technisches Gerät, Bücher und das Teetablett unterzubringen – es gibt kein Problem, für das sich mit Nomos keine Lösung finden ließe.

Der Vorläufer entsteht 1981 für das Londoner Studio von Foster Associates in der Great Portland Street. Das Modell aus poliertem, zum Teil gelochtem Metall mit einer schweren Glas-

■ Das Wechselspiel physikalischer Kräfte, das Verhältnis von Zug und Druck, das dem feingliedrigen Gestell seine Stabilität verleiht, prägen die Silhouette von Nomos.

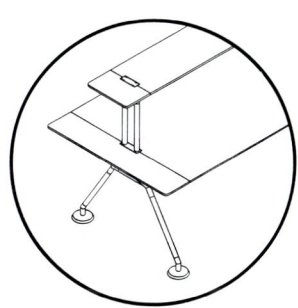

■ Die Tischplatte kann um weitere Ebenen ergänzt werden, je nach Bedarf.

■ Alle Netzkabel verschwinden im Untergestell, nur die makellose Konstruktion des Tischgerüsts fällt ins Auge.

■ Nomos ist ein Arbeitsplatz-system, mit dem sich verschiedenste individuelle Bedürfnisse befriedigen lassen.

platte bewährt sich als Zeichentisch wie als Unterlage für Renovierungsarbeiten. Als Konferenztisch überzeugt es das Renault-Management. Für Renault plant Foster Associates gerade die Auslieferungszentrale, und so wird für Renault England gleich eine Kleinserie des Nomos-Vorläufers aufgelegt. 1985 überarbeitet Norman Foster seinen Entwurf für die italienische Möbelfirma Tecno. Die Skizzen zu Nomos geben einen guten Eindruck von Fosters Arbeitsweise. Anschaulich werden Details dargestellt. An den Rändern finden sich Assoziationen zu den jeweiligen Problemlösungen. Unter der Zeichnung einer Schraubmuffe, die zwei Rahmenelemente verbindet, sind ein kleines Fahrrad und ein Tandem abgebildet. Kommentar: »Dies macht aus dem Rad ein Tandem.« Aus einem Nomos-Tisch wird ein Nomos-Verband. Der Konstruktionsprozess wird nachvollziehbar: »In der Skizze untersuche ich, wie das Rückgrat des Nomos-Systems durch Anfügen weiterer Elemente verlängert werden kann. Ich überlegte gerade, wie das ohne Werkzeug und ohne Stabilitätsverlust zu erreichen wäre, als mir einfiel, dass in dem Helikopter, den ich fliege, ein ähnliches Problem gelöst worden war.«

Der demontierbare Steuerknüppel in seinem Hubschrauber bringt Norman Foster auf die Idee mit der Rohrverbindung. Die Lösungen der technischen Probleme sind erstaunlich einfach. Hochwertiges Material, handwerklich einwandfreie Lösungen, gute Verarbeitung und die Grundlagen der Statik werden zum Konstruktionsprinzip. Das Wechselspiel der physikalischen Kräfte, das Verhältnis von Zug und Druck, das dem feingliedrigen Gestell eine unglaubliche Stabilität verleiht, prägen die Silhouette von Nomos. Damit entspricht Norman Fosters Tischsystem den Grundzügen seiner Architektur. Hier wie dort bestimmt die Struktur der Konstruktion das Erscheinungsbild. Der Materialcharakter und die statischen Verhältnisse werden nicht verschleiert, sondern stellen die optische Attraktion dar. Nomos ist Möbelarchitektur im besten Sinn.

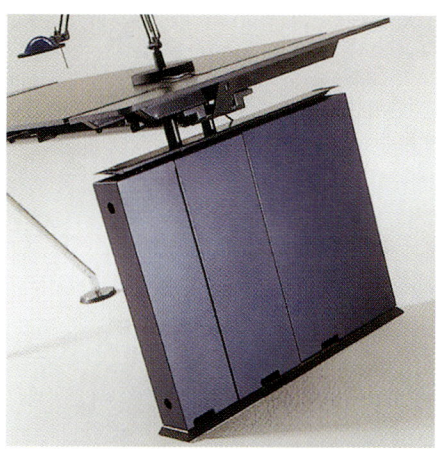

1987 passt das Tischsystem in die Zeit. Die Büroräume haben sich verändert. Ein Höchstmaß an Flexibilität ist gefragt. Qualität ergibt sich auch aus den Anschlussmöglichkeiten für komplexe Kommunikationssysteme. Die herkömmlichen Büromöbel haben diese Entwicklung bisher kaum aufgegriffen. Mit Nomos stellt Norman Foster ein Möbelsystem vor, das zur flexiblen Raumorganisation seiner Architekturentwürfe passt und ihre Wirkung nicht beeinträchtigt. Alle Netzkabel verschwinden im Untergestell, so dass nur das insektenhafte Tischgerüst mit einer nahezu unsichtbaren Glasplatte ins Auge fällt.

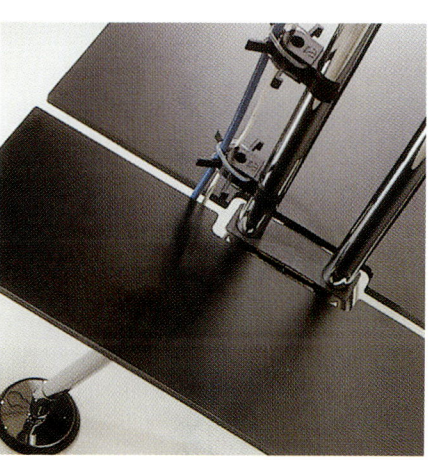

Der hohe Schauwert von Nomos bedeutet keine funktionale Einschränkung. Die verschiedenen Arbeitsebenen lassen

■ Nomos wird von der Begeisterung für technisch einwandfreie Lösungen geprägt. Funktionalität und Solidität werden zu Schönheit.

HIGH-TECH IM PRIVATEN RAUM I

Für den Benutzer ist die Gefahr solcher Systeme gleichzeitig auch eine Chance: das ausgefuchste High-Tech-Angebot nämlich selbstbestimmt und kreativ zu nutzen, da es doch offensichtlich die Basis-Arbeitsabläufe optimiert. In dieser Hinsicht wäre Nomos dann, analog zum Computer, ein Arbeitsplatzsystem, welches erst, wenn man es gewissermaßen als Halbzeug, als selbstverständliche Folie begreift, demokratische Potenz entfaltet. Die symbolische Überlagerung und Übertragung von Arbeitsbedingungen und Produktionsabläufen der primären Produktion in den kommunikativen und privaten Bereich — kennzeichnend für High-Tech überhaupt — hat erst dann und nur noch dann einen Sinn. Volker Fischer, 1992

■ Mit seiner Präsenz macht
Nomos den Raum zum simp-
len Gehäuse der Funktion,
die das Tischsystem gerade
erfüllt.

sich anordnen wie die ausladenden Manuale einer Kirchenorgel. Wem das nicht gefällt, der gruppiert die Ablageflächen und Stau-fächer, bis der Eindruck eines Cockpits entsteht. Nomos kann man als opulente Installation in den Raum wuchern lassen oder als spartanisch technoide Werkbank zelebrieren. Das System passt sich seinen Benutzern an, den Zeitströmungen und Moden. Foster: »Nomos wird Oberfläche für die Mahlzeiten und die Versammlungen, für Konversation und Zeichnung, für Projektion und Präsidentschaft, für Arbeiten im Kollektiv und allein, mit Tasten und Terminals oder mit dem Bleistift, dem Blatt, der Intelligenz und dem Gedächtnis.« So dekliniert Nomos den Begriff der Oberfläche immer wieder aufs Neue.

HIGH-TECH IM PRIVATEN RAUM II

Ich habe mich noch nie gescheut, Binsenwahrheiten auszusprechen; man darf sich also nicht wundern, wenn ich hier feststelle, dass ein Computer für sich allein nicht klüger ist als ein Bleistift, und dass beide nur so viel leisten wie der Mensch, der mit ihnen arbeitet. Außerdem: Wie soll man Grundrisse, Schnitte und Fassaden entwerfen, ohne am Rand des Blattes die dreidimensionalen Aspekte zu skizzieren, ohne mit dem Bleistift abzutasten, wie die Sache um die Ecken und Kanten herum aussehen wird?

Norman Foster, 1992

NOMOS

BIOGRAPHIE

Norman Robert Foster wird am 1. Juni 1930 in Manchester geboren. Nach der Schule verpflichtet er sich für zwei Jahre bei der Royal Air Force und wird ein begeisterter Flieger. Ab 1956 studiert Foster in Manchester Architektur. Sein Studium finanziert er zum Teil über Auszeichnungen und Stipendien. Bei einem Gastsemester an der US-amerikanischen Yale-Universität begegnet er Richard Rogers. 1963 kehrt Foster, der mittlerweile sein Examen absolviert hat, nach England zurück. Zusammen mit den Architekten Richard und Su Rogers sowie Wendy Cheeseman gründet Foster die Projektgruppe Team 4. Kurz darauf heiraten Wendy Cheeseman und Foster. 1967 löst sich Team 4 auf, und die Fosters gründen Foster Associates. Nach Aufsehen erregenden Projekten und dem Gewinn des Wettbewerbs für den Neubau der 1986 eingeweihten Hongkong & Shanghai Bank in Hongkong etabliert sich das Fosters Studio in der kleinen Gruppe der Architekturbüros, die spektakuläre Großprojekte bewältigen können. Der Londoner Flughafen Stansted und der Umbau des Reichstags in Berlin gehören zu den bekanntesten in Europa realisierten Projekten von Foster Associates. Foster wird 1990 zum Sir ernannt. Er gilt als High-Tech-Architekt, bezeichnet sich selbst aber lieber als Modernist.

BESCHREIBUNG

Nomos: Tischsystem mit einem Untergestell aus verchromtem Stahlrohr. Über ein System aus genormten Verbindungsstücken ist *Nomos* in alle Richtungen und für alle möglichen Funktionen erweiterbar. Es ist als Systemmöbel für große Büros und Bibliotheken genauso geeignet wie für eine private Nutzung. Das Grundmodell ist höhenverstellbar und wird mit verschiedenen Plattenformaten angeboten. Das Untergestell wird auch in Rot, Gelb oder Blau produziert

DATEN

Geschichte:
1981 Für das Londoner Studio von Foster Associates in der Great Portland Street entwirft Norman Foster einen Arbeitstisch, der alle wesentlichen *Nomos*-Eigenschaften besitzt.

1981/82 Für die von Foster entworfene Vertriebszentrale von Renault England wird eine kleine Serie des Bürotischs aufgelegt.

1985 Foster überarbeitet den Tischentwurf für die italienische Firma Tecno.

1987 Tecno präsentiert das Tischsystem Nomos auf der Mailänder Möbelmesse.

Bekannteste Bauwerke:
Verwaltungsgebäude von Willis, Faber & Dumas, 1971–75, Ipswich
Sainsbury Center for the Visual Arts, 1974–1978, Norwich
Kulturzentrum, 1984–1992, Nîmes
Sackler Gallery der Royal Academy of Arts, 1985–1992, London
Stansted Airport, 1991, London
Commerzbank, 1991–1997, Frankfurt am Main
Chek Lap Kok Airport, 1998, Hongkong
Umbau des Reichstages, 1993–1999, Berlin

Lesenswert:
Werner Blaser (Hg): *Norman Foster. Sketches*, Basel, Boston, Berlin 1992.

Architekten: Norman Foster, Stuttgart 1998.

Norman Foster: *Der neue Reichstag*, Leipzig 1999.
Philip Jodidio: *Sir Norman Foster*, Köln 1997.

Philip Kerr: *Game over*. Reinbek, 1998.

Sehenswert:
Offizielle Website von Foster and Partners: http://www.fosterandpartners.com

AUF DEN PUNKT GEBRACHT

Norman Fosters Nomos verbindet die Schönheit eines vernickelten Motorradrahmens mit der Praxistauglichkeit eines Operationstisches. Nomos wird mittlerweile mit farbigem Untergestell und Foster-Signet angeboten. Damit ist das Endstadium der regulären Vermarktung erreicht. Ab jetzt ist Nomos ein Sammlerstück.

Juicy Salif – sauer macht Starck
Philippe Starck

»Einst kam mir in einem Restaurant der Gedanke an eine tinten-fischähnliche Zitronenpresse, und ich begann sie also zu zeich-nen«, erinnert sich Philippe Starck an den Beginn seiner berühm-ten Schöpfung. »Für mich ist sie jedoch eher eine symbolische Mini-Skulptur als ein funktionales Objekt. Ihr wirklicher Zweck liegt nicht darin, Tausende Zitronen auszupressen, sondern einem frisch verheirateten Ehemann Gesprächsstoff mit seiner Schwie-germutter zu geben.«

Auf ihre Funktionalität sollte der junge Mann tatsächlich nicht zu sprechen kommen. Auch sollte er es unbedingt vermeiden, seine Schwiegermutter selbst Hand an die Presse legen zu lassen, denn Ungeübten passiert es schnell, dass der Saft nicht in das Glas, son-dern haarscharf daneben spritzt. Ein Fleck auf dem Kostüm? Die

■ Wer so viele Ideen hat wie Philippe Starck, wird auch dem einfach geformten Küchen-haken eine individuelle Note verleihen.

Folgen wären verheerend. Aber vielleicht kommt auch alles ganz anders. Die Schwiegermutter könnte die possierliche Spinnengestalt schon beim ersten Anblick in ihr Herz schließen, dabei in die Hände klatschen und quietschen: »Ach, wer bist du denn?«

Juicy Salif hat der französische Designer Philippe Starck die dralle Kugel mit den endlos langen Spinnenbeinen aus Aluminium getauft. Ihre Popularität unter den Küchenutensilien ist bis heute unübertroffen. Emotionalität wünschen sich die Konsumenten der späten 1980er Jahre, und Starck entwirft für den norditalienischen Haushaltswarenhersteller Alessi Miniaturmodelle mit biomorphen Umrissen. Neben der spinnenbeinigen Zitronenpresse entstehen eine Teekanne und eine Käsereibe mit Hörnchengriffen. Auch an-

■ Wer Juicy Salif in die Küche verbannt, ist selber Schuld.

dere renommierte Designer wie Frank O. Gehry oder Andrea Branzi verordnen dem Gebrauchsdesign eine neue infantile Note. Fast so berühmt wie die Zitronenpresse ist der Wasserkessel mit dem kleinen Vögelchen von Michael Graves geworden. Affektive Bindungen mit ihren Benutzern sollen diese Produkte eingehen. Alessi zitiert Robert Venutri und untermauert die neue Produktlinie mit postmoderner Ideologie: »Ich ziehe hybride Elemente den reinen vor, Kompromisse den glatten Lösungen, gewundene Linien den geraden, Zweideutiges dem unmissverständlich Artikulierten.«

ZEIT DER SYMBOLE
Ich habe den Eindruck, dass Designer heute immer mehr Zeit für den Entwurf der Symbole und immer weniger Zeit für den Entwurf der tatsächlichen Objekte aufwenden. Philippe Starck, 1978

■ Eine limitierte Auflage von 10 000 Stück in 24-karätiger Vergoldung macht Juicy Salif endgültig zum Sammlerstück.

Seitdem hat sich die Kommunikation in der Küche verändert. Der Gebrauchswert der staksigen Presse ist zwar nach wie vor heftig umstritten, doch dem Objekt werden seine Tücken jetzt liebevoll verziehen. Nüchterner Funktionalismus ist eben nicht mehr gefragt. Mit der Moderne des Bauhauses samt Leitbildern wie »form follows function« und »weniger ist mehr« hatte schon die italienische Designbewegung Memphis Anfang der 1980er Jahre aufgeräumt. »Mehr ist nicht weniger« lautet die Antwort von Philippe Starck und Alessi. Spätestens seit Memphis gibt es im Design keine einheitliche Richtung mehr. Es ist die Zeit stilistischer Pluralität – von Neo-Barock bis zum Minimalismus wird alles möglich – und die Zeit der Einzelgänger wie Ron Arad, Jasper Morrison, Konstantin Grcic und Philippe Starck, die erstmals als Autoren im Design hervorgehoben werden. Der postmoderne Konsument ist anspruchsvoll geworden. Er bevorzugt Objekte, deren Gestaltung Assoziationen wecken, und stärker denn je das besondere Image eines Designers, mit dessen Label er sich produzieren kann.

Ian Schrager, einer der größten privaten Hotelbetreiber New Yorks, dessen Zusammenarbeit mit Philippe Starck 1985 mit der legendären Gestaltung des Interieurs für das Royalton Hotel in New York beginnt, beschreibt Starcks Talent so: »Wenn er im 18. Jahrhundert leben würde und jemand bräuchte eine revolutionäre Fahne, die wirklich das aussagt, was derjenige erreichen möchte, wäre er die perfekte Person, so etwas zu entwerfen.« Philippe Starck ist deshalb so erfolgreich, weil er auch die subtilsten Wünsche eines gesellschaftlichen Milieus aufspürt und sie erfüllt. Wie keinem anderen gelingt es ihm, die Entwürfe so zu vermarkten und sie so geschickt zu platzieren, dass dieselbe Gesellschaft sich am eigenen Glanz oder an ihrer Vormachtstellung erfreuen kann. Für das Royalton Hotel entwirft Philippe Starck ein Interieur mit Anklängen an den exklusiven französischen Luxus vergangener Epochen – ein Stil, der in der US-amerikanischen High Society

CHARME DER SPINNE

*Die Entwürfe von Philippe Starck sind nie konventionell oder einfach
in ein traditionelles Regelwerk einzuordnen. Er schafft Objekte, die die
Phantasie anregen, uns direkt ansprechen und uns an Gedanken und
Situationen erinnern. Sie haben meist einen eindringlichen Charme,
sind vielschichtig und geben Raum für unterschiedliche Interpretatio-
nen. So ist es nicht weiter erstaunlich, dass Juicy Salif lange Beine
wuchsen und sie zur Spinne wurde oder zu einer Mondfähre, die auf
ihren dünnen, langen Beinen zwischen den Kratern landet. Juicy Salif
ist möglicherweise die einfachste aller Saftpressen; ein Teil, das zu
einem Ganzen wurde.* Alberto Alessi, 1990

Ende der 1980er Jahre gerade aufkommt und später häufig kopiert
wird.

Die verspielte Welt des europäischen Konsumenten wird Mitte der
1990er Jahre durch umweltbewusste Produkte ergänzt. Philippe
Starck trägt mit recycelbaren Plastikstühlen zum neuen Universal-
Label »designed by nature« bei. *Good Goods* heißt ein Katalog mit
über zweihundert Produkten, die Starck zwar nicht alle selbst entworfen hat, die aber direkt unter sein Patronat
fallen. Von Lebensmitteln bis zur Bekleidung,
alles ist ökologisch wertvoll und politisch korrekt. Lautstark verurteilt er eine Industrie und
Investoren, deren Produktionsweisen Menschen und der Umwelt Schaden bringen. In
jedem Interview wendet er sich gegen die Verschwendung von Design. »Es gibt tausend gute Stühle, es gibt tausend gute Lampen, es gibt
tausend von allem«, erklärt er, ohne dabei die
eigene Herstellung von Produkten zu dros-
seln. Widersprüche gehören längst zu seinem
Image. Kritik an seiner Person und seinen
Produkten ist er gewohnt.

Ein sicheres Gespür für den Zeitgeist ist die
einzige Regel, die sich bei den Entwürfen von
Phillip Starck erkennen lässt. Mal sind es Elemente historischer Stile, die er modernisiert,
oder es sind eher nüchterne Entwürfe mit einem ungewöhnlichem Materialgemisch aus
Chrom und Kunststoff. Besonders gut verkaufen sich Produkte, die erotische Assoziatio-

■ Der Gebrauchswert bleibt
umstritten, doch die Tücken
werden liebevoll verziehen.

nen wecken. Ästhetisch tragen Starcks Arbeiten aus den verschiedenen Jahrzehnten kaum eine gemeinsame Handschrift. Hinzu kommt, dass Starck für jede Produktgruppe Entwürfe gemacht hat – vom Armlehnstuhl bis zur Zitronenpresse, von Alessi bis Vitra. Doch all seine Produkte tragen Namen, das einzige Kennzeichen der Starck-Familie. Jim Nature heißt ein Fernseher, Miss Sissy eine Tisch- und Wandleuchte, Moa Moa ein Radio, Lord Yo ein stapelbarer Lehnstuhl. Manchmal leiht Starck sich auch Namen aus, wie für die Stühle Ed Archer und Pratfall. Das sind ursprünglich Science-Fiction-Figuren seines Lieblingsautors Philip K. Dick. Mit solcher Etikettierung macht Starck nicht nur einen Witz, sondern er verballhornt den ganzen Label-Kult, sich selbst und seine Käufer gleich mit. Auch diese Strategie hat Erfolg. Denn natürlich weiß der urbane Konsument, dass er eigentlich keine neue Zitronenpresse braucht und erst recht keine spinnenbeinige, die nicht einmal gut funktioniert. Der Neidfaktor zählt, er ist scharf auf das Label. Da kommt eine Prise Selbstironie, die ein Phantasiename wie Juicy Salif hervorruft, gerade recht.

Juicy Salif ist ein Klassiker unter den vielleicht zu schnell vergänglichen Produkten von Philippe Starck. Längst hat sie ihren festen Platz im Museum of Modern Art. Zum Jahr 2000 hat Alessi eine limitierte vergoldete Auflage herausgebracht. Alessi weist ausdrücklich darauf hin, dass diese Ausgabe nicht zum Gebrauch bestimmt ist. Besser so, Schwiegersöhne können sie jetzt gleich ins Küchenregal stellen. Als Stütze für die Kochbücher wird die Schwiegermutter nie auf die Idee kommen, sie wäre für etwas anderes zu gebrauchen. Und damit erspart man sich eine Menge Diskussionen.

■ Für die Aprilia Motó 6.5 zitiert Philippe Starck die Traummaschinen seiner Kindheit und gestaltet eine klassische Schönheit.

JUICY SALIF

BIOGRAPHIE

Philippe Starck wird am 18. Januar 1949 in Paris geboren. Ausgebildet wird er Mitte der 1960er Jahre an der Ecole Nissim de Camondo in Paris. 1968 gründet er seine erste Firma, die aufblasbare Objekte herstellt. 1969 wird er bei Pierre Cardin Artdirector. Ende der 1970er Jahre wird er durch Inneneinrichtungen von Pariser Nachtclubs bekannt. 1979 gründet er die Firma Starck Product. 1982 stattet er die Privaträume des französischen Präsidenten François Mitterrand im Pariser Elysée-Palast aus. Er gestaltet die Inneneinrichtung des Café Costes in Paris (1984) sowie weitere Cafés und Bars. In New York ist er verantwortlich für das Interior Design der Hotels Royalton (1988) und Paramount (1990). Weitere Projekte in Japan folgen. Außerdem entwirft er eine Reihe von Privathäusern, wie zum Beispiel für Lemoult (Paris 1987), Der Winkel (Antwerpen 1991), 18 Mietshäuser in Los Angeles (1991) und ein Privathaus in Madrid (1991). Seit den 1980er Jahren entstehen Einzelmöbel und Möbelkollektionen, die von internationalen Firmen produziert werden. Vor allem sein Design für Alltagsprodukte wie Nudeln für Panzani, Mineralwasserflaschen für Glacier, Küchengeräte für Alessi, Zahnbürsten für Fluocaril, Motorräder für Aprilia, Badezimmereinrichtungen für Axor und vieles mehr machen Starck berühmt. Der Designer wirbt auch gelegentlich mit seinem eigenen Konterfei für seine Kreationen. Philippe Starck lebt und arbeitet in Paris.

BESCHREIBUNG

Juicy Salif:
Zitronenpresse aus Aluminiumguss, die Füßchen sind aus Polyamid. Ihr Durchmesser ist 14 cm, die Höhe 29 cm. Sie ist in zwei Varianten erhältlich: glänzend poliert oder schwarz. Im Jahr 2000 kam eine limitierte Auflage in 24-karätiger Vergoldung dazu.

DATEN

Geschichte:
1988 Philippe Starck entwirft die Zitronenpresse auf einem Papiertischtuch einer Pizzeria bei einem Gespräch mit Alberto Alessi. Starck gibt ihr den Namen Juicy Salif.

ab 1990 Der italienische Haushaltswarenhersteller Alessi produziert die Presse in zwei Ausführungen. Das Museum of Modern Art in New York nimmt sie in die Sammlung auf.

1995 Ein vergrößertes Modell der Presse mit knapp fünf Metern Höhe steht vor dem Eingang des Museums für Kunsthandwerk in Frankfurt am Main und eröffnet die Ausstellung »13 nach Memphis«.

2000 Alessi gibt eine limitierte Auflage von 10000 Juicy Salifs heraus, die mit 24-karätigem Blattgold überzogen sind.

Lesenswert:
Judith Carmel-Arthur: *Philippe Starck*, Wien 1999.

Christine Colin: *Philippe Starck*, Tübingen 1992.

Philippe Starck: *Philippe Starck*, Köln 1999.

Conway Lloyd Morgan: *Philippe Starck*, München 1999.

www.philippe-starck.com

www.metropolismag.com

AUF DEN PUNKT GEBRACHT

Die spinnenbeinige Juicy Salif ist das erste Küchengerät, das trotz – oder sogar wegen – seiner mangelhaften Funktion zum Kultobjekt wurde.

Tom Vac – zum Klassiker geboren
Ron Arad

Für die Mailänder Möbelmesse 1997 wünscht sich der *Domus*-Herausgeber François Burckhardt etwas Besonderes. Der Auftritt der legendären, 1928 von Giò Ponti gegründeten Architekturzeitung auf der weltweit wichtigsten Möbelmesse soll zum Ereignis werden. Mit der delikaten Aufgabe wird Ron Arad betreut. Der hat einen Sinn für spektakuläre Zeichen und erzielt mit seinen Rauminszenierungen regelmäßig große Aufmerksamkeit. *Domus*-Totem nennt Arad seine blättrig wirkende Plastik, die für Gesprächsstoff sorgt. Dieses Totem dient weniger der Anbetung denn der Teilhabe. Es besteht aus einhundert ineinander gestapelten Sesseln. Die einflussreiche Zeitschrift, deren Verdikte ebenso gefürchtet wie ihr euphorisches Lob ersehnt wird, zerfällt vor den Augen der Messebesucher in zahllose Sitzgruppen und versprengte Einzelsitze. Was Lesern oft genug wie ein monolithischer Gesamtgeschmack anmutet, wird zu einem fröhlichen Chaos.

■ Kleinplastik oder Stuhl – Ron Arad im Kreise seiner Lieben.

Zum ersten Mal in seiner langen Geschichte wechselt die theoretische Plattform ganzer Designergenerationen – vom Abstrakten ins Konkrete. *Domus* nimmt Gestalt an – als Sitzmöbel für erschöpfte Messebesucher.

Jeder einzelne Sessel der Inszenierung besteht aus einer Sitzschale aus profiliertem Aluminiumblech und einem zierlichen Untergestell mit vier Beinen. Die Sitzschale selbst ist leicht elastisch. Um den Stuhl stapeln zu können, befindet sich im Mittelpunkt des Sitzes ein Loch, durch das die leicht zueinander gebogenen Hinterbeine des oberen Stuhls gesteckt werden. Tom Vac heißt der Sessel, wobei »vac« für »vacate«, räumen, steht. Eine limitierte Auflage von fünfhundert Stück macht aus dem Stapelstuhl 1997 ein begehrtes Sammlerstück, erst danach beginnt die Suche nach einem Material, mit dem sich Tom Vac preiswerter herstellen lässt. In der einschüchternden Raumwirkung des Domus-Totems mit den ab-

■ Auf der Expo 2000 wird Ron Arads Stuhl zur erholsamen Insel: Tom Vac im Wasserbecken des Paradiesgartens.

SITZEN ALS BEWEGUNG

Ron Arad will, dass wir uns in den Objekten, mit denen wir uns umgeben, entfalten, sie nicht als nur dienendes Gerät benutzen, sondern als Teil unseres Handelns begreifen, das wir bewusst oder unbewusst vollziehen. Konsequenterweise entwirft Arad diese Objekte also nicht von »außen«. Die Gestalt entwickelt sich aus einem tätigen Sitzen. Arad beschränkt dieses Sitzen nicht auf ein In-einer-Position-Verharren. Im Gegenteil: Er definiert Sitzen als facettenreiches Tun, als ein Spektrum von Bewegungen, von archaischen Gewohnheiten wie Schaukeln, Wippen und Schwingen. Volker Albus, 1997

■ Stabil dank ausgestellter Vorderbeine.

■ Stapelbar dank enger Hinterbeine.

wärts zuckenden Stuhlbeinen, die dem Tom-Vac-Stapel die Anmutung von Stalaktiten geben, und dem ausgestellten Materialcharakter des Aluminiumsessels mit seiner gewellten Oberfläche kehrt Ron Arad 1997 noch einmal zu seinen spektakulären Möbeln zurück, die ihn in der Punk-Ära bekannt gemacht haben. Rover Chair und Aerial light (1981), Concrete Stereo (1983), die Horns Chairs (1985) und The Shadow of Time (1986) sind wilde Skulpturen in Metall mit schwelgenden Formen und perlenden Schweißnähten. In dieser Zeit macht Arad selbst vor Betonteilen und Autoschrott keinen Halt.

Der Rover Chair, der ihn populär macht, besteht aus den zerschossenen Lederfauteuils eines Rover P4, die samt Sitzschienen und Lehnenverstellung auf ein Gestell geschraubt sind, das verdächtig nach einem Baugerüstelement aussieht. Dem Aerial Light gibt eine 160 cm lange Autoteleskopantenne seine Beweglichkeit. Die Klanginstallation Concrete Stereo arbeitet mit Stein und Beton. Die Horns Chairs und Horns Tables, denen kurz darauf die Cone Chairs (von »cone«, Kegel) und Cone Tables folgen, sind Materialerkundungen in Metall, deren Gestalt bei gnädiger Beleuchtung an die Formensprache des expressionistischen Kinos erinnert. The Shadow of Time ist der Schlussakkord dieser Phase. Ein auf einer Stütze aufgespießtes Metallhorn, dessen Form an eine abgeknickte Schultüte erinnert, projiziert mit einem kräftigen Lichtkegel das Ziffernblatt einer Uhr an Wand und Decke.

Vor dem Hintergrund dieser Raumplastiken, die sich jeder seriellen Produktion widersetzen, wirkt der Well Tempered Chair mit seinen geschwungenen Blechbahnen beinahe konventionell. Mit einer Auflage von fünfzig Stück wird er 1987 zum bestaunten Exponat der Vitra-Edition. Die vier zu federnden Schlaufen verschraubten Metallbahnen nehmen das Gestaltungselement vorweg, das auch Arads populärstes Objekt prägt. Das Bücherregal Bookworm von 1994 besteht aus einem meterlangen Blechstreifen, der in Schlaufen an der Wand befestigt zu einem Regal-Mäander wird. Der von Kartell in Kunststoff produzierte Bookworm wird ein absoluter Bestseller.

Den wilden Schweißkunstwerken und Materialerkundungen mit ihren rohen Formen und unbehandelten oder beschädigten Oberflächen folgen ausladend geschwungene Raumkörper, die mal an die Wohnlandschaften Verner

Pantons und mal an das Organic Design einiger Eames-Modelle erinnern. Dem Dogma der schlichten Funktionserfüllung antwortet Arad mit Fragen an den Funktionsbegriff. Ein Stuhl ist eben nicht nur zum Sitzen da. Man soll sich in ihm bewegen können. Räkeln, wippen, kippeln, sich sacken lassen und wieder kerzengerade an der Kommunikation teilnehmen, nach Arad muss ein Stuhl die unterschiedlichsten Benutzungen zulassen. Darum fällt bei Arads Sitzgelegenheiten die Unterscheidung in Stuhl und Sessel oft schwer. Der polsterlose Tom Vac ist eigentlich ein schlichter Stapelstuhl, doch Ausmaß und Bequemlichkeit machen ihn zum Sessel. Die formale Extravaganz unterscheidet ihn sowieso von den schlichten Stapelmodellen der Straßencafés.

Die einladende Geste, die von Ron Arads Entwürfen ausgeht, ist über die

■ Die Polypropylenschale senkt den Preis und erweitert das Einsatzgebiet – Tom Vac bewährt sich drinnen und draussen.

NEUE ORGANIK
Arad ist nicht Theoretiker, sondern Handwerker, Macher und Erfinder. Zu der reduzierten Formensprache eines Jasper Morrison, John Pawson oder David Chipperfield hielt er seit je Distanz. In einer Zeit, da der Minimalismus zu verdämmern scheint und das Morgenrot einer neuen Organik den Schlagschatten eines Siebziger-Jahre-Revivals aufhellt, ist Arads Œuvre ungebrochen aktuell.
Neue Zürcher Zeitung, 1999

■ Dem Dogma der schlichten Funktionserfüllung antwortet Arad mit Fragen an den Funktionsbegriff: Ein Stuhl ist nicht allein zum Sitzen da.

Jahre stärker geworden. Die schwelgende Form ist einer Einfachheit und Klarheit gewichen, wie sie die Arbeit des Minimalisten Jasper Morrison auszeichnet, wobei Arad sich immer treu bleibt und Reduktion nicht als formale Enthaltsamkeit begreift. Tom Vac, das Grundelement des Domus-Totems, wird nicht, wie es noch vor wenigen Jahren passiert wäre, die Designrarität für eine handverlesene Gemeinde. Tom Vac wird, wie zuvor der Bookworm, überarbeitet und taucht kurz darauf in einer neuen Ausführung wieder auf.

1998 ist der Aluminiumsitz einer Schale aus recycelbarem Polypropylen gewichen, der neue Sessel ist im Garten so gut aufgehoben wie drinnen, und er ist preiswert. Seine Qualität hat Tom Vac dabei behalten. Er ist bequem, bis zu den Füßen, die dank kleiner Kugelköpfe Bodenunebenheiten ausgleichen, hervorragend verarbeitet, und seine angenehme Polypropylenschale lädt eher zum Räkeln ein als das Alublech der Sammleredition.

1999 folgen die Kollegen von Tom Vac. Sie sind nicht mehr stapelbar, dafür besitzen Tom Rock, Tom Roll und Tom Twist andere Qualitäten. Entsprechend ihren Namen schaukeln, rollen und drehen sich die Untergestelle der Sitzschale, wobei die Holzkufen von Tom Rock eine Reminiszenz an den Rocking Chair von Ray und Charles Eames sind. Den Ritterschlag erhält Tom Vac auf der Expo 2000. Seit der Weltausstellung in Hannover erfreut sich Ron Arads Sessel ungebrochener Popularität. Damit ergeht es Tom Vac wie Thonets Modell Nr. 14. Manche Geschichten wiederholen sich.

TOM VAC

BIOGRAPHIE

DATEN

Ron Arad wird 1951 in Tel Aviv geboren. Seine Mutter ist Malerin, sein Vater Fotograf. Er wächst in Tel Aviv auf und ist zwischen 1971 und 1973 in Jerusalem an der Kunstakademie eingeschrieben. 1973 zieht Arad nach London und studiert mit Zaha Hadid, Nigel Coates und Peter Wilson an der Architectural Association School of Architecture. London One Off Ltd. heißt das Designstudio, das er 1981 mit Caroline Thorman und dem Möbelhersteller Denis Groves eröffnet. Caroline Thorman kümmert sich seit dieser Zeit um das Geschäft des Designers, der mit seinen als Unikate oder in kleinen Editionen hergestellten Objekten wie dem Rover Chair Aufsehen erregt. Mittlerweile ist das Studio in London nach Covent Garden umgezogen. Im Ausstellungsraum werden regelmäßig auch die Arbeiten von anderen Designern gezeigt. 1987 stellt Arad auf der Dokumenta 8 eine Rauminstallation aus. Im gleichen Jahr wird The Well Tempered Chair, ein ausladender Metallsessel, in die Vitra-Edition aufgenommen. 1989 gründet er Ron Arad Associates, die sich neben der bestehenden One Off Ltd. um Architekturprojekte kümmert. Die Neugestaltung von Eingang und Foyer des Opernhauses in Tel Aviv gehört zu den Aufträgen der neuen Firma. Arad, der seit 1994 auch ein Studio in Como, Italien, unterhält, lehrt zwischen 1994 und 1997 an der Technischen Hochschu-

le in Wien und ab 1997 am Londoner Royal College of Art. Alessi, Artemide, Driade, Kartell, Moroso und Vitra gehören zu seinen ständigen Auftraggebern.

BESCHREIBUNG

Tom Vac:
Für eine Stuhlskulptur auf der Mailänder Möbelmesse entwickelter Stapelstuhl. Die auf 500 Stück limitierte erste Edition besitzt eine Sitzschale aus gewelltem Aluminiumblech. Das Material der Großserie ist gewelltes Polypropylen. Die Schale ist leicht elastisch. Die Füße des verchromten Untergestells passen sich durch kleine Kugelköpfe den Bodenunebenheiten an. Tom Vac wird mit verschiedenen Untergestellen angeboten. Die Sitzschalen sind in Schwarz, Weiß, Rot und Blau lieferbar.

Geschichte:
1997 Tom Vac wird für das Domus-Totem entwickelt und auf der Mailänder Möbelmesse präsentiert. Eine auf 500 Stück begrenzte Sammleredition des Metallstuhls wird verkauft.

1998 Die Polypropylen-Ausführung von Tom Vac erscheint im Vitra-Programm.

1999 Mit Tom Rock, Tom Roll und Tom Twist werden drei Varianten vorgestellt. Sie sind nicht mehr stapelbar, besitzen dafür aber Schaukelkufen oder pulverbeschichtete Untergestelle mit Rollen oder Drehgelenk.

Lesenswert:
Volker Albus: *Der Bookworm von Ron Arad*, Frankfurt am Main 1997.

Sehenswert:
http://www.Ronarad.com

AUF DEN PUNKT GEBRACHT

Tom Vac ist nicht nur funktional, es macht auch Spaß, in ihm zu sitzen, und er sieht gut aus. Dass er preiswert ist und auf der Expo 2000 seinen großen Auftritt hatte, macht ihn zum ernsthaften Anwärter auf eine Laufbahn als Klassiker.

GLOSSAR

Bakelit
Ein von dem belgischen Chemiker Leo Baekeland 1907 erfundenes Phenol-Formaldehyd-Reaktions-harz, das sich ideal für die Gestaltung von Geräten wie Telefonen und Radios eignete, das aber auch für Autolenkräder und Lichtschalter verwendet wurde.

Bauhaus
Das Bauhaus wurde 1919 von Walter Gropius in Weimar als neue Hochschule für Gestaltung gegründet und war eine Kunstschule neuen Typs. Eine einheitliche Stilrichtung wurde nicht gelehrt, aber Konstruktivismus und ► De Stijl übten einen unübersehbaren Einfluss aus. Das Bauhaus gilt als Begründer des internationalen ► Funktionalismus; Kunst, Handwerk und Technik sollten eine Einheit bilden, die industrielle Fertigung bekam dabei zentrale Bedeutung. Die drei Direktoren des Bauhauses waren Walter Gropius (1919–1928), Hannes Meyer (1928–1930) und Ludwig Mies van der Rohe (1930–1933). Wegen konservativer Anfeindungen mußte das Bauhaus zweimal umziehen: 1924 wurde die Hochschule nach Dessau verlegt und einige Jahre später nach Berlin. Nachdem von den Nationalsozialisten zunehmend Druck ausgeübt wurde, musste Mies van der Rohe das Bauhaus 1933 auflösen. 1937 gründeten Gropius und László Moholy Nagy das New Bauhaus in Chicago, USA.

Biomorphes Design
Ein Objekt wird so gestaltet, dass es die Erscheinung eines lebenden Organismus imitiert.

Cassina
Die 1927 von Cesare und Umberto Cassina in Mailand gegründete Firma konzentrierte sich seit 1950 auf die Produktion hochwertiger Möbel. Für die Entwürfe konnten populäre Architekten gewonnen werden, wie Giò Ponti, dessen Stuhl Superleggera 1957 für Cassina zu einem großen kommerziellen Erfolg wurde.

Corporate Identity
Das unverkennbare Erscheinungsbild und die Philosophie eines Unternehmens in der Öffentlichkeit. Eng damit verbunden ist das Corporate Design, das die einheitliche Gestaltung des Logos, der Produkte und der Verpackungen des Unternehmens betrifft.

Cranbrook Academy of Art
Amerikanische Schule für Graphik und Industriedesign, die 1932 im Staat Michigan gegründet wurde und sich am deutschen ► Bauhaus orientierte. In den 50er Jahren haben Cranbrook Absolventen wie Charles und Ray Eames, Harry Bertoia und Eero Saarinen das internationale Möbeldesign nachhaltig beeinflußt.

Das Neue Frankfurt
Eine Gruppe von Architekten, darunter Margarete Schütte-Lihotzky, Walter Gropius, Ferdinand Kramer und Mart Stam, die unter der Leitung von Ernst May mit ihren Entwürfen an dem großen Projekt des sozialen Wohnungsbaus der Weimarer Republik in Frankfurt (1926–1930) beteiligt waren. In der gleichnamigen Zeitschrift legten die

Architekten ihre Theorien dar. Die »Wohnung für das Existenzminimum« sollte sowohl den funktionalen als auch den sozialen Ansprüchen der architektonischen Massenfabrikation gerecht werden: geringe Kosten, menschenwürdige Räume, größtmöglicher Komfort. Viele Bauten wurden mit der »Frankfurter Küche«, der ersten Einbauküche der Welt, ausgestattet.

Funktionalismus
Das Prinzip, die ästhetische Qualität eines Entwurfs an der technischen Funktion zu messen, brachte der Amerikaner Louis Henry Sullivan auf die Formel »form follows function«. Für das ► Bauhaus wurde sie zum Charakteristikum für Design.

Gute Form
Ein Stilprinzip, das Funktionalität und technologische Aspekte betont. Weitere Attribute: einfache Form, zeitloses Design, lange Lebensdauer, perfekte Details. Wilhelm Wagenfeld und die ► Ulmer Schule gehören zu den Hauptvertretern, Designer der deutschen Firmen Rosenthal und Braun haben sich daran orientiert.

Herman Miller
Der US-amerikanische Hersteller hatte seit 1923 Möbel produziert und begann 1931 das konventionelle Programm nach und nach durch Entwürfe zeitgenössischer Designer zu ersetzen. Die Freundschaft des Firmenchefs D.J. DePree mit Designern wie George Nelson, Gilbert Rohde, Charles und Ray Eames, Isamu Noguchi und Alexander Girard prägt das Programm bis heute.

International Style
Ausgehend von der Architektur des ▶ Bauhauses, die vor allem von Walter Gropius und Mies van der Rohe geprägt wurde sowie von den Arbeiten Le Corbusiers, wird der einfache funktionale Stil weltweit übernommen und vom amerikanischen Architekten Philip Johnson zum International Style erklärt.

Kunststoffe
Polypropylen und andere Kunststoffe bieten die Möglichkeit, Mobiliar und Objekte aus einem Guss und ohne Rahmen anzufertigen. Die in Großserien produzierten Möbel sind beliebig formbar, haben eine unbegrenzte Farbskala und sind preiswert.

Memphis
Die Kreationen des Design-Studios Memphis, das 1981 von Ettore Sottsass und einer Gruppe junger Designer (u.a. Renzo Brugola, Mario und Brunella Godani, Matteo Thun, Andrea Branzi) in Mailand gegründet wurde, prägen die ▶ Postmoderne entscheidend. Losgelöst vom Diktat der zeitgenössischen Designströmungen versteht sich die Gemeinschaft als neue Avangarde.

Moderne
Die Moderne richtet sich im Bereich des Designs gegen traditionelle Stilrichtungen. Einfache, funktionale Formen ohne Verzierungen werden gesucht. Ziel ist ein hochwertiges Design für die massenhafte Reproduzierbarkeit. Modernes Design wurde zunächst in Europa, vor allem in Deutschland und Frankreich entwickelt. In den 1930er Jahren bekam das moderne Design in den USA trotz geometrischer Formen ein luxuriöses Aussehen, da bevorzugt edle Materialien, wie Glas, Chrom und Aluminium, verwendet wurden.

Novecento
In Italien unter dem faschistischen Regierungschef Benito Mussolini favorisierte Stilrichtung, die sich im Gegensatz zum italienischen ▶ Rationalismus auf klassische Vorbilder bezieht. Der Architekt Giò Ponti gehört zu den Gründungsmitgliedern der Novecento-Gruppe, die zahlreiche Verwaltungsgebäude für die faschistische Regierung entwarf.

Op-Art
Kurze Form von optical art (englisch für »Optische Kunst«). Richtung in der Kunst vor allem der 60er Jahre des 20. Jh.s, bei der versucht wurde, optische Reiz- und Verwirreffekte zu erzielen, etwa durch Spiralen, die sich bei längerem Hinsehen selbst zu drehen scheinen; dieser Effekt kann noch dadurch verstärkt werden, indem die Spirale selbst ein sich drehendes Objekt ist. Op-Art wurde auch zum Dekorationsstil, etwa für Bekleidungsstoffe oder Schmuckstücke.

Organic Design
Bezeichnet den Stil einer weichen fließenden Formgebung. Organische Formen und funktionalistische Konstruktionsprinzipien werden verbunden und ergeben die neue Stromlinienform, die in den 1950er Jahren in den USA populär wurde. Im Bereich des Möbeldesigns war die erfolgreiche Ausstellung »Organic Design in Home Furnishing«, die das Museum of Modern Art in New York 1940 gemeinsam mit dem Kaufhaus Bloomingdales veranstaltete, von großer Bedeutung. Aus den Materialien Polyester, Aluminium und Sperrholz entstanden vor allem Sessel und Stühle, die sich mit ihren Linien der Körperform anpassten. Wichtige Vertreter sind Eero Saarinen, Harry Bertoia, Charles und Ray Eames.

Pop-Art
Ist die Abkürzung für popular art (englisch für »Populäre Kunst«). Ende der 1950er Jahre unabhängig voneinander in England und den USA entstandene Kunstrichtung. Im Bereich der Bildenden Kunst wurden Dinge des Alltags und banale Konsumobjekte zu Kunstwerken erhoben. Die Pop-Art brachte so ihre Ablehnung der Tradition zum Ausdruck und zeigte, dass letztlich alles Konsum ist. Diese Entwicklung hatte starke Auswirkungen auf das Design, und die Grenze zwischen Kunst und Design wurde fließend. Viele Künstler waren in den 1960er Jahren von den kreativen Möglichkeiten fasziniert und arbeiteten selbst als Designer. Für Möbel wurden preiswerte Materialien aus ▶ Kunststoff verwendet, dazu gehörten auch aufblasbare Möbel.

Postmoderne
In den 1960er Jahren geprägter Begriff im Bereich von Kunst und Kultur. Sich als »postmodern« begreifende Künstler (v.a. Architekten) zitieren, wie die Künstler des Historismus gegen Ende des 19. Jh.s, Werke der Vergangenheit, eingeschlossen solche der »klassischen« ▶ Moderne der ersten Hälfte des 20. Jh.s. Die postmoderne Gestaltung zeichnet sich durch Stilpluralismus aus; Zitate aus oftmals mehreren Kunstperioden werden zu einer neuen Form verbunden. Vom zuvor modernen Prinzip des ▶ Funktionalismus (form follows function) wird sich abgewandt. Designer ließen sich entweder von ornamentalen Stilrichtungen der Vergangenheit oder von futuristischen Motiven inspirieren und erlangten mit ihren Entwürfen, die nach größtmöglicher Künstlichkeit und Buntheit suchten, weltweiten Durchbruch. Namhafte Designer wie Michael Graves und Philippe Starck entwarfen postmoderne Möbel, die sich durch eine Synthese von Funktionalität, ironischen Zitaten und hohem emotionalem Gehalt auszeichnen. Zum Beispiel zeigen die Möbelentwürfe Philippe Starcks einen eigenen, sehr persönlich geprägten Symbolismus, der

die Anlehnung an historische Stile nicht leugnet, aber auch auf die Technik der Zukunft verweist.

Prêt-à-porter
Seit Anfang der 1970er Jahre änderte sich die Verkaufspraxis der großen Modehäuser. Neben den Salons und der dort angebotenen Haute Couture wurden Boutiquen eingerichtet, in denen so genannte Prêt-à-porter-Modelle verkauft wurden. Prêt-à-porter ist Ware von der Stange, diese Modelle sind keine Unikate mehr; Produkte speziell für den Mittelstand und seine Bedürfnisse kreiert. In England heißt es »ready-to-wear«, in Italien »alta moda pronta«. In Fachgeschäften wurden außerdem Accessoires verkauft, und auch an große Kaufhäuser wurde Mode nun in Lizenz geliefert. Viele Designer entwerfen seitdem eine preiswertere Zweit-Linie.

Radical Design
Ende der 1960er Jahre kam das Radical Design auf, als Antwort und Reaktion auf das Design der ▶ Guten Form. Das Fehlen von Visionen und utopischen Ideen wurde von den Vertretern des Radical Design kritisiert. Die neue Bewegung ging von Architekten und Designern in Florenz, Padua und Turin aus, die sich mit Collagen, Performances, Happenings, Filmen und Montagen zu Wort meldeten. Der diagnostizierten fehlenden Utopie wurden komplexe Städtebau- und Gesellschaftsprojekte entgegengehalten.Das Radical Design ist strikt antikommerziell und stellt die fortschreitende Techologie in Frage.

Rationalismus
Italiens Reaktion auf ▶ Moderne und ▶ Bauhaus fand 1926 ihren ersten Niederschlag in einem Manifest der »Gruppo Sette« (Gruppe Sieben) zu der sich die Architekten Luigi Figini, Gino Pollini, Guido Frette, Sebastiano Larco, Carlo Rava und

Guiseppe Terragni zusammengeschlossen hatten.
Ihre Arbeiten sind vom modernen ▶ Funktionalismus geprägt. Ab 1930 war die Gruppe regelmäßig auf der ▶ Triennale vertreten. Die Architekten Figini und Pollini entwarfen Fabriken und Arbeiterwohnungen für Olivetti und waren auch am Produktdesign der Firma beteiligt.

Re-Design
Bezeichnung für die formale Überarbeitung eines Produktes. Ausgangspunkt für den ästhetischen Wandlungsprozess ist die Analyse des vorhandenen Designs unter marketingorientierten Aspekten. Raymond Loewy und die Castiglionis markieren Extrempositionen des Re-Designs.

Re-Edition
Wiederauflage von Designklassikern. Auch neue Werkstoffe und Produktionsverfahren widersprechen der angestrebten Originaltreue nicht. Manchmal erlauben neue Verfahrenstechniken erst die Serienproduktion eines Klassikers.

De Stijl
Niederländische Kunstbewegung, die 1917 von Theo van Doesburg und Piet Mondrian gegründet wurde; und von der eine gleichnamige Zeitschrift (1917–1931) herausgegeben wurde, in der die Mitglieder Entwürfe und Manifeste veröffentlichten. Die Künstlergruppe lehnte alles Emotionale und Individuelle in der Kunst ab und betonte stattdessen geometrische Ordnung und klare Harmonie. Im Design wurde die Gestaltung auf einfache ständig wiederkehrende Grundelemente reduziert.

Streamline Design
Designobjekte mit Stromlinienform. Zu Beginn des 20. Jahrhunderts wurden abgerundete, glatte, häufig auch tropfenartige Formen zunächst für Fahrzeuge, Schiffe und Flugzeuge verwendet, um die Aero-

dynamik zu verbessern. Seit den 30er Jahren wurden die eleganten Stromlinienformen auch Haushaltsprodukten und anderen Objekten gegeben, da sie Dynamik und Fortschrittsglauben symbolisierten. In dieser Zeit nach der Weltwirtschaftskrise spielte die neue Formgebung vor allem beim ▶ Re-Design vieler Produkte eine wichtige Rolle. Für die Verbreitung von Streamline Design steht besonders ein Name: Raymond Loewy.

Tecta
Die deutsche Firma wurde 1956 gegründet und spezialisierte sich auf die ▶ Re-Edition von ▶ Bauhaus Entwürfen – darunter der Freischwinger MR 20 von Ludwig Mies van der Rohe. Möbel und Projekte entstanden auch in Zusammenarbeit mit zeitgenössischen Künstlern wie Stefan Wewerka oder Alison und Peter Smithson. Im 1982 gegründeten Stuhlmuseum Burg Beverungen der Firma Tecta werden Design-Klassiker gezeigt.

Thonet
Die 1849 von Michael Thonet und seinen Söhnen in Wien gegründete Firma »Gbr. Thonet« spezialisierte sich auf die Produktion von Bugholzmöbeln, deren Herstellungsverfahren sie sich mit zahlreichen Patenten schützen ließ. In den folgenden Jahren wuchs der Familienbetrieb zur wichtigsten Möbelfabrikation der k.u.k. Monarchie und schuf mit dem Modell Nr. 14 den ersten Weltbestseller des Möbeldesigns. Neben Eigenentwicklungen produziert Thonet heute auch ▶ Bauhaus Klassiker wie den Freischwinger von Marcel Breuer/Mart Stam.

Triennale
1933 ist die Mailänder Triennale aus der Biennale in Monza hervorgegangen, die bereits seit 1923 veranstaltet wurde. Die Triennale gehört zu den wichtigsten

internationalen Designausstellungen. Anders als der Name vermuten lässt, findet die Triennale keineswegs alle drei Jahre, sondern in wechselnden Zeitabständen statt.

Ulmer Schule
Die 1953 gegründete Ulmer Hochschule für Gestaltung (HfG) wurde mit Lehrern wie Max Bill, Hans Gugelot und Otl Aicher zum Vorbild für die Designausbildung in aller Welt. Die Schule wurde 1968 aufgelöst. Begriffe wie »Systemgedanke« und »Ulmer Neofunktionalismus« wurden bis in die 70er Jahre Leitbilder für modernes Industriedesign.

Vitra
1950 wurde das Unternehmen Vitra von Willi Fehlbaum in Weil am Rhein gegründet. Mit Beginn der Lizenzproduktion von Möbelentwürfen des Designerpaares Charles und Ray Eames sowie George Nelsons seit 1957 legt Vitra den Schwerpunkt auf internationales Design. In Zusammenarbeit mit Künstlern von Verner Panton über Philippe Starck bis Ron Arad unterstützt Vitra bis heute die Entwicklung neuer Produkte. 1989 entstand das Vitra Design Museum, eine Sammlung von industriellem Möbeldesign, für das der Architekt Frank O. Gehry das Gebäude entwarf. 1991 wurde das Gelände durch ein Feuerwehrhaus nach dem Entwurf von Zaha Hadid ergänzt und 1993 kam der Konferenzpavillon von Tadao Ando hinzu. Im Jahr 2000 eröffnete Vitra ein weiteres Designmuseum in Berlin.

Werkbund
Zentrales Anliegen des 1907 von Künstlern, Handwerkern und Firmen gegründeten Deutschen Werkbunds war die Verbindung von Warenästhetik, Qualitätsarbeit und Massenproduktion. Die Konzeption der Kunst- und Designausbildung folgte diesem Diktum. Die Ausstellungen und Veröffentlichungen des Werkbunds hatten eine große Wirkung auf die Formgebung in Architektur und Gebrauchsdesign. 1933 wurde der Werkbund von den Nationalsozialisten aufgelöst und nach dem Weltkrieg 1947 neu gegründet.

Zanotta
Seit 1954 produziert die Firma von Aurelio Zanotta Möbel. Aktuelles italienisches Design bildet den Schwerpunkt im Programm, zu dem aber auch die ► Re-Edition von Klassikern wie dem Ulmer Hocker gehört. Zanotta produziert Entwürfe von so gegensätzlichen Designern wie Achille Castiglioni, Joe Colombo, Ettore Sottsass, Carlo Mollino oder Gatti/Paolini/Teodoro. Viele Produkte der Kollektion Zanotta werden bereits in Museen ausgestellt.

DESIGN-PREISE

Il Compasso d'Oro
(The Golden Compass Award)
Der Preis wird seit 1954 von der ADI (Design Industriale Associazione) verliehen. Neues Industriedesign aus Italien soll damit vorgestellt und ausgezeichnet werden. Zur Jury gehören namhafte italienische Architekten und Designer.

GOOD DESIGN®
Der internationale Wettbewerb für Industrie- und Graphikdesign wurde 1950 von Charles und Ray Eames, Eero Saarinen und Edgar Kaufmann gegründet. Der Wettbewerb, der heute vom Chicago Athenaeum, Museum für Architektur und Design, weitergeführt wird, möchte mit seinen Auszeichnungen auf hervorragendes zeitgenössisches Design und kreative Unternehmen aufmerksam machen. In der GOOD DESIGN®-Ausstellung werden im Chicago Athenaeum jedes Jahr die wichtigen Neuheiten von Industrie- und Graphikdesign präsentiert.

iF Design Award
Seit 1954 wird von iF (Internatinal Forum Design GmbH) jedes Jahr der iF Design Award für besondere Produkte verliehen. Internationale Designer sind in der Jury und wählen die Preisträger aus. Neben dem Gold und dem Silver Award wird auch für den Bereich Konzept ein Preisgeld ausgesetzt.

DESIGN-MUSEEN

Badisches Landesmuseum, Karlsruhe
http://www.landesmuseum.de/blm4.html
Die Sammlungen des 20. Jahrhunderts sind seit 1993 im Museum beim Markt ausgestellt. Objekte des Jugendstils, des Bauhauses, der zwanziger und der fünfziger Jahre bis zur Gegenwart werden gezeigt.

Bauhaus-Archiv/Museum für Gestaltung, Berlin
http://www.bauhaus.de/
Das Bauhaus-Archiv/Museum für Gestaltung in Berlin erforscht und präsentiert Geschichte und Wirkungen des Bauhauses (1919–1933), der bedeutendsten Schule für Architektur, Design und Kunst im 20. Jahrhundert.

Centre Pompidou und Musée National d'Art Moderne, Paris
http://www.cnac-gp.fr/Pompidou/Home.nsf/docs/fhome
Neben dem Nationalmuseum für Moderne Kunst und vielen anderen Angeboten beherbergt das Centre Pompidou auch ein Zentrum für Industriedesign.

Cooper-Hewitt National Design Museum, New York
http://www.si.edu/ndm/
Das Museum ist ausschließlich der Dokumentation der Entwicklung des Designs, von den Anfängen bis heute, gewidmet.

Denver Art Museum, Denver
http://www.denverartmuseum.org/
Ein Teil der Sammlung ist dem Design des 20. Jahrhunderts gewidmet. Architektur, Design und Graphik von 1900 bis heute werden präsentiert.

Designmuseum, London
http://www.designmuseum.org/
In der »Collection Gallery« wird die Entwicklung des Designs im Hinblick auf die Massenproduktion gezeigt. Die Entwürfe und Prototypen der innovativsten Designs werden in der »Review Gallery« präsentiert. Auf der attraktiven Homepage des Designmuseums finden sich Informationen über Geschichte des Museums, den Ausstellungsort, Eintrittspreise und die laufenden Ausstellungen.

Deutsches Architektur Museum, Frankfurt am Main
http://www.frankfurter-museen.de/seiten/architektur/portraet.htm
Die Sammlung gibt Einblick in historisch bedeutende Architekturskizzen, -pläne und -modelle. Begleitend finden Sonderausstellungen, Vorträge und Führungen statt. Das Deutsche Architektur Museum macht vornehmlich das 20. Jahrhundert zum Gegenstand seiner Veranstaltungen.

Deutsches Plakat Museum im Museum Folkwang, Essen

http://www.museum-folkwang.de/wirdeu.htm

Das Deutsche Plakat Museum besitzt eine der weltweit größten Sammlungen in den Bereichen Plakatgestaltung und internationales Graphikdesign: Mehr als 120 000 großformatige Plakate aus Politik, Wirtschaft und Kultur zählen zum Bestand. Sie spannen den Bogen von der liebenswürdig nostalgischen Epoche des Bild-Plakats bis hin zum modernen Graphikdesign unserer Zeit.

Geffrye Museum, London

http://www.geffrye-museum.org.uk

Museum für britisches Interior Design von 1600 bis heute. Außerdem ist ein Design-Zentrum angeschlossen.

Gewerbemuseum der LGA im Germanischen Nationalmuseum und Designsammlung, Nürnberg

http://www.gnm.de/MuseumAllgemein.htm

Die Design-Abteilung des Germanischen Nationalmuseums zeigt richtungsweisende Beispiele des aktuellen Gebrauchsdesigns aus den Bereichen Glas, Metall, Keramik und Kunststoff, aber auch signifikante Lösungen der Bereiche Unterhaltungselektronik, Elektrokleingeräte und des Möbeldesigns.

Kunstgewerbemuseum, Berlin

http://www.smb.spk-berlin.de/kgm/

Eine der bedeutendsten Sammlungen von europäischem Kunsthandwerk. In dem großen Museumsgebäude am Kulturforum kann man die Entwicklung und Vielfalt des Kunsthandwerks vom Mittelalter bis zur Gegenwart verfolgen. In der so genannten »Neuen Sammlung« wird das Kunsthandwerk des 20. Jahrhunderts durch Industriedesign ergänzt.

Musée des Arts Décoratifs, Paris

http://www.paris.org/Musees/Decoratifs/

Objekte vom Mittelalter bis in die heutige Zeit gehören zur umfangreichen Sammlung des Museums: Interior Design, Möbel, Kunsthandwerk, Tapeten, Teppiche, Keramik, Glas.

Museum der Dinge, Berlin

http://www.museumderdinge.de

Aus dem Werkbund Archiv Berlin hervorgegangenes Museum, das die Alltagskultur dokumentiert, speziell die des 20. Jahrhunderts.

Museum für angewandte Kunst, Köln

http://www.museenkoeln.de/mak/

Neben europäischem Kunsthandwerk vom Mittelalter bis zur Gegenwart, Möbeln, Keramik, Schmuck, Textilien und Mode gehören auch Design des 20. Jahrhunderts und Plakate zur Sammlung.

Museum für Gestaltung, Zürich

http://www.museum-gestaltung.ch/

Das Museum hat neben seiner interessanten Sammlung ein vielfältiges Ausstellungsprogramm zu den Themen Design, Architektur, Visuelle Kommunikation, Alltagskultur, Fotografie, Kunst und Medien. Jährlich werden bis zu acht große Wechselausstellungen sowie kleinere Foyerausstellungen gestaltet.

Museum für Kunst und Gewerbe, Hamburg

http://www.mkg-hamburg.de/
Das Museum zeigt angewandte europäische Kunst aus Europa von der Antike bis
zur Gegenwart, modernes Design, graphische Arbeiten und Photographien von
internationalen Künstlern.

Museum of Modern Art, New York

http://www.moma.org/
Das Museum of Modern Art präsentiert bereits seit 1932 in seiner Ausstellung
auch Architektur und Design. Das Ludwig-Mies-van-der-Rohe-Archiv ist der
Architektursammlung angegliedert. Zur Abteilung Design gehören mehr als
3 000 Objekte, darunter Gebrauchsdesign, Möbel, Textildesign und Sportwagen.
Im Bereich Graphikdesign werden Typographien und Poster dokumentiert.

National Museum, Stockholm

http://www.nationalmuseum.se/html/en/visit/index.shtml
Objekte aus den Bereichen angewandte Kunst, Design und Industriedesign
gehören zur Sammlung aus der Zeit vom 14. Jahrhundert bis heute.

Neue Sammlung, München

http://www.stmukwk.bayern.de/kunst/museen/neusamm.html
Die Neue Sammlung besitzt 40 000 Objekte aus den Bereichen Industriedesign,
Graphikdesign und Kunsthandwerk. Es ist eines der weltweit führenden Museen
für angewandte Kunst des 20. Jahrhunderts – auf dem Gebiet des Industrial
Design ist es international eines der größten.

Österreichisches Museum für angewandte Kunst, Wien

http://www.mak.at/index1.html
Das Museum wurde im Jahre 1864 als Österreichisches Museum für Kunst und
Industrie gegründet. Die Bestände des Museums, die vom Altertum bis zur
unmittelbaren Gegenwart reichen, umfassen u. a. die Sammlungsgebiete Glas,
Keramik, Metall, Möbel (eigener Schauraum mit Thonet-Stühlen von 1830–1930),
Textilien. Der Wiener Jugendstil und die Wiener Werkstätte sind prominent
vertreten.

Stedelijk Museum, Amsterdam

http://www.stedelijk.nl/eng/
Neben moderner und zeitgenössischer Kunst zeigt das Museum auch Objekte
aus den Bereichen Graphikdesign, angewandte Kunst und Neue Medien.

Stuhlmuseum Burg Beverungen, Beverungen

http://www.tecta.de/museum/klassike.htm
Die umfangreiche Sammlung der Firma Tecta zeigt »Urmodelle der Moderne«,
die Kragstuhlsammlung, das Jean-Prouvé-Archiv und »Anonyme Aristokraten«.

Thonet Museum, Frankenberg

http://www.thonet.de/
Das Museum Thonet wurde 1989, genau 100 Jahre nach der Gründung des
Thonet-Werkes, eröffnet. Für die Sammlung wurden nach und nach die ver-
schiedensten Thonet-Möbel zusammengetragen.

Victoria & Albert Museum, London

http://www.tourist-information-uk.com/victoria-and-albert-museum.htm
Das Victoria & Albert Museum zeigt eine der weltweit größten Sammlungen in
den Bereichen Kunst und Kunsthandwerk.

Vitra Design Museum, Berlin
http://www.design-museum.de/
In seiner Berliner Dependance bietet das Vitra Design Museum ein innovatives
Forum für Design und Architektur. Das Gebäude des Vitra Design Museums
Berlin ist das ehemalige Abspannwerk »Humboldt«, erbaut 1924–1926 von
Hans-Heinrich Müller.

Vitra Design Museum, Weil
http://www.design-museum.de/weil.asp
Das Vitra Design Museum gehört zu den weltweit führenden Museen für Design.
Das Gebäude wurde vom Architekten Frank O. Gehry entworfen. Im Museum
werden die Geschichte und aktuelle Entwicklungen des industriellen Möbelde-
signs erforscht. Neben einer Auswahl von 260 Sitzmöbeln gibt das Museum eine
Übersicht über alle entscheidenden Entwicklungen von 1800 bis heute sowie eine
Übersicht des industriellen Möbeldesigns der letzten zweihundert Jahre.

PERSONENREGISTER

SACHREGISTER

BILDNACHWEIS

Der Verlag dankt allen, die uns Bilder zur Verfügung gestellt haben, für die freundliche Genehmigung zum Abdruck. Leider war es uns nicht in allen Fällen möglich, die Rechteinhaber ausfindig zu machen; alle Ansprüche bleiben gewahrt.

A/S Stelton: S. 186 oben, 187 oben und U1, 187 unten, 188 · AEG: S. 26 oben, 27 oben, 29, 30/© VG Bild-Kunst, Bonn 2007: S. 26 unten, 27 unten · akg-images Berlin: S. 37, 42 unten, 43, 44, 130, 154 unten, 155, 165 oben und unten, 167, 224 unten, 233 oben, 256 oben, 288 /Paul Almasy: S. 38 oben, 166/© The Henry Moore Foundation: S. 131 oben · Akomena Spazio Mosaico: S. 240, 242 · Alessi Informationsbüro c/o Integra Communication: S. 4, 6 unten, 213, 262, 263, 264, 265 und U1 · Alex Moulton Bicycles: S. 171, 172 · Angelpoise Ltd.: S. 211 · Apple Computer, Inc.: S. 250 unten, 251 oben und unten, 252, 253, 254 · Aprilia: S. 266 · Architektur Bilderservice Stanislaus Kandula, Witten: S. 28 oben · Archivo della Triennale di Milano: S. 144 unten · Artemide GmbH: S. 210 rechts, 212 · Bauhaus-Archiv, Berlin/© Gisela Schawinsky, New York: S. 62 oben, 63 und U1, 64/© VG Bild-Kunst, Bonn 2007: S. 9 oben, 55 oben · Bayer AG, Unternehmensgeschichte, Leverkusen: S. 1, 178 und U4, 179, 180, 182, 183, 184 · Braun GmbH, Kronberg: S. 138, 139 oben und unten, 140 unten, 141, 142 oben und unten · British American Tobacco: S. 5, 6 oben, 76 oben, 77 links und U1, 77 rechts, 78, 79, 80 · Burberry, London: S. 22, 23, 24 oben · Cassina S.p.A./Giò Ponti699/Andrea Zani: S. 145/Giò Ponti/Ugo Unlas: S. 144 oben · Citroën Deutschland AG: S. 120 oben und unten, 121 oben und unten, 122, 123, 124 · dpa Hamburg: S. 7 oben, 19 oben und U4, 19 unten, 42 oben, 51 oben, 82 unten, 148, 149 oben und unten, 150, 174 unten, 176, 194 und U4, 197 unten, 198 unten, 216, 222, 223, 224 oben, 225, 228 oben, 236 oben, 246, 247, 248, 269 · Dr. Oetker Kochbuch Verlag: S. 111 · © 2001 Lucia Eames/Eames Office (www.eamesoffice.com): S. 129, 132 · © 1976 ERCO Leuchten GmbH: S. 217 oben und unten, 218, 219 oben und unten, 220 oben und unten · Erich Adam Warenhandelsgesellschaft mbH, Füssen: S. 110, 112 · Fiat AG: S. 236 unten, 237 oben und unten, 238 · frogdesign GmbH: S. 250 oben · Gutenberg Gesellschaft: S. 134 · Andreas Hartmann: S. 4, 36, 38 unten, 39 unten, U4 · Mike Hessey: S. 170 oben · Angela und Michael Hippe S. 4, 151 oben und unten, 152 · Historisches Museum Frankfurt am Main: S. 45, 46 · Reinhard Hopp/Honda Motors Ltd.: S. 7, 200 und U1, 201 oben und unten, 202 oben und unten, 203 · IKEA Deutschland: S. 228 unten, 229, 230 · Jauch und Scheikowski, Porep: S. 17, 18, 20, 24 unten, 59 oben, 66 unten, 68, 71 und 4, 74, 84, 87 und U4, 89, 131 unten, 164 unten, 168, 186 unten, 204 unten, 226 · Jenaer Glaswerke/© VG Bild-Kunst, Bonn 2007: S. 54 unten, 55 unten · Jukebox-Heaven: S. 164 oben · LEGO Company, Billund: S. 92 oben und unten, 93 oben und unten, 84, 95, 96 · Levi Strauss Museum, Buttenheim: S. 16 oben und unten · Serge Libiszewski: S. 210 links, 214 · Linotype Library GmbH: S. 135, 136 · Manufactum: S. 67 oben · Markanto GbR/© VG Bild-Kunst, Bonn 2007: S. 28 unten, 56 · Regina Martini: S. 104 oben · Newell Writing Instruments GmbH: S. 107 oben · Nilfisk Advance AG: S. 5, 160 und U4, 161, 162 · Olivetti: S. 62 unten · Parker: S. 104 unten · Piaggio: S. 86, 88 oben, 90 · Post Design Gallery, Milano: 241, 243, 244 · Ron Arad Associates Ltd.: S. 268 · Sammlung Industrielle Gestaltung, Berlin S. 140 oben · Sammlung R. Davy, München/Foto: K. Leibold: S. 88 unten · Friedrich Schröder: S. 125 · Sony Deutschland GmbH: S. 5, 232 unten, 233 unten · Sony Europe: S. 232 oben · © Suhrkamp/Insel Verlag, Frankfurt am Main: S. 158 · Techno S.p.A., Milano: S. 5, 256 unten, 257, 258, 259, 260 · Tecta/© VG Bild-Kunst, Bonn 2007: S. 48 oben und unten, 49 unten, 50, 51 unten, 52 · THONET Austria: S. 12 oben und unten, 13 · Triumph International AG: S. 4, 82 oben, 83 · Ullstein Bilderdienst: S. 40 · Ulmer Museum, HfG-Archiv: S. 115 unten/© VG Bild-Kunst, Bonn 2007: S. 5, 114, 115 oben, 116, 117, 118 · © VG Bild-Kunst, Bonn 2007: S. 49 oben · Vidal Sasson: S. 3, 174 oben, 175 · © Vitra AG/Vitra ist Inhaber der Urheberrechte an den Eames-Möbelentwürfen für Europa und den Mittleren Osten, für Territorien außerhalb Europas und des Mittleren Ostens ist Herman Miller zuständig: S. 128/Tom Vac/Ron Arad/Miro Zagnoli: S. 10–11, 271 und U1/Tom Vac/Ron Arad/Hans Hansen: S. 270 oben und unten, 272 · Volkswagen AG: S. 70 oben und unten, 72 oben und unten, 73 · Voss Spezial-Rad GmbH: S. 170 unten · W. Lusty & Sons Ltd., Llyod Loom Furniture since 1922: S. 32 oben und unten, 33 oben und unten, 34 · O. Warrelmann: S. 66 oben, 67 unten · www.welcomeliving.de: S. 181 · Wohnbedarf AG: S. 8 oben, 98, 99, 100, 101, 102 · Zanotta Spa: S. 9 unten, 190 oben und unten, 206, 207 oben und unten, 208 · Rainer Ziegowski: S. 195, 196, 197 oben, 198 oben · Zippo Manufacturing S. 58, 59 unten, 60

IMPRESSUM

Bibliografische Information der Deutschen Nationalbibliothek
Die Deutsche Nationalbibliothek verzeichnet diese Publikation
in der Deutschen Nationalbibliografie; detaillierte bibliografische
Daten sind im Internet über http://dnb.d-nb.de abrufbar.

3. überarbeitete Auflage 2008
Copyright © 2001 Gerstenberg Verlag, Hildesheim
Alle Rechte vorbehalten.
Gestaltung und Satz: typocepta, Wilhelm Schäfer, Köln
Satz aus der Berthold Concorde und der DTL Caspari
Printed and bound in Singapore by Imago

www.gerstenberg-verlag.de

ISBN 978-3-8369-2523-5